La protection des droits de l'Homme par le juge constitutionnel congolais

Analyse critique et jurisprudence (2003-2013)

Notes de cours

Dirigée par Benjamin Mulamba Mbuyi

L'objet de la collection est de susciter les publications dont la vocation est double : d'une part offrir aux professeurs d'universités l'opportunité de publier leurs notes de cours, utilisées tout au long de leur carrière, et d'autre part offrir aux étudiants et chercheurs les outils de travail dont ils ont grandement besoin.

La collection s'adresse principalement aux étudiants et se propose d'envisager toutes les questions qui touchent tous les aspects de droit, de science politique et de relations internationales qui font l'objet d'un enseignement universitaire autonome.

Nous privilégierons la publication de manuels de grande qualité scientifique qui seront mis à la disposition des étudiants, régulièrement révisés comme des outils pédagogiques et utilisés dans un grand nombre d'institutions universitaires à travers le monde.

Déjà parus :

Richard LUKUNDA VAKALA-MFUMU, *Le développement intégré de l'Afrique par les bassins fluviaux, Cas des bassins du Congo et du Nil,* 2016.
Hubert MUKENDI MPINGA, *Pauvreté et résilience des enfants dans les mines de diamants (Kasaï-Oriental)*, 2016.
Hilaire KABUYA KABEYA TSHILOBO, *La gestion des forêts en RDC, Étude écologique, économique et juridique*, 2016.
Dieudonné KALINDYE BYANJIRA, *Droit international humanitaire*, 2015.
Blaise SARY NGOY, *La politique étrangère de Joseph Kabila, Les politiques étrangères des Etats menacés de décomposition*, 2014.
Zacharie NTUMBA MUSUKA, *Le rôle du juge administratif congolais dans l'émergence de l'état de droit*, 2014.
Stanislas BOGOY NANGAMA, *La pédagogie générale*, 2014.
Stanislas BOGOY NANGAMA, *La pédagogie comparée, Historique, Théories et Méthodes*, 2013.
Floribert Nzuzi MAKAYA, *Les finances publiques dans les constitutions de la République démocratique du Congo*, 2012.
Kazumba K. TSHITEYA, *Introduction aux théories et doctrines politiques et sociales*, 2012.
Benjamin MULAMBA MBUYI, *Droit International Public, Les sources*, 2012.
Benjamin MULAMBA MBUYI, *Droit des Organisations Internationales*, 2012.

MARCEL WETSH'OKONDA KOSO

La protection des droits de l'Homme par le juge constitutionnel congolais

Analyse critique et jurisprudence (2003-2013)

L'Harmattan

Du même auteur

1. *La décentralisation territoriale en République démocratique du Congo sous le régime de la Constitution du 18 février 2006. Bilan et perspectives*, Kinshasa, Editions de la Campagne pour les droits de l'homme au Congo, 2014 (sous la direction du Professeur Kumbu ki Ngimbi).
2. *Le Pari du respect de la vérité des urnes en Afrique : analyse des élections présidentielles et législatives du 28 novembre 2011 en République démocratique du Congo*, Bruxelles, 2014, 302 p. (En collaboration avec Balingene Kahombo).
3. *République démocratique du Congo. Le secteur de la justice et l'Etat de droit, une étude d'AfriMap et de l'Open Society Initiative for Justice*, Johannesburg, Open Society Foundations, 2013 (avec la collaboration de Kifwabala Tekilazaya et Defi Fataki Wa Luhindi).
4. *Guide pratique de management des institutions juridictionnelle. Les quatre piliers d'une bonne administration de la justice*, Kinshasa, PNUD, 2012.
5. *Guide de procédure disciplinaire des magistrats*, Kinshasa, ProJustice/USAID, 2011.
6. *Les textes constitutionnels congolais annotés*, Kinshasa, Editions de la Campagne pour les droits de l'homme au Congo, 2010.
7. *République démocratique du Congo : la justice militaire et le respect des droits de l'homme-l'urgence du parachèvement de la réforme, une étude d'AfriMap et de l'OSISA*, Johannesburg, Une publication du Réseau Open Society Institute, juin 2009, 89 p.
8. *Les dix clés de l'accès à la justice. Guide pratique d'accès à la justice en République démocratique du Congo*, Kinshasa, ProJustice/USAID, 2010.
9. *Les perspectives des droits de l'homme dans la Constitution congolaise du 18 février 2006*, Kinshasa, Editions de la Campagne pour les droits de l'homme au Congo, 2006.

5-7, rue de l'École-Polytechnique, 75005 Paris

http://www.harmattan.fr
diffusion.harmattan@wanadoo.fr
harmattan1@wanadoo.fr

ISBN : 978-2-343-08677-4
EAN : 9782343086774

« Il est toujours intéressant de voir comment le fruit qu'est la décision de justice tient la promesse de la fleur constituée par la disposition constitutionnelle ».

Luc Sindjoun, *Les grandes décisions de la justice constitutionnelle africaine, droit constitutionnel jurisprudentiel et politiques constitutionnelles au prisme des systèmes politiques africains*, Bruxelles, Bruylant, 2009, p. XIII.

Aux Wetsh'okonda :
-Evelyne Mpuntu, mon èpouse,
- Joyce Okako,
- Glodi Mbuyi,
- MerJé Deko et
- Donel Mputu,

Mes enfants bien-aimés et,
à travers eux,
à tous les enfants,
avenir du Congo.

PRÉFACE

Longtemps prise tantôt pour timide, tantôt pour moins intéressée aux questions constitutionnelles, la doctrine congolaise s'est finalement réveillée à travers un éventail de publications consacrées, ces cinq dernières années, au droit constitutionnel, au contentieux constitutionnel, au droit électoral, au contentieux électoral et au droit parlementaire.

En raison de son caractère transversal, le contentieux lié aux droits fondamentaux semble être oublié, sinon le moins servi. C'est là qu'apparait, en évidence, le mérite de l'ouvrage de Marcel Wetsh'okonda Koso, que j'ai l'honneur de préfacer.

La protection des droits de l'homme par le juge constitutionnel congolais est un chef d'œuvre qui s'articule autour de deux parties. La première porte sur le juge constitutionnel congolais. A l'instar de la quasi-totalité des Constitutions africaines post Conférences nationales, renouant avec les trois premières Constitutions congolaises, à savoir la Loi fondamentale du 19 mai 1960 sur les structures du Congo, la Constitution dite de Luluabourg (lieu où elle a été élaborée) du 1er août 1964 et la Constitution du 24 juin 1967 dans sa version originaire, la Constitution du 18 février 2006 a institué une juridiction constitutionnelle autonome, sous la dénomination de Cour constitutionnelle. Celle-ci vient à peine d'être installée, le 4 avril 2015. En attendant, par le vœu du pouvoir constituant, c'est la Cour suprême de justice qui exerçait ses attributions. C'est pour cette raison que l'auteur a passé en revue tant ces attributions que l'organisation et la procédure applicable devant cette juridiction pour voir, dans quelle mesure, elles sont favorables à la cause des droits de l'homme. Les conclusions auxquelles il est parvenu ne peuvent qu'emporter ma conviction, particulièrement sur deux points. D'abord, le manque de spécialisation des juges constitutionnels n'étaient pas de nature à garantir une protection efficace des droits et libertés. On comprend dès lors pourquoi, dans son exposé des motifs, la Constitution précitée du 18 février 2006 motive l'éclatement de la défunte Cour suprême de justice en trois juridictions distinctes en ces termes : « Pour plus d'efficacité, de spécialité et de célérité dans le traitement des dossiers, les Cours et tribunaux ont été éclatés en trois ordres juridictionnels (...) ». Ensuite, jusqu'à l'entrée en vigueur de la Constitution de la transition du 4 avril 2003, une seule institution était habilité à saisir le juge constitutionnel congolais, à savoir le Procureur général de la République, un organe mi judiciaire mi politique. De là, l'inexistence, avant cette date, de la jurisprudence constitutionnelle en République démocratique du Congo.

Essentiellement jurisprudentielle, la seconde analyse les décisions secrétées pendant une décennie, soit de 2003 à 2013, par les sections réunions de la Cour suprême de justice faisant office de juge constitutionnel. Y sont analysées, tour à tour, la forme et le fond des arrêts de cette juridiction relatifs à la protection des droits civils et politiques, d'une part et, d'autre part, ceux en rapport avec les autres droits, en l'occurrence les droits économiques, sociaux et culturels, sans oublier ceux dits de solidarité.

Le fait qu'à la différence de la plupart des études dédiées au droit public congolais, celle-ci ne soit pas tombée dans le piège des théories éthérées, coupées des réalités concrètes et qu'elle soit plutôt bâtie sur le socle du « droit vivant » que constitue la jurisprudence est un autre mérite qu'il importe de reconnaître à l'auteur.

Il en va de même de l'effort qu'il a fourni pour porter un jugement équilibré sur l'œuvre de la Cour suprême de justice en relevant non seulement ses faiblesses mais aussi ses qualités tout en formulant des propositions concrètes pour une protection plus efficace des droits de l'homme par le juge constitutionnel congolais.

Au-delà de l'originalité du thème abordé et de la densité des informations qu'il renferme, l'ouvrage de Marcel Wetsh'okonda Koso est d'autant plus intéressant qu'il repose sur un plan à la fois logique et simple, aux attributions de la Cour répondant son organisation et son fonctionnement et la connaissance de la juridiction facilitant la compréhension de sa jurisprudence. Mieux encore, fort documenté, il est rédigé dans une langue simple, claire et savoureuse.

Je ne peux que le recommander, vivement, aux étudiants en droit et en science politique, aux praticiens de droit, avocats et magistrats ainsi qu'aux acteurs politiques souvent tentés de connaître comment le juge constitutionnel congolais assure, par son activité, la protection des droits fondamentaux.

Jean-Louis Esambo Kangashe

Professeur de Droit public

Juge à la Cour constitutionnelle de la

République démocratique du Congo

AVANT-PROPOS

Le présent ouvrage constitue une version légèrement révisée du mémoire défendu par l'auteur, en date du 6 janvier 2015, en vue de l'obtention du diplôme d'études supérieures en Droit public de la Faculté de droit de l'Université de Kinshasa.

Outre le Professeur Evariste Boshab, directeur dudit mémoire, le jury chargé de son examen était composé du Doyen Nyabirungu Mwene Songa (Président), du professeur Ambroise Kamukuny (Secrétaire), du Professeur Jean-Louis Esambo Kangashe et du Professeur Paul-Gaspard Ngondankoy Nkoy-ea-Loongya.

Cette dissertation scientifique qui a valu à l'auteur la mention « plus grande distinction » a bénéficié, dans son élaboration comme sa finalisation, de la contribution de nombreuses personnes auxquelles l'auteur aimerait exprimer sa gratitude.

Il s'agit, en premier lieu, du Professeur Evariste Boshab Mabudj Ma Bileng. Ses observations de forme et de fond ont permis d'en améliorer sensiblement la qualité. Les défauts qu'on peut y déceler n'engagent, cependant, que la seule responsabilité de l'auteur.

Il y a lieu de citer, ensuite, le professeur Jean-Louis Esambo Kangashe, pour sa connaissance approfondie du droit constitutionnel, sa rigueur scientifique et sa maîtrise des techniques d'écriture scientifique, qu'il a bien voulu partager avec notre modeste personne.

Nous nous en voudrions d'oublier les professeurs autres membres du jury et les professeurs Auguste Mampuya Kanunk'a-Tshiabo, Oswald Ndeshyo Rurihose, Mazyambo Makengo Kisala, Stéphane Bolle, Ngondankoy Nkoy-ea-Loongya et Dieudonné Kaluba Dibwa ; les docteurs Mutoy Mubiala, Jean-Pierre Kilenda Kakengi Basila et Joseph Kazadi ainsi que Maître Mabanga Monga Mabanga dont la collaboration scientifique ne nous a jamais fait défaut.

Il en va de même du chef des Travaux Balingene Kahombo et de l'assistant Lisimo Saya, nos premiers lecteurs, pour leurs encouragements et leurs observations constructives.

Mention particulière doit être faite à Maître Laurent Okitonembo pour avoir partagé avec nous les vicissitudes inhérentes aux études de troisième cycle dans un contexte particulièrement difficile, en plus de sa double qualité de frère et ami.

L'auteur

LISTE DE SIGLES ET ABRÉVIATIONS

ANEP : Association Nationale des Entreprises Publiques
ANRT : Atelier National de Reproduction des Thèses
ASBL : Association sans but lucratif
BACSJ : Bulletin des arrêts de la Cour Suprême de Justice
CAD : Club des Amis du Congo
CDHC : Campagne pour les droits de l'homme au Congo
CEPAS : Centre d'Etudes pour l'Action Sociale
Coll. : Collaborateur(s)
CPI : Cour pénale internationale
CPJ : Culture pour la paix et la justice
CSJ : Cour Suprême de Justice
DCC : Décision du Conseil constitutionnel
Dir. : Directeur
FKA : Fondation Konrad Adenauer
JORDC : Journal Officiel de la République Démocratique du Congo
KAS : Konrad Adenauer Stiftung
LGDJ : Librairie Générale de Droit et de Jurisprudence
OSIWA : Open Society Initiative for West Africa
PUF : Presses Universitaires de France
PUA : Presses Universitaires Africaines
PUCAC : Presses de l'Université Catholique d'Afrique Centrale
PUAM : Presses Universitaires d'Aix-Marseille
PUK : Presses Universitaires de Kinshasa
PUL : Presses Universitaires de Lubumbashi
PULP : Pretoria University Law Press
PUZ : Presses universitaires du Zaïre
R.A : Rôle administratif
R.Const. : Rôle constitutionnel
RDC : République Démocratique du Congo
RFA : République fédérale d'Allemagne
RFDC : Revue Française de Droit constitutionnel
RIDH : Revue Interdisciplinaire des Droits de l'Homme
RUDH : Revue universelle des droits de l'homme
S.A : Sans auteur

SADIC	: Société Africaine de Droit International et Comparé
SDE	: Service de Documentation et d'Etudes du Ministère de la Justice
TSR	: Toutes sections réunies
UDPS	: Union pour la Démocratie et le Progrès Social
UNIKIN	: Université de Kinshasa
UNILU	: Université de Lubumbashi
USORAL	: Union Sacrée de l'Opposition Radicale et Alliés

INTRODUCTION GÉNÉRALE

La préférence de l'expression « droits de l'homme », dans le cadre de la présente étude, mérite quelques explications. Selon André Mazyambo Makengo Kisala, *« Plusieurs expressions sont utilisées pour traduire la réalité des droits de l'homme : libertés publiques, droits fondamentaux, droits humains, droits de la personne (...)*[1] ». Abondant dans le même sens, Patrick Wachsmann relève que « *l'expression libertés publiques n'est pas la seule à être employée pour désigner notre matière : les termes libertés fondamentales et droits de l'homme sont également utilisés*[2] ». Quant à Mireille Delmas-Marty, elle note que :

> *« L'expression (droits et libertés fondamentaux) enveloppe d'autres notions comme « droits de l'homme et du citoyen », les principes « fondamentaux » reconnus par les lois de la République ou les principes particulièrement nécessaires à notre temps ; ou encore la notion de « libertés publiques*[3] *».*

A en croire Claude-Albert Colliard,

> *« on désigne sous le nom de libertés publiques des situations juridiques légales et règlementaires dans lesquelles l'individu se voit reconnaitre le droit d'agir sans contrainte dans le cadre des limites fixées par le droit positif en vigueur, sous le contrôle de l'autorité de police chargée du maintien de l'ordre public. Ce droit*

---

[1] A. MAZYAMBO MAKENGO KISALA, « Introduction aux droits de l'homme : théorie générale, instruments, mécanismes de protection », in *Mandats, rôles et fonctions des pouvoirs dans le nouveau système politique de la République démocratique du Congo*, Journées d'information et de formation organisée à l'intention des parlementaires, députés provinciaux et hauts cadres de l'administration (février-juin 2007), Modules de formation, Kinshasa, PNUD, 2007, p. 227. Dans le même sens, lire P. WACHSMANN, *Libertés publiques*, Paris, Dalloz, 4ème édition, 2002, pp. 3-4 ; *Les droits de l'homme*, Paris, Dalloz, 4ème édition, 2002, pp. 1-2 ; M. DELMAS-MARTY et C. LUCAS DE LEYSSAC (dir.), *Libertés et droits fondamentaux*, Paris, Editions du Seuil, 2ème édition, 2002, pp. 11-12. A lire le premier auteur cité, l'expression *droits humains* aurait été consacrée par la Constitution du 18 février 2006, p. 228. Une lecture plus approfondie de cette Constitution permet, cependant, de constater qu'en réalité, outre cette expression (exposé des motifs et titre II), sont également utilisées celles de libertés fondamentales (exposé des motifs, titre II et article 60), droits de l'homme (articles 60 et 165), libertés publiques (article 122, point 1), droits fondamentaux (article 150), libertés individuelles (article 150), droits de la personne humaine (article 74) et libertés et droits de la personne (article 22, alinéa 2). La Constitution congolaise n'a donc levé aucune option sur la terminologie précise en la matière. Il appartient, donc, à la doctrine de clarifier la situation. Lire à ce sujet, M. WETSH'OKONDA KOSO, « Les droits de l'homme dans l'avant-projet de constitution de Kisangani revisité : le revers de la médaille », in *Le Phare* n°2550 du 15 mars 2005 (quotidien paraissant à Kinshasa).

[2] P. WACHSMANN, Libertés publiques, op. cit., p. 3.

[3] M. DELMAS-MARTY et C. LUCAS DE LEYSSAC, *Libertés et droits fondamentaux, op. cit.*, pp. 11-12.

est protégé par une action en justice, essentiellement par la mise en œuvre du contrôle de légalité[4] ».

Cette définition se rapproche de celle de Louis Favoreu et autres qui affirment que : « Les libertés publiques correspondent à l'Etat légal, c'est-à-dire au régime de la loi et de ce que Hauriou appelait "le règne administratif[5]" ».

Comme le constate Dominique Breillat[6], la notion des libertés publiques reste typiquement française. Étroitement liée au droit administratif, elle présente, en outre, l'inconvénient d'être restrictive dans ce sens qu'elle n'intègre pas tous les droits de l'homme connus à ce jour[7]. Autrement dit, « la liste des libertés publiques est plus courte que celle des droits fondamentaux[8] ».

---

[4] C-A COLLIARD, *Libertés publiques*, Paris, Dalloz, 6ème édition, 1982, p. 29. Dans le même sens, lire F. TERRE, « Sur la notion de libertés et droits fondamentaux », R. CABRILLAC et alii, *Libertés et droits fondamentaux*, Paris, Dalloz, 17ème édition, 2011, p. 6 ; A. KAMUKUNY MUKINAY, *Droit constitutionnel congolais*, Kinshasa, EUA ,2011 p. 282. Dans le sens contraire, lire P. WACHSMANN, *Libertés publiques, op.cit*, p. 4, qui définit les libertés publiques à partir du « droit (qui) consacre au profit des individus ou des groupes telle ou telle liberté ». Cette acception isolée des libertés publiques semble conférer à la notion une portée très large. On la retrouve aussi sous la plume de J. RIVERO, qui définit les libertés publiques comme « des pouvoirs d'autodétermination consacrés par le droit positif », D. BREILLAT, *Libertés publiques et droits de la personne humaine*, paris, Gualino éditeur, 2003, p. 23. Lire aussi, dans le même sens, J-L ESAMBO KANGASHE, *Le droit constitutionnel*, Louvain-La-Neuve, Academia-L'Harmattan, 2013, p. 193 et P. AVRIL et J. GICQUEL, *Lexique de droit constitutionnel*, Paris, PUF, Que sais-je ?, réimpression de la première édition, 2004, p. 70. Il y a lieu de se demander si, affirmant que « les libertés publiques (…) forment un élément constitutif de la Constitution », ce dernier auteur n'identifie pas les libertés publiques aux droits fondamentaux.

[5] L. FAVOREU et alii., *Droit constitutionnel*, Paris, Dalloz, 14ème édition, 2011, p. 887. Lire aussi, F. BORELLA, *Éléments de droit constitutionnel*, Paris, Presses de la Fondation nationale des sciences politiques, 2008, p. 271. En définissant les libertés publiques comme « *des pouvoirs de choix prévus et réglementés par le droit positif de chaque pays concerné* » (…), TSHITAMBWA KAZADI SHAMBUYI, « Droits de l'homme et perspectives démocratiques en République démocratique du Congo », in *Cinquante ans de la Déclaration universelle des droits de l'homme : Actes de journées de réflexion du 07 au 11 décembre 1998*, PUL, p. 31 s'écarte de cette acception des libertés publiques en ce qu'il situe leur fondement, non seulement dans la loi, mais aussi dans la Constitution et le droit international. « *Elles constituent le pouvoir de choisir lui-même son comportement, pouvoir organisé par le droit positif qui lui accorde une protection renforcée au niveau constitutionnel en droit interne, au niveau extra et voire supra-étatique en droit international public* », précise-t-il.

[6] D. BREILLAT, *Libertés publiques et droits de la personne humaine, op.cit*, p. 23. Lire aussi, NGONDANKOY NKOY-ea-LOONGYA, *Droit congolais des droits de l'homme*, Louvain-La-Neuve, 2004, p. 21.

[7] NGONDANKOY NKOY-ea-LOONGYA, Droit congolais des droits de l'homme, op.cit, p. 21.

[8] L. FAVOREU et Alii., *Droit constitutionnel*, *op.cit*, p. 887.

De ce qui précède, il y a lieu d'affirmer que l'expression « libertés publiques » n'est pas appropriée pour désigner les droits susceptibles de protection par le juge constitutionnel congolais : il ne s'agit pas, dans le cadre de cette protection juridictionnelle des droits de l'homme, de la mise en œuvre du principe de légalité mais de celui de la constitutionnalité et encore moins du règne administratif que de celui de la Constitution.

D'origine allemande, l'expression « droits fondamentaux » a été utilisée pour la première fois en France par Michel Fromont dans une réflexion consacrée aux « droits fondamentaux dans l'ordre juridique de la RFA » à l'occasion des Mélanges Eisenmann en 1975[9]. Sa diffusion remonte à février 1981 à la faveur du colloque organisé par le Groupe d'études et de recherche sur la justice constitutionnelle d'Aix-en-Provence sur le thème : « Cours constitutionnelles européennes et droits fondamentaux [10]». L'expression « droits fondamentaux » a, ensuite, reçu sa consécration constitutionnelle par la décision du Conseil constitutionnel du 22 janvier 1990[11].

Deux ans plus tard, en 1992, ce sera au tour de l'arrêté portant programme de la principale épreuve pour l'examen d'accès à la profession d'avocat de l'utiliser[12].

L'expression droits et libertés fondamentaux s'est généralisée en Europe[13], notamment en Allemagne, en Bulgarie, en Espagne, en Roumanie et en Pologne et a été adoptée à Québec (Canada)[14]. En droit international, la même expression a, d'abord, été évoquée à l'article F 2 du traité de Maastricht[15]. Elle a, ensuite, été consacrée, Le 7 décembre 2000, dans la Charte des droits fondamentaux de l'Union européenne[16].

---

[9] Idem, p. 883.

[10] *Ibidem*, p. 883.

[11] Lire à ce sujet, I. MEYRAT, *Droits fondamentaux et droit du travail*, Lille, ANRT, s.d, p. 3. Lire aussi D. BREILLAT, *Libertés publiques et droits de la personne humaine, op.cit*, p. 25 ; P. AVRIL et J. GICQUEL, *Lexique de droit constitutionnel, op.cit*, 2004, p. 44.

[12] M. DELMAS-MARTY et C. LUCAS DE LEYSSAC, *Libertés et droits fondamentaux, op.cit*, p. 11 ; P. WACHSMANN, « L'importation en France de la notion de « droits fondamentaux », *RUDH*, 2004, p. 42.

[13] *Idem*, p. 11.

[14] En Afrique, le sénégalais MOUHAMADOU MOUNIROU SY, *La protection constitutionnelle des droits fondamentaux en Afrique, l'exemple du Sénégal*, Paris, l'Harmattan, 2007, a accordé sa préférence à la même expression. Il en va de même, en RDC, d'A. KAMUKUNY MUKINAY, *Droit constitutionnel congolais, op.cit*, pp. 275-297 et d'E. BOSHAB, « Les droits fondamentaux dans les nouvelles Constitutions africaines : entre constitutionnalisme et constitutionnalisation », *Mélanges offerts au Doyen Charles Cadoux*, PUAM, Faculté de Droit et de Science politique, Université de Droit, d'Economie et de Sciences d'Aix-Marseille, 1999.

[15] D. BREILLAT, *Libertés publiques et droits de la personne humaine, op.cit*, p. 26.

[16] *Idem*, p. 26.

En ce qui concerne l'expression « libertés fondamentales », qui semble avoir tiré sa source dans la Convention européenne des droits de l'homme et des libertés fondamentales, le Conseil constitutionnel français y a fait recours dans sa décision des 10-11 octobre 1984[17]. Selon Isabelle Meyrat, les « droits et libertés fondamentaux » sont ceux qui sont consacrés par des textes juridiques fondamentaux, c'est-à-dire les textes constitutionnels et les conventions internationales[18]. Il s'agit, à croire Champeil-Desplat, des droits qui sont « *au fondement d'un système ou d'une organisation, ce qui est constituant, ce sur quoi tout est édifié et de quoi tout est dérivé*[19] ». « *Si on raisonne exclusivement du point de vue du droit interne*, il faut admettre, précise P. Cruz, *que les droits fondamentaux sont inséparables de la Constitution, qu'ils naissent avec les Constitutions et se terminent avec elles, la protection internationale des droits dépassant déjà le cadre spécifique des droits fondamentaux*[20] ». Abondant dans le même sens, Robert Badinter et Bruno Genevois notent que :

> *« Par droits fondamentaux, il convient d'entendre un ensemble de droits et de garanties que l'ordre constitutionnel reconnaît aux particuliers dans leurs rapports avec les autorités étatiques. Ces droits sont fondamentaux, d'une part, parce qu'ils se rapportent à l'homme, et, d'autre part, parce que les conséquences de leur reconnaissance traversent ou devraient traverser tout l'ordre juridique*[21] *».*

Dans le même ordre d'idées, Théodore Holo définit les droits fondamentaux comme « un ensemble de droits et garanties que l'ordre constitutionnel reconnait aux particuliers dans leur rapport avec les pouvoirs publics[22] ». Il en va de même de Jean-Marie Poisson pour qui la liberté fondamentale est « celle qui peut être inscrite dans un texte de valeur constitutionnelle ou celle

---

[17] Ibidem, p. 26.

[18] I. MEYRAT, *Droits fondamentaux et droit du travail, op.cit*, pp. 10-11. Lire aussi, M. DELMAS-MARTY et C. LUCAS DE LEYSSAC, *Libertés et droits fondamentaux, op.cit*, 467 p ; P. AVRIL et J. GICQUEL, *Lexique de droit constitutionnel, op.cit*, p. 40 ; H. ROUSSILON, *Le Conseil constitutionnel*, Paris, 3ème édition, Dalloz, 1996, p. 43 ; F. BORELLA, *Éléments de droit constitutionnel, op.cit*, p. 271 ; ABDOULAYE DIARRA, La protection des droits et libertés en Afrique noire francophone depuis 1990 : les cas du Mali et du Bénin, *http://www.afrilex.u-bordeaux4.fr/sites/afrilex/IMG/pdf/2doc8diarra.pdf.*

[19] V. CHAMPAEIL-DESPLAT, « La notion de droit fondamental et le droit constitutionnel français », D. 1995, ch., p. 325.

[20] I. MEYRAT, *Droits fondamentaux et droit du travail, op.cit*, pp. 13-14.

[21] R. BADINTER et B. GENEVOIS, « Normes de valeur constitutionnelle et degré de protection des droits fondamentaux », *Revue universelle des droits de l'homme*, vol. 2, n° 6-8, 1990, p. 258.

[22] T. HOLO, « Emergence de la justice constitutionnelle », *Pouvoirs*, n° 129, 2009, p. 108.

qui s'est vu reconnaitre une valeur constitutionnelle par le juge constitutionnel, ou encore la liberté inscrite et consacrée par un traité international[23] ».

Cette définition recoupe celle d'Ambroise Kamukuny en ce que, pour cet auteur, « les droits et libertés fondamentaux sont les droits et libertés protégés par les normes de niveau constitutionnel et international[24] ». Elle rappelle l'affirmation de Patrick Wachsmann selon laquelle l'expression « droits fondamentaux insiste trop exclusivement sur les éléments extra-législatifs[25] » et, dans une certaine mesure, celle de René Degni Segui qui assimile les droits fondamentaux aux droits constitutionnels[26].

La faiblesse de ces définitions tient au fait qu'elles donnent l'impression que la consécration des droits de l'homme dans la Constitution suffit pour leur conférer le caractère fondamental alors qu'elle devrait s'accompagner de leur statut juridique particulier comparable à celui que connaissent les articles 1 à 19 de la Loi fondamentale allemande, notamment leur mise en œuvre par le juge judiciaire (effet d'irradiation)[27].

---

[23] J-M POISSON, *Les droits de l'homme et les libertés fondamentales à l'épreuve de la dualité de juridiction*, Paris, l'Harmattan, 2003, p. 13. Dans le même sens, lire L. FAVOREU et alii., *Droit constitutionnel, op.cit.*, p. 887.

[24] A. KAMUKUNY MUKINAY, *Droit constitutionnel congolais, op.cit*, p. 310. Lire aussi, H. ROUSSILLON, *Le Conseil constitutionnel*, Paris, 3ème édition, Dalloz, 1996, pp. 43-44. Prenant le contre-pied de ces différentes définitions, J-L ESAMBO KANGASHE, *La Constitution du 18 février 2006 à l'épreuve du constitutionnalisme, contraintes pratiques et perspectives*, Louvain-la-Neuve, Editions Academia Bruylant, 2010, p. 174 soutient que « (...) *Les libertés publiques sont différentes des libertés fondamentales. La différence porte sur l'intervention ou non de l'autorité publique dans leur exercice. Les libertés publiques sont des droits individuels et collectifs dont l'exercice fait intervenir la puissance publique. Ce qui n'est pas le cas pour les libertés fondamentales qui peuvent être exercées sans intervention de l'autorité publique, telle la protection de la vie privée ou le secret de la correspondance* ». Il y a lieu de se demander si cet auteur ne voulait pas plutôt parler des droits de l'homme qui, selon certains auteurs, sont « *des prérogatives et des facultés inhérentes à la personne humaine et utiles à son bien-être et à sa dignité. Puisque inhérents à la personne humaine, les droits de l'homme existent donc indépendamment de leur proclamation et de leur aménagement dans l'ordre juridique d'un Etat* », A. MAZYAMBO MAKENGO KISALA, « Introduction aux droits de l'homme : théorie générale, instruments, mécanismes de protection », *op.cit*, p. 227. Lire aussi, dans le même sens, F. SUDRE, *Droit européen et international des droits de l'homme*, Paris, PUF, 8ème édition revue et augmentée, septembre 2006, p. 13. Dans tous les cas, à l'époque actuelle dominée par le positivisme juridique, il est difficile de concevoir l'idée des droits qui pourraient exister sans leur reconnaissance et leur sanction par l'Etat.

[25] P. WACHSMANN, *Libertés publiques, op.cit.*, p. 2.

[26] R. DEGNI SEGUI, *Les droits de l'homme en Afrique noire francophone (théories et réalités)*, Abidjan, S.e., 1998, p. 41.

[27] P. WACHSMANN, *Libertés publiques, op.cit*, p. 4.

Bien plus, contrairement à ce qu'elles suggèrent, historiquement, la constitutionnalisation des droits de l'homme n'est pas toujours postérieure à leur institutionnalisation. Ainsi, selon François Borella :

> *« On ne peut trancher la question de savoir si c'est la Constitution qui crée les libertés ou si ce sont les libertés qui ont créé la Constitution. Il y a circularité : c'est la revendication des libertés qui entraine le mouvement de revendication d'une Constitution ; les déclarations des droits et libertés précèdent, en Angleterre, aux Etats-Unis, en France, l'élaboration des Constitutions. Mais les premières constitutions écrites contiennent des chapitres définissant et garantissant des droits et libertés. En France, le titre I de la Constitution de 1791, s'intitule « dispositions fondamentales garanties par la Constitution », et aux États-Unis, les dix premiers amendements sont appelés la Déclaration des droits 'Bill of Rights*[28]*».*

De ce qui précède, il y a lieu de paraphraser Patrick Wachsmann en affirmant « qu'*il est pour le moins prématuré de parler des droits fondamentaux (...), à moins que cela ne soit pour indiquer le chemin qui reste à parcourir pour soutenir ce que ces termes indiquent*[29] ». Cette conclusion est d'autant plus valable que l'application des droits constitutionnellement garantis est encore assez faible.

A tout prendre, dans le contexte actuel de la RDC, l'expression droits de l'homme semble la plus adéquate à condition de préciser dans quelle accession elle est utilisée. En effet, cette expression connaît trois acceptions, dont

---

[28] F. BORELLA, *Eléments de droit constitutionnel*, Paris, Presses de la Fondation nationale des sciences politiques, 2008, p. 271.

[29] P. WACHSMANN, « L'importation en France de la notion droits fondamentaux », *RUDH*, 2004, p. 40. Lire aussi, D. CHAGNOLLAUD, *Droit constitutionnel contemporain, tome 1, théorie générale, les régimes étrangers*, 4ème, Paris, Editions Armand Colin, p. 75. Selon le premier auteur cité, l'expression droits fondamentaux ne fait pas l'unanimité dans la doctrine française. Certains auteurs (Claude Leclercq, Jean Rivero, Dominique Turpin, Patrick Wachsmann, etc.) lui préfèrent l'expression libertés publiques. D'autres (Gilles Lebreton, Jean Roche, André Pouille, Jean Morange, etc.) l'ont adoptée en y ajoutant les appellations droits de l'homme ou libertés publiques. Outre Louis Favoreu qui en est l'instigateur, l'expression « droits fondamentaux et/ou libertés fondamentales » est surtout utilisée par ses collaborateurs du Groupe d'études et de recherches sur la justice constitutionnelle d'Aix-Marseille : Patrick Gaia, Richard Chevontian, Ferdinand Mélin-Soucramanien, Otto Pfersmann, Joseph Pini, André Roux, Guy Scoffoni et Jérôme Tremeau. S'y ajoutent Jean-Jacques Israel, Remy Cabrillac, Marie-Anne Frison-Roche, Thierry Revet, Mireille Delmas-Marty, Claude Lucas de Leyssac, etc. Lire à ce sujet P. WACHSMANN, *op.cit*, p. 42.

l'une relève de la théorie du droit naturel, et les deux autres, de celle du droit positif[30].

Du point de vue du droit naturel, les droits de l'homme s'entendent

> « *Des prérogatives et des facultés inhérentes à la personne humaine et utiles à son bien-être et à sa dignité. Puisque inhérents à la personne humaine, les droits de l'homme existent donc indépendamment de leur proclamation et de leur aménagement dans l'ordre juridique d'un Etat*[31] ».

Appartenant à l'homme par sa nature[32], ils « existent indépendamment de leur reconnaissance par le droit positif[33] ». Pareille acception des droits de l'homme ne pourrait intéresser le juge constitutionnel dont la mission se limite à assurer la suprématie de la Constitution, sans s'embarrasser des considérations religieuses, philosophiques ou morales.

Sous réserve de la source d'inspiration de la Constitution qu'elle peut y trouver, le même juge n'est pas non plus intéressé par les droits de l'homme entendus comme le « statut international des libertés[34] ».

Plus intéressante, en revanche, est l'approche des droits de l'homme proposée par Dominique Breillat en ces termes :

> « *Cette formule renvoie aux premiers textes juridiques et évoque le Bill of Rights de 1689 en Angleterre, qui précisément mentionne les droits et libertés du peuple, et la Déclaration des droits de l'homme et du citoyen de 1789. Cette formulation est surtout présente sur le plan international, avec notamment la Déclaration universelle des droits de l'homme du 10 décembre 1948 qui évoque cependant dans son préambule les droits fondamentaux de l'homme. L'expression est sans doute l'une des plus anciennes de celles utilisées. Elle a un aspect plus large. Le concept de droit est*

[30] Sur la conception jusnaturaliste et celle du positivisme, lire, avec intérêt F. HAMON et MICHEL TROPER, *Droit constitutionnel*, Paris, LGDJ, 28ème édition, 2003, pp. 25-28.

[31] A. MAZYAMBO MAKENGO KISALA, « Introduction aux droits de l'homme : théorie générale, instruments, mécanismes de protection », *op.cit*, p. 227. Abondant dans le même sens, S. GUINCHARD et G. MONTAGNIER (dir.), *Lexique de termes juridiques*, Paris, Dalloz, 8ème édition, 1990, p. 198, définissent les droits de l'homme comme des « droits inhérents à la nature humaine, donc antérieurs et supérieurs à l'Etat et que celui-ci doit respecter non seulement dans l'ordre des buts mais aussi des moyens ».

[32] A. KAMUKUNY MUKINAY, *Droit constitutionnel congolais, op.cit*, p. 164.

[33] J-L ESAMBO KANGASHE, *Le droit constitutionnel, op.cit*, p. 193.

[34] P. WACHSMANN, *Les droits de l'homme*, *op.cit*, p. 2.

plus large que celui de liberté. L'idée de droit absorbe celle de liberté (...)[35] ».

Abondant dans le même sens, Gérard Cornu définit les droits de l'homme comme :

> « *L'ensemble de facultés et prérogatives considérées comme appartenant naturellement à tout être humain dont le droit public, notamment constitutionnel, s'attache à imposer à l'Etat le respect et la protection en conformité avec certains textes de portée internationale*[36] ».

Yves Madiot est encore plus explicite lorsqu'il définit les droits de l'homme comme :

> « *Les droits de la personne reconnus au plan national et international et dont le respect assure, dans un certain état de civilisation, une conciliation entre l'affirmation de la dignité de la personne humaine et sa protection et le maintien de l'ordre public*[37] ».

Il en est de même pour Fréderic Sudre qui y voit « des droits et facultés assurant la liberté et la dignité et bénéficient des garanties nelles[38] ». En ce qui le concerne, Jacques Mourgeon relève que « les droits de l'homme se définissent comme étant des prérogatives, gouvernées par des règles que la personne (physique ou morale) détient en propre dans ses relations avec d'autres personnes (physiques ou morales) ou avec le pouvoir[39] ». Quant à René Degni Segui, il soutient que les droits de l'homme constituent « un ensemble de droits et libertés que l'Etat reconnaît dans son ordre juridique et dans l'ordre juridique international, aux individus et qu'il

---

[35] D. BREILLAT, *Libertés publiques et droits de la personne humaine, op.cit*, p. 26. Cette définition est ici préférée à celle qui considère les droits de l'homme comme l'étude du statut international des libertés en opposition aux libertés publiques considérées comme l'étude du régime juridique des libertés. Dans tous les cas, « le découpage académique des matières juridiques (...) n'est pas définitivement fixé ». Lire à ce sujet P. WACHSMANN, *Libertés publiques, op.cit*, p.2.

[36] G. CORNU, *Vocabulaire juridique*, Paris, 8ème édition mise à jour, 2ème tirage, PUF, mai 2008, p. 335. Pour P. WACHSMANN, *Libertés publiques, idem*, p. 2, les « *droits de l'homme* (s'entendent de) *l'étude du statut international des libertés* ». Très étroite, cette acception des droits de l'homme ne sera pas prise en compte dans le cadre de la présente dissertation scientifique.

[37] Y. MADIOT, *Droits de l'homme et libertés publiques*, Paris, Masson, 1976, p. 19 cité par G. NTIRUMENYERWA M. KIMONYO, « Le système onusien de protection des droits de l'homme : les mécanismes de protection fondés par la Charte des Nations unies : ECOSOC, CDH, HCNUDH », in *Séminaire de formation Cinquantenaire de la DUDH, 18 novembre-10 décembre 1998*, Kinshasa, PUK, 1999, p. 65.

[38] F. SUDRE, *Droit européen et international des droits de l'homme, op.cit*, p. 12.

[39] J. MOUGEON, *Les droits de l'homme*, Paris, PUF, 7ème édition, 1998, p. 7.

tège[40] ». Cette définition semble assez large[41] pour prendre en compte l'ensemble de droits dont la protection incombe au juge constitutionnel[42].

Certes, le mot « homme » peut prêter à confusion : on peut se demander s'il s'agit de l'homme, au sens générique du terme, sans distinction de sexe, ou de l'homme, par opposition à la femme. C'est pour gommer ce caractère faussement sexiste de l'expression « droits de l'homme » que d'aucuns lui préfèrent les expressions droits de la personne humaine ou droits humains[43]. Elle n'en mérite pas moins d'être retenue, en ayant à l'esprit le fait que le mot « homme » est pris ici dans son sens générique.

---

[40] R. DEGNI SEGUI, *Les droits de l'homme en Afrique noire francophone (théories et réalités)*, *op.cit*, p. 1.

[41] Aux termes de l'article 2 de la Loi organique n° 13/011 du 21 mars 2013 portant institution, organisation et fonctionnement de la Commission nationale des droits de l'homme, *JORDC*, 54ème année, numéro spécial, 1er avril 2013, p. 3 : « Au sens de la présente loi, il faut entendre par droits de l'homme, les droits inaliénables et inhérents aux êtres humains tels définis par les dispositions du titre II de la Constitution et par les instruments juridiques internationaux y relatifs, dûment ratifiés et dont le respect et l'exercice, garantis par l'Etat, permettent l'épanouissement intégral de l'homme ». Cette définition s'avère plus restrictive pour trois raisons au moins. D'abord, elle limite les droits de l'homme à ceux consacrés par la Constitution et les instruments juridiques internationaux ratifiés par la RDC. Les droits reconnus par les lois sont ainsi omis. Ensuite, la même définition ne prend en compte que les droits consacrés par le titre II de la Constitution, excluant de ce fait ceux qui le sont dans ses autres titres, tels que le droit à la nationalité, le droit du peuple à la souveraineté permanente sur les ressources naturelles, le droit de vote (Titre I) et l'indépendance du pouvoir judiciaire (Titre III). Enfin, les droits de l'homme affirmés par les instruments internationaux non susceptibles de ratification ne sont pas non plus pris en compte.

[42] Pour l'utilisation de cette expression par dans la doctrine congolaise, lire aussi, NGONDANKOY NKOY-EA-LOONGYA, *Droit congolais des droits de l'homme*, *op.cit*., p. 22. Nombre d'auteurs congolais semblent avoir adopté cette acception du concept droits de l'homme. Tel est le cas notamment de NYABIRUNGU MWENE SONGA, « L'évolution du droit pénal et les droits de l'homme », in *Annales de la Faculté de droit*, Vol. VIII-X, 1979-1981, pp. 111-127 ; *Droit international pénal : crimes contre la paix et la sécurité de l'humanité*, Kinshasa, Editions DES, 2013, pp. 57-58 ; A. MBATA BETUKUMESU MANGU, « Perspectives du constitutionnalisme et de la démocratie en République démocratique du Congo sous l'empire de la Constitution du 18 février 2006 », in BULA BULA SAYEMAN (dir.), *Pour l'épanouissement de la pensée juridique congolaise. Liber Amicorium Marcel Antoine Lihau*, Bruxelles et Kinshasa, Bruylant et PUK, 2006, pp. 185-224 ; P. AKELE ADAU, « Enjeux de la démocratie en République démocratique du Congo : questions fondamentales pour le chrétien catholique », in *Pour l'épanouissement de la pensée juridique congolaise, op.cit*, p.27 ; MUTOY MUBIALA, « Article 25 », in M. KAMTO (dir.), *La Charte africaine des droits de l'homme et des peuples et le Protocole y relatif portant création de la Cour africaine des droits de l'homme et des peuples : commentaire article par article*, Bruxelles, Editions Bruylant et de l'Université de Bruxelles, 2011, p. 649.

[43] Selon E. DECAUX, *Droit international public*, Paris, Dalloz, 6ème édition, 2008, p. 250, *« La traduction littérale de « droits humains » peut être perçue comme un contresens linguistique et une impasse juridique remettant en cause plus de deux siècles consacrés dans les textes nationaux et internationaux ».*

De ce qui précède, nous retiendrons avec René Degni Segui que les droits de l'homme sont un ensemble de droits et libertés que l'Etat reconnaît dans son ordre juridique et dans l'ordre juridique international, aux individus et aux peuples et qu'il protège. Néanmoins, dans le cadre de la présente étude, ils seront utilisés au sens de droits de l'homme constitutionnellement garantis.

En guise d'introduction à la présente étude, il y a lieu d'en cerner au préalable la problématique (I), avant d'en préciser, tour à tour, l'intérêt (II), la délimitation (III), les hypothèses de travail (IV), les méthodes et technique de recherche utilisées (V), ainsi que le plan sommaire (VI).

I. Problématique de l'étude

Un lien étroit unit les droits de l'homme aux Constitutions. Les premières Constitutions écrites consacrent les droits de l'homme. L'intérêt de ceux-ci est mis en exergue par l'article 16 de la Déclaration des droits de l'homme et du citoyen aux termes duquel : « Toute société dans laquelle la garantie des droits n'est pas assurée, ni la séparation des pouvoirs déterminée n'a point de Constitution[44] ».

En Afrique subsaharienne, la constitutionnalisation des droits de l'homme remonte à l'époque coloniale[45]. Inaugurée par la Constitution guinéenne du 10 novembre 1958, elle s'est poursuivie au fil du temps, avec d'autres textes constitutionnels, notamment la Loi fondamentale du 17 juin 1960 relative aux libertés publiques[46]. Le nouveau constitutionnalisme observé sur le continent au lendemain des conférences nationales des années 1990 lui a donné une nouvelle impulsion[47].

---

[44] Pour de plus amples informations sur ce sujet, lire, A. MAMPUYA KANUNK'A TSHIABO, « Préface » de J-L ESAMBO KANGASHE, *Le droit constitutionnel, op.cit*, pp. 10-12.

[45] Lire à ce sujet, M. KAMTO, « Charte africaine, instruments internationaux de protection des droits de l'homme, constitutions nationales : articulations respectives », in J-F. FLAUSS et E. LAMBERT-ABDELAGWAD (dir.), *L'application nationale de la Charte africaine des droits de l'homme et des peuples*, Bruxelles, Bruylant et Némésis, 2004, pp. 32-33 ; J. ZIEGLER, *Sociologie de la nouvelle Afrique*, Paris, Gallimard, 1964, pp. 23-28 ; D-G. LAVROFF et G. PEISER., *Les constitutions africaine. L'Afrique noire francophone et Madagascar, texte et commentaire*, Paris, Editions A. Pedone, 1961, spécialement, pp. 18-21.

[46] Lire notamment, M. WETSH'OKONDA KOSO., *Les textes constitutionnels congolais annotés*, Kinshasa, Ed. CDHC-ASBL, 2010, pp. 69-74.

[47] Sur la constitutionnalisation des droits de l'homme dans les Constitutions africaines de la période post Conférences nationales souveraines, lire notamment R. DEGNI-SEGUI, *Les droits de l'homme en Afrique noire francophone (théories et réalités), op.cit*, p.20 ; T. HOLO, « Emergence de la justice constitutionnelle », *op.cit.*, pp. 101-102 ; A. BOURGI, « L'évolution du constitutionnalisme en Afrique : du formalisme à l'effectivité », *RFDC*, n°52, 2004/4, p. 740. Lire aussi, avec intérêt, MOHAMADOU DIARRA, *La protection*

L'existence d'un juge constitutionnel, sous la forme d'une juridiction autonome et spécialisée ou celle d'une chambre spécialisée d'une Cour suprême compte aussi au nombre des constantes du constitutionnalisme africain[48].

De ce qui précède, il y a lieu d'affirmer que, théoriquement tout au moins, depuis leur accession à la souveraineté internationale, les États africains ont toujours réuni les conditions nécessaires à la protection, par le juge constitutionnel, des droits de l'homme.

Dans la pratique, cependant, la situation a beaucoup évolué avec le temps. Deux périodes peuvent être distinguées : la première, allant de l'accession à la souveraineté internationale aux conférences nationales était marquée par le « mal d'exister »[49] du juge constitutionnel. Aussi, la protection des droits de l'homme par ce juge ne pouvait-elle pas franchir l'épreuve de son effectivité. La seconde, qui s'étend des conférences nationales des années 1990 à ce jour connaît une situation plutôt contrastée selon les États. Dans certains, le juge constitutionnel fait preuve d'un activisme remarquable

---

constitutionnelle des droits et libertés en Afrique noire depuis 1990 : les cas du Mali et du Bénin, disponible en ligne à l'adresse http://afrilex.u-bordeaux4.fr/sites/afrilex/IMG/pdf/2doc8diarra.pdf (12 janvier 2012) ; G. ROMUALD. BIENVENU, « De la conditionnalité économique à la conditionnalité politique : les vicissitudes de la démocratie en Afrique », *Revue juridique et politique des Etats francophones*, n°2, avril-juin 2007, pp. 165-166 ; BABACAR GUEYE, « La démocratie en Afrique : succès et résistances », La démocratie en Afrique, *Pouvoirs*, n° 129, pp. 9-10.

48 Sur le juge constitutionnel en Afrique avant les années 1990, lire notamment G. CONAC (dir.), *Les Cours suprêmes en Afrique, I, organisation, finalités, procédure*, Paris, Economica, 1988, 437 p ; BURDEAU G., *Traité de science politique, le statut du pouvoir dans l'Etat*, tome IV, 10ème édition, Paris, L.G.D.J, 1969 ; D-G. LAVROFF et G. PEISER., *op.cit.*, pp. 20-21. Sur l'avènement des cours constitutionnelles autonomes et spécialisées à dater des années 1990, lire notamment DEGNI SEGUI R., *Les droits de l'homme en Afrique (théories et réalités)*, Abidjan, 1998, p. 68 ; A. BOUGI, « L'évolution du constitutionnalisme en Afrique : du formalisme à l'effectivité », *idem*, pp. 735-740 ; SORRY BALDE, *Juge constitutionnel et transition démocratique en Afrique*, disponible en ligne à l'adresse http://www.la-constitution-en-afrique.org/2-categorie-10195441.html ; M. NGUELE ABADA, *L'indépendance des juridictions constitutionnelles dans le constitutionnalisme des Etats francophones post guerre froide : l'exemple du Conseil constitutionnel camerounais*, disponible en ligne à l'adresse http://www.droitconstitutionnel.org/congresmtp/textes5/ABADA.pdf (16 juin 2013) ; MOUHAMADOU MOUNIROU SY, *La protection constitutionnelle des droits fondamentaux en Afrique, l'exemple du Sénégal*, *op.cit.*, p. 37 ; BABACAR GUEYE, « La démocratie en Afrique : succès et résistances », *op.cit*, pp. 9-10 et 13-14.

49 Autrement dit, le juge constitutionnel était plus formel qu'effectif. L'expression est empruntée à F. MODERNE, « Les juridictions constitutionnelles en Afrique », in G. CONAC (dir.), *Les Cours suprêmes en Afrique, Tome I*, *op.cit*, p. 22. Sur les difficultés rencontrées pour la mise en place de la justice constitutionnelle en RDC, lire, avec intérêt, A. KAMUKUNY MUKINAY, *Contribution à l'étude de la fraude en droit constitutionnel congolais*, Louvain-La-Neuve, Academia et l'Harmattan, 2010, pp. 296-330.

en matière de protection des droits de l'homme : Afrique du Sud[50], Bénin[51], Mali[52], Nigéria[53] et Sénégal[54] qui ont réussi leur admission dans le cercle fermé des véritables cours constitutionnelles.

---

[50] Entre autres contributions scientifiques sur la protection constitutionnelle des droits de l'homme dans ce pays, il y a lieu de lire, X. PHILIPPE, « La démocratie constitutionnelle sud-africaine : un modèle ? », *Pouvoirs* n° 129 (2009), pp. 157-168 ; « Les clauses de limitation et d'interprétation des droits fondamentaux dans la Constitution sud-africaine de 1996 », in MARYZE BARDREZ et T. DI MANNO, *La communication entre les systèmes juridiques, Liber Amicorium Jean-Claude Esacarras*, Bruxelles, Editions Bruylant, 2005, pp. 897-926 ; « Le contrôle des lois constitutionnelles en Afrique du Sud », *Cahiers du Conseil constitutionnel* n°27-janvier 2010, 6 p ; A. F. HOURQUEBIE, *La diffusion du constitutionnalisme en Afrique du Sud : une analyse à travers la décision de la Cour constitutionnelle du 6 juin 1995 portant inconstitutionnalité de la peine de mort*, disponible en ligne à l'adresse *http://www.droitconstitutionnel.org/congresmtp/textes7/HOURQUEBIE.pdf* (13 février 2012) ; NOEL LENOIR, « Le nouvel ordre constitutionnel en Afrique du Sud », *Cahiers du Conseil constitutionnel* n°1-décembre 1996, 6 p ; M. KAMTO, « Charte africaine, instruments internationaux de protection des droits de l'homme, constitutions nationales : articulations respectives », *op.cit*, pp. 38-39 ; BABACAR GUEYE, « La démocratie en Afrique : succès et résistances », *op.cit*, p.14.

[51] La protection constitutionnelle des droits de l'homme au Bénin fait l'objet d'une littérature abondante. A titre d'exemple, on citera notamment, G. BADET, *Les attributions originales de la Cour constitutionnelle du Bénin*, Cotonou, Friedrich Ebert Stiftung, 2013 ; A. BOURGI, « L'évolution du constitutionnalisme en Afrique : du formalisme à l'effectivité », *RFDC*, *op.cit*, pp. 721-748 ; C. KEUTCHA TCHPNGA, « Le juge constitutionnel, juge administratif au Bénin et au Gabon », *Revue française de droit constitutionnel*, 2008/3-n°75, pp. 551-583 ; J. DU BOIS DE GAUDUSSON, *Défense et illustration du constitutionnalisme en Afrique après quinze ans de pratique du pouvoir*, disponible en ligne à l'adresse *http://www.la-constitution-en-afrique.org/article-17104156.html* (13 février 2012) ; T. HOLO, « Emergence de la justice constitutionnelle », *op.cit*, pp. 101-113 ; MAYACINE DIAGNE, « Le juge constitutionnel africain et la pratique des réserves d'interprétation », *Revue juridique et politique des Etats francophones* n°3, juillet-septembre 2008, pp. 367-400 ; S. BOLLE, *Le délit d'adultère hors la loi*, disponible en ligne à l'adresse *http://www.la-constitution-en-afrique.org/article-34586022.html* ; *Le Code des personnes et de la famille devant la Cour constitutionnelle du Bénin. La décision DCC 02-144*, disponible en ligne à l'adresse *http://afrilex.u-bordeaux4.fr/le-code-des-personnes-et-de-la.html* (13 février 2012) ; IBRAHIM SALAMI, *Le traitement discriminatoire des délits du mariage devant les cours constitutionnelles béninoise et congolaise*, disponible en ligne à l'adresse *http://ddata.over-blog.com/1/35/48/78/Afrique/SALAMI-traitement-discriminatoire-delits-de-mariage.doc* (13 février 2012) ; N. MEDE, *Note sous Cour constitutionnelle du Bénin DDC 02/058 du 4 juin 2002, Adèle Favi*, disponible en ligne à l'adresse http://afrilex.u-bordeaux4.fr/note-sous-cour-constitutionnelle.html; ABDOULAYE DIARRA, *La protection constitutionnelle des droits et libertés en Afrique noire francophone à partir de 1990 : le cas du Bénin et du Mali*, *http://www.afrilex.u-bordeaux4.fr/sites/afrilex/IMG/pdf/2doc8diarra.pdf;* BABACAR GUEYE, « La démocratie en Afrique : succès et résistances », *op.cit*, p. 14.

[52] Lire notamment, ABDOULAYE DIARRA, *La protection constitutionnelle des droits et libertés en Afrique noire francophone à partir de 1990 : le cas du Bénin et du Mali*, *op.cit*, *http://www.afrilex.u-bordeaux4.fr/sites/afrilex/IMG/pdf/2doc8diarra.pdf*.

[53] Lire à ce sujet, M. KAMTO, « Charte africaine, instruments internationaux de protection des droits de l'homme, constitutions nationales : articulations respectives », *idem*, pp. 39-40.

Dans d'autres, par contre, la protection des droits de l'homme n'a pas connu une avancée significative[55]. Albert Bourgi résume cette situation en ces termes :

> *« (...) la réalité du constitutionnalisme se réduit, aujourd'hui, sous des formes variées, non dépourvues parfois d'ambiguïté politique, aux États (Bénin, Madagascar, Sénégal essentiellement) où les traditions de juridisme sont enracinées, ainsi qu'aux rares pays qui, comme le Mali, s'efforcent de faire triompher les valeurs de la démocratie. Ailleurs, les textes constitutionnels pour parfaits qu'ils soient dans leur libellé, leur ordonnancement ou l'affirmation des grands principes républicains, ne rendent pas compte des insuffisances qui subsistent sur le terrain de l'application et de la pratique du droit[56] ».*

La présente dissertation se propose donc de s'appesantir sur l'expérience congolaise en la matière en vue de voir à laquelle de ces deux catégories d'États la RDC appartient. Concrètement, il s'agit de se demander s'il existe, une jurisprudence congolaise protégeant les droits de l'homme et, dans l'affirmative, quelle serait la qualité de cette protection juridictionnelle des droits de l'homme. Les raisons à la base l'efficacité ou non de la protection des droits ainsi que les voies et moyens les plus appropriés susceptibles d'en améliorer le rendement seront également abordés.

II. Intérêt du travail

Loin d'être seulement théorique, l'intérêt de la présente étude est également pratique. Sur le plan théorique, il peut être envisagé au quadruple point de vue normatif, institutionnel, jurisprudentiel et politique. Plusieurs textes juridiques tant internationaux que nationaux sont d'application en matière de protection des droits de l'homme par le juge constitutionnel congolais. En les revisitant et en les confrontant les uns aux autres, la recherche se veut une contribution, aussi modeste soit-elle, au développement de leur connaissance.

---

54 Lire, avec intérêt, MOUHAMADOU MOUNIROU SY, *La protection constitutionnelle des droits fondamentaux en Afrique, l'exemple du Sénégal, op.cit.*

55 Lire notamment S. BOLLE., *L'exception d'inconstitutionnalité au Burkina Faso : un droit illusoire ?*, disponible en ligne à l'adresse http://www.la-constitution-en-afrique.org/article-16538693.html (13 février 2012) ; T. HOLO, « Emergence de la justice constitutionnelle », *op.cit.*, p. 108 ; BABACAR GUEYE, « La démocratie en Afrique : succès et résistances », *op.cit*, p. 20.

56 A. BOURGI, « L'évolution du constitutionnalisme en Afrique : du formalisme à l'effectivité », *op.cit.*, p. 746.

Elle entend également contribuer à une meilleure connaissance de la CSJ, plus précisément de son organisation, de son fonctionnement, de sa pratique et de sa jurisprudence.

Olivier Duhamel soutient à ce sujet que :

> « *On n'imagine pas un ouvrage de droit administratif qui ne traiterait pas de la jurisprudence du Conseil d'Etat. Un ouvrage de droit constitutionnel sans références aux droits fondamentaux et à leur interprétation par le juge constitutionnel relève d'un autre âge*[57] ».

L'intérêt ainsi porté à la jurisprudence constitutionnelle, particulièrement celle relative aux droits de l'homme, s'explique notamment par le fait que, comme l'a affirmé Charles Evans Hugues : « *nous sommes soumis à une Constitution, mais la Constitution est ce que les juges disent qu'elle est*[58] ». Autrement dit, pour paraphraser ce juge américain, nous sommes titulaires des droits de l'homme et les droits de l'homme sont surtout ce que la CSJ siégeant comme juge constitutionnel dit qu'ils sont ou encore, il n'y a pas meilleure connaissance des droits de l'homme que celle qu'offre la jurisprudence pertinente de la Haute Cour. Mieux, les droits de l'homme ne sont autres que ce qu'ils sont selon le juge constitutionnel,[59] c'est-à-dire la CSJ. Katuala Kaba Kashala est du même avis lorsqu'il affirme que :

> « *Commenter les Constitutions en prenant appui sur les arrêts de la Cour suprême de justice, c'est (...) prouver que l'on connaît le droit dans ce qu'il a d'essentiel, c'est-à-dire au-delà des théories spéculatives et asseoir sa démarche sur une pratique qui a fait ses preuves*[60] ».

Du fait du défaut de sa publication tant par le Journal officiel que par le Bulletin des arrêts de la CSJ qui en ont pourtant le devoir[61] et/ou de sa négli-

---

57 O. DUHAMEL, *Le pouvoir politique en France*, Paris, 5ème édition, Seuil, 2003, p. 362.

58 D. CHAGNAULAUD, Droit *constitutionnel contemporain, tome 1, théorie générale, les régimes étrangers*, Paris, 4ème édition, Armand Colin, 2005, p. 357 ; NTUMBA-LUABA LUMU, *Droit constitutionnel général*, Kinshasa, PUA, 2007, p. 12 ; J. DJOLI ESENG'EKELI, *Droit constitutionnel, Tome 1, principes structuraux*, Kinshasa, EUA, 2010, p. 192.

59 S. BOLLE, *Les droits de l'homme selon le juge constitutionnel*, disponible en ligne à l'adresse *http://www.la-constitution-en-afrique.org/article-les-droits-de-l-homme-selon-le-juge-constitutionnel-79507577.html* (13 février 2012).

60 KATUALA KABA KASHALA, Préface de M. WETSH'OKONDA KOSO, *Les Textes constitutionnels congolais annotés*, Kinshasa, Editions de la CDHC, 2010, p. 7.

61 Sur le devoir de publication de ses arrêts, en général, et de ceux relatifs au contrôle de constitutionnalité des lois par la CSJ , en particulier, lire l'article 28 de l'Ordonnance-loi relative à la procédure devant la C.S.J, notamment dans *Les Codes Larcier, République démocratique du Congo, Tome I, Droit civil et judiciaire*, Bruxelles, Larcier et Afrique Editions, 2010, p. 118. En ce qui concerne la publication des mêmes arrêts par le Journal

gence par la doctrine congolaise, la jurisprudence constitutionnelle congolaise reste, dans une large mesure, méconnue. Dans ces conditions, il est normal qu'elle ne soit pas prise en compte, sinon pas suffisamment, dans les programmes d'enseignement[62]. Dès lors, en analysant l'essentiel de cette jurisprudence, la contribution de la présente étude à une meilleure connaissance des droits de l'homme, particulièrement du droit constitutionnel congolais des droits de l'homme et à la diffusion du contentieux constitutionnel congolais des droits de l'homme, ainsi qu'à leur progrès se passe de tout commentaire.

En évaluant le degré de protection par la CSJ des droits de l'homme, la recherche se propose, également, de jeter un nouvel éclairage sur le constitutionnalisme congolais et la consolidation de l'État de droit ainsi que celle de la démocratie dans cet État[63]. Les auteurs n'ont-ils pas noté que « *Qui dit Etat de droit dit droits fondamentaux, contrôle de constitutionnalité et protection juridictionnelle des citoyens* [64] » et que « *la protection des droits de l'homme et des libertés de la personne (...) demeure un des aspects essentiels du constitutionnalisme*[65] » ?

Sur le plan pratique, l'intérêt de l'étude se laisse facilement deviner aussi bien pour les institutions juridictionnelles, en l'occurrence la CSJ, la Cour constitutionnelle appelée à la remplacer et d'autres juridictions congolaises- et pour les animateurs des autres institutions publiques ainsi que les justiciables, leurs conseils ainsi que les défenseurs des droits de l'homme.

---

officiel, lire l'article 135 de l'Ordonnance-loi relative à la C.S.J, notamment dans *Les Codes Larcier, op.cit*, p. 142.

62 Selon F. VUNDUAWE te PEMAKO, *Traité de droit administratif*, Bruxelles, Editions Larcier, 2007, p. 10, le programme de cours en vigueur à la Faculté de droit ne prévoit pas les enseignements de contentieux constitutionnel. Lire aussi, A. KAMUKUNY MUKINAY, *Contribution à l'étude de la fraude en droit constitutionnel congolais, op.cit*, p. 361 ; *Droit constitutionnel congolais, op.cit*, pp.324-326. Il faut également déplorer le fait que, de manière générale, la jurisprudence administrative congolaise n'occupe qu'une place marginale dans les cours pourtant consacrés au contentieux administratif. Au total, une des tares de l'enseignement du droit public congolais, en général, et du droit constitutionnel, du droit administratif et du droit international, en particulier, réside dans son caractère théorique.

63 Sur ces notions et les liens qui les unissent, lire, J-L ESAMBO KANGASHE, *La Constitution du 18 février 2006 à l'épreuve du constitutionnalisme*, *op.cit*, pp. 19-21 ; A. KAMUKUNY MUKINAY, *Contribution à l'étude de la fraude en droit constitutionnel congolais, op.cit*, pp. 70-87.

64 S. BALDE, *Juge constitutionnel et transition démocratique en Afrique*, disponible en ligne à l'adresse http://www.la-constitution-en-afrique.org/article-juge-constitutionnel-et-transition-democratique-64902944.html (20 décembre 2011).

65 ABDOULAYE DIARRA, *La protection constitutionnelle des droits et libertés en Afrique noire francophone à partir de 1990 : le cas du Bénin et du Mali, op.cit.*

Les institutions juridictionnelles ne manqueront certainement pas d'y trouver des informations nécessaires à l'exercice de leurs attributions dans le respect de la jurisprudence de la CSJ conformément aux dispositions de l'article 168 de la Constitution aux termes duquel : « *Les arrêts de la Cour constitutionnelle ne sont susceptibles d'aucun recours et sont immédiatement exécutoires. Ils sont obligatoires et s'imposent aux pouvoirs publics, à toutes les autorités administratives et juridictionnelles, civiles et militaires ainsi qu'aux particuliers* ».

Il en sera de même des autres institutions publiques qui, conformément aux mêmes dispositions constitutionnelles, seront édifiés sur la nécessité de respecter la jurisprudence de la CSJ non seulement en aval, à la suite des arrêts d'inconstitutionnalité de leurs œuvres, mais aussi et surtout en amont, avant la soumission de celles-ci au juge constitutionnel en vue de l'appréciation de leur conformité à la Constitution.

Quant aux justiciables, à leurs conseils et aux défenseurs des droits de l'homme, ils y trouveront de bonnes raisons pour saisir les juges, dans le respect des règles de l'art, en cas de violations des droits de l'homme.

En somme, c'est une contribution au triomphe de la cause des droits de l'homme en RDC et partant, à la consolidation de l'Etat de droit et du constitutionnalisme.

III. Délimitation du travail

Pour les besoins de l'efficacité, l'étude connaît une quadruple délimitation institutionnelle, matérielle, temporelle et spatiale.

Au plan institutionnel, bien que quelques références seront faites aux autres juridictions congolaises ainsi qu'à certaines juridictions étrangères, essentiellement africaines et française, la présente étude porte sur la CSJ. La raison en est qu'elle fait office de juge constitutionnel congolais en attendant l'installation de la Cour constitutionnelle. Le fait que la CSJ est située au sommet de la pyramide judiciaire congolaise et que ses décisions, du moins celles qu'elle prononce en tant que Cour constitutionnelle, s'imposent à toutes les autres juridictions en constitue une raison supplémentaire.

Sur le plan matériel, de toutes les attributions qu'exerce actuellement la CSJ, seules celles de juge constitutionnel vont retenir notre attention. En revanche, les attributions de juge administratif suprême, de cassation comme celles de juge pénal ne seront pas abordées. En dépit du fait que les cours et tribunaux, tout comme les individus, se rendent coupables de violations des droits de l'homme, que le juge de cassation et le juge pénal ont la charge de censurer (Violation horizontale des droits de l'homme), la plupart des violations de ces droits sont le fait du législateur et de l'administration, considérés comme les « violateurs principaux des droits de l'homme » (Violation verticale des droits de l'homme)[66]. De ce fait, c'est surtout à l'aune de la protection des droits de l'homme contre les menaces que l'un et l'autre font peser sur ces droits que devrait s'apprécier l'efficacité de leur protection par la CSJ.

Sur le plan spatial, quoique, pour des raisons de comparaison, des incursions seront faites dans d'autres États, c'est essentiellement la RDC, État dans les limites duquel la CSJ exerce sa compétence territoriale qui sert d'assiette de l'étude.

Enfin, sur le plan temporel, sera prise en compte la période allant de 2003, date de l'essor de la jurisprudence constitutionnelle congolaise, à ce jour. Il n'empêche que quelques décisions prononcées antérieurement à cette date puissent être évoquées autant que les perspectives d'avenir du contentieux congolais des droits de l'homme.

IV. Hypothèses de travail

La présente étude part de cinq hypothèses principales. Selon de nombreux auteurs et en raison de multiples contraintes auxquelles elle est confrontée, la justice congolaise, en général, et celle offerte par la CSJ faisant office de juge constitutionnel[67], en particulier, ne réunit pas les conditions nécessaires à l'accomplissement de la mission délicate de la protection des droits de l'homme[68]. La première hypothèse postule donc à relativiser cette

---

66 R. DEGNI-SEGUI, *Les droits de l'homme en Afrique noire francophone (théories et réalités)*, *op.cit.*, p. 67.

67 Ce statut tire sa base juridique de l'article 223 de la Constitution aux termes duquel : « *En attendant l'installation de la Cour constitutionnelle, du Conseil d'Etat et de la Cour de cassation, la Cour suprême de justice exerce les attributions leur dévolues par la présente Constitution* ».

68 Lire à ce sujet, KABANGE NTABALA, « Quelle Constitution pour la Troisième République », *Annales de la Faculté de droit*, vol. XXV, PUZ, août 1996, pp. 98-99 ; MBOYO EMPENGE EA LONGILA, « La mégarde de modèles de Constitution euro-occidentales et l'élaboration d'une Constitution zaïroise de développement véritablement intériste », *Annales de la Faculté de droit*, vol. XXV, PUZ., août 1996, p. 172 ; MATADI NENGA GAMANDA, *La question du pouvoir judiciaire en République démocratique du Congo : contribution à une étude de la reforme*, Kinshasa, Droit et idées nouvelles, pp. 377-378 ; MABANGA MONGA MABANGA, *Le contentieux constitutionnel congolais*, Kinshasa, EUA, 1999, pp. 76-80 ; NTUMBA LUABA, Préface à l'ouvrage de MABANGA MONGA MABANGA, *Le contentieux constitutionnel congolais*, *op.cit*, pp. 6-7 ; E. BOSHAB, « La misère de la justice et justice de la misère en République démocratique du Congo », *Revue de la recherche juridique-Droit prospectif*, n°3 (1998), pp. 1163-1184 ; T. MUHINDO MALONGA et V. KAVUSA KALEMBA, « Les limites du principe de légalité dans l'action administrative », *Parcours et Initiatives, Revue de recherches interdisciplinaires de l'Université catholique du Graben n°7*, mai 2008, pp. 3-22 ; NGONDANKOY

thèse. La protection des droits de l'homme, par la CSJ, semble plutôt avoir évolué au fil du temps. Deux saisons peuvent être distinguées. La première va de la création de cette juridiction, en 1968, au début de la période de transition en 2003 tandis que la seconde court de cette date à ce jour. Si la thèse de l'incapacité de la CSJ en matière de protection des droits de l'homme se vérifie pendant la première période, tel ne semble pas le cas pour la seconde au cours de laquelle la protection des droits de l'homme semble plutôt avoir pris son essor.

La deuxième hypothèse porte sur la catégorie des droits de l'homme ayant bénéficié de la protection de la CSJ et qui consiste essentiellement dans les droits civils et politiques. Quant aux droits économiques, sociaux et culturels ainsi qu'aux droits dits de solidarité, ils auraient plutôt été privés de ce privilège de juridicité.

À l'instar des cours américaines et européennes, certaines juridictions constitutionnelles africaines font usage, dans l'exercice de leurs attributions en matière de protection des droits de l'homme, des techniques efficaces de contrôle de constitutionnalité des normes.

Contrôle de constitutionnalité à double détente, déclaration de conformité à la Constitution sous réserve, prise en compte de la théorie de l'erreur manifeste d'appréciation ou de proportionnalité, recours, au-delà de l'interprétation littérale de la Constitution, à d'autres méthodes

---

NKOY-ea-LOONGYA, *Le contrôle de constitutionnalité en République démocratique du Congo. Etude critique d'un système de justice constitutionnelle dans un Etat à forte tradition autocratique*, thèse de doctorat en Sciences juridiques, UCL, 2008, pp. 170-174 ; J-L. ESAMBO, *La Constitution du 18 février 2006 à l'épreuve du constitutionnalisme, op.cit*, pp. 228-230 ; A. KAMUKUNY MUKINAY, *Le droit constitutionnel congolais, op.cit*, pp. 348-352. Selon ce dernier auteur, « *la Constitution en vigueur ...a battu le record en ce domaine de promotion des droits de l'homme, même si la protection effective de ces droits n'a pas suivi* ». A. KAMUKUNY MUKINAY, *Le droit constitutionnel congolais, op.cit*, p. 289. Il s'interroge plus loin : « *Peut-on affirmer sans crainte d'être contredit que le pouvoir de contrôle de constitutionnalité reconnu au pouvoir judiciaire congolais depuis 1960 a été admirablement exercé ou que les droits consignés dans les diverses constitutions depuis l'indépendance ont été protégés par le juge congolais ? Il nous semble qu'une réponse affirmative à ce questionnement risque d'être contredit par la réalité* ». A. KAMUNUKNY MUKINAY, *Le droit constitutionnel congolais, idem*, p. 329. Le moins qu'on puisse dire c'est qu'il y a lieu de déplorer que l'auteur n'ait pas étayé ses affirmations par la réalité ainsi évoquée qui n'est autre que la jurisprudence constitutionnelle de la CSJ. Ce faisant, il est tombé lui-même dans le piège dans lequel il reproche à Ngondankoy Nkoy-ea-Loongya d'être tombé en ces termes : « *Ngondankoy Nkoy-ea-Loongya ...trouve, sans le démontrer, que certains mécanismes ont été expérimentés avec plus ou moins de réussite et d'autres avec des résultats mitigés* ». A. KAMUKUNY MUKINAY, *ibidem*, p. 313. De nombreux autres auteurs africanistes et congolais sont tombés dans le même piège. Lire à ce sujet J. DU BOIS DE GAUDUSSON, *Défense et illustration du constitutionnalisme en Afrique*, disponible en ligne à l'adresse *http://www.la-constitution-en-afrique.org*.

d'interprétation telles que l'interprétation systématique, l'interprétation téléologique, l'interprétation logique, l'utilisation des traités internationaux et de la jurisprudence qu'elles ont secrétée comme des sources d'interprétation de la Constitution en constituent autant d'exemples. En dehors du contrôle de constitutionnalité à double détente, la CSJ ne semble pas utiliser les autres techniques de contrôle de constitutionnalité en vigueur auprès d'autres juridictions africaines. Telle est la troisième hypothèse de l'étude.

Quant à la quatrième hypothèse, elle se rapporte aux variables qui déterminent le degré de la protection des droits de l'homme par la CSJ. Elle estime que ces variables seraient essentiellement de trois ordres : politique, juridique et culturel. Le système politique exercerait une influence prépondérante sur le degré de protection des droits de l'homme par la Haute Cour. Celui-ci serait directement proportionnel à celui de la démocratie et du constitutionnalisme. Le monolithisme et la présidentialisation du pouvoir qui ont prévalu tout au long de la première saison de l'évolution de la CSJ expliquerait dans une large mesure l'absence de protection des droits de l'homme pendant cette saison.

L'ingénierie juridique joue également un rôle non négligeable dans le niveau de protection des droits de l'homme par la CSJ. L'évolution de la jurisprudence constitutionnelle de cette juridiction semble en fournir une éloquente illustration. L'absence de cette jurisprudence de la création de la CSJ à 2003 s'expliquerait notamment par le fait que seul le procureur général de la République avait qualité pour la saisir en matière de contrôle de constitutionnalité des normes. L'élargissement du cercle d'actes susceptibles de contrôle de constitutionnalité à travers l'inclusion des règlements intérieurs des Chambres parlementaires et des institutions d'appui à la démocratie, la consécration du caractère obligatoire du contrôle de constitutionnalité de ces actes et l'ouverture du prétoire de la Cour au Président de la République, aux Présidents des Chambres parlementaires, à une fraction des parlementaires et aux individus constitueraient, quant à eux, le ressort de l'explosion de la jurisprudence constitutionnelle de la même juridiction.

À ce niveau intervient le facteur culturel qui explique également l'évolution du niveau de protection des droits de l'homme par la CSJ. L'ignorance de la procédure applicable devant cette juridiction et de sa jurisprudence-ceci éclairant cela-, l'inculture des droits de l'homme des congolaises et des congolais expliquerait dans une certaine mesure les faiblesses à la fois quantitative et qualitative de la jurisprudence constitutionnelle de la Cour.

Enfin, la cinquième hypothèse de la présente étude porte sur l'avenir de la protection des droits de l'homme en RDC. Elle postule que l'installation de la Cour constitutionnelle ne pourra pas à elle seule contribuer à l'amélioration de la protection de ces droits. Encore faudra-t-il au législateur congolais, aux animateurs de ces juridictions et à leurs justiciables de tirer le meilleur parti de l'expérience de la CSJ.

V. Méthodes et techniques de travail

Deux méthodes de recherche seront été utilisées dans le cadre de la présente étude : la méthode juridique et la méthode sociologique. Enrichie de l'examen de la jurisprudence, la première a le mérite de faciliter la compréhension des textes juridiques applicables en matière de protection des droits de l'homme.

Quant à la seconde, elle permettra de jeter un éclairage sur le décalage entre les prévisions des mêmes textes juridiques et leur application pratique.

En ce qui concerne les techniques de recherche, la présente étude fera essentiellement recours à la technique de l'analyse documentaire.

VI. Plan sommaire

Deux parties principales constituent l'ossature de la présente étude. La première est statique et relève de l'anatomie[69] du juge constitutionnel congolais. Elle est consacrée à la configuration générale de la CSJ sous l'angle de la protection des droits de l'homme. Son intérêt consiste à jeter l'éclairage nécessaire à la compréhension de la prestation de cette juridiction en matière de protection des droits de l'homme, particulièrement dans le cadre du contrôle de la constitutionnalité des normes.

La seconde est plutôt dynamique et ressortit à la pathologie des droits de l'homme. Elle porte sur la jurisprudence constitutionnelle de la Haute cour relative à la protection des droits de l'homme.

---

[69] Ce concept est utilisé ici au sens où P. WEIL, *Le droit administratif*, Paris, PUF, 1966, p. 29 l'a employé en ces termes : « *Le temps parait venu de replacer l'anatomie avant la pathologie et d'étudier les modalités et le régime de l'action avant d'examiner la limitation et le contrôle* ». Dans le même sens, en ce qui le concerne, A. KAMUKUNY MUKINAY, *Droit constitutionnel, op.cit*, p. 364 déplore, avec pertinence, le fait que « *l'étude du droit constitutionnel se limitait à une simple anatomie de la Constitution, excluant de ce fait la pathologie ou la vie constitutionnelle qui pourtant est le véritable baromètre du fonctionnement des institutions étatiques* (…) ». La même perspective se retrouve sous la plus de J. DJOLI ESENG'EKELI, *Droit constitutionnel : l'expérience congolaise (RDC)*, Paris, L'Harmattan, 2013, p. 28, qui « analyse l'architecture et l'articulation des pouvoirs (l'anatomie) et (…) le fonctionnement réel (la physiologie et la pathologie) des pouvoirs ».

La connaissance du juge constitutionnel congolais précédera ainsi l'examen critique de son œuvre ou de sa jurisprudence.

La conclusion de l'étude nous accordera l'occasion d'en vérifier les hypothèses de départ et de dégager les perspectives de la protection des droits de l'homme en RDC.

PREMIÈRE PARTIE

LA CONFIGURATION GÉNÉRALE DE LA CSJ

INTRODUCTION

La protection juridictionnelle des droits de l'homme, et notamment par le juge constitutionnel n'est envisageable qu'à la suite de la réunion d'un certain nombre de conditions dont certaines sont liées aux droits et d'autres à leur juge : non seulement sa compétence en la matière doit être consacrée le plus clairement possible[70], mais en plus, il doit faire preuve de l'indépendance et de la compétence technique nécessaires à l'exercice de cette compétence. Celles-ci dépendent largement des procédures applicables devant ledit juge[71].

Pour ce faire, il importe d'étudier les attributions du juge constitutionnel congolais (Chapitre I) ainsi que son organisation et son fonctionnement (Chapitre II).

70 La compétence d'une juridiction n'est pas à confondre avec ses fonctions. C'est l'exercice de la première qui permet de réaliser ces dernières. Ainsi, l'article 150, alinéa 1 de la Constitution dispose que : « Le pouvoir judiciaire est le garant des libertés individuelles et des droits fondamentaux des citoyens (…) ». Il s'ensuit qu'au nombre des fonctions du pouvoir judiciaire, y compris de la Cour constitutionnelle, il convient de mentionner celle de protéger les droits de l'homme. Ces fonctions ne peuvent être assumées que par l'exercice de sa compétence. Sur les fonctions de la Cour constitutionnelle, lire, J-L ESAMBO, *La Constitution du 18 février 2006 à l'épreuve du constitutionnalisme, op.cit*, pp. 290-293. En droit comparé, lire, F. DELPEREE, « Le Conseil constitutionnel : état des lieux », in *Pouvoirs*, n°105, avril 2003, pp. 6, 13-14. G. BADET, *Les attributions originales de la Cour constitutionnelle du Bénin, op.cit*, distinguent les attributions liées à la régulation de l'action des institutions publiques de celles relatives à la protection des droits de l'homme. Cette terminologie semble critiquable. Celle de fonctions ou de mission paraît plus indiquée.

71 Sur les facteurs de l'efficacité des mécanismes de protection des droits de l'homme, en général, et des mécanismes juridictionnels, en particulier, lire notamment NGONDANKOY NKOY-ea-LOONGYA, *Droit congolais des droits de l'homme, op.cit*, p. 319.

CHAPITRE I :
LES ATTRIBUTIONS DE LA CSJ

Une juridiction ne peut pas connaître de toutes les affaires qui lui sont soumises, mais seulement celles relevant de son champ de compétence tel que délimité par la loi[72]. La violation de ce principe sacro-saint du droit judiciaire expose ses œuvres à plusieurs sanctions dont celles de l'appel ou de la cassation[73]. De là apparaît l'intérêt de marquer un temps d'arrêt afin de dresser l'inventaire des attributions de la CSJ (section 1) avant de voir dans quelle mesure, elles intègrent la protection des droits de l'homme (section 2).

Section 1. L'inventaire des attributions de la CSJ

En droit constitutionnel congolais, la compétence judiciaire relève du domaine de la loi[74]. Cette règle souffre cependant d'une exception, les attributions principales des juridictions suprêmes étant définies par la Constitution, quitte à la loi, le cas échéant, de les préciser et/ou à les compléter. Eloquent, à cet égard, est le cas de la CSJ. Les attributions de cette juridiction sont actuellement définies par la Constitution du 18 février 2006, complétée par l'Ordonnance-Loi n°82-020 du 31 mars 1982 portant Code de l'organisation et de la compétence judiciaires[75], la Loi n°023/2002 du 18 novembre 2002 portant Code judiciaire militaire[76] et la Loi n°08/012 du 31 juillet 2008 portant principes fondamentaux relatifs à la libre administration des provinces[77]. Le législateur peut-il, sans habilitation constitutionnelle,

---

72 Pour de plus amples informations sur la question, lire également, R. KAMIDI OFIT, *Le système judiciaire congolais : organisation et compétence*, Kinshasa, Editions Fito, 1999, pp. 119-120.

73 Sur la cassation des décisions pour violation des règles de compétence, lire les articles 155 et 156 de l'Ordonnance-Loi n°82-020 du 31 mars 182 portant Code d'organisation et de compétence judiciaires, *Les Codes Larcier... op.cit*, p. 198. Plusieurs arrêts de la Cour ont cassé les décisions définitives des cours et tribunaux pour violations des règles de compétence qui sont d'ordre public.

74 Aux termes de l'article 122, 6 de la Constitution du 18 février 2006, il est précisé que : « *sans préjudice des dispositions de la présente Constitution, la loi fixe les règles concernant : (...) l'organisation et le fonctionnement du pouvoir judiciaire...* ». Lire aussi M. WETSH'OKONDA KOSO, *Les textes constitutionnels congolais annotés*, Kinshasa, Editions de la CDHC, 2010, p. 474. Des dispositions similaires se trouvent dans la quasi-totalité des Constitutions congolaises antérieures, notamment aux articles 96, alinéa 1 et 148, alinéa 3 respectivement de l'Acte constitutionnel de la transition du 9 avril 1994 et de la Constitution de la transition du 4 avril 2003.

75 Articles 155 à 160. Lire KALONGO MBIKAYI et INIER LATEBO EKWA, *Le Code judiciaire zaïrois mis à jour 31 janvier 1986*, Kinshasa, Service de Documentation et d'Études du Département de la justice, 1986, pp. 11-39.

76 *Journal officiel de la République démocratique du Congo*, numéro spécial, 20 mars 2003, p. 17, article 76, alinéa 5.

77 Article 73 de la Loi n°08/012 du 31 juillet 2008 portant principes fondamentaux relatifs à la libre administration des provinces, *Journal officiel de la République démocratique du Congo*, 49ème année, numéro spécial, 31 juillet 2008, p. 16.

étendre régulièrement le champ de compétence du juge constitutionnel au-delà des prévisions constitutionnelles ? Dans sa décision Marbury c. Madison (1803), la Cour suprême des États-Unis a répondu à cette interrogation par la négative en refusant d'appliquer le paragraphe 13 de la Loi judiciaire de 1789, lequel lui conférait le pouvoir de donner des injonctions à l'administration alors que cette compétence n'est pas prévue dans la Constitution[78]. Un problème similaire s'est posé en France au sujet de la Loi votée le 20 décembre 1971 en rapport avec les incompatibilités parlementaires. Le Conseil constitutionnel ne s'est pas cependant prononcé à cet égard, il a plutôt annulé la loi litigieuse au motif qu'elle reconnaît aux chambres législatives et non au Conseil constitutionnel comme prévu par la Constitution, la compétence de statuer sur les incompatibilités parlementaires[79]. En RDC, tant l'Acte constitutionnel de la transition du 9 avril 1994 que la Constitution de la transition du 4 avril 2003 reconnaissaient au législateur le pouvoir d'étendre les compétences de la CSJ respectivement dans leurs articles 150 et 102. Aussi semble-t-il que c'est à bon droit que le Code judiciaire militaire et les lois relatives aux institutions d'appui à la démocratie ont étendu les compétences de cette Cour. Le CJM a étendu la compétence de la CSJ siégeant comme juge constitutionnel aux décisions de la Haute cour militaire. En ce qui les concerne, les lois relatives aux institutions d'appui à la démocratie, elles ont étendu la même compétence à l'égard des règlements intérieurs de ces institutions. Ces actes législatifs ont également habilité la Cour à apprécier la conformité desdits règlements intérieurs non seulement à la Constitution mais aussi aux lois portant organisation et fonctionnement de ces institutions[80]. A la différence de l'Acte constitutionnel de la transition du 4 avril 2003 et de la Constitution de la transition, la Constitution du 18 février 2006 ne semble pas avoir habilité le législateur à étendre les attributions de la Cour constitutionnelle. Le seul pouvoir qu'elle lui reconnaît, en son article 169, est celui de déterminer l'organisation et le fonctionnement de cette Cour. A l'état actuel de la législation congolaise, le législateur n'a

---

78 Lire à ce sujet, LE MONG NGUYEN, *La Constitution de la V° République de Charles de Gaulle à François Mitterrand*, 4ème édition entièrement refondue, Paris, Editions STH, 1989, pp. 423-425 ; D. CHAGNOLAUD, *Droit constitutionnel contemporain, Tome 1, théorie générale, les régimes étrangers*, 4ème édition, Paris, Armand Colin, 2005, pp. 87-88.

79 Lire à ce sujet, LE MONG NGUYEN, *La Constitution de la V. République de Charles de Gaulle à François Mitterrand, op.cit*, pp. 423-425.

80 Lire les articles 10, 7, 22 et 57 respectivement de la Loi n°04/019 du 30 juillet 2004 portant organisation, attributions et fonctionnement de l'Observatoire national des droits de l'homme, de la Loi n°04/020 du 30 juillet 2004 portant organisation, attributions et fonctionnement de la Commission de l'éthique et de la lutte contre la corruption, de la Loi n°04/017 du 30 juillet 2004 portant organisation, attributions et fonctionnement de la Haute autorité des médias et de la Loi n°04/018 du 30 juillet 2004 portant organisation, attributions et fonctionnement de la Commission vérité et réconciliation, *JORDC, 45ème année, numéro spécial*, 1er août 2004, pp. 41-42, 51, 17 et 35-36 .

pas le pouvoir d'étendre les compétences de la Cour constitutionnelle au-delà des prévisions constitutionnelles[81]. Aussi, au regard de l'article 223 de la Constitution aux termes duquel toutes les dispositions législatives et réglementaires antérieures contraires à la Constitution sont abrogées, il semble que les dispositions du CJM relatives à la compétence de la CSJ à l'égard des décisions définitives de la HCM sont surannées. Aucun problème ne se pose, cependant, en ce qui concerne l'article 73 de la loi portant principes fondamentaux relatifs à la libre administration des provinces. La compétence qu'elle reconnaît à la Cour constitutionnelle à l'égard des édits provinciaux est déjà consacrée par la Constitution en son article 160, alinéa 2. Autrement dit, il ne consacre pas une compétence nouvelle mais précise plutôt une compétence déjà reconnue par la Constitution[82].

Aux termes de l'article 223 de la Constitution relatif aux dispositions transitoires et finales : « *en attendant l'installation de la Cour constitutionnelle, du Conseil d'Etat et de la Cour de cassation, la Cour suprême de justice exerce les attributions dévolues à ces juridictions par la tion*[83] ». Il se dégage de cette disposition constitutionnelle que pour mieux appréhender les attributions de la CSJ, il importe de distinguer celles d'entre elles qui sont dévolues à la Cour constitutionnelle (§1), au Conseil d' État (§2) et à la Cour de cassation (§3).

§ 1. Les attributions dévolues à la Cour constitutionnelle

Les attributions dévolues à la Cour constitutionnelle sont multiples et variées et, à l'instar de celles du Conseil constitutionnel français, peuvent être regroupées autour des différents rôles conférés à cette juridiction, en l'occurrence celui d'une autorité constitutionnelle, d'un juge électoral, d'un juge pénal, d'un tribunal de conflit, d'un régulateur des compétences et d'un

---

81 Lire à ce sujet, M. WETSH'OKONDA KOSO, « La définition des actes législatifs dans l'arrêt de la CSJ n°R.Const.51/TSR du 31 juillet 2007 à l'épreuve de la Constitution du 18 février 2006 », *Horizons, Revue de droit et de science politique du Graben, Revue scientifique et semestrielle du CEJA* n°5/juin 2008, p. 18. Cette position semble avoir été confortée par l'arrêt de la CSJ n° R.Const.139/TSR du 30 novembre 2010. Par ledit arrêt, la Cour a censuré l'extension de la compétence de la Cour constitutionnelle à l'examen de la conformité à la Constitution et des accords internationaux. En sens contraire, lire notamment NGONDANKOY NKOY-ea-LOONGYA, *Le contrôle de constitutionnalité en République démocratique du Congo, étude critique d'un système de justice constitutionnelle dans un Etat à forte tradition autocratique, thèse de doctorat en sciences juridiques*, UCL, 2007-2008, p. 193.

82 Lire à ce sujet CSJ, 8 janvier 2011, RConst.128/TSR.

83 WETSH'OKONDA KOSO M., *Les textes constitutionnels congolais annotés*, *op.cit*, p. 519.

juge constitutionnel à proprement parler[84]. En tant qu'autorité constitutionnelle, la CSJ exerce les attributions suivantes :

- la réception du serment du président de la République [85];
- la déclaration de la vacance du poste de président de la blique[86] ;
- la déclaration du caractère définitif de l'empêchement du président de la République[87] ;
- la prorogation du délai d'organisation de l'élection présidentielle[88] ;
- la réception des déclarations des biens à l'entrée et à la sortie des fonctions du Président de la République et des membres du Gouvernement[89] ; et
- la communication à l'administration fiscale des déclarations des biens du président de la République et des membres du Gouvernement[90].

En qualité de juge électoral, la même Cour exerce les attributions reprises à l'article 161, 2 de la Constitution du 18 février 2006, notamment :

- l'examen du contentieux du référendum ;
- l'examen du contentieux des élections présidentielles ; et
- l'examen du contentieux des élections législatives.

Comme juge pénal, les attributions de la Cour constitutionnelle consistent à juger le président de la République et le Premier ministre pour haute trahison, atteinte à l'honneur ou à la probité, délits d'opinion et pour les infractions commises dans l'exercice ou à l'occasion de l'exercice de leur fonction. Ces attributions consistent également à juger le Premier ministre pour outrage au Parlement, cette dernière infraction étant inconcevable dans le chef du président de la République dans le cadre du régime politique en vigueur[91].

---

[84] Lire à ce sujet M. WETSH'OKONDA KOSO S., « La définition des actes législatifs dans l'arrêt de la CSJ n°RConst.51/TSR du 31 juillet 2007 à l'épreuve de la Constitution du 18 février 2006 », *op.cit*, pp. 15-18.

[85] Article 74 de la Constitution.

[86] Article 76,1 de la même Constitution.

[87] Article 76, 3 de la même Constitution.

[88] Article 76, 4 de la même Constitution.

[89] Article 99, 1 de la même Constitution.

[90] Article 99, 3 de la même Constitution.

[91] Articles 163 à 167 de la même Constitution. Lire également M. WETSH'OKONDA KOSO, « La définition des actes législatifs dans l'arrêt de la C.S.J n°51/TSR du 31 juillet 2007 à l'épreuve de la Constitution du 18 février 2006 », *op.cit*, p. 16.

Quant aux attributions de la Cour en tant que tribunal des conflits, elles se ramènent à connaître des recours contre les arrêts rendus par la Cour de cassation et le Conseil d'État en tant qu'ils se prononcent sur l'attribution du litige aux juridictions de l'ordre judiciaire ou celles de l'ordre administratif[92].

En ce qui concerne les attributions de la Cour constitutionnelle comme régulateur des compétences, elles se ramènent à la connaissance des conflits de compétence entre le pouvoir législatif et le pouvoir législatif ainsi qu'entre l'État et les provinces[93].

Enfin, en qualité de juge constitutionnel, les attributions de la Cour comprennent aussi le contrôle de constitutionnalité des normes et en particulier :

- l'examen des recours en interprétation de la Constitution[94] ;
- l'examen de la conformité à la Constitution, avant leur promulgation, des lois organiques, des règlements intérieurs des Chambres parlementaires et du Congrès, de la Commission électorale nationale indépendante ainsi que du Conseil supérieur de l'audiovisuel et de la Communication (contrôle a priori et obligatoire de la constitutionnalité des normes)[95] ;
- l'examen de la Constitutionnalité des lois, des actes ayant force de loi, des actes législatifs et des actes réglementaires (contrôle a posteriori et facultatif de la constitutionnalité des lois par voie d'action)[96] ;
- l'examen des exceptions d'inconstitutionnalité des actes législatifs et des actes réglementaires (contrôle a posteriori et facultatif de la constitutionnalité des lois par voie d'exception)[97] ;
- l'examen de la Constitutionnalité des traités, mieux contrôle de contrariété des traités (contrôle a priori par voie d'action)[98] ;
- la détermination du caractère réglementaire ou non des matières relevant antérieurement du domaine de la loi[99] ;
- l'examen du caractère dérogatoire à la Constitution des ordonnances prises en cas d'état de siège et d'état d'urgence[100] ;
- l'examen de la conformité à la Constitution des édits provinciaux[101].

[92] Article 161, 4 de la même Constitution.
[93] Article 161, 3 de la même Constitution.
[94] Article 161, 1 de la même Constitution.
[95] Articles 124 et 160, 2 de la même Constitution.
[96] Articles 160, 1 et 162, 2 de la même Constitution.
[97] Article 162, 1 de la même Constitution.
[98] Article 216 de la même Constitution.
[99] Article 128 de la même Constitution.
[100] Article 145 de la même Constitution.

Outre cet éventail d'attributions dévolues à la Cour constitutionnelle, la CSJ exerce également celles dévolues au Conseil d'État.

§2. Les attributions dévolues au Conseil d'État

Consacrées par l'article 155 de la Constitution[102], les attributions dévolues au Conseil d'État se déclinent en la :

- connaissance, en premier et dernier ressort, des recours pour violation de la loi, formés contre les actes, règlements et décisions des autorités administratives centrales ;
- connaissance, en appel, des recours contre les décisions des Cours administratives d'appel ; et
- connaissance, dans les cas où il n'existe pas d'autres juridictions compétentes, des demandes d'indemnité relatives à la réparation d'un dommage exceptionnel, matériel ou moral résultant d'une mesure prise ou ordonnée par les autorités de la République.

En plus de ces attributions dévolues tant à la Cour constitutionnelle qu'au Conseil d' État, la CSJ exerce aussi les attributions de la Cour de cassation.

§3. Les attributions dévolues à la Cour de cassation

Il se dégage de l'article 153 de la Constitution que la Cour de cassation exerce des attributions de deux ordres : en tant que juge de cassation à proprement parler et en qualité de juge pénal. Comme juge de cassation, la Cour « *connaît des pourvois en cassation formés contre les arrêts et jugements rendus en dernier ressort par les cours et tribunaux civils et militaires* »[103].

En tant que juge pénal, elle connaît en premier et dernier ressort des infractions commises par :

- *les membres de l'Assemblée nationale et le Sénat ;*
- *les membres du Gouvernement autres que le premier ministre ;*
- *les membres de la Cour constitutionnelle ;*
- *les magistrats de la Cour de cassation ainsi que du parquet près cette Cour ;*
- *les membres du Conseil d'Etat ainsi que du parquet près ce Conseil ;*

---

[101] Article 73 de la Loi organique n°08/012 du 31 juillet 2008 portant principes fondamentaux relatifs à la libre administration des provinces.

[102] M. WETSH'OKONDA KOSO, *Les textes constitutionnels congolais annotés, op.cit*, p. 487.

[103] M. WETSH'OKONDA KOSO, *Les textes constitutionnels congolais annotés, op.cit*, p. 486.

- *les membres de la Cour de compte er les membres du parquet près cette Cour ;*
- *les Premiers présidents des Cours d'appel et les Procureurs généraux près ces cours ;*
- *les Premiers présidents des Cours administratives d'appel ainsi que les Procureurs près ces cours ;*
- *les Gouverneurs, les Vice-gouverneurs de province et les ministres provinciaux ;*
- *les Présidents des Assemblées provinciales*[104] ».

Il se dégage de cette analyse que la CSJ est une juridiction qui, à elle seule, exerce les attributions dévolues, sous d'autres cieux, notamment en Belgique et en France, à trois juridictions autonomes au moins : la Cour constitutionnelle, le Conseil d' État et la Cour de cassation[105]. Autrement dit, la CSJ se présente, selon l'expression de Jean-François Monsi, comme « *trois juridictions en une seule* »[106].

Exercées à titre transitoire depuis l'entrée en vigueur de la Constitution du 18 février 2006[107], ces attributions l'ont également été, toujours à titre transitoire, de 1968, date de sa création à 1978, année à partir de laquelle elle les a exercées à titre définitif[108].

L'étude des attributions de la CSJ agissant comme Cour constitutionnelle permet d'évaluer l'action de cette juridiction dans la protection des droits de l'homme.

---

[104] Article 153, alinéa 3 de la Constitution, M. WETSH'OKONDA KOSO, *Les textes constitutionnels congolais annotés*, *idem*, p. 486.

[105] Lire notamment, J-L ESAMBO KANGASHE, *La Constitution du 18 février 2006 à l'épreuve du constitutionnalisme, contraintes pratiques et perspectives, op.cit.*, p. 292 ; KATUALA KABA KASHALA et YENYI OLUNGU., *Cour suprême de justice : historique et textes annotés de procédure*, Kinshasa, Editions Batena Ntambua, juin 2000, pp. 14-15.

[106] Jean-Baptiste Monsi, *opportunité ou non de l'éclatement des cours suprêmes en juridictions distinctes*, *http://democratie.francophonie.org/IMG/pdf/17-2.pdf*. Lire également NGONDANKOY NKOY-ea-LOONGYA, *Le contrôle de la constitutionnalité en République démocratique du Congo, étude critique d'un système de justice constitutionnelle dans un Etat à forte tradition autocratique*, *op.cit*, p.66.

[107] Article 223 de la Constitution du 18 février 2006.

[108] Lire à ce sujet, P-G. NGONDANKOY NKOY-ea-LOONGYA, *Le contrôle de la constitutionnalité en République démocratique du Congo, op.cit*, pp. 67-77.

Section 2. Les attributions spécifiques de la CSJ en matière de protection des droits de l'homme

Il importe de souligner, de prime abord, que pouvoir judiciaire et droits de l'homme ne font pas toujours bon ménage. Ainsi que le note Jean-Paul Costa, « *Il n'est nullement évident que le juge dont la fonction sociale est quasi éternelle et universelle, doive se mêler des libertés ni qu'il soit bien armé pour le faire*[109] ». Historiquement, celui-là a existé bien avant ceux-ci. Les juridictions fonctionnaient déjà, sous une forme ou une autre, dans l'Antiquité[110] alors que l'institutionnalisation des droits de l'homme remonte seulement au 18ème siècle, avec notamment l'adoption des premières déclarations des droits aux États-Unis et en France[111]. La protection des droits de l'homme n'est donc pas une fonction obligatoire du juge. Celui-ci peut même être institué à des fins autres que la protection desdits droits, par exemple, pour les besoins de la protection du monarque, de l'ordre public, du pouvoir établi ou tout simplement pour dire le droit[112], peu importe que ce droit soit ou non conforme aux principes des droits de l'homme, etc. « *On peut concevoir des juges dont le souci n'est nullement de défendre les libertés, mais plutôt d'assurer le renforcement de l'autorité publique, comme sous Staline ou Hitler, ou simplement de défendre la cité, comme les « gardiens » dans la République de Platon*[113] ». A titre illustratif, les juridictions d'exception[114], notamment la Cour d'ordre militaire sont instituées non pour la protection des droits de l'homme mais pour la conservation du pouvoir. Le législateur du Code judiciaire et du Code pénal militaires du 18 novembre 2002 est assez éloquent à cet égard lorsqu'il note que « *bien plus qu'une justice de sauvegarde de la discipline militaire,* (la Cour d'ordre militaire assumait plutôt les fonctions d') *une véritable justice de police politique*[115] ». Il n'est pas non plus exclu que, pour une raison ou une autre, les juridictions se voient tout simplement interdire d'apporter leur contribution à la protection des droits de l'homme. Tel est le cas lorsqu'elles n'ont pas le droit de connaître des affaires mettant l'État ou l'un ou l'autre de ses pouvoirs constitutifs en cause. Il en a été ainsi en France sous l'empire de l'article 13, Titre III de la loi des 16-24 août 1790 et du décret du 16 fructidor

---

109 J-P COSTA, « Le juge et les libertés », in *Pouvoirs, Revue française d'études constitutionnelles et politiques*, n°84, p. 75.

110 *Op.cit*, p. 75.

111 Lire à ce sujet, G. LEBRETON, *Libertés publiques et droits de l'homme, op.cit*, pp. 56 et svt ; J. MORANGE, *Libertés publiques*, Paris, PUF, février 1985, pp. 23-72 ; J-P COSTA, *idem*, p. 75.

112 Lire, NGANDANKOY NKOY-ea-LOONGYA, *Droit congolais des droits de l'homme, op.cit*, pp. 366-367.

113 J-P COSTA, « Le juge et les libertés », *idem*, pp. 75-76.

114 *Ibidem*, p. 77 ; G. LEBRETON, *Libertés publiques et droits de l'homme, op.cit*, pp.206-207.

115 Exposé des motifs de la loi n° 023/2002 du 18 novembre 2002 portant Code judiciaire militaire, *JORDC*, 44ème année, numéro spécial, 20 mars 2003, p. 5.

An II. Selon la loi précitée : « *les fonctions judiciaires sont distinctes et demeureront toujours séparées des fonctions administratives. Les juges ne pourront, à peine de forfaiture, troubler de quelque manière que ce soit les opérations des corps administratifs* [116]». Abondant dans le même sens, le décret du 16 fructidor an III dispose, en ce qui le concerne, que « *Défenses itératives sont faites aux tribunaux de connaître des actes d'administration, de quelqu'espèce qu'ils soient aux peines de droit*[117] ».

Interdire aux cours et tribunaux de censurer les actes et activités de l'État et plus particulièrement du Gouvernement et du Parlement, « *violateurs principaux des droits de l'homme* [118]», ne peut être interprété autrement que comme la consécration de la négation de la protection juridictionnelle desdits droits. Cependant, le fait que le juge ne soit pas empêché de censurer les actes et activités de l'administration ne veut pas dire qu'il est nécessairement chargé de protéger les droits de l'homme.

Ainsi que le note Jean-Pierre Costa,

> « *Le juge est chargé (...) de trancher des différends, de régler des litiges, mais la grande variété de ces procès n'ont pas pour enjeu la (ou les) liberté(s) : querelles de voisinage, affaires familiales, exécution des contrats, engagement de la responsabilité quasi-délictuelle, problèmes disciplinaires, conflits frontaliers...la liste serait longue des matières dont les plaideurs saisissent les juridictions et d'où les libertés sont totalement ou largement absentes*[119] ».

La question qui se pose est celle de savoir si les attributions de la CSJ incluent-elles la protection des droits de l'homme ? Cette interrogation mérite d'autant plus d'être posée que, ces droits n'étant pas mentionnés dans l'inventaire des compétences de cette juridiction[120], d'aucuns en ont inféré

---

[116] D. BREILLAT, *Libertés publiques et droits de la personne humaine, op.cit*, pp. 169 et 180 ; J. MORAND-DEVILLER, *Cours de droit administratif*, 8ème édition, Paris, LGDJ, 2003, p. 15 ; A. LYON-CAEN, « Le contrôle de légalité des actes de l'administration : garantie nécessaire des droits de l'homme », in G. BRAIBANT et G. MARCOU (dir.), *Les droits de l'homme : universalité et renouveau*, 1789-1989, Paris, l'Harmattan, 1990, p. 336 ; P. WEIL, *Le droit administratif*, Paris, PUF, 1966, pp. 9, 10 et 95.

[117] J. MORAND-DEVILLER, *Cours de droit administratif*, *idem*, p. 15 ; P. WEIL, *Le droit administratif*, 2ème édition, Paris, PUF, 1966, pp. 9-10 ; C. DEBBASCH, *Droit administratif*, CUJAS, 1968, p. 362.

[118] R. DEGNI-SEGUI, *Les droits de l'homme en Afrique noire francophone (théories et réalités)*, *op.cit*, p. 67.

[119] J-P COSTA, « Le juge et les libertés », *op.cit*, p. 76. Lire aussi, dans le même sens, NGONDANKOY NKOY-ea-LOONGYA, *Le droit congolais des droits de l'homme, op.cit*, pp. 370-372.

[120] Du point de vue du droit constitutionnel comparé, il y a lieu de souligner que certaines constitutions confèrent expressément des attributions de protection des droits de l'homme aux Cours constitutionnelles qu'elles instituent. Eloquent à cet égard est notamment le cas

qu'elle n'aurait aucun rôle à jouer pour leur protection[121]. Pourtant, il n'est pas exclu qu'elle soit investie d'une attribution indirecte de protection des droits de l'homme. Une seconde lecture de ses attributions de juge constitutionnel s'impose avant d'adopter une position à ce sujet. Il s'agit, en l'occurrence de celles de ces attributions qui sont généralement associées à la protection des droits de l'homme : attributions de juge pénal (§ 1.) et attributions en matière de contrôle de constitutionnalité des normes (§ 2.).

§1. Les attributions de juge pénal

Selon Mireille Delmas-Marty :

> *« Le droit pénal ne punit en principe que les transgressions les plus graves, c'est-à-dire celles qui portent atteinte à des libertés et droits fondamentaux[122] ». La logique de ce droit consiste donc dans « l'affirmation positive des valeurs d'une part et d'autre part la disqualification de leur envers ou de leur transgression[123] ».*

Abondant dans le même sens, Jacques Djoli Eseng'ekeli relève que le :

> *« droit pénal est à la fois le « droit de punir », c'est-à-dire de porter atteinte à certains droits fondamentaux de la personne à commencer par le droit d'aller et de venir que la peine d'emprisonnement a pour objet de supprimer jusqu'au droit à la vie que la peine de mort veut annihiler. Mais ce droit est aussi le*

---

de l'article 117 de la Constitution béninoise du 11 décembre 1990 aux termes duquel : « *La Cour constitutionnelle statue obligatoirement sur : (...) la constitutionnalité des lois et des actes règlementaires censés porter atteinte aux droits fondamentaux de la personne humaine (...) »*. Lire notamment FONDATION KONRAD ADENAUEUR, *Commentaire de la Constitution béninoise du 2 décembre 1990 : esprit, lettre, interprétation et pratique de la Constitution par le Bénin et ses institutions, Cotonou,* Fondation Konrad Adenauer, *2009, p. 205.*

121 Lire dans ce sens, NGONDANKOY NKOY-ea-LOONGYA, *Droit congolais des droits de l'homme, op.cit*, pp. 369-370 ; D. KALUBA DIBWA, *Du contentieux constitutionnel en République démocratique du Congo, op.cit*, p. 265. Dans le sens contraire, NGONDANKOY NKOY ea-LOONGYA, *Le contrôle de constitutionnalité des lois en République démocratique du Congo..., op.cit*, p. 40 et s.

122 M. DELMAS-MARTY, « Le paradoxe pénal », in DELMAS-MARTY M. et LUCAS DE LEYSSAC C. (dir.), *op.cit*, p. 437. Sur le recours au droit pénal pour assurer la protection des droits de l'homme, lire également A. MARSHALL et J-P JASPAR, *Théorie et pratique de droit criminel*, Bruxelles, Maison Ferdinand Larcier, 1975, pp. 26 et 26 ; NGONDANKOY NKOY-ea-LOONGYA, *Droit congolais des droits de l'homme, op.cit*, pp 370-371 ; G. LEBRETON, *Libertés publiques et droits de l'homme, op.cit*, p. 214 ; M. DELMAS-MARTY, « justice pénale et droits de l'homme », G. BRAIBANT et G. MARCOU (dir.), *op.cit*, pp.341-346.

123 M. DELMAS-MARTY, « Le paradoxe pénal », *op.cit*, p. 437.

« droit protecteur », qui a pour ambition noble d'assurer la défense sociale en sauvegardant (...) la liberté[124] *».*

L'on note à ce sujet qu'afin de protéger le droit à la vie, ont été notamment érigés en infractions le meurtre[125], l'assassinat[126] et l'homicide praeter intentionnel[127]. Dans le même ordre d'idées, la volonté de protéger le droit de propriété est à la base des préventions de vol[128], d'abus de confiance[129], d'escroquerie[130], etc. Les préventions de diffamation[131] ou d'injures[132] ont pour finalité la protection de l'intégrité morale ; celle de génocide[133], le droit des peuples à la vie et celle d'arrestation arbitraire et de détention illégale[134], le droit à la liberté individuelle. La protection des droits des groupes vulnérables tels que les enfants et les femmes a donné lieu à beaucoup d'autres infractions dont celles de violences sexuelles. L'atteinte aux droits garantis aux particuliers, une autre prévention relevant du droit pénal de l'administration punit les autres atteintes aux droits de l'homme non érigés en infractions spécifiques[135]. L'un des mérites de la Constitution du 18 février 2006 est d'avoir allongé sensiblement la liste des préventions ayant pour finalité la protection des droits de l'homme, posant ainsi les bases du

---

[124] J. DJOLI ESENG'EKELI, « Les éléments de la politique criminelle découlant de la Constitution de la Troisième République », in P. AKELE ADAU (dir.), *Réforme du Code pénal congolais : à la recherche des options fondamentales du Code pénal congolais*, Kinshasa, Editions du CEPAS, 2008, particulièrement pp. 233 et 240-241.

[125] Articles 44 et 45 du Code pénal congolais, *Code pénal congolais, décret du 30 janvier 1940 tel que modifié jusqu'au 31 décembre 2009 et ses dispositions complémentaires*, s.e, p. 16.

[126] Article 44 et 45 du même Code.

[127] Article 48 du même Code.

[128] Articles 79 à 82 du même Code.

[129] Article 95 du même Code.

[130] Article 98 du même Code.

[131] Article 74 du même Code.

[132] Article 75 du même Code.

[133] Article 164 du Code pénal militaire.

[134] Article 67 du même Code.

[135] Sur la protection pénale des droits de l'homme, lire notamment NYABIRUNGU MWENE SONGA, « L'évolution du droit pénal et les droits de l'homme », *Annales de la Faculté de droit*, vol. VIII-X, 1979-1981, 1985, p. 122 ; La protection pénale de la femme et de l'enfant dans un Etat de droit, G. BAKANDEJA wa MPUNGU, A. MBATA BETUKUMESO MANGO et R. KIENGE KIENGE INTUDI (dir.), *Participation et responsabilité des acteurs dans un contexte d'émergence démocratique en République démocratique du Congo*, Kinshasa, PUK, 2009, pp 366-370 ; LIKULIA BOLONGO., « Le rôle et la contribution du droit pénal dans l'émergence de l'Etat de droit », in G. BAKANDEJA wa MPUNGU, A. MBATA BETUKUMESO MANGO et R. KIENGE KIENGE INTUDI (dir.), *op.cit*, pp. 322-323 ; NGONDANKOY NKOY-ea-LOONGYA., *op.cit*, p. 370 ; DIBUNDA KABUINJI, « Application des normes internationales des droits de l'homme par la Cour suprême de justice », in *RAJZ*, vol. I-1ère année, fascicule unique, janvier à décembre 1996, p. 78.

droit constitutionnel pénal congolais des droits de l'homme[136]. Il en est ainsi de la haute trahison « *lorsque le président de la République ou le Premier ministre sont reconnus auteurs, co-auteurs ou complices de violations graves et caractérisées des droits de l'homme* (…) »[137] ou encore est institué un parti unique[138]. Il en est de même de « *toute violence sexuelle sur toute personne, dans l'intention de déstabiliser, de disloquer une famille et de faire disparaitre tout un peuple (...) érigée en crime contre l'humanité punit par la loi*[139] » ou encore *« le transit, l'importation, le stockage, l'enfouissement, le déversement dans les eaux continentales et les espaces maritimes sous juridiction nationale, l'épandage dans l'espace aérien des déchets toxiques, polluants, radioactifs ou de toute autre produit dangereux en provenance ou non de l'étranger (également considéré comme) un crime puni par la loi*[140] *»*. S'y ajoute « *tout acte, tout accord, toute convention, tout arrangement fait, qui a pour conséquence de priver la nation, les personnes physiques ou morales de tout ou partie de leurs moyens d'existence tirés de leurs ressources eu de leurs richesses naturelles (...) érigé en infraction de pillage punie par la loi* [141]».

Il va sans dire qu'à travers le jugement des personnes bénéficiaires des privilèges de juridiction devant elle et poursuivies du chef de l'une ou de plusieurs de ces préventions, la CSJ a vocation à apporter une contribution non négligeable à la protection des droits de l'homme. Il est, cependant, permis de douter de l'efficacité de cette protection quand on sait que le régime des immunités de juridiction consacré en faveur des personnes précitées leur assure une impunité certaine. Auguste Mampuya Kanunk'a-tshiabo note à ce sujet que :

> *« Tout le monde est au courant des détournements quotidiens, mais on ne connait aucune action pénale contre les pilleurs, car l'immunité leur est garantie par la Constitution. En effet, cette immunité et cette impunité sont le résultat recherché quand on écrit dans la constitution que le Président de la République et les*

[136] Sur le droit constitutionnel pénal congolais, lire notamment J-L ESAMBO KANGASHE, *op.cit*, pp. 274-277 et 323 ; J. DJOLI ESENG'EKELI, « Les éléments de la politique criminelle découlant de la Constitution de la Troisième République », op.cit, p. 234 ; E. BOSHAB, *Les dispositions constitutionnelles transitoires relatives à la Cour constitutionnelle de la République démocratique du Congo*, disponible en ligne à l'adresse http://popups.ulg.ac.be/federalisme/document.php?id=561; NGONDANKOY NKOY-ea-LOONGYA, *Le contrôle de constitutionnalité en République démocratique du Congo*, *op.cit*, p.246.

[137] Article 165, alinéa 1de la Constitution du 18 février 2006.

[138] Article 7, alinéa 2 de la Constitution du 18 février 2006.

[139] Article 15, alinéa 2 de la Constitution du 18 février 2006.

[140] Article 55 de la Constitution du 18 février 2006.

[141] Article 56 de la Constitution du 18 février 2006.

membres du Gouvernement ne sont pas pénalement responsables et ne peuvent être poursuivis que s'ils sont mis en accusation par l'Assemblée nationale. Sur le plan politique, tout indique que, sauf miracle rarissime, il ne se trouvera pas une majorité suffisante à l'Assemblée pour mettre en accusation un ministre et, encore moins, un président indélicat ou carrément pilleurs, sans parler de diverses infractions « privées » qu'ils sont capables de commettre comme tout être humain : la solidarité de la famille politique, la solidarité des frères et sœurs tribaux et régionaux, le clientélisme social par lequel le concerné aura distribué des miettes à quelques gourmands, la corruption, mais aussi le crime de lèse majesté de toucher au « chef », voilà qui empêcherait un vote pour la mise en accusation[142] *».*

Pour sa part, Jean-Louis Esambo Kangashe indique que :

« La volonté de combattre l'impunité et d'instaurer un Etat de droit telle que prônée par la Constitution n'a, cependant pas, été concrétisée en ce que l'article 166 qui est une réplique textuelle des articles 141 (pour le président de la République), 142 (pour les vice-présidents), 144 (pour les membres du gouvernement) et 145 (pour les députés et sénateurs) de la Constitution du 4 avril 2003 vient en quelque sorte freiner cet élan révolutionnaire. Cet élan (sic) est ainsi libellé : « Les décisions de poursuite ainsi que la mise en accusation du président de la République et du Premier ministre sont votées à la majorité de deux tiers des membres du Parlement composant le Congrès suivant la procédure prévue par le Règlement intérieur, pour les membres du Gouvernement, cette décision est votée à la majorité absolue des membres composant l'Assemblée nationale ». Aussi, accusé par une certaine opinion de trainer les pieds dans la mise en mouvement des membres du Gouvernement soupçonnés de corruption et de détournement de deniers publics par la Commission Bakandeja, le Procureur général de la République s'en était-il défendu en reconnaissant aussi bien les obstacles constitutionnels auxquels il était confronté dans son rôle de rechercher des infractions et de poursuivre les auteurs mais aussi, de son impuissance à engager de sa seule initiative des poursuites judiciaires contre ces dits membres[143] *».*

---

[142] A. MAMPUYA KANUNK'a-TSHIABO, *Espoirs et déception de la quête constitutionnelle congolaise : clés pour comprendre le processus constitutionnel du Congo-Kinshasa*, Nancy-Kinshasa, AMA.ed-BNC, 2005, p. 90.

[143] J-L ESAMBO KANGASHE, « De l'indépendance, de l'autonomie financière et de l'efficacité de la magistrature », *Les défis politico-administratifs, sécuritaires, juridiques*

Au regard de ce qui précède, il y a lieu de se demander si le droit constitutionnel pénal congolais et, plus précisément, le droit constitutionnel pénal des droits de l'homme sus évoqué, ne serait pas un mort-née.

§2. Les attributions en matière de contrôle de constitutionnalité des normes

La protection pénale des droits de l'homme par la CSJ mise de côté du fait des faiblesses qui les caractérisent dans le contexte de la RDC, il ne reste plus qu'à constater avec René Degni-Segui qu' :

> *« il convient de faire l'économie des garanties non juridictionnelles, parce qu'elles n'ont aucune portée réelle dans le système de confusion des pouvoirs qui prévaut en Afrique. Il ne reste donc plus que les garanties juridictionnelles. Mais là encore il ne sera envisagé que le recours contre l'État, principal violateur des droits de l'homme, à l'exclusion de celui exercé contre l'individu. Le recours contre l'État conduit, si l'on s'en tient aux contrôles objectifs, essentiellement à deux : le contrôle de constitutionnalité des lois et le contrôle de la légalité des actes administratifs*[144] *».*

Seul le contrôle de constitutionnalité des normes nous intéresse ici. Il n'est pas sans intérêt de le souligner que dans la quasi-totalité, sinon la totalité des États où il est exercé, ce contrôle n'avait pas pour finalité première la protection des droits de l'homme. Aux États-Unis, par exemple, dans son essence, le contrôle de la constitutionnalité des lois connu sous le nom de *Judicial Review* avait plutôt pour objet de faire respecter la séparation verticale des pouvoirs entre l'Etat fédéral et les États fédérés[145]. Il en est de même au Canada et dans la plupart d'autres États fédérés[146]. En France, le contrôle de constitutionnalité des lois a été institué non pour assurer la protection des droits de l'homme mais pour protéger le domaine du règlement à l'encontre des empiètements du Parlement[147]. Il ne serait donc pas exagéré de souli-

---

et institutionnels de gestion de la Troisième République, Fondation Konrad Adenauer, 2006, p. 106.

[144] R. DEGNI-SEGUI, *Les droits de l'homme en Afrique noire francophone (théories et réalités), op.cit*, p. 67.

[145] L. FAVOREU (dir.), *Droit et libertés fondamentales*, 1ère édition, Paris, Dalloz, 2000, p. 167.

[146] *Op.cit*, p. 167.

[147] N. MOLFESSIS, « La dimension constitutionnelle des libertés et droits fondamentaux », in R. CABRILLAC, *Libertés et droits fondamentaux*, 17ème édition, Paris, Dalloz, 2011, pp. 79-80 ; G. CHAMPAGNE, *L'essentiel du droit constitutionnel, 1, théorie générale du droit constitutionnel*, 8ème édition, Paris, Gualino, L'extenso éditions, 2009, p. 52 ; H. PORTELLI, *Droit constitutionnel*, Paris, Dalloz, 7ème édition, 2007, pp. 356-357 ; J P JACQUE, Droit *constitutionnel et institutions politiques*, Paris, Dalloz, 4ème édition, 2000, p. 235 ; C. EMERI et C. BIDEGARAY, *La Constitution en France de 1789 à nos jours*,

gner que l'affirmation de la justice constitutionnelle comme juge des droits de l'homme au cours des années d'après-guerre aux Etats-Unis, puis en France (1971), au Canada (1982), en Belgique (1989) et en Afrique subsaharienne (1990)[148] au point d'en arriver à une association entre justice constitutionnelle et protection desdits droits de l'homme a constitué une véritable révolution judiciaire silencieuse[149]. Celle-ci ne serait pas possible sans la réunion d'un certain nombre de conditions dont la constitutionnalisation des droits de l'homme. Selon Maurice Kamto :

> *« La constitutionnalisation des normes ou des instruments internationaux de protection des droits de l'homme hisse ces droits au rang des normes suprêmes dans l'ordonnancement juridique interne des États ; (...) elle fait du juge constitutionnel le juge des droits de l'homme et des libertés fondamentales[150] ».*

Une opinion similaire se retrouve sous la plume de Maurice Duverger lorsqu'il note que :

> *« Le contrôle de constitutionnalité des lois peut avoir deux sens : on bien, il existe dans l'intérêt des citoyens pour les protéger contre les abus du législateur, notamment pour assurer que celui-ci ne porte pas atteinte aux droits de l'homme et aux libertés publiques garantis par la Constitution ; ou bien il existe dans*

Paris, Armand Colin, 1997, pp. 174-175 ; F. HAMON et M. TROPER, *Droit constitutionnel*, Paris, L.G.D.J, 28ème édition, 2003, 2003, p. 752 ; M. DUVERGER, *Eléments de droit public*, Paris, PUF, 13ème édition, 1995, p. 165 ; N. BRACONNAY et MANUEL DELAMARRE, *Institutions juridictionnelles*, Paris, Unibert, 2007, p. 268 ; F. LUCHAIRE, « Le Conseil constitutionnel et la protection des droits et libertés du citoyen », in *Mélanges offerts à Marcel Waline, Le juge et le droit public*, Tome II, Paris, LGDJ, 1974, pp. 563-564 et 573-574 ; MOUHAMADOU MOUNIROU SY., *La protection constitutionnelle des droits fondamentaux en Afrique, l'exemple du Sénégal*, *op.cit.*, pp. 73-74.

148 Sur la protection constitutionnelle des droits de l'homme en Afrique subsaharienne, lire notamment ABDOULAYE DIARRA, *La protection constitutionnelle des droits et libertés en Afrique noire francophone à partir de 1990 : le cas du Bénin et du Mali*, disponible en ligne à l'adresse *http://afrilex.u-bordeaux4.fr/sites/afrilex/IMG/pdf/2doc8diarra.pdf*; SORY BALDE, *Juge constitutionnel et transition démocratique: étude de cas en Afrique subsaharienne francophone*, disponible en ligne à l'adresse, *http://ddata.over-blog.com/1/35/48/78/Afrique/Sory-Balde-Juge-constitutionnel-et-transition-democratique.pdf*; A. BOURGI, *L'évolution du constitutionnalisme en Afrique : du formalisme à l'effectivité*, disponible en ligne à l'adresse *http://www.cairn.info/revue-francaise-de-droit-constitutionnel-2002-4-page-721.htm*.

149 L. FAVOREU (dir.), *Droits des libertés fondamentales*, *op.cit*, p. 167.

150 M. KAMTO, « Charte africaine, instruments internationaux de protection des droits de l'homme, constitutions nationales : articulations respectives », in J-F. FLAUSS et E. LAMBERT-ABDELGAWAD, *L'application nationale de la Charte africaine des droits de l'homme et des peuples*, Bruxelles, Bruylant, Némésis, 2004, p. 36.

l'intérêt des pouvoirs publics, pour maintenir entre eux la séparation des pouvoirs établies par la Constitution[151] *»*.

Il se dégage de l'expérience française en la matière que, loin d'être toujours le fait du pouvoir constituant, la constitutionnalisation des droits de l'homme peut également se réaliser, ne serait qu'en partie[152], par la voie jurisprudentielle, à travers l'élargissement du « *bloc de constitutionnalité* »[153]. Une fois ces droits constitutionnalisés, à travers le contrôle de constitutionnalité des lois, la tâche du juge constitutionnel revient à confronter les normes soumises à son contrôle auxdits droits. La sanction de l'exercice est connue : Il s'agit, selon le cas, de la promulgation, de la mise en application ou de la ratification des normes contrôlées en cas de leur conformité aux droits de l'homme. Dans le cas contraire, on assistera plutôt au défaut de promulgation, de la mise en application ou de l'annulation. C'est à travers cette voie que se réalise la protection des droits de l'homme. Ce qui a conduit de nombreux auteurs[154] à considérer le contrôle de constitutionnalité comme un des mécanismes, mieux le mécanisme par excellence de la protection des droits de l'homme. De là l'intérêt de préciser, à la fois les droits constitutionnellement garantis (A), les normes susceptibles de contrôle de constitutionnalité (B) et celles échappant à ce contrôle (C).

A. Les droits de l'homme constitutionnellement garantis

Exceptés la Loi fondamentale du 19 mai 1960 et le Décret-Loi constitutionnel n°003 du 27 mai 1997 relatif à l'organisation et à l'exercice du pouvoir en RDC, tous les autres textes constitutionnels qui ont eu à régir la RDC depuis son accession à sa souveraineté nationale, le 30 juin 1960 jusqu'à ce jour[155], réservent une place importante aux droits de l'homme[156].

---

[151] M. DUVERGER, *La cinquième République*, Paris, PUF, 3ème édition, 1963, p. 161.

[152] Certains droits de l'homme ne sont pas expressément consacrés par la Constitution ou les traités internationaux. Le juge les déduits cependant de l'une ou des autres.

[153] G. CHAMPAGNE, *L'essentiel du droit constitutionnel, op.cit*, p 49 ; H. PORTELLI, *Droit constitutionnel, op.cit*, p. 293 ; H. ROUSSILLON, *Le Conseil constitutionnel*, Paris, Dalloz, 3ème édition, p. 43.

[154] Lire, entre autres, A. MAZYAMBO MAKE NGO KISALA, « Introduction aux droits de l'homme : théorie générale, instruments, mécanismes de protection », *Mandats, rôles et fonctions des pouvoirs constitués dans le nouveau système politique de la République démocratique du Congo, op.cit*, pp. 271-272.

[155] Sur l'ensemble de ces textes, lire, sous la plume de l'auteur, *Les textes constitutionnels congolais annotés*, *op.cit*, 544 p.

[156] Sur les droits de l'homme dans les textes constitutionnels congolais, lire notamment A. KAMUKUNY MUKINAYI, *Droit constitutionnel congolais*, op.cit., pp. 348-352 ; J-L ESAMBO KANGASHE, *La Constitution du 18 février 2006 à l'épreuve du constitutionnalisme, op.cit*, pp. 62-64 et 85-88 ; M. WETSH'OKONDA KOSO, *Les perspectives des droits de l'homme dans la Constitution congolaise du 18 février 2006*, op.cit., 96 p ; NGONDANKOY-NKOY-ea-LOONGYA, *Droit congolais des droits de l'homme*, *op.cit*,

Outre leur invocation dans les préambules de ces textes constitutionnels, les droits de l'homme sont également consacrés dans un des titres, autant qu'ils sont concernés par les dispositions internationales, notamment celles en rapport avec la primauté des traités internationaux régulièrement ratifiés ou conclus, en général, et ceux relatifs aux droits de l'homme, en particulier, sur les lois nationales[157].

Une analyse fouillée des mêmes textes constitutionnels révèle d'autres dispositions sur les droits de l'homme dans les autres titres. Le cas de la Constitution du 18 février 2006 est assez éloquent à cet égard dans la mesure où, après avoir réaffirmé l'adhésion et l'attachement du peuple congolais à la Déclaration universelle des droits de l'homme, à la Charte africaine des droits de l'homme et des peuples, aux conventions des Nations unies sur les droits de l'enfant et sur les droits de la femme dans son préambule[158], cette Constitution consacre un de ses huit titres aux mêmes droits. Il s'agit, en l'occurrence, du deuxième titre comprenant 56 articles repartis en quatre chapitres consacrés respectivement aux droits civils et politiques[159], aux droits économiques, sociaux et culturels[160], aux droits de solidarité[161] et aux devoirs des citoyens[162]. Une étude approfondie d'autres titres de la même Constitution révèle quantité d'autres dispositions liées aux droits de l'homme. Il en est ainsi du premier titre sur les dispositions générales comprenant, en filigrane, des dispositions en rapport avec le droit de vote[163], le droit à la liberté d'association dans le cadre des partis politiques[164], le droit du peuple congolais à la souveraineté permanente sur ses ressources naturelles[165] et le droit à la nationalité[166]. Il en est de même du troisième titre consacré à l'organisation et à l'exercice du pouvoir dont certaines disposi-

pp. 67-74 ; N. MWILANYA WILONDJA, *Les mécanismes congolais de protection et de promotion des droits de l'homme*, Tome I, Kinshasa, Editions Agapao, 2004, pp 23-49 ; A. MAZYAMBO MAKENGO KISALA, « Les normes constitutionnelles, conventionnelles, légales, réglementaires et jurisprudentielles relatives aux droits de l'homme », in *Séminaire de formation aux droits de l'homme et sur l'administration de la justice tenu à Kikwit du 12 au 16 octobre 2004 à l'intention des responsables chargés de l'application des lois œuvrant dans la province du Bandundu*, Kinshasa, Haut commissariat des Nations unies aux droits de l'homme, 2004, pp. 18-29 ; GBAMANZANGO MOLE, *Le Zaïre et la promotion des droits et libertés de la personne humaine*, s.e, s.d, pp 57-76.

[157] Lire notamment l'article 215 de la Constitution.

[158] Paragraphe 6 de la Constitution du 18 février 2006.

[159] Articles 11 à 33 de la Constitution du 18 février 2006.

[160] Articles 34 à 49 de la Constitution du 18 février 2006.

[161] Articles 50 à 61 de la Constitution du 18 février 2006.

[162] Articles 62 à 67 de la Constitution du 18 février 2006.

[163] Article 5 de la Constitution du 18 février 2006.

[164] Articles 6 à 8 de la Constitution du 18 février 2006.

[165] Article 9 de la Constitution du 18 février 2006.

[166] Article 10 de la Constitution du 18 février 2006.

tions se rapportent notamment à l'indépendance du pouvoir judiciaire[167] et aux mécanismes de promotion et de protection des droits humains et des libertés fondamentales[168] ainsi que du septième titre qui inclut les droits de l'homme dans les dispositions non susceptibles de révision constitutionnelle à moins que ce ne soit dans le sens du renforcement de leur protection[169]. Concerne également les droits de l'homme, l'article 215 de la même Constitution ainsi libellé : « *Les traités et accords internationaux régulièrement conclus ont, dès leur publication, une autorité supérieure à celle des lois, sous réserve pour chaque partie ou accord, de l'application par l'autre partie* [170]».

En vertu de cette disposition constitutionnelle introduite, en droit constitutionnel congolais, par la Constitution du 1er août 1964 et qui a réussi, depuis lors, à survivre à l'instabilité constitutionnelle chronique de la RDC[171], à ce jour, une vingtaine d'instruments juridiques internationaux et régionaux des droits de l'homme font partie intégrante de l'ordre juridique congolais[172]. Ils devraient d'autant plus recevoir leur application par le juge congolais érigé expressément en garant des droits de l'homme[173] que, non seulement ils ne sont pas concernés par la réserve de la réciprocité précitée, mais en plus, en son article 153, la même Constitution dispose que « *Les cours et tribunaux, civils et militaires, appliquent les traités internationaux dûment ratifiés* (...)[174] ». Sauf exception, l'ensemble de ces dispositions en rapport avec les droits de l'homme sont formulées de la manière la plus précise et détaillée possible[175]. Aussi la CSJ ne devrait-elle pas rencontrer de difficultés particulières pour leur application. Il est cependant à craindre que la consécration concomitante des mêmes droits dans le préambule de la Constitution

---

[167] Articles 149 à 152 de la Constitution du 18 février 2006.

[168] Article 203 de la Constitution du 18 février 2006.

[169] Article 220 de la Constitution du 18 février 2006.

[170] M. WETSH'OKONDA KOSO, *Les textes constitutionnels congolais annotés, op.cit*, p 486.

[171] NGONDANKOY NKOY-ea-LOONGYA, *Le droit congolais des droits de l'homme, op.cit*, p 99.

[172] Lire notamment *Instruments internationaux et régionaux relatifs aux droits de l'homme et au droit international humanitaire ratifiés par la République démocratique du Congo*, Kinshasa, Journal officiel de la République démocratique du Congo, numéro spécial, 5 décembre 2002 ; *Instruments internationaux relatifs aux droits de l'homme et au droit international humanitaire ratifiés par la République démocratique du Congo*, Kinshasa, Journal officiel de la République démocratique du Congo, numéro spécial, septembre 2001 ; *Instruments internationaux relatifs aux droits de l'homme ratifiés par la République démocratique du Congo*, Kinshasa, Journal officiel de la République démocratique du Congo, numéro spécial, avril 1999.

[173] Article 150 de la Constitution du 18 février 2006.

[174] M. WETSH'OKONDA KOSO, *Les textes constitutionnels congolais annotés, op.cit*, p 486.

[175] M. WETSH'OKONDA KOSO, *Les perspectives des droits de l'homme dans la Constitution congolaise du 18 février 2006, op.cit*, pp. 18-19.

et le corps du texte ne constitue une source non négligeable de difficultés de leur application par la CSJ. Cette situation pose notamment le problème de la valeur juridique du préambule de la Constitution. Dans certains Etats, la Constitution elle-même prend le soin de le résoudre. A titre d'exemple, au Cameroun, en son article 65, la Constitution du 18 janvier 1996 consacre expressément la force obligatoire de son préambule, qui en fait une partie intégrante[176]. Une situation similaire prévaut dans de nombreux autres Etats africains tels que le Benin[177], le Mali[178] et le Sénégal[179].

En France, un débat houleux avait opposé la doctrine au sujet de la valeur juridique du préambule de la Constitution[180]. Les travaux préparatoires de la Constitution du 4 octobre 1958 démontrent que le constituant a pris une position claire dans ce débat en refusant de conférer une quelconque valeur juridique au préambule de la Constitution[181]. Toutefois, en 1971, dans sa décision Liberté d'association, soucieux d'assurer la protection des droits de l'homme, le Conseil constitutionnel a préféré ignorer lesdits travaux préparatoires en reconnaissant la valeur juridique au préambule de la Constitution et, partant, à tous les textes juridiques consacrant les droits de l'homme, à commencer par la Déclaration des droits de l'homme et du citoyen[182].

La CSJ devrait-elle suivre son homologue français dans cette voie[183] ? Jacques Djoli Eseng'ekeli semble répondre à cette interrogation par

---

[176] E. KAM YOGO, « L'influence du droit international des droits de l'homme sur la Loi constitutionnelle du 18 janvier 1996 », in ONDOUA A. (dir.), *La Constitution camerounaise du 18 janvier 1996 : bilan et perspectives*, Africaine d'édition, 2007, pp. 171-172.

[177] ABDOULAYE DIARRA, *La protection constitutionnelle des droits et libertés en Afrique noire francophone à partir de 1990 : le cas du Bénin et du Mali*, http://www.afrilex.u-bordeaux4.fr/sites/afrilex/IMG/pdf/2doc8diarra.pdf.

[178] *Idem*.

[179] ISMAILA MADIOR FALL et alii, *Sénégal, Le secteur de la justice et l'Etat de droit*, une étude d'Afrimap et de l'Open Society Initiative for West Africa, Johannesburg, Une Publication du Réseau Open Society Institute, novembre 2008, p. 24.

[180] Sur le même débat, en droit comparé, lire J-L ESAMBO KANGASHE, *Droit constitutionnel, op.cit*, pp. 93-94.

[181] D. BREILLAT, *Libertés publiques et droits de la personne humaine, op.cit*, p. 170.

[182] G. CHAMPAGNE, *L'essentiel du droit constitutionnel, op.cit*, p. 50 ; M. WETSH'OKONDA KOSO, « La loi portant principes fondamentaux relatifs à l'agriculture sous l'angle de sa conformité à la Constitution », *Revue du Barreau de Kinshasa/Gombe*, n°06, 2012, pp. 79-81 ; J. GICQUEL, « L'application directe de la norme constitutionnelle », in M. DELMAS-MARTY et C. LUCAS DE LEYSSAC (dir.), *Libertés et droits fondamentaux, op.cit*, pp. 291-303 ; G. VEDEL, « Le Conseil constitutionnel et sa jurisprudence », in G. CONAC (dir.), *Les cours suprêmes en Afrique, op.cit*, pp. 39-40 ; J-Y MORIN, *Libertés et droits fondamentaux dans les Constitutions des Etats ayant le français en partage*, Bruxelles, Editions Bruylant, 1999, pp. 21-22 ; H. ROUSSILLON, *Le Conseil constitutionnel, op.cit*, pp. 45-47.

[183] En droit comparé africain, plus précisément béninois, camerounais et sénégalais, les Constitutions ayant consacré expressément la valeur constitutionnelle de leurs préambules, cette question n'a aucune pertinence. Sur le Bénin, lire, FONDATION KONRAD

l'affirmative [184]. Prenant le contre-pied de cette position doctrinale, Delphine Pollet-Panoussis y oppose deux arguments d'une pertinence remarquable. D'abord, fait-elle remarquer, la Constitution du 18 février 2006 consacre l'ensemble des droits de l'homme connus à ce jour, ce qui en est fait une déclaration de droits complète, moderne et adaptée aux préoccupations actuelles de la société congolaise. Il s'ensuit qu'à la différence de la Constitution française du 4 octobre 1958, elle n'a pas besoin d'être complétée par d'autres textes à caractère constitutionnel[185]. Ensuite, ajoute le même auteur, reconnaitre une valeur juridique au préambule de la Constitution du 18 février 2006 aurait pour effet de conférer une valeur constitutionnelle aux instruments juridiques internationaux relatifs aux droits de l'homme invoqués dans ledit préambule, notamment la Déclaration universelle des droits de l'homme et la Charte africaine des droits de l'homme et des peuples. Compte tenu des nuances, voire des différences entre ces différents instruments juridiques internationaux et le corps de la Constitution, il n'y aurait pas seulement enrichissement de celle-ci par ceux-là. Il y a également un risque élevé de déboucher sur des « conflits de loi » qu'il ne sera pas toujours facile de régler[186]. En définitive, au lieu d'adhérer à la formule française du « *bloc de constitutionnalité* », Delphine Pollet-Panoussis préconise plutôt le recours à une autre formule consistant à considérer le préambule de la Constitution et les instruments juridiques internationaux qui y sont invoqués comme des sources d'interprétation de celle-ci[187]. Cette technique est expressément consacrée par certains textes

ADENAUEUR, *Commentaire de la Constitution béninoise du II décembre 1990 : esprit, lettre, interprétation et pratique de la Constitution par le Bénin et ses institutions*, Cotonou, KAS, 2009, p. 13. Sur le Cameroun, lire l'article 65 de la Constitution du 18 janvier 1996. A. DIDIER OLINGA, *La Constitution de la République du Cameroun*, Yaoundé, PUCAC, Éditions Terre Africaine, 2006, p. 320. Sur le Sénégal, lire, MOUHAMADOU MOUNIROU SY, *La protection constitutionnelle des droits fondamentaux en Afrique, op.cit*, p. 534. Pour de plus amples informations sur le droit comparé, lire, J-L ESAMBO KANGASHE, *Le droit constitutionnel, op.cit*, p. 93.

184 J. DJOLI ESENG'EKELI, « Les éléments de la politique criminelle découlant de la Constitution de la Troisième République », *op.cit*, pp. 236, 242 ; *Droit constitutionnel, Tome 1, Principes structuraux*, Kinshasa, EUA, 2010, p. 191.

185 D. POLLET-PANOUSSIS, « La Constitution congolaise du 18 février 2006 : petite sœur africaine de la Constitution française », *op.cit*, pp. 488-493. Du point de vue du droit comparé, une situation similaire est signalée en Suisse, lire à ce sujet MAIMOUNA KANE, *La protection des droits et libertés par le juge administratif, Rapport général du VIIème Congrès de l'Association internationale des juridictions administratives tenues à Dakar du 23 au 25 avril 2001*, disponible en ligne à l'adresse http://www.aihja.org/publi/f_set21.html (10 décembre 2012).

186 Sur ces conflits de loi, lire, avec intérêt, M. KAMTO, « Charte africaine des droits de l'homme et des peuples, instruments internationaux de protection des droits de l'homme, Constitutions nationales : articulations respectives », *op.cit.*, 2004, pp. 43-46 ; L. FAVOREU (dir.), *Droit des libertés fondamentales, op.cit*, p.166.

187 Dans le même sens, lire avec intérêt J-F. FLAUSS, « propos conclusifs », in J-F FLAUSS et E. ABDELGAWAD E. (dir.), *op.cit*, p. 249 ; NGONDANKOY NKOY-ea-LOONGYA, *Le contrôle de constitutionnalité, op.cit*, pp.47 et 107 et svts ; M.

constitutionnels. Il en est ainsi notamment de la section 39 (I) (b) de la Constitution de l'Afrique du Sud qui dispose qu'en interprétant la déclaration des droits, une cour, un tribunal ou un forum doit tenir compte du droit international[188]. La Cour constitutionnelle de l'Afrique du Sud en a fait une remarquable application dans sa décision Makanyane prononcée en date du 6 juin 1995, au sujet de la constitutionnalité de la peine de mort. Pour prononcer cette décision, la Haute cour s'est livrée à une étude juridique approfondie, elle a pris en compte plusieurs dispositions de la Constitution en vigueur, les a confrontées aux constitutions antérieures, a fait appel au droit international des droits de l'homme, au droit constitutionnel comparé, etc. avant d'en déduire que la peine de mort est à la fois cruelle, inhumaine et dégradante, attentatoire à la dignité humaine et à l'égalité devant la loi et la justice. L'arrêt qui en a résulté se présente comme un chef d'œuvre sur la constitutionnalité de la peine de mort, un modèle de justice constitutionnelle[189].

Bien qu'il n'y ait aucune disposition de ce genre dans la Constitution congolaise, les juridictions congolaises ont déjà eu à procéder à cet exercice. Deux précédents au moins méritent d'être invoqués. Dans son arrêt Lisisa Sylla, poursuivi du chef de violation de consigne pour avoir noué une relation non autorisée avec une personne étrangère, plus précisément pour avoir épousé une femme de nationalité étrangère, le prévenu a été acquitté par le Conseil de guerre général au motif qu'il n'appartient pas au législateur d'intervenir dans le domaine du mariage, la Déclaration universelle des droits de l'homme ayant consacré la liberté de mariage[190].

WETSH'OKONDA KOSO, *Les perspectives des droits de l'homme dans la Constitution congolaise du 18 février 2006, op.cit*, pp. 30 et 67.

[188] ANTHEA VAN DER BURG (coll.), *Afrique du Sud : le secteur de la justice et de l'Etat de droit, une publication d'AfriMap et de l'Open Society for Southern Africa*, Johannesburg, Une publication du Réseau Open Society Institute, 2005, p. 52 ; REDRESS, *Transposer internationale de la torture, guide de transposition et de mise en œuvre interne de la Convention des Nations Unies contre la torture et autres traitements cruels, inhumains et dégradants*, Londres, The Redress Trust, janvier 2006, p. 23.

[189] J-L ESAMBO KANGASHE, *La Constitution congolaise du 18 février 2006 à l'épreuve du constitutionnalisme, op.cit*, p. 321 ; L. SINDJOUN, *Les grands arrêts de la justice constitutionnelle africaine, droit constitutionnel jurisprudentiel et politiques constitutionnelles au prisme des systèmes politiques africains*, Bruxelles, Etablissements Bruylant, 2009, pp. 381-429 ; F. HOURQUEBIE, *La diffusion du constitutionnalisme en Afrique du Sud : une analyse à travers la décision de la Cour constitutionnelle du 6 juin 1995 portant inconstitutionnalité de la peine de mort*, disponible en ligne à l'adresse http://www.droitconstitutionnel.org/congresmtp/textes7/HOURQUEBIE.pdf (2 août 2011).

[190] M. WETSH'OKONDA KOSO, *République démocratique du Congo : la justice militaire et le respect des droits de l'homme, l'urgence du parachèvement de la reforme*, une étude d'AfriMap et de l'Open Society Initiative for Southern Africa, Johannesburg, Une publication du Réseau Open Society Institute, juin 2009, p. 33.

La même démarche juridique a été utilisée par la CSJ dans son avis Amnistie dans lequel elle a affirmé que « *Toute interprétation de l'article 2, alinéa 2 de la loi sur l'amnistie dans le sens de la conception subjective serait en contradiction avec les normes internationales*[191] ». En fait, pour dénier la qualification d'infraction politique et partant l'exclusion du bénéfice de l'amnistie à l'infraction d'attentat contre la vie d'un Chef de l'Etat, la Haute cour s'est contentée de se référer à la clause d'attentat contenue dans plusieurs accords d'extradition ainsi qu'à l'article 4, 0 de l'Acte constitutif de l'Union africaine relatif à l'interdiction des assassinats politiques et au droit à la vie. Elle n'a fait, en revanche, aucune allusion à l'article 6, paragraphe 4 du Pacte international relatif aux droits civils et politiques aux termes duquel : « *Tout condamné à mort (y compris les personnes condamnées à mort du chef d'attentat contre la vie d'un Chef de l'Etat, c'est nous qui précisons) a le droit de solliciter la grâce ou la commutation de la peine. L'amnistie, la grâce ou la commutation de la peine de mort peuvent dans tous les cas être accordées*[192] ». La CSJ ne s'est pas préoccupée de savoir si les accords d'extradition sus invoqués ont été régulièrement conclus par la RDC pour y attacher une valeur juridique supérieure à celle des lois. La clause d'attentat sur laquelle elle a fondé son avis ne paraît pas non plus pertinente dans l'espèce[193]. Ce sont là autant de faits qui démontrent la nécessité, pour une bonne interprétation de la Constitution à la lumière des instruments juridiques internationaux relatifs aux droits de l'homme, d'un personnel judiciaire chevronné en la matière. Seul un tel personnel peut aussi, sans verser dans des hérésies judiciaires, identifier exactement les actes juridiques susceptibles de contrôle de constitutionnalité devant la CSJ[194].

B. Les actes juridiques susceptibles de contrôle de constitutionnalité

Les actes juridiques susceptibles de contrôle de constitutionnalité devant la CSJ sont déterminés par la Constitution. Par sa jurisprudence, la CSJ peut

---

[191] CSJ, 13 décembre 2005, Avis consultatif sur la nature juridique de l'infraction d'attentat à la vie d'un Chef de l'Etat au regard de l'article 2 de la loi portant amnistie pour faits de guerre, infractions politiques et d'opinion, avec note de KIFWABALA TEKILAZAYA, *Les Analyses juridiques n°8/2006*, pp. 72-77.

[192] Instruments internationaux et régionaux relatifs aux droits de l'homme et au droit international humanitaire ratifiés par la République démocratique du Congo, Kinshasa, *Journal officiel de la République démocratique du Congo*, numéro spécial, 5 décembre 2002, p. 27.

[193] Pour une analyse approfondie de cet avis, lire notamment M. WETSH'OKONDA KOSO, « L'avis consultatif de la Cour suprême de justice n°RL 10 du 13 décembre 2005 sur l'infraction politique : interprétation ou réécriture de la loi ? », *Les Analyses juridiques n° 8/2006*, pp 4-26.

[194] Sur la confusion entretenue par la CSJ dans la qualification des actes juridiques, lire notamment M. WETSH'OKONDA KOSO, « La définition des actes législatifs dans l'arrêt de la CSJ n°R.Const.51/TSR du 31 juillet 2007 à l'épreuve de la Constitution du 18 février 2007 », *op.cit*, pp. 12-36.

également nous éclairer davantage en la matière. Peu constante, cette jurisprudence s'est montrée, tantôt rigoureuse, tantôt plus souple quant à la détermination des actes susceptibles de contrôle de constitutionnalité devant elle. La CSJ est rigoureuse dans l'arrêt Bossassi Epole lorsqu'elle a jugé, dans cet arrêt qu'elle a

> *« relève(é) que la présente requête est non fondée. En effet, la requérant ne précise pas les actes législatifs ou règlementaires qui seraient contraires à la Constitution et qui, seuls, au regard de l'article 162, alinéa 2 de la Constitution, peuvent justifier sa saisine pour inconstitutionnalité par toute personne*[195] *».*

La même rigueur a été de mise dans l'arrêt Masudi Mendes car en examinant :

> *« sa saisine, peut-on y lire, (la Cour suprême de justice) relève qu'elle n'est pas compétente pour statuer sur l'inconstitutionnalité d'une motion de défiance. En effet, les compétences de la cour suprême de justice, siégeant comme Cour constitutionnelle reposent sur les dispositions des articles 74, 76, 99, 128, 139, 145, 160, 161, 162, 163, 164, 167, 216 et 223 de la Constitution. En ses articles 160, alinéa 1, 162, alinéa 2 et 223, la Constitution dispose : « La Cour constitutionnelle est chargée du contrôle de la constitutionnalité des lois et des actes ayant force de loi », « Toute personne peut saisir la Cour constitutionnelle pour inconstitutionnalité de tout acte législatif ou réglementaire », « En attendant l'installation de la Cour constitutionnelle, du Conseil d'Etat et de la Cour de cassation, la Cour suprême de justice exerce les attributions leur dévolues par la présente Constitution ». Il ressort de l'interprétation de ces dispositions que le constituant a, de façon exhaustive, énuméré les matières qui rentrent dans la compétence de la Cour suprême de justice siégeant comme Cour constitutionnelle. L'énumération ainsi faite par le constituant exclut, d'une part, toute propension à conférer à cette juridiction une compétence générale et, d'autre part, précise la portée du sens à donner aux termes 'tout acte législatif ou règlementaire. En substance, il ne peut s'agir que, conformément au principe selon lequel la compétence est d'attribution et au regard de l'énumération faite par le constituant que des lois, des édits et des actes réglementaires des autorités administratives*[196] *».*

---

[195] M. WETSH'OKONDA KOSO, *Les textes constitutionnels congolais annotés, op.cit*, p. 492.

[196] CSJ, 7 juin 2010, RConst.103/TSR (arrêt inédit disponible auprès de l'auteur).

La CSJ a également été rigoureuse dans l'interprétation de sa compétence en matière constitutionnelle dans son arrêt RConst.044/TSR du 3 janvier 2007 relatif à l'interprétation du Règlement intérieur de l'Assemblée nationale :

> *« L'interprétation doit porter sur la Constitution mais, en l'espèce, l'interprétation sollicitée porte sur la notion de configuration politique contenue dans les articles 22 et 42 du Règlement intérieur de l'Assemblée nationale »,*[197] *a-t-elle jugé. En fait, à travers cet arrêt, la Cour a confirmé un arrêt antérieur dans lequel elle avait jugé qu'au regard de l'article 10 de la Constitution de la transition, la Cour suprême de justice, comme toute autre juridiction n'a pas le pouvoir d'interpréter les lois et les autres actes ayant force de loi en dehors d'un litige de sa compétence et se déclare incompétente de connaître d'une demande en interprétation d'une loi introduite à titre principal en dehors d'un litige*[198] *».*

Dans beaucoup d'autres arrêts, la CSJ a plutôt fait preuve de souplesse dans la détermination des actes susceptibles de contrôle de constitutionnalité devant elle. Il s'agit principalement des arrêts relatifs à la constitutionnalité des actes d'assemblée portant motion de censure ou de défiance à l'égard des membres des exécutifs provinciaux et des assemblées provinciales[199].

Dans ces différents arrêts, la CSJ a jugé que :

> *« Le vocable « acte législatif » couvre non seulement les lois stricto sensu ou les actes ayant force de loi mais également tout document ou acte émanant ou accompli dans l'exercice du pouvoir législatif à l'instar de la motion de défiance concernée*[200] *».*

La confusion entretenue par ces différents arrêts sur la définition des actes législatifs et la controverse qu'elle a suscitée sont telles qu'il semble nécessaire de marquer un temps d'arrêt pour préciser « *ces différentes no-*

---

[197] C.S.J, 3 janvier 2007, RConst.044/TSR (arrêt inédit disponible auprès de l'auteur).

[198] C.S.J, 30 janvier 1995, 30 janvier 1995, RConst.003/TSR, KATUALA KABA KASHALA et YENYI OLUNGU, *Cour suprême de justice : historique et textes annotés de procédure*, op.cit., pp.168-169.

[199] C.S.J, 31 juillet 2007, RConst.051/TSR, Trésor Kapuku ; C.S.J, 28 décembre 2007, RConst.060/TSR, Kishabongo ; C.S.J, 26 décembre 2007, RConst.062/TSR, Cibalonza ; C.S.J, 4 mai 2009, RConst.78/TSR, José Makila ; C.S.J, 7 juin 2010, RConst. 103/TSR, Masudi Mendès ; C.S.J, 22 octobre 2010, RConst.137/TSR, Roger Nsingi et C.S.J, 26 avril 2011, RConst.152/TSR, Richard Ndambu.

[200] M. WETSH'OKONDA KOSO, *Les textes constitutionnels congolais annotés, op.cit*, pp 25-26.

tions, concept, sources de confusion[201] », selon l'expression de Wasenda N'Songo. En dehors des actes législatifs (1), l'effort de clarification va porter sur les actes règlementaires (2), les règlements intérieurs des chambres législatives, de la CENI, du C.S.A.C (3) et les traités internationaux (4).

1. Les actes législatifs

Dans son arrêt Ussoral et Alliés, la C.S.J a jugé que : *« le vocable "acte législatif" couvre non seulement les lois stricto sensu ou les actes ayant force de loi mais également tout document ou acte émanant ou accompli dans l'exercice du pouvoir législatif à l'instar de la motion de défiance concernée*[202] *».*

C'est la même définition des actes législatifs qui a été reprise, de manière quasi identique, dans les arrêts de la même Cour relatifs aux motions de défiance et de censure adoptées à l'encontre des membres des exécutifs provinciaux et des assemblées provinciales[203], excepté de l'arrêt Pierre Masudi Mendes.

De nombreux auteurs ont stigmatisé les multiples imperfections qui, du point de vue de la légistique, caractérisent la Constitution du 18 février 2006[204]. La confusion entretenue par la Haute cour sur la notion d'actes législatifs et sur sa compétence à leur égard trouve ici, du moins en partie, son explication. Avant d'invoquer les actes législatifs à son article 162, la Constitution a, à travers plusieurs articles, fait allusion, tantôt aux lois organiques[205] ou ordinaires[206], tantôt aux actes ayant force de loi et ce, sans que le lien entre les uns et les autres ainsi que les actes législatifs ne ressorte

---

201 WASENDA N'SONGO, *Contentieux administratif congolais, essai d'analyse de doctrine et de jurisprudence*, Kinshasa, Collection Informations juridiques, 1998, p 99.

202 M. WETSH'OKONDA KOSO, *Les textes constitutionnels congolais annotés, op.cit*, pp 25-26.

203 Le premier de ses arrêts n'est autre que l'arrêt Kapuku auquel tous les autres n'ont fait qu'emboiter le pas. Sur cet arrêt, lire WETSH'OKONDA KOSO, La définition des actes législatifs dans l'arrêt de la C.S.J n°R.Const.051/TSR à l'épreuve de la Constitution du 18 février 2006, op.cit, pp. 12-36.

204 Pour une analyse plus ou moins systématique de la question, lire, avec intérêt MUKADI BONYI, *Projet de constitution de la République démocratique du Congo : plaidoyer pour une relecture*, Kinshasa, CRDS, 2005, 93 p. sur certains aspects particuliers, lire notamment MAMPUYA KANUNK'a-TSHIABO, *op.cit*, pp. 119-122 ; D. KALUBA DIBWA, *La saisine du juge constitutionnel et du juge administratif suprême en droit public congolais*, lecture critique de certaines décisions de la Cour suprême de justice d'avant la Constitution du 18 février 2006, Kinshasa, Editions de l'Eucalyptus, 2007, p. 31 ; M. WETSH'OKONDA KOSO, *Les perspectives des droits de l'homme*, *op.cit*, pp. 32-33 ; D. POLLET-PANOUSSIS, *op.cit*, pp. 454-455.

205 Lire notamment les articles 2, alinéa 5, 3, alinéa 4 de la Constitution du 18 février 2006.

206 Lire notamment les articles 4, 5, alinéas 3 et 5, 6, alinéa 4, 122 et 123. 152, alinéa 5 de la même Constitution, etc.

nulle part. Il appartenait à la Haute cour et à la doctrine de combler cette lacune en clarifiant ces différentes notions. Pour Mulumba Lukoji, selon les contextes, la notion d'actes législatifs peut être comprise, tantôt dans son sens matériel (règles de conduite à caractère général, impersonnel et abstrait), tantôt dans son sens organique (règles édictées par le Parlement), tantôt dans son sens formel (règles adoptées selon la procédure parlementaire)[207]. A titre d'exemple, en France, avant la Constitution du 4 octobre 1958, la notion d'actes législatifs avait une définition organique. Autrement dit, méritaient la qualification d'actes législatifs, les actes juridiques émanant du parlement et ce, peu importe leur objet et la procédure suivie pour leur élaboration.

A partir de la Constitution du 4 octobre 1958, c'est plutôt la définition matérielle des actes législatifs qui prévaut : ne sont des actes législatifs que ceux dont l'objet relève du domaine de la loi, tel que circonscrit par la Constitution, peu importe qu'ils soient pris par le Parlement ou par le Gouvernement[208]. La Constitution du 24 juin 1967 telle que révisée par les lois constitutionnelles du 15 août 1974 et du 15 février 1978 exceptée, les différentes Constitutions congolaises ont consacré cette définition des actes législatifs. Autrement dit, selon ces différentes Constitutions, les actes législatifs sont ceux dont l'objet relève du domaine de la loi ou des édits provinciaux. Ac-

---

[207] C. MULUMBA, « Le pouvoir législatif dans la Constitution du 24 juin 1967 », in *Cahiers économiques et sociaux*, Vol. VII, Cahier n° 1, mars 1969, pp. 119-131. Lire également, J-L ESAMBO KANGASHE, *La Constitution congolaise du 18 février 2006 à l'épreuve du constitutionnalisme, op.cit*, p. 279 ; E. Lamy, *Le droit privé zaïrois, vol. 1, Introduction à l'étude du droit écrit et du droit coutumier zaïrois*, Kinshasa, PUZ, 1975, p. 155 ; BOMANDEKE BONYEKA, *Le Parlement congolais sous la Loi fondamentale*, Kinshasa, P.U.Z, 1992, p. 206. Il n'est pas sans intérêt de le souligner : le critère fonctionnel peut aussi être pris en compte dans la définition des actes législatifs. Dans ce sens, les règlements intérieurs des institutions d'appui à la démocratie peuvent aussi être considérés comme des actes législatifs. Lire dans ce sens, M. WETSH'OKONDA KOSO, « La définition des actes législatifs », *op.cit*, pp.34-35 ; E. BOSHAB et MATADI NENGA GAMANDA, *Le statut des représentants du peuple dans les assemblées politiques délibérantes, parlementaires, députés provinciaux, conseillers urbains, conseillers communaux, conseils de secteur ou de chefferie*, Louvain-la-Neuve, Academia Bruylant, 2010, p.43. Dans le sens contraire, lire notamment BALINGENE KAHOMBO, « l'originalité de la Cour constitutionnelle congolaise : son organisation et ses compétences », in FONDATION KONRAD ADENAUEUR, *Librairie Afrique d'études juridiques*, volume 6, Fondation Konrad Adenauer, 2011, p. 12, qui Exclut les règlements intérieurs des Assemblées législatives et des institutions d'appui à la démocratie des actes législatifs. En fait, cette position doctrinale semble tout à fait justifiée dès lors qu'il s'agit de circonscrire les actes législatifs au sens strict.

[208] Lire à ce sujet, P. PACTET, *Institutions politiques et droit constitutionnel*, 9ème édition, Paris, Masson, 1989, pp. 508-519; M. DUVERGER, *op.cit.*, p 129-130 ; G. BURDEAU, *op.cit.*, pp 543-547 ; F. HAMON et M. TROPER, *op.cit*, pp. 707-749 ; P. ARDENT, *Institutions politiques et droit constitutionnel*, 17ème édition, L.G.D.J, 2005, pp. 562-584 ; B. CHANTEBOUT, *Droit constitutionnel*, Paris, Armand Colin, 2005,pp. 510-523.

tuellement, ledit domaine couvre les règles concernant un nombre élevé de matières[209]:

De toutes ces matières, il y a lieu de noter particulièrement « *les règles concernant les droits civiques et les garanties accordées aux citoyens pour l'exercice des libertés publiques*[210] », « *les règles concernant la détermination des infractions et des peines qui leur sont applicables, la procédure pénale, l'organisation et le fonctionnement du pouvoir judiciaire, la création de nouveaux ordres de juridictions, le statut des magistrats, le régime juridique du Conseil supérieur de la magistrature*[211] », « *les principes fondamentaux concernant...la protection des groupes vulnérables*[212] » et les règles relatives aux institutions de promotion et de protection des droits de l'homme[213]. Il s'ensuit que, si la Constitution a posé les principes fondamentaux relatifs aux droits de l'homme, comme partout ailleurs, c'est plutôt aux actes législatifs que revient la charge d'en déterminer les modalités concrètes d'application ainsi que leurs mécanismes de promotion et de protection[214]. En définitive, avec Félix Vunduawe-te-Pemako, il y a lieu d'affirmer que par actes législatifs, il faut entendre les lois (nationales et provinciales) et les actes ayant force de loi[215]. Bien qu'ils constituent tous des actes législatifs, les lois et les édits provinciaux (a) ne devraient pas pour autant être confondus aux actes ayant force de loi (b).

a) Les Lois et les édits provinciaux

Sur le plan matériel, les lois et les édits provinciaux relèvent du domaine de la loi. Sur le plan organique, ils émanent des chambres législatives (Assemblée nationale, Sénat et Assemblées provinciales)[216] qui, du point de vue formel ou de la procédure, les adoptent selon la procédure parlementaire, chaque chambre étant régie par son règlement intérieur.

Du point de vue de leur fonctionnement, chacune des chambres se réunit périodiquement en session ordinaire ou extraordinaire, les intersessions étant

---

209 Article 122 de la Constitution du 18 février 2006.
210 Article 122, point 1 de la Constitution du 18 février 2006.
211 Article 122, 6 de la Constitution du 18 février 2006.
212 Article 123, 116 de la Constitution du 18 février 2006.
213 Article 222 de la Constitution du 18 février 2006.
214 M. WETSH'OKONDA KOSO, *Les perspectives des droits de l'homme, op.cit*, pp. 16-18.
215 F. VUNDUAWE te PEMAKO., *Traité de droit administratif, op.cit*, p. 217.
216 Article 100 de la Constitution du 18 février 2006. Ainsi la CSJ a-t-elle jugé dans l'arrêt R.Const.26/TSR du 11 mars 2005 relatif à la conformité à la Constitution du règlement intérieur de la CVR que « *en ce qui concerne l'article 149, alinéa 2 qui attribue aux décisions de la C.R la force de loi, la Cour considère excessif le caractère légal conféré aux décisions de la Commission vérité et réconciliation étant donné que celle-ci n'est pas un organe délibérant* ».

consacrées aux vacances parlementaires. Les deux chambres se réunissent également en Congrès.

La Constitution prévoit deux sessions parlementaires ordinaires par an, la première du 15 mars au 15 juin, et la seconde, du 15 septembre au 15 décembre[217]. La durée de chacune de ces sessions ne peut excéder trois mois[218]. Les sessions extraordinaires peuvent être convoquées en cas de besoin et sur un ordre de jour déterminé par les présidents des chambres, à la demande, soit de leur bureau, soit de la moitié des membres desdites chambres, soit du Président de la République, soit du Gouvernement[219]. La clôture des sessions intervient dès que leur ordre de jour est épuisé et, au plus tard, trente jours à compter de la date de leur inauguration[220]. Ordinaires ou extraordinaires, les sessions parlementaires se tiennent toujours sur la base d'un calendrier, élaboré par la Conférence des présidents des Commissions et des groupes parlementaires, et adoptées par la plénière. Sauf exception prévue par la Constitution, les règles relatives aux attributions, à l'organisation et au fonctionnement des chambres parlementaires nationales, s'appliquent également aux chambres parlementaires provinciales ou assemblées provinciales[221].

A l'instar des deux chambres qui la composent, le Congrès est régi tant par la Constitution que par son Règlement intérieur[222].

En ce qui concerne l'élaboration des lois, la procédure parlementaire se rapporte essentiellement à l'initiative des lois, à leur examen, à leur adoption et à leur promulgation. L'initiative des lois revient concurremment aux députés et aux sénateurs (propositions de loi) ainsi qu'aux membres du Gouvernement (projets de loi)[223].

---

217 Article 115 de la Constitution du 18 février 2006.

218 Article 115, alinéas 3 de la Constitution du 18 février 2006.

219 Article 116, alinéa 1 de la Constitution du 18 février 2006.

220 Article 116, alinéa 2 de la Constitution du 18 février 2006.

221 Article 197, alinéa 6 de la Constitution du 18 février 2006.

222 Article 120, alinéas 2, 3, 4 et 5 de la Constitution du 18 février 2006.

223 En conséquence, la CSJ a jugé, dans son arrêt R.Const.17/TSR du 15 septembre 2004 relatif à la conformité à la Constitution de la transition et à la loi organique portant organisation, attributions et fonctionnement de la CEI que « *N'est pas conforme à la Constitution, le premier tiret du point e de l'article 39 du règlement intérieur de la CEI en ce qu'il a, en violation de la Constitution, reconnu à la commission spéciale de la CEI chargée des affaires juridiques et du contentieux, l'initiative de « concevoir et élaborer tous les documents à caractère juridique relatifs aux processus référendaires et électoraux, notamment les projets de loi, alors que l'article 125 de la Constitution de la transition ne reconnait l'initiative des lois concurremment qu'au Gouvernement et à chacun des membres de l'Assemblée nationale et du Sénat* ». Ce précédent a été confirmé par l'arrêt R.Const.23/TSR du 17 décembre 2004 de la même Cour relatif à la conformité à la Constitution de la loi organique portant organisation, attributions et fonctionnement de la CELC aux termes duquel : « *N'est pas conforme à la Constitution de la transition et à la*

Une fois déclarés recevables par la plénière d'une chambre, à la suite d'un débat général, les projets ou propositions de lois font l'objet d'un examen approfondi en plénière ou au sein d'une Commission parlementaire. Ils peuvent, à cette occasion, connaître un ou plusieurs amendements. Après examen, les projets ou propositions de lois sont adoptés en plénière. Ils sont alors transmis, pour examen, en seconde lecture, à l'autre Chambre parlementaire. Les projets et les propositions de loi ne deviennent des lois qu'à l'issue de leur adoption en termes identiques par les deux chambres, promulguées par le président de la République et publiées au Journal officiel. La promulgation et la publication des lois au Journal officiel constituent des formalités extrêmement importantes dans la procédure d'élaboration des lois. La première leur confère une force exécutoire, tandis que la seconde leur confère la force obligatoire. Dans le cas contraire, elles font l'objet d'une harmonisation au sein des commissions mixtes paritaires qui, comme leur nom l'indique, sont composées des députés et sénateurs, en nombre égal. Si les divergences persistent, l'Assemblée nationale les adopte en dernière lecture.

En dehors de la procédure parlementaire de droit commun ainsi décrite, il existe des procédures spécifiques aux lois organiques (a.1), aux lois de finances (a.2), aux lois portant autorisation de ratification des accords et des traités internationaux (a.3), aux lois référendaires (a.4) et aux lois de révision constitutionnelle (a.5).

a.1 Les lois organiques

Jean-Louis Esambo Kangashe définit les lois organiques comme « une forme particulière de Constitutions écrites (qui) ont pour objet de préciser l'organisation et le fonctionnement des pouvoirs publics[224] ».

En déterminant limitativement ces lois, à cette définition matérielle ou substantielle, la Constitution du 18 février 2006 a substitué une définition formelle[225]. Il s'agit d'une importante innovation introduite par la Constitution parce qu'à l'instar de la Constitution française du 4 octobre 1958 dans

loi n°04/020 du 30 juillet 2004 sur la Commission de l'Ethique et de la lutte contre la corruption, le 6ème tiret de l'article 9 en ce qu'en déclarant que l'Assemblée plénière approuve les projets et propositions de la loi en rapport avec la Commission, il viole et l'article 125, alinéa 1 de la Constitution de la transition et l'article 6, litera 1 de la loi sus rappelée étant donné que le premier réserve l'initiative de loi concurremment au gouvernement et à chacun des membres de l'Assemblée nationale et du Sénat et que le second stipule que la Commission collabore avec le Gouvernement et les membres de l'Assemblée nationale et du Sénat, selon le cas, à l'initiation des projets ou des propositions de loi se rapportant à sa mission ».

224 J-L ESAMBO KANGASHE, *Le droit constitutionnel*, *op.cit*, p. 92.

225 Article 124 de la Constitution du 18 février 2006.

laquelle elles ont puisé leur inspiration en la matière, les constitutions antérieures définissaient plutôt les lois organiques par leur objet ou leur matière, en l'occurrence l'organisation et le fonctionnement des organes principaux de l'Etat[226]. Une des conséquences importantes de cette conception des lois organiques mérite d'être soulignée : elles font partie intégrante de la Constitution qu'elles ont pour objet de compléter. Il s'ensuit que lesdites lois font partie du « *bloc de constitutionnalité* ». Cela étant, elles peuvent servir de textes de référence dans le cadre du contrôle de constitutionnalité. On comprend dès lors pourquoi, pendant la transition, la CSJ siégeant comme Cour constitutionnelle s'est vu reconnaître la faculté d'apprécier la conformité des règlements intérieurs des institutions d'appui à la démocratie non seulement à la Constitution mais aussi aux lois organiques, plus précisément aux lois organiques portant organisation et fonctionnement de ces Institutions d'appui à la démocratie[227].

Tel n'est plus le cas aujourd'hui : sous l'empire de la Constitution du 18 février 2006, c'est le corps de la Constitution, à l'exclusion des lois organiques, qui constitue la référence principale en matière de contrôle de constitutionnalité des normes. Ces précisions faites, Il y a lieu de souligner, du point de la procédure de leur élaboration, que les lois organiques se distinguent des autres par quatre traits majeurs, dégagés de la lecture de l'article 124 de la Constitution :

- elles ne peuvent être soumises à la délibération et au vote de la première chambre appelée à en connaitre qu'à l'expiration d'un délai de quinze jours, après leur dépôt au gouvernement, pour avis ;
- elles ne peuvent être votées ou modifiées qu'à la majorité absolue des voix des membres composant les deux chambres ;
- en cas d'échec d'harmonisation au sein d'une Commission mixte paritaire, elles ne peuvent être adoptées en dernière lecture par l'Assemblée nationale qu'à la majorité absolue des voix de ses membres ; et
- elles ne peuvent être promulguées, par le président de la République, qu'après contrôle obligatoire de constitutionnalité par la CSJ.

Tel a été le cas, entre autres, de la Loi organique portant statut des magistrats[228], de la loi organique portant organisation et fonctionnement du

226 F. VUNDUAWE te PEMAKO, *op.cit*, pp. 223-224.
227 Voir infra.
228 CSJ, 8 septembre 2006, RConst.36/TSR.

CSM[229]et de la Loi organique portant organisation et fonctionnement de la Cour Constitutionnelle[230].

a.2 Les lois de finances

Les lois de finances se singularisent par leur matière : les ressources et les charges de l'Etat, c'est-à-dire les finances publiques, entendues comme l'ensemble des recettes et dépenses de l'Etat[231]. Elles se distinguent également par la procédure de leur élaboration et de leur exécution. En ce qui concerne la procédure de leur élaboration, il convient de noter qu'outre les traits particuliers de la procédure d'élaboration des lois organiques, elle présente les traits spécifiques suivants :

- L'initiative des lois de finances n'est reconnue qu'au Gouvernement[232]. Autrement dit, il n'y a que des projets de loi de finances et non des propositions de lois de finances ;
- Les créations et transformations d'emplois publics ne peuvent être opérées, hors les prévisions de lois de finances[233] ;
- Le projet de loi de finances est déposé par le Gouvernement à l'Assemblée nationale au plus tard le quinze septembre de chaque année[234] ;
- Si, quinze jours avant la fin de la session budgétaire, le Gouvernement n'a pas déposé son projet de budget, il est réputé démissionnaire[235] ;
- Les amendements aux projets de lois de finances ne peuvent être déclarés recevables lorsqu'ils ont pour conséquence, soit une diminution des recettes, soit un accroissement des dépenses, à moins qu'ils ne soient assortis des propositions compensatoires ;
- Si le projet de loi de finances déposé, dans les délais constitutionnels, n'est pas voté avant l'ouverture du nouvel exercice, il est mis en vigueur par le président de la République, sur proposition du Gouvernement délibéré en Conseil des ministres, compte tenu des amendements votés par chacune des chambres ;
- Si le projet de loi de finances n'a pas été adopté en temps utile pour être promulgué avant le début de l'exercice, le Gouvernement de-

[229] CSJ, 30 novembre 2008, RConst.69/TSR.
[230] CSJ, 20 août 2011, RConst.165/TSR.
[231] Article 126, alinéa 1 de la Constitution du 18 février 2006.
[232] Article 126, alinéa 3 de la Constitution du 18 février 2006.
[233] Article 126, alinéa 4 de la Constitution du 18 février 2006.
[234] Article 126, alinéa 3 de la Constitution du 18 février 2006.
[235] Article 126, alinéa 7 de la Constitution du 18 février 2006.

mande à l'Assemblée nationale et au Sénat l'ouverture des crédits provisoires[236] ;

- Dans le cas où l'Assemblée nationale et le Sénat ne se prononcent pas dans les quinze jours sur l'ouverture des crédits provisoires, les dispositions du projet prévoyant ces crédits sont mises en vigueur par le président de la République sur proposition du Gouvernement délibéré en Conseil des ministres[237] ;
- Si la loi de finances de l'année n'a pu être mise en vigueur au premier jour du mois de février de l'exercice budgétaire, le président de la République, sur proposition du Gouvernement délibéré en Conseil des ministres, met en exécution le projet de loi de finances, compte tenu des amendements votés par chacune des deux chambres[238].

Au moins deux requêtes en annulation, pour inconstitutionnalité, de la loi de finances pour l'exercice 2008 ont été soumises à la Haute cour où elles sont toujours en souffrance[239].

Toute autre est la procédure en matière d'adoption des lois portant autorisation de ratification des accords ou traités internationaux.

a.3 Les lois portant autorisation de ratification des accords et traités internationaux

Du point de vue de leur matière ou objet, ces lois portent sur une série de sept catégories de traités déterminées à l'article 214 de la Constitution du 18 février 2006 aux termes duquel : « *Les traités de paix, les traités de commerce, les traités et accords relatifs aux organisations internationales et au règlement des conflits internationaux, ceux qui engagent les finances publiques, ceux qui modifient les dispositions législatives, ceux qui sont relatifs à l'état des personnes, ceux qui comportent échange et adjonction de territoire ne peuvent être ratifiés ou approuvés qu'en vertu d'une loi*[240] ».

En ce qui concerne la procédure de leur adoption, les lois portant autorisation de ratification des traités ou accords internationaux se distinguent par deux traits essentiels : l'initiative, comme en matière de procédure d'adoption des lois des finances n'est reconnue qu'au Gouvernement, d'une

[236] Article 126, alinéa 5 de la Constitution du 18 février 2006.
[237] Article 126, alinéa 8 de la Constitution du 18 février 2006.
[238] Article 126, alinéa 9 de la Constitution du 18 février 2006.
[239] Ces requêtes ont été diligentées par les sénateurs Lunda Bululu et Jacques Djoli. Lire à ce sujet, KIFWABALA TEKILAZAYA, DEFI FATAKI WA LUHINDI et M. WETSH'OKONDA KOSO, *République démocratique du Congo : le secteur de la justice et l'Etat de droit*, Johannesburg, Open Society Foundations, 2013, p. 16.
[240] M. WETSH'OKONDA KOSO, *Les textes constitutionnels congolais annotés, op.cit*, p. 510.

part et, d'autre part, ces lois ne comprennent, en principe, qu'un seul article portant autorisation de ratification. Il n'y a encore aucun arrêt de la Haute cour en la matière.

a.4 Les lois référendaires

Les lois référendaires ne sont prévues, sur plan matériel ou substantiel, qu'en cas de cession, d'échange ou d'adjonction du territoire[241] ainsi que d'adoption et de révision de la Constitution[242].

L'initiative de la proposition de loi de révision de la Constitution n'est reconnue qu'à l'Assemblée nationale ou au Sénat, après examen de recevabilité des propositions émanant, soit du président de la République, soit du Gouvernement après délibération en Conseil des ministres, soit de chacune des chambres, à l'initiative de la moitié de ses membres, soit enfin d'une fraction du peuple congolais, en l'occurrence 100.000 personnes, s'exprimant par une pétition adressée à l'une des deux chambres précitées[243].

Faute de jurisprudence en la matière, il est difficile de savoir si, à l'instar du Conseil constitutionnel sénégalais, la CSJ s'alignera ou non sur la position de la Haute instance française, laquelle a décliné sa compétence à l'égard des lois référendaires en ces termes :

> *« considérant que, si l'article 61 de la Constitution donne au Conseil constitutionnel mission d'apprécier la conformité à la Constitution des lois organiques et des lois ordinaires qui, respectivement, doivent ou peuvent être soumises à son examen, sans préciser si cette compétence s'étend à l'ensemble des textes à caractère législatif, qu'ils aient été adoptés par le peuple à la suite d'un référendum ou qu'ils aient été votés par le Parlement, ou, si au contraire, elle est limitée à cette catégorie, il résulte de l'esprit de la Constitution qui a fait du Conseil constitutionnel un organe régulateur de l'activité des pouvoirs publics que les lois que la Constitution a entendu viser dans son article 61 sont uniquement des lois votées par le Parlement et non point celles qui, adoptées par le peuple à la suite d'un référendum, constituent l'expression directe de la souveraineté nationale ;*
>
> *Considérant que cette interprétation résulte également des dispositions expresses de la Constitution et notamment de son article 60 qui détermine le rôle du conseil constitutionnel en matière de réfé-*

[241] Article 214, alinéa 1 de la Constitution du 18 février 2006.
[242] Article 218, alinéa 3 de la Constitution du 18 février 2006.
[243] Article 218, alinéas 1 et 2 de la Constitution du 18 février 2006.

rendum et de l'article 11 qui ne prévoit aucune formalité entre l'adoption d'un projet par le peuple et sa promulgation par le président de la République ;

Considérant, enfin, que cette même interprétation est encore expressément confirmée par les dispositions de l'article 17 de la Loi organique susmentionnée du 7 novembre 1958 qui ne fait état que des « lois adoptées par le Parlement » ainsi que par celles de l'article 23 de ladite loi qui prévoit que dans les cas où le Conseil constitutionnel déclare que la loi dont il est saisi contient une disposition contraire à la Constitution sans constater en même temps qu'elle est inséparable de l'ensemble de la loi, le président de la République peut soit promulguer la loi à l'exception de cette disposition, soit demander aux Chambres une nouvelle lecture »[244].

C'est ici le lieu de noter que la Constitution du 18 février 2006 s'est démarquée nettement de celle de la France du 4 octobre 1958 au sujet de la compétence du juge constitutionnel. Celle-ci l'a limitée aux lois ordinaires[245] et à celles organiques tandis que celle-là semble l'avoir étendue à tous les actes législatifs. C'est ce qui se dégage de la lecture des articles 160, alinéa 1er et 162 de cette dernière, aux termes desquels la Cour constitutionnelle est chargée du contrôle de constitutionnalité des actes législatifs, c'est-à-dire des lois et des actes ayant force de loi, aucune distinction n'étant faite entre les lois parlementaires et les lois référendaires.

a.5 Les lois de révision constitutionnelle

Comme leur nom l'indique, les lois de révision constitutionnelle sont celles qui portent révision des Constitutions. Dès lors, elles se distinguent des lois constitutionnelles[246], lesquelles portent des Constitutions ou constituent des Constitutions prises sous forme de lois[247]. Celles-ci relèvent du

---

244 L. FAVOREU et L. PHILIP, *Les grandes décisions du Conseil constitutionnel*, Paris, 11ème édition, Dalloz, 2001, pp. 174-184 ; P. ARDENT, *Décision du Conseil constitutionnel*, Paris, 2ème édition mise à jour, 1995, pp.107-108.

245 Pour une opinion contraire, lire P. BLACHER, « Le Conseil constitutionnel en fait-il trop ? », *Pouvoirs*, n° 105, avril 2003, p. 23.

246 Certains auteurs n'établissent pas cette distinction et entendent par lois constitutionnelles, et les Constitutions adoptées sous forme de loi et les lois portant révision des Constitutions. Lire, dans ce sens, J-L ESAMBO KANGASHE, *La Constitution du 18 février 2006 à l'épreuve de l'alternance, op.cit*, p. 280.

247 Tel est le cas, en droit constitutionnel congolais, de :
-la Loi fondamentale du 19 mai 1960 relative aux structures du Congo ;
-la loi fondamentale du 17 juin 1960 relative aux libertés publiques ;
-la Loi n°93-001 du 2 avril 1993 portant Acte constitutionnel harmonisé relatif à la période de transition et

pouvoir constituant originaire tandis que celles-là ressortissent plutôt du pouvoir constituant dérivé.

Dans le souci de prévenir l'instabilité constitutionnelle chronique qui caractérise la RDC, le Constituant du 18 février 2006 a introduit plusieurs innovations en ce domaine. Des limitations ont été ainsi opposées à la révision constitutionnelle et ce, tant du point de vue de la matière que de celui de la forme. Plusieurs dispositions constitutionnelles ont été soustraites à la révision constitutionnelle. Il s'agit de celles relatives :

- à la forme républicaine de l'Etat ;
- au principe du suffrage universel ;
- à la forme représentative du Gouvernement ;
- au nombre et à la durée des mandats du Président de la République ;
- à l'indépendance du pouvoir judiciaire ;
- au pluralisme politique et syndical ;
- à la réduction des droits de l'homme et aux prérogatives des provinces et des entités territoriales décentralisées[248].

Bien plus, *« aucune révision ne peut intervenir pendant l'état de guerre, l'état d'urgence ou l'état de siège ni pendant l'intérim à la Présidence de la République ni lorsque l'Assemblée nationale et le Sénat se trouvent empêchés de se réunir librement [249] »*. Enfin, les lois de révision constitutionnelle ne peuvent être adoptées que par voie de référendum, sinon par le Congrès, moyennant un quorum renforcé[250].

La soumission de ces lois de révision constitutionnelles au contrôle de constitutionnalité devant la CSJ s'impose pour assurer le respect, par le législateur, de l'ensemble de ces conditions de fond et de forme relatives à la révision constitutionnelle. Elle semble d'autant plus fondée que l'article 162 prévoit le contrôle de constitutionnalité des actes législatifs sans distinction[251].

-du Décret-loi n°003 du 27 mai 1997 relative à l'organisation et à l'exercice du pouvoir en République démocratique du Congo.

[248] Article 220 de la Constitution.

[249] Article 219 de la Constitution.

[250] Article 119, premier tiret de la Constitution.

[251] Dans le même sens, lire, NGONDANKOY NKOY-ea-LOONGYA, *Le contrôle de constitutionnalité en République démocratique du Congo, op.cit*, pp. 181-182 ; N. BANNEUX, E. BOSHAB, B. KABAMBA et P. VERJANS, « une Constitution pour une troisième République équilibrée », in *Fédéralisme, Régionalisme*, Volume 5 : 2004-2005-La IIIème République démocratique du Congo, disponible en ligne à l'adresse http://popups.ulg.ac.be/federalisme/document.php?id=561; J-L ESAMBO KANGASHE, *Le droit constitutionnel, op.cit*, p.109. Ce dernier auteur relève que le contrôle de constitutionnalité des lois de révision constitutionnelle est organisé notamment en Allemagne, en

Matériellement comme formellement, les lois de révision constitutionnelle semblent relever de cette catégorie. Matériellement, d'abord, parce qu'elles relèvent du domaine de la loi dans son sens le plus large[252]. Formellement, ensuite, ces lois peuvent être adoptées par les chambres parlementaires, selon une procédure qui, en dépit des spécificités qui sont les siennes, ne s'écarte pas de manière substantielle de la procédure parlementaire de droit commun. Avant leur promulgation, les lois de révision constitutionnelle peuvent également faire l'objet du contrôle de constitutionnalité sur le fondement de l'article 160, alinéa 3 de la Constitution. Selon cette disposition constitutionnelle, « (...) *les lois peuvent être déférées à la Cour constitutionnelle, avant leur promulgation, par le président de la République, le Premier ministre, le Président de l'Assemblée nationale, le Président du Sénat ou le dixième des députés ou des sénateurs*[253] ». Une fois de plus, aucune forme de loi particulière ne semble exclue du contrôle de constitutionnalité par cette disposition constitutionnelle.

En pratique, la jurisprudence congolaise en matière de contrôle de constitutionnalité des lois de révision constitutionnelle reste nulle. Il n'en va pas de même dans certains Etats africains dont les juges ont, selon les cas, affirmé ou décliné leur compétence en la matière[254].

La soumission des actes législatifs au contrôle de constitutionnalité soulève la question des rapports entre les droits de l'homme et le pouvoir législatif. Selon Louis Favoreu: « *il existe un lien étroit entre les droits fondamentaux et la compétence législative*[255] ». Et le même auteur d'ajouter :

Autriche, au Bénin, aux Etats-Unis, au Mali, au Nigéria, en Turquie et au Tchad. Il n'en va pas de même en France et au Sénégal.

[252] La Constitution distingue le domaine de la loi de celui du règlement. Aux termes de son 128 : « *Les matières autres que celles qui sont du domaine de la loi ont un caractère réglementaire...* ». Outre celles prévues par les articles 122 et 123, les matières du domaine de la loi incluent aussi celles prévues notamment par les articles 214, alinéa 1 et 218 de la même Constitution relatifs respectivement à l'autorisation de ratification des traités et à la révision de la Constitution.

[253] M. WETSH'OKONDA KOSO, *Les textes constitutionnels congolais annotés, op.cit*, p. 490.

[254] Lire à ce sujet, MOUHAMADOU MOUSTAPHA AIDARA, *Le juge constitutionnel africain et le contrôle des lois portant révision de la Constitution : contribution à un débat*, http://afrilex.u-bordeaux4.fr/le-juge-constitutionnel-africain.html, 11 juillet 2013. Sur l'état de la question, en droit comparé, lire, J-L ESAMBO KANGASHE, *Le droit constitutionnel, op.cit*, p. 109.

[255] L. FAVOREU et alii, *Droit des libertés fondamentales*, *op.cit*, p. 156. Lire aussi, dans le même sens, R. CARRE DE MALBERG, *Contribution à la théorie générale de l'Etat*, tome I, Paris, Sirey, 1920, p. 305, cité par C. MULUMBA LUKOJO, « Le pouvoir législatif dans la Constitution du 24 juin 1967 », *op.cit*, p. 120 ; J. MORANGE, « La hiérarchie des textes dans la Constitution du 4 octobre 1958 », in *Recueil Dalloz*, 1959, chron. IV, 24, cité par C. MULUMBA, *idem*, p. 124.

« L'intervention du Parlement a été justifiée par la nécessité de permettre aux représentants du peuple de contrôler les actes portant atteinte aux droits fondamentaux de l'individu. Ceci découle des idées de Locke, qui postulent que l'objet de la réunion des individus en société réside dans la nécessité de protéger la liberté et la propriété et qu'en conséquence, toute loi affectant ces matières nécessite le consentement des acteurs du contrat social[256] *».*

Abondant dans le même sens, Claude-Albert Colliard relève qu' :

« On fait reposer sur la loi le régime des libertés pour diverses raisons. D'une manière traditionnelle, la loi est entourée de majesté. Les hommes de la révolution ont proclamé de tels principes parce qu'après Rousseau, ils voyaient dans la loi l'expression de la volonté générale et, par conséquent, une manière pour les gouvernés d'exprimer leur consentement. L'article 6 de la Déclaration de 1789 indique ce point de vue très nettement, l'article 4 de la Déclaration montagnarde de 1793 qualifie la loi de l'expression libre et solennelle de la volonté générale. De nos jours, on ne peut véritablement soutenir que la loi est l'expression de la volonté générale. Une loi apparait plutôt comme une procédure particulière.

On voit des garanties dans l'intervention du parlement, du pouvoir législatif, c'est-à-dire dans l'existence d'un domaine soustrait à la compétence du pouvoir exécutif. Une première garantie du régime légal dérive donc de la procédure, des formes d'élaboration de la loi. Mais une seconde garantie procède du caractère matériel de la loi. La loi s'analysant en une règle générale et impersonnelle, l'individu trouve une garantie dans la généralité de ses termes. Déjà la Déclaration de 1789 reconnaissait ce caractère à la loi selon la fameuse formule : la loi est égale pour tous. Ces caractères d'égalité et de généralité constituent une sauvegarde pour les particuliers[257] *».*

Jean Morange est encore plus explicite lorsqu'à la question de savoir quelle justification donner à la compétence législative en matière de détermination des conditions d'exercice des droits de l'homme, il répond que :

« Les unes sont d'ordre historique, les autres d'ordre technique. La loi est l'expression de la volonté générale. Or, celle-ci est infaillible. En effet, par le contrat social, chacun s'unissant à tous ne s'unit à personne en particulier et n'obéissant qu'à lui-même reste

---

[256] L. FAVOREU et alii, *Le droit constitutionnel, idem*, p. 156.

[257] C-A COLLIARD, *Les libertés publiques*, Paris, 6ème édition, Dalloz, 1982, pp.

aussi libre qu'auparavant. Le citoyen est à la fois membre et sujet du souverain. Quant à la volonté générale qui tend toujours à la conservation de tous et au bien-être de tous et au bien-être de tout et de chaque partie, et qui est la source des lois, est pour tous les membres de l'Etat par rapport et à eux et à lui, la règle du juste et de l'injuste. Le pouvoir judiciaire est, disait-on, plus démocratique car procédant seul directement du suffrage populaire. Cet argument n'est plus valable pour la France depuis 1962 et l'élection du chef de l'exécutif au suffrage universel direct. Il n'en reste pas moins que le parlement est plus représentatif du pluralisme des opinions. Il est surtout moins enclin par nature à être répressif car la responsabilité du maintien de l'ordre public ne lui incombe pas directement. Par ailleurs, la procédure législative offre certaines garanties. Discutée en commission, puis en séance publique, amendée éventuellement, soumise à une deuxième chambre, la loi, même dans la mesure où le gouvernement utilise ses prérogatives et demande à l'Assemblée nationale de trancher, aura au moins le mérite d'avoir été disséquée devant l'opinion publique. Elle n'aura pas été seulement élaborée dans le secret d'un cabinet ministériel mais débattue au grand jour. Enfin sa généralité lui ôte, en principe, toute intention discriminatoire vis-à-vis d'un citoyen ou d'un groupe de citoyens. Sans être totalement dépassée par l'évolution contemporaine, ces arguments le sont, hélas, en grande partie. La plupart des démocraties libérales connaissent aujourd'hui un parlementarisme rationnalisé et majoritaire. Ceci peut être jugé satisfaisant au regard de la stabilité politique du pays et de l'efficacité de la politique gouvernementale.

En revanche, la loi y a perdu de son caractère libérateur. En effet, la plupart des lois, jugées importantes, préparées dans un tel ou tel cabinet ministériel ou à Matignon, sont soumises, au moins pour leurs principes fondamentaux, à l'arbitrage de l'Elysée. Dès lors, et au moins sur les points concernés comme essentiels par le Président de la République, la discussion parlementaire est purement formelle.

La majorité politique, de plus ou moins bon gré, se verra imposer une discipline de vote. Les critiques de l'opposition est éventuellement du Sénat s'adresseront à l'opinion mais publique mais seront sans effet sur le travail parlementaire. Si le gouvernement utilise toutes les armes que lui fournit la Constitution et notamment la déclaration d'urgence, voire le recours au vote bloqué et la mise en jeu de sa responsabilité, le parlement aura joué le rôle de chambre d'enregistrement plutôt que de pouvoir délibérant. Cette absence d'une réelle séparation de pouvoirs rend plus indispensable que jamais la soumission de la loi parlementaire à la loi constitutionnelle. Le recours à un juge permettra de limiter l'arbitraire du législateur comme il a permis depuis longtemps de limiter celui de l'administration[258] ».

Nécessaire dans un Etat de vieille démocratie comme la France, le recours au juge, plus précisément au juge constitutionnel, pour limiter l'arbitraire du législateur, l'est davantage dans un État comme la RDC confronté, depuis son indépendance, à « *des crises politiques récurrentes dont l'une des causes fondamentales est la contestation de la légitimité des institutions et de leurs animateurs*[259] ».

L'histoire de cet État est, en effet, caractérisée par l'alternance des périodes sans Parlement, sinon sans Parlement légitime, et celles où, tout en étant légitime, le Parlement n'a pu exercer correctement ses fonctions, à la suite soit des ajournements intempestifs, soit de la « dictature de la majorité ». Pendant six ans en cinquante ans d'indépendance, de 1967 à 1970[260] puis de 1997 à 2000[261], la RDC a fonctionné sans Parlement au sens strict de ce terme, le président de la République cumulant les pouvoirs législatif et exécutif. Elle a également connu des « *décennies marquées par des méthodes de désignation et d'élections globalement anti-démocratiques et par des consensus politiques sempiternels lors de la transition*[262] ». A titre d'exemple, au sujet des élections de 1970 et de 1975, Lunda Bululu note que :

> « *C'est le Bureau politique qui désigna les candidats, en application de la loi électorale. Celle-ci stipule, en son article 22, que les candidats doivent se présenter sur les listes établies obligatoirement sous l'égide du parti national ; ensuite son article 18 compte, parmi les personnes frappées d'inéligibilité, celles qui ne sont pas militantes du MPR ; enfin, le paragraphe 9 de l'article 61 compte parmi les causes de cessation du mandat parlementaire celle de la perte de la qualité de membre du parti.*

---

[258] J. MORANGE, *op.cit*, pp. 76-77 ; P WEIL, *op.cit*, pp. 15-16 ; J. MOURGEON, *Les droits de l'homme*, Paris, PUF, 7ème édition, 1998, pp. 97-99.

[259] Exposé des motifs de la Constitution du 18 février 2006, in WETSH'OKONDA KOSO M., *Les perspectives dans la Constitution congolaise du 18 février 2006, op.cit*, p. 429.

[260] E. BOSHAB, « De la Chambre des représentants à l'Assemblée nationale : quelles perspectives ? », in A. MUZITO, E. BOSHAB et L. KENGO WA DONDO, *Cinquante ans de la gouvernance de la République démocratique du Congo : regards rétrospectifs et prospectifs*, Kinshasa, Commissariat général du Cinquantenaire, 2010, p. 38.

[261] *Idem*, p. 48.

[262] *Ibidem*, p. 34.

Sur les 2.500 candidats à la candidature à l'Assemblée nationale, le Bureau politique en retint 560 pour 420 sièges à pourvoir. Les élections se déroulèrent les 14 et 15 novembre 1970. Et les 420 sièges revinrent au MPR. C'était donc au MPR que les lois électorales avaient confié le devoir de prédéterminer le choix du citoyen à propos de l'acte par lequel il exerce le droit qu'il tient de la souveraineté populaire, c'est-à-dire du vote[263] *». Et le même auteur d'ajouter que « Les membres du Conseil législatif, issus des élections de 1975, avaient comme ceux de 1970, été élus par acclamation au cours des rassemblements populaires, en vertu de l'article 25 de la loi électorale n°75/009 du 2 avril 1975 portant organisation des élections législatives*[264] *».*

Tout aussi anti-démocratique et illégitime est le mode de désignation des membres du Haut Conseil de la République-Parlement de Transition. Matadi Nenga Gamanda décrit cette situation en ces termes :

« Ce Parlement dont les membres portent le titre de « conseillers de la République » désignés par la Conférence nationale souveraine, de députés de l'ancienne Assemblée nationale et de quelques politiciens choisis à l'occasion par ceux qui se déclarent appartenir, de droit, à la classe politique. Ils étaient désignés pour diriger les négociations politiques du moment qui se déroulaient au Palais du peuple. Ils sont appelés négociateurs et n'étaient au départ ni conseillers de la République, ni députés à l'Assemblée nationale. Membres du Haut-conseil de la République-Parlement de transition, ils n'ont à proprement parler aucun mandat du peuple ni pour le représenter, ni encore moins, pour négocier en son nom. Les députés de l'ancienne Assemblée nationale sont l'émanation de l'ex-Conseil législatif, un des organes du Mouvement populaire de la révolution. On les appelait « Commissaires du peuple ». Ils bénéficiaient d'un mandat national de cinq ans, élus au suffrage national direct déclaré secret dans des circonscriptions électorales déterminées par la loi. Les députés, actuels conseillers de la République sont ceux de la législature provenant des élections de 1987 et dont le mandat expirait en 1992. Nous sommes en 1996, ils sont toujours représentants du peuple et ils le seront encore tant que durera la transition qu'ils souhaitent de tous leurs vœux, indéfiniment prorogeable. Les conseillers de la République désignés par la Conférence nationale souveraine sont délégués de divers partis poli-

[263] LUNDA BULULU., *La conclusion des traités en droit constitutionnel zaïrois, étude de droit international et de droit interne*, Bruxelles, Editions Bruylant et Université de Bruxelles, 1984, p. 311.

[264] Idem, p. 335.

tiques et associations civiles qui y avaient pris part. En principe, il était retenu comme participants à la Conférence nationale souveraine des personnes désignées par leur parti et association, en général, les chefs de ces groupements. Certaines d'entre elles n'étaient même pas les mandataires réguliers de ceux qu'ils prétendaient représenter à la Conférence nationale souveraine. Plusieurs conflits surgir à l'occasion de séances de validation des mandats. Il résulte de ce qui précède que les « honorables » conseillers de la République provenant de trois groupes plus haut cités sont, certes des représentants, mais en tout cas ils ne sont pas représentants du peuple.

Depuis six ans au moins, tous ceux qui légifèrent au nom du peuple sont, à vrai dire, dépourvus de qualité. Ils n'ont reçu aucun mandat du peuple dont ils se réclament.

Leur position au sein du Parlement n'est légitimé par rien du tout et eux-mêmes ne rendent, du reste, des comptes à personne, sinon à ceux qui les y ont incorporés[265] *».*

Cette observation reste valable pour les députés de la cinquième législature de 2000 à 2003 qu'Evariste Boshab qualifie de « *parlementaires nommés*[266] ». Au regard de ce qui précède, on serait tenté de s'imaginer qu'en dehors de celle issue des élections législatives de 2006, la RDC n'a pas connu d'assemblée parlementaire vraiment représentative du peuple. Cette thèse semble d'autant plus pertinente que le contexte actuel est marqué notamment par l'« *amnésie des générations montantes et de l'ignorance réelle ou feinte des experts internationaux, trop heureux de vanter leur propre mérite d'avoir réussi à organiser les premières élections au Congo après l'indépendance*[267] ». En réalité, en dépit de l'existence des Parlements à légitimité douteuse invoquées plus haut, la RDC a connu des assemblées issues des élections plus ou moins régulières. Tel est le cas de celles issues des élections des 11 au 25 mai 1960 et 18 mars au 30 avril 1965 auxquelles on peut ajouter celle consécutive aux élections législatives de 1977. Il faut cependant s'empresser de souligner qu'elles ont ceci en commun qu'elles ont rencontré beaucoup de difficultés pour exercer pleinement leurs attributions. Ainsi, selon Lunda Bululu, du fait des multiples ajournements dont elle a été

---

[265] MATADI NENGA GAMANDA ; *Zaïre : une démocratie improbable, analyse des textes de la transition et projection de leurs effets électoraux*, Kinshasa, CEDI, sp, pp. 23-24.

[266] E. BOSHAB, « De la Chambre des représentants à l'Assemblée nationale : quelles perspectives ? », *op.cit*, p. 48.

[267] I. NDAYWEL è NZIEM, « Regard sur l'histoire politique des congolais à l'épreuve des élections (1957-2007) », in ELIKIA M'BOKOLO (dir.), *Elections démocratiques en République démocratiques du Congo : dynamiques et perspectives*, Kinshasa, AGB, 2010, p. 32.

l'objet, la législature issue des élections de 1960 n'a exercé ses fonctions que pendant la moitié de son mandat, soit pendant deux ans sur quatre[268]. « *En treize législatures de 1960 à ces jours*, note Evariste Boshab, *au total 159 membres du bureau, 17 présidents pour un total de plus de 4000 députés se sont succédés*[269] » avec, à leur actif, « *des centaines de lois essentielles votées, ayant ainsi permis à notre nation de se doter de ses propres instruments en se débarrassant graduellement des lois et autres dispositions coloniales*[270] ».

La question qui se pose est celle de la conformité de ces lois aux exigences des droits de l'homme ? Autrement dit, celle de leur qualité. Mukendi wa Mulumba y répond par la négative en ces termes :

> « *D'une manière générale, le cadre législatif congolais se caractérise par un foisonnement des textes légaux sans cohérence, parfois anachroniques, désuets et contradictoires, parce qu'adoptés dans les contextes historiques, politiques, idéologiques, et socio-économiques divers, selon des logiques différentes.*
>
> *La Conférence nationale sur les droits de l'homme tenue à Kinshasa en juin 2001 a préconisé d'en dresser l'inventaire exhaustif dans le cadre de l'élaboration et de la mise en œuvre des programmes opérationnels d'actions. Plus particulièrement et à titre d'exemple se trouvaient concernés :*

- *La loi n°87-010 d'août 1987 portant Code de la famille ;*
- *La loi n°81-003 du 17 juillet 1981 portant statut du personnel de carrière des services publics de l'Etat*[271]*, etc.* ».

Outre le caractère peu représentatif de certaines législatures susvisées, cette situation s'explique par un éventail de facteurs au nombre desquels il importe de souligner l'environnement politique défavorable dans lequel elles ont évolué, l'inexistence, sinon la faiblesse du Sénat, l'inculture des droits de l'homme et la « dictature de la majorité ». Selon Evariste Boshab, les « *par-*

---

[268] LUNDA BULULU, *La conclusion des traités en droit constitutionnel zairois, étude de droit international et de droit interne*, Bruxelles, Editions Bruylant et Université de Bruxelles, 1984, p. 135.

[269] E. BOSHAB, « De la Chambre des représentants à l'Assemblée nationale : quelles perspectives ? », *op.cit*, p. 31.

[270] *Idem*, p. 32.

[271] J-JMUKENDI WA MULUMBA., « De l'adaptation de la législation interne aux instruments internationaux relatives aux droits de l'homme et leur application dans la pratique administrative et judiciaire en République démocratique du Congo », in I. MPINGA THIBASU M (dir.), *Actes du Forum national sur les droits de l'homme en République démocratique du Congo : état de lieux de la situation des droits de l'homme en République démocratique du Congo*, Kinshasa, ONDH, décembre 2004, p. 100.

lements de transition fonctionnaient dans un environnement généralement difficile et souvent complexe. Pareil environnement a montré ses limites en ce qu'il contribue rarement à un travail parlementaire serein orienté vers l'intérêt général[272] ». On peut en dire autant de l'inexistence ou de la faiblesse du Sénat. Celui-ci a disparu du paysage institutionnel congolais en 1970 pour réapparaitre en 2003. Depuis lors, en cas de divergences persistantes de vues avec l'Assemblée nationale, c'est la position de celle-ci qui prévaut. Il a ainsi été institué un bicaméralisme inégalitaire[273] qui ne semble pas favorable à l'adoption d'une législation respectueuse des droits de l'homme. Cette crainte parait d'autant plus fondée qu'avec la « dictature de la majorité » à laquelle on assiste, il n'est pas rare que des lois soient adoptées, non en raison de leur conformité à la Constitution, mais plutôt de l'appui dont elles bénéficient de la part de la majorité. A titre d'exemple, il suffira de citer les lois budgétaires pour les exercices 2007 et 2008, lesquelles ont fait l'objet des requêtes en annulation, pour inconstitutionnalité, devant la CSJ.

Plusieurs actes ayant force de loi devraient subir le même sort.

b) Les actes ayant force de loi

Les actes ayant force de loi sont constitués des règles juridiques à caractère général, impersonnel et abstrait prises par l'exécutif dans le domaine de la loi, ils sont considérés comme les lois au sens strict, à la seule différence que, formellement, elles ne sont pas le fait du pouvoir législatif-et partant ne sont pas adoptées selon la procédure parlementaire, mais du pouvoir exécutif agissant, soit en vertu d'une habilitation législative, soit en raison des circonstances exceptionnelles. La quasi-totalité des Constitutions congolaises reconnaissent au pouvoir législatif l'autorité d'accorder au président de la République ou au Premier ministre, selon le cas, la compétence de prendre, pendant une période donnée et dans des matières déterminées, des actes ayant force de loi. L'article 52 de la Constitution du 24 juin 1967 dispose à ce sujet que :

> *« L'Assemblée nationale peut, soit de sa propre initiative, soit à la demande du Président de la République, habiliter celui-ci, par une loi, à prendre pendant un temps déterminé, par ordonnances-lois, des mesures qui sont du domaine de la loi. L'Assemblée nationale*

---

272 E. BOSHAB, *op.cit*, p. 43.

273 Ce bicéphalisme n'est pas, cependant, propre à la RDC. Il se rencontre aussi dans d'autres États, notamment au Cameroun. Lire à ce sujet, A D. OLINGA, *La Constitution de la République du Cameroun, op.cit*, pp. 101 et s.

peut à tout moment, par une loi, modifier ou retirer le pouvoir ainsi délégué au Président de la République[274] ».

Dans le même ordre d'idées, l'article 129 de la Constitution du 18 février 2006 énonce :

> « *le Gouvernement peut, pour l'exécution urgente de son programme d'action, demander à l'Assemblée nationale ou au Sénat, l'autorisation de prendre, par ordonnance-loi, pendant un temps limité et sur des matières déterminées, des mesures qui sont normalement du domaine de la loi. Ces ordonnances-lois sont délibérées en Conseil des ministres. Elles entrent en vigueur dès leur publication et deviennent caduques si le projet de loi de ratification n'est pas déposé devant le Parlement au plus tard à la date fixée par la loi d'habilitation. A l'expiration du délai fixé à l'alinéa premier du présent article, si le Parlement ne ratifie pas ces ordonnances-lois, celles-ci cessent de plein droit de produire leurs effets. Les ordonnances-lois délibérées en Conseil des ministres et ratifiées ne peuvent être modifiées que par la loi. Les ordonnances-lois cessent de plein droit de produire leurs effets en cas de rejet du projet de loi de ratification*[275] ».

Une spécificité de la Deuxième République mérite d'être soulignée à cet effet : en vertu de l'article 41 de la Constitution du 24 juin 1967, telle que modifiée par la loi n° 74-020 du 15 août 1974, en cas de vacances parlementaires, le président de la République jouissait d'une habilitation permanente pour prendre des ordonnances-lois[276]. Très nombreuses, les ordonnances-lois d'habilitation ne sont pas à confondre avec les ordonnances-lois exceptionnelles, lesquelles trouvent leur fondement juridique dans la Constitution, sinon dans la théorie des circonstances exceptionnelles. Un examen approfondi des textes constitutionnels congolais révèle que nombre d'entre eux prévoient ce type d'actes juridiques. Il en est ainsi notamment de l'article IV des dispositions transitoires de la Constitution du 24 juin 1967 aux termes duquel : « *le Président de la République actuellement en fonction exercera le pouvoir législatif par voie d'ordonnances-lois jusqu'à l'installation de l'Assemblée nationale élue conformément aux dispositions de l'article III*

[274] M. WETSH'OKONDA KOSO, *Les textes constitutionnels congolais annotés, op.cit*, p. 156.

[275] *Idem*, p. 477.

[276] DJELO EMPENGE OSAKO, *L'impact de la coutume sur l'exercice du pouvoir en Afrique : cas du Zaïre*, Louvain-la-Neuve, Le Bel Elan, 1990, p. 120.

(...)[277] ». Il en est de même de l'article 53 de la même Constitution selon lequel :

> *« Lorsque les circonstances graves menacent d'une manière immédiate l'indépendance de la Nation ou qu'elles provoquent l'interruption du fonctionnement régulier des institutions de la République ou encore lorsqu'elles risquent de porter atteinte aux intérêts vitaux de l'Etat, le Président de la République, après consultation du bureau de l'Assemblée nationale, proclame l'Etat d'urgence pour une durée qui n'excédera pas six mois. Il prend alors les mesures exigées par les circonstances. Il en informe la Nation par un message. Lorsque l'Assemblée nationale n'est pas en session, le Président de la République la convoque en session extraordinaire*[278] ».

Un régime juridique similaire est consacré par les autres textes constitutionnels congolais, notamment les articles 85, 144 et 145 de la Constitution du 18 février 2006.

Outre les ordonnances-lois ou décrets-lois, pris en application de ces différents textes constitutionnels, relèvent également des ordonnances-lois ou décrets-lois exceptionnels, ceux qui l'ont été tout au long de l'histoire de la R.D.C, en l'absence de toute base juridique. Tel est notamment le cas :

- du décret-loi constitutionnel du 29 septembre 1960 relatif à l'exercice des pouvoirs législatif et exécutif à l'échelon central ;
- du décret-loi du 9 février 1961 relatif à l'exercice des pouvoirs législatif et exécutif au niveau central ;
- de l'ordonnance-loi n°227 accordant la promulgation des ordonnances-lois ;
- de l'ordonnance-loi n°7 accordant des pouvoirs spéciaux au président de la République ;
- de l'ordonnance-loi n°66/621 du 21 octobre 1966 relative aux pouvoirs du président de la République et du Parlement ; et
- de l'ordonnance-loi n°66/92 bis du 7 mars 1966 attribuant le pouvoir législatif au président de la République[279].

---

[277] M. WETSH'OKONDA KOSO, *Les textes constitutionnels congolais annotés, op.cit*, p.164.

[278] I*dem*, pp. 156-157.

[279] Sur tous ces actes ayant force de loi, lire notamment PIRON et alii, *Supplément aux Codes congolais, législation de la République démocratique du Congo, 1960-1970*, Bruxelles, Kinshasa, Maison Ferdinand Larcier et Office national de la recherche et du développement, pp. 14-16.

Comme on peut le constater, qu'ils relèvent d'une loi d'habilitation ou de nature exceptionnelle, les actes ayant force de loi occupent une place de choix dans le corpus législatif congolais. Il ne serait pas exagéré d'affirmer qu'au lieu d'en constituer l'exception, ils forment plutôt la règle.

« *On a l'impression*, note à cet égard Djelo Empenge, au sujet de la Deuxième République mais l'observation semble également valable sous la première République, sans oublier l'époque coloniale, *que, en raison de la technicité et même de la passion que risqueraient de susciter certains problèmes d'importance majeure, l'exécutif préfère se passer de discussions parlementaires. En sens inverse, le problème du Code de la famille aura occupé les parlementaires depuis 1978, date du dépôt du projet au bureau du Conseil législatif jusqu'à sa promulgation en 1987, soit une dizaine d'années. Dans cet usage de prérogatives présidentielles que d'aucuns seraient tentés de qualifier d'abusif, l'exécutif ne laisse au législatif que ce qu'il veut bien lui laisser, confiant ainsi de lourdes responsabilités* à une *poignée d'experts, qui, fût-elle de facture extrêmement compétente, ne saurait prétendre remplacer les représentants du peuple* (...) [280]».

La CSJ elle-même doit son existence à un des actes ayant force de loi, élaborés par une « poignée d'experts », avec tous les risques de violation de la Constitution que cela comporte et qui, en tant que tels, méritent d'être soumis au contrôle du juge constitutionnel. Ngandankoy Nkoy-ea-Loongya relève, à ce sujet, que

> *« déférant à cette volonté présidentielle (celle de consacrer l'unité de juridiction), le législateur ne fera plus guère référence, dans le cadre du Code de l'organisation et de la compétence judiciaires du 10 juillet 1968, à la Cour constitutionnelle (art. 69 et svts). Tout au contraire va-t-il s'attacher à en gommer l'existence dans la loi. Une telle « omission » législative, à défaut d'être constitutionnellement blâmable n'est pas moins révélatrice-on peut le souligner-de la volonté d' « enterrer » le projet de Cour constitutionnelle, du moins dans la mise en place des hautes juridictions du pays*[281] *».*

Au nombre d'autres actes ayant force de loi, qui ont marqué négativement l'histoire de la RDC, sous l'angle des droits de l'homme, figure la fameuse loi Bakajika[282], le décret-loi constitutionnel n°003 du 27 mai 1997 relatif à l'organisation et au fonctionnement du pouvoir en RDC ainsi que le

---

[280] DJELO EMPENGE OSAKO, *L'impact de la coutume sur l'exercice du pouvoir en Afrique : cas du Zaïre, op.cit*, pp. 124-125.

[281] NGONDANKOY NKOY-ea-LOONGYA, *Le contrôle de constitutionnalité en République démocratique du Congo, op.cit*, p. 71.

[282] Le contentieux généré par cet acte ayant force de loi fera l'objet de quelques commentaires dans la seconde partie de la présente dissertation scientifique.

Décret-loi du 23 août 1997 portant institution d'une Cour d'ordre militaire. Tout aussi critiquables, y compris du point de vue du respect des droits de l'homme semblent de nombreux actes règlementaires.

2. Les actes règlementaires

Les actes règlementaires concernés par cette étude sont constitués des ordonnances présidentielles, des décrets du Premier ministre, des arrêtés ou actes juridiques des ministres nationaux, des gouverneurs de province, des ministres provinciaux, des maires, des bourgmestres, des chefs de secteur et des chefs de chefferie[283]. Les actes règlementaires peuvent également être pris par les autorités judiciaires dans le cadre de l'organisation et du fonctionnement des services publics de la justice. Tel est le cas d'une « ordonnance qui fixe la procédure devant une juridiction (en vue de) mettre la cause en état d'être examinée[284] ». Aussi curieux que cela puisse paraître, les autorités des chambres administratives peuvent également prendre des actes règlementaires, notamment en vue de déterminer les procédures de recrutement du personnel administratif de ces chambres parlementaires. Il en est de même d'autres institutions de l'État, telles que les entreprises publiques et les institutions d'appui à la démocratie. C'est ce qui ressort clairement des arrêts Demofike et Kirarahumu Isengoma Amédée par lesquels la CSJ a reconnu sa compétence pour apprécier la conformité à la Constitution des décisions de la CEI portant respectivement calendrier du deuxième tour de l'élection présidentielle[285] et détermination des bureaux de vote[286]. Dans une autre espèce, c'est l'acte règlementaire n°Gouv/N° 001290 du 31 décembre 2009 portant refus de l'autorisation de rachat des actions de la Belgolaise par la famille Forrest qui a été censuré par la Haute cour[287].

En principe, peu importe la nature juridique des institutions qui en sont les auteurs, les actes règlementaires sont pris pour assurer l'application des lois. Il n'en demeure pas moins qu'il existe également des actes règlementaires autonomes, lesquels trouvent leur fondement juridique dans l'article 128 de la Constitution aux termes duquel : « *Les matières autres que celles*

---

[283] Sur les actes des autorités administratives, lire BIBOMBE B. MWAMBA, « La protection des citoyens en cas de confit avec l'administration par le juge administratif », in G. BAKANDEJA wa MPUNGU, A. MBATA BETUKUMESU MANGU et R. KIENGE KIENGE INTUDI, *Participation et responsabilité des acteurs dans un contexte d'émergence démocratique en République démocratique du Congo*, Kinshasa, PUK, pp.37-38 ; J-L ESAMBO KANGASHE, *La Constitution du 18 février 2006 à l'épreuve du constitutionnalisme, op.cit*, 2010, pp. 282-283.

[284] J-L ESAMBO KANGASHE, *La Constitution du 18 février 2006 à l'épreuve du constitutionnalisme, idem*, pp. 288-289.

[285] M. WETSH'OKONDA KOSO, *Les textes constitutionnels congolais annotés*, *op.cit*, p. 454.

[286] CSJ, 26 février 2010, R.Const.048/TSR (inédit).

[287] C.S.J., 26 mars 2010, R.Const.113/TSR (inédit).

qui sont du domaine de la loi ont un caractère règlementaire[288] (…) ». Sur le plan de la forme, qu'ils soient d'exécution ou autonomes, tous les actes règlementaires sont élaborés par les experts, dans le secret des cabinets ministériels ou des autres autorités politiques ou administratives. De ce fait, ils n'offrent pas autant de garanties de respect des droits de l'homme que les lois, adoptées par les représentants du peuple, selon la procédure ci-haut indiquée. Comme le note Djelo Empenge,

« Celle-ci (cette poignée d'experts), fût-elle de facture extrêmement compétente, ne saurait jamais prétendre remplacer les représentants du peuple (...)[289] ». Cette affirmation paraît d'autant plus pertinente que, sauf exception, *« les conseillers (...) chargés de la rédaction de ces textes sont souvent des néophytes, des jeunes « recrues » sorties fraichement des universités. Les ministres préfèrent engager en priorité les personnes qui leur sont proches pour diminuer le chômage dans le cercle familial. Non seulement les textes sont mal rédigés mais en plus ils ne sont pas toujours concordants avec les textes précédents. Certains arrêtés violent les lois, d'autres sont contradictoires entre eux, d'autres encore ignorent les traités internationaux régulièrement ratifiés dans le domaine*[290] ». Il ne pourrait en être autrement quand on sait que, créé en 1972, la section de législation de la CSJ a rarement été saisie par les autorités concernées pour solliciter son avis éclairé avant la rédaction des actes juridiques. Bayona-ba-Meya note à ce sujet : *« la section de législation a été saisie une seule fois et cela par le Parlement de transition. Cela semble prouver l'absence totale, de la part des dirigeants politiques de la Deuxième République et de la longue transition, du souci de se conformer à l'ordonnancement politique du pays*[291] ». Plus que les lois, les actes réglementaires devraient ainsi être soumis au contrôle du juge.

Mais de quel juge s'agit-il ? Il a déjà été relevé, en parlant du Conseil d' État, que celui-ci *« connait, en premier et dernier ressort, des recours pour violation de la loi, formés contre les actes, règlements et décisions des autorités centrales. Il connaît en appel des recours contre les décisions des cours administratives d'appel*[292] ». Or, en son article 162, alinéa 2, la Constitution

[288] M. WETSH'OKONDA KOSO, *Les textes constitutionnels congolais annotés, op.cit*, p. 477.

[289] DJELO EMPENGE OSAKO, *L'impact de la coutume sur l'exercice du pouvoir en Afrique : cas du Zaïre, op.cit*, p. 125.

[290] MATADI NENGA GAMANDA, *La question du pouvoir judiciaire en République démocratique du Congo, op.cit*, p.381.

[291] BAYONA-ba-MEYA, *Regard estimatif sur les problèmes saillants du fonctionnement de la justice congolaise, op.cit*, pp. 43-44.

[292] Article 155, alinéas 1 et 2 de la Constitution du 18 février 2006.

dispose que : « *Toute personne peut saisir la Cour constitutionnelle pour inconstitutionnalité de tout acte législatif ou règlementaire*[293] ».

Les actes règlementaires sont-ils susceptibles à la fois de contrôle de constitutionnalité et de contrôle de légalité ? Jean-Louis Esambo Kangashe semble répondre par l'affirmative. Il note à ce sujet que « *Tous ces actes sont en principe soumis au contrôle de légalité devant le juge administratif. Le juge constitutionnel ne peut les contrôler que dans la mesure où ils ont ouvertement violé la Constitution, telle la méconnaissance des droits et libertés de la personne humaine*[294] ». Il y a lieu d'émettre une réserve par rapport à cette opinion, dans la mesure où, le juge constitutionnel n'est pas le seul compétent pour censurer les atteintes à la Constitution. Au contraire, le juge administratif le fait, également, dans le cadre du contrôle de légalité des actes règlementaires, le mot légalité étant ici entendu dans son sens le plus large incluant également la Constitution[295]. Bien plus, l'extension de la compétence de la CSJ en cas de méconnaissance des droits de l'homme préconisée ne semble reposer sur aucune base juridique.

Pour toutes ces raisons, il parait important de soutenir plutôt que la compétence de la CSJ siégeant comme Cour constitutionnelle à l'égard des actes réglementaires se limite aux actes règlementaires autonomes[296]. Cette interprétation de l'article 162 de la Constitution permet de prévenir d'inévitables conflits de compétence entre la Cour constitutionnelle et le Conseil d'État, ainsi qu'une jurisprudence contradictoire de ces deux juridictions[297]. Telle ne semble pas cependant la position de la Haute cour : dans les arrêts sur les décisions de la CEI sus invoquées, celle-ci s'est reconnue compétente pour apprécier la constitutionnalité de ces décisions. Il en va de même d'une décision de la Banque nationale relative aux conditions de la reprise des actions

293 M. WETSH'OKONDA KOSO, *Les textes constitutionnels congolais annoté, op.cit*, p. 492.

294 J-L ESAMBO KANGASHE, *La Constitution du 18 février 2006 à l'épreuve du constitutionnalisme, op.cit*, p. 283.

295 Lire à ce sujet, notamment, M. DEGOFFE, *Droit administratif*, Paris, Ellipses, 2008, p. 74 ; J MORAND-DEVILLER, *Cours de droit administratif*, Paris, 8ème édition, Montchrestien, 2003, pp. 236-237 ; P. WEIL, *Le droit administratif, op.cit*, p.88 ; C. MULUMBA LUKOJI, « Le pouvoir législatif dans la Constitution du 24 juin 1967 », *Cahiers économiques et sociaux*, *op.cit*, p. 129.

296 Lire, dans le même sens, NGONDANKOY NKOY-ea-LOONGYA, *Le contrôle de constitutionnalité en République démocratique du Congo*, *op.cit*, p. 192.

297 Sur ces risques inhérents à une interprétation extensive de l'article 162 de la Constitution, lire D. KALUBA DIBWA, *Du contentieux constitutionnel en République démocratique du Congo : contribution à l'étude des fondements et des modalités d'exercice de la justice constitutionnelle*, thèse de doctorat en droit soutenue en date du 31 août 2010 devant la Faculté de droit de l'Université de Kinshasa, p. 334.

d'une banque commerciale[298]. Dans les deux cas, ce ne sont pas des actes règlementaires autonomes qui étaient en cause, mais des actes règlementaires d'application, lesquels ne sauraient, en aucune manière, être confondus aux règlements intérieurs des chambres et des Institutions d'appui à la démocratie.

3. Les règlements intérieurs des chambres parlementaires et des institutions d'appui à la démocratie

Les règlements intérieurs des Chambres *« complètent la Constitution pour tout ce qui est de l'organisation interne des assemblées et le travail parlementaire, notamment, pour le détail de la procédure législative*[299] ».

On comprend dès lors leur intérêt en matière de protection des droits de l'homme et la nécessité de leur soumission au contrôle de constitutionnalité.

Gérard Conac note à ce sujet que :

> *« l'influence des assemblées dans le processus législatif et la vie gouvernementale varie (...) en fonction du degré d'indépendance de leurs membres et des règles qui définissent leur organisation, leurs méthodes de travail et le déroulement des débats. Le contrôle des (...) règlements intérieurs des assemblées est notamment une précaution utile pour éviter que sous prétexte de rationalisation, l'activité des députés soit réduite à un rôle de figuration ou d'enregistrement. Il ne nous paraitrait pas inopportun que le juge constitutionnel africain voit ses compétences élargies pour pouvoir défendre efficacement les droits du parlement*[300] *».*

Contrairement à la quasi-totalité des États francophones d'Afrique qui ont toujours soumis les règlements intérieurs de leurs assemblées parlementaires au contrôle obligatoire de constitutionnalité, en RDC, l'institution d'un tel contrôle est plutôt récente. Elle remonte à 2003, avec la Constitution de la transition du 4 avril 2003[301]. Autre innovation introduite par cette Constitution relève de la création des institutions d'appui à la démocratie dont les

---

[298] CSJ, 26 mars 2010, RConst.113/TSR. Cet arrêt fera l'objet de quelques commentaires dans la deuxième partie de l'étude.

[299] F. HAMON et M. TROPER, *Droit constitutionnel, op.cit*, p. 50.

[300] G. CONAC, « le juge constitutionnel en Afrique: censeur ou pédagogue? », in G. CONAC (dir.), *Les cours suprêmes en Afrique, II, la jurisprudence*, Paris, Economica, 1989, p. XV.

[301] J-L ESAMBO KANGASHE, *La Constitution du 18 février 2006 à l'épreuve du constitutionnalisme, op.cit*, p. 284; NGONDANKOY NKOY-ea-LOONGYA, *Le contrôle de constitutionnalité en République démocratique du Congo, op.cit*, p. 183 ; M. WETSH'OKONDA KOSO, *Les textes constitutionnels congolais annotés, op.cit*, p. 12.

règlements intérieurs sont, eux aussi, susceptibles de contrôle de constitutionnalité[302]. Les retombées de cette extension de la compétence de la CSJ ne se sont pas faites attendre : la jurisprudence constitutionnelle de cette juridiction s'est enrichie, dans un délai relativement court, de quatorze nouveaux arrêts, dont huit pendant la transition[303], et cinq autres[304]. Mieux encore, c'est l'appréciation de la conformité à la Constitution d'un règlement intérieur d'une institution d'appui à la démocratie qui a permis à la Cour de prononcer son arrêt fondateur en matière de contentieux constitutionnel des droits de l'homme[305]. En revanche, les accords et traités internationaux n'ont pas encore fait l'objet d'une décision de ce genre.

4. Les accords et traités internationaux

Aux termes de l'article 216 de la Constitution du 18 février 2006 :

> *« Si la Cour constitutionnelle consultée par le Président de la République, le Premier ministre, le Président de l'Assemblée nationale ou le Président du Sénat, par un dixième de députés ou un dixième de sénateurs déclare qu'un traité ou accord international comporte une clause contraire à la Constitution, la ratification ou l'approbation ne peut intervenir qu'après la révision de la Constitution[306] ».*

En doctrine, certains auteurs soutiennent que les traités internationaux échappent au contrôle de constitutionnalité. Le contrôle ainsi institué ne relève pas, selon eux, dudit contrôle mais plutôt de ce qu'ils appellent le contrôle de contrariété[307]. Dans la mesure où les Constitutions modernes puisent leur inspiration, tout au moins en ce qui concerne les droits de

---

302 NGONDANKOY NKOY-ea-LOONGYA, *Le contrôle de constitutionnalité en République démocratique du Congo, op.cit*, pp. 185-186.

303 Il s'agit des arrêts suivants :
-CSJ, 7 mai 2004, RConst. 07/TSR (CEI) ;
-CSJ, 2 juin 2004, RConst.09/TSR (CEI);
-CSJ, 1er juillet 2004, RConst.10/TSR (CELC) ;
-CSJ, 2 juillet 2004, RConst.11/TSR (ONDH);
-CSJ, 14 juillet 2004, RConst.12/TSR (HAM);
-CSJ, 28 juillet 2004, RConst.14/TSR (CELC) ;
-CSJ, 28 juillet 2004, RConst.16/TSR (HAM);
-CSJ, 28 juillet 2004, RConst.16/TSR (ONDH) ;
-CSJ, 11 mars 2005, R.Const.26/TSR (CVR).

304 Il s'agit, notamment, de l'arrêt CSJ, 21 septembre 2011, RConst./170bis/TSR (CSAC).

305 Il s'agit, en l'occurrence, de l'ONDH.

306 M. WETSH'OKONDA KOSO, *Les textes constitutionnels congolais annotés, op.cit*, p. 519.

307 P. AVRIL et J. GICQUEL, *Lexique de droit constitutionnel*, 1ère édition, Paris, PUF, 2004, p. 30.

l'homme[308], dans les traités internationaux relatifs auxdits droits, qu'il s'appelle contrôle de constitutionnalité ou contrôle de contrariété, ce contrôle ne présente pas un intérêt particulier pour la présente étude.

C. Les autres actes juridiques qui échappent au contrôle de constitutionnalité

Parmi les actes qui échappent, en principe, au contrôle de constitutionnalité, il y a lieu de citer les actes juridictionnels (1), ceux d'assemblée ou actes parlementaires (2).

1. Les actes juridictionnels

Les actes juridictionnels sont ceux produits par des juridictions limitativement énumérées à l'article 149 de la Constitution du 18 février 2006[309], auxquelles il y a lieu d'ajouter les juridictions spécialisées[310], y compris les chambres de discipline du CSJ[311]. En principe, en cas de mal jugé, ces actes (jugements ou arrêts) sont susceptibles des voies de recours ordinaires et extraordinaires. En revanche, faute de fondement juridique, ils ne sont pas susceptibles de recours en annulation pour inconstitutionnalité devant la Cour constitutionnelle. Certes, l'article 76 du CJM pourrait être évoqué à l'appui d'une telle compétence à l'égard des violations des dispositions constitutionnelles par les juridictions militaires[312]. Il semble, cependant, que cette disposition ne soit pas conforme à la Constitution du 18 février 2006 qui, à la différence de l'Acte constitutionnel de la transition du 9 avril 1994, ne reconnaît pas au législateur le pouvoir d'étendre les compétences de la Cour constitutionnelle, au-delà des prévisions constitutionnelles. [313]Les actes

---

308 E. KAM YOGO, « L'influence du droit international des droits de l'homme sur la loi constitutionnelle du 18 janvier 1996 », in A. ONDOUA (dir.), *La Constitution camerounaise du 18 janvier 1996 : bilan et perspectives*, Langres-Saints-Geosmes, Afredit, 2007, pp. 167-184; M. KAMTO, « Charte africaine des droits de l'homme et des peuples, constitutions nationales : articulations respectives », in J-F FLAUSS et E. LAMBERT ABDELGAWAD (dir.), *L'application nationale de la Charte africaine des droits de l'homme et des peuples*, Bruxelles, Etablissements Emile Bruylant s.a et Némésis a.s.b.l, 2004, pp. 31-47.

309 Il s'agit :
- de la Cour constitutionnelle ;
- du Conseil d'Etat ;
- de la Cour de cassation ;
- des cours et tribunaux civils et militaires.

310 Notamment les tribunaux pour enfants et les tribunaux de travail.

311 Sur la nature juridique des décisions des chambres de discipline du Conseil supérieur de la magistrature, lire M. WETSH'OKONDA KOSO, *Guide pratique de procédure disciplinaire des magistrats*, Kinshasa, USAID/ProJustice, 2011, pp. 94-96.

312 J-L ESAMBO KANGASHE, *La Constitution du 18 février 2006 à l'épreuve du constitutionnalisme, op.cit*, pp. 278-279 et 286-287.

313 Cfr infra dans l'introduction.

juridictionnels ne sont pas les seuls qui échappent au contrôle de constitutionnalité. Il en va de même de certains actes d'assemblée ou parlementaires.

2. Les actes d'assemblée ou parlementaires

Selon Félix Vunduawe te Pemako, on entend par « actes parlementaires ou d'assemblée », les :

> *« actes accomplis dans le cadre de l'exercice de la fonction parlementaire. Il s'agit notamment des règlements intérieurs des chambres législatives et du Congrès (...), des avis conformes, des autorisations, des résolutions, des décisions d'entérinement, des mises en accusation, des décisions de déchéance du mandat parlementaire, etc. On doit ajouter, dans cette catégorie, les actes matériels relatifs à l'activité des assemblées (...)*[314] *».*

Exception faite des règlements d'ordre intérieur des assemblées parlementaires et du Congrès, susceptibles de contrôle de constitutionnalité devant CSJ, la Constitution n'a prévu aucun contrôle sur ces actes qui devraient, de ce fait, échapper au contrôle de constitutionnalité. Tel n'est pas l'entendement de la CSJ qui est restée constante dans l'affirmation de sa compétence à l'égard des actes d'assemblée[315]. Selon une partie de la doctrine, le fondement juridique de cette compétence serait le respect de l'Etat de droit, consacré tant par le préambule que par l'article premier de la Constitution[316]. Le respect des droits de l'homme consacrés par la même Constitution est également évoqué comme une base suffisante de la compétence de la CSJ à l'égard des motions de censure et des motions de défiance[317]. Il en est de même de la détermination constitutionnelle des conditions matérielles et formelles de l'adoption des motions de défiance et de censure par les chambres parlementaires[318]. Le dernier moyen avancé en faveur de la compétence de la CSJ pour connaître des motions de censure et de défiance adoptées par les chambres parlementaires est tiré de la jurisprudence de cette juridiction dans les affaires Kalegamire et Mutiri[319]. Aucune de ces raisons

---

[314] F. VUNDUAWE te PEMAKO, *Traité de droit administratif, op.cit*, pp. 858.

[315] M. WETSH'OKONDA KOSO, « La Cour suprême de justice persiste et signe : la motion de défiance contre un gouverneur de province est un acte législatif », *Les Analyses juridiques*, n°22, Lubumbashi, 2011, pp. 67-69.

[316] Lire notamment D. KALUBA DIBWA, *Du contentieux constitutionnel en République démocratique du Congo, op.cit.* ; p. 326 ; J-L ESAMBO KANGASHE, *La Constitution du 18 février 2006 à l'épreuve du constitutionnalisme, op.cit*, pp. 287-288.

[317] Lire D. KALUBA DIBWA, *Du contentieux constitutionnel en République démocratique du Congo, op.cit* ; J-L ESAMBO KANGASHE, *La Constitution du 18 février 2006 à l'épreuve du constitutionnalisme, op.cit*, pp. 132 et 287-288.

[318] NGONDANKOY NKOY-ea-LOONGYA, *Le contrôle de constitutionnalité, op.cit*, p. 86.

[319] D. KALUBA DIBWA, *Du contentieux constitutionnel en République démocratique du Congo, op.cit*, p.239.

ne semble convaincante. Certes, l'Etat de droit implique la soumission de tous les actes juridiques aux actes supérieurs et, en dernier ressort, à la Constitution. Toutefois, même dans les États qui passent pour des modèles en la matière, cette soumission n'a jamais été parfaite. Au contraire, il reste toujours un « *fossé d'illégalité* » plus ou moins important. A titre d'exemple, aux États-Unis, grâce à l'ordonnance de certiorari, la Cour suprême décide souverainement, parmi les requêtes qui lui sont soumises, celles sur lesquelles elle va se prononcer[320]. En France, les textes juridiques régissant le Conseil constitutionnel et la jurisprudence de celui-ci écartent du contrôle de constitutionnalité un éventail important d'actes juridiques incluant les lois de révision constitutionnelle et les lois référendaires. Avant la décision Etat d'urgence en Nouvelle-Calédonie[321] et l'institution de la question prioritaire de constitutionnalité, sauf dans l'hypothèse de leur révision, les actes législatifs ayant franchi l'étape de la promulgation jouissaient aussi de l'immunité de juridiction devant le Conseil constitutionnel[322].

En Espagne, le contrôle de constitutionnalité s'applique aux actes et aux comportements du pouvoir exécutif et du pouvoir judiciaire, à l'exclusion des lois[323]. On pourrait penser que l'Allemagne fait exception à la règle. Dans ce pays, le contrôle de constitutionnalité s'étend aux actes administratifs, aux actes juridictionnels et législatifs.

---

[320] L. FAVOREU et alii., *Droit des libertés fondamentales*, *op.cit*, p.167 ; M. J. SKIDMORE et M. CARTER TRIPP, *La démocratie américaine : gouverner aux États-Unis*, Paris, 4ème édition, Editions Odile Jacob, 1988, p. 232. Selon ce dernier auteur, sur les quatre milles requêtes dont la Cour suprême est saisie chaque année, seules cent vingt-cinq ou cent cinquante, soit près de 3 % sont examinées.

[321] CC 85-187 DC, 25.1.1985. Cette décision étend la compétence du Conseil constitutionnel aux lois promulguées, à l'occasion de leur révision. Lire à ce sujet P. BLACHER, « Le Conseil constitutionnel en fait-il trop ? », in *Pouvoirs, op.cit*, pp.20-21 ; F. DELPEREE, « Le Conseil constitutionnel : état des lieux », in *Pouvoirs, op.cit*, p. 8.

[322] Lire notamment J-P. JACQUE, *Droit constitutionnel et institutions politiques*, 4ème édition, Paris, Dalloz, 2000, pp. 239 et 242 ; G. LEBRETON, *Libertés publiques et droits de l'homme, op.cit*, pp. 212-213 ; D. BREILLAT, *Libertés publiques et droits de la personne humaine, op.cit*, p. 174 ; M. DUVERGER, *Eléments de droit public*, 13ème édition, Paris, PUF, 1995, p. 165 ; F. HAMON et M. TROPER, *Droit constitutionnel, op.cit*, pp. 766-767 ; P. LEROY, *Les régimes politiques du monde contemporain*, op.cit, p. 150 ; O. DUHAMEL, *Le pouvoir politique en France*, 5ème édition, Paris, Edition du Seuil, 2003, pp. 344-346. Il convient de souligner, cependant, que les lois adoptées sont susceptibles de révision à l'occasion de leur révision.

[323] L. FAVOREU et alii., *Droit des libertés fondamentales*, *op.cit*, p. 169 ; J-P. JACQUÉ, *Droit constitutionnel et institutions politiques*, *op.cit*, p.91 ; D. CHAGNOLLAUD., *Droit constitutionnel contemporain, Tome 1, Théorie générale, les régimes étrangers*, 4ème édition, Paris, Armand Colin, 2005, p. 91.

Il n'en reste pas moins vrai qu'un nombre élevé de recours directs y sont déclarés irrecevables par des décisions non motivées[324]. Une des raisons de la subsistance, dans ces différents États, de ce « fossé d'illégalité » et des « *lacunes ou des imperfections de l'État de droit*[325] » qui en résulte consiste dans la volonté de prévenir l'engorgement, voire la paralysie du juge constitutionnel. Mieux vaut un État de droit imparfait, mais qui fonctionne, plutôt qu'un État de droit parfait, mais paralysé dans son fonctionnement.

La protection des droits de l'homme ne pourrait non plus justifier la soumission de tous les actes juridiques au contrôle de constitutionnalité, à défaut de les soumettre à tous les autres contrôles juridictionnels disponibles. Si telle était la volonté du pouvoir constituant du 18 février 2006, il aurait opté non pas pour le système français de protection des droits de l'homme, centré sur la loi, mais plutôt pour celui des États-Unis, celui sur la protection des droits de l'homme[326], qu'ils soient violés par les actes juridiques ou par les actes matériels. L'option qui est la sienne, celle de ne pas protéger les droits de l'homme, en cas de violations des droits de l'homme par lesdits actes, prouve qu'il a admis que certaines violations des droits de l'homme échappent au contrôle du juge constitutionnel. Dès lors, il est permis de soutenir qu'il était également disposé à voir d'autres violations des droits de l'homme, y compris celles liées aux actes juridiques, échapper à ce contrôle. A titre de comparaison, soucieux de censurer toutes les violations des droits de l'homme, le constituant béninois s'est exprimé de la manière suivante : « *Elle (La Cour constitutionnelle) se prononce d'office sur la constitutionnalité des lois et de tout texte réglementaire censés porter atteinte aux droits fondamentaux de la personne humaine et aux libertés publiques. Elle statue plus généralement sur les violations des droits de la personne humaine et sa décision doit intervenir dans un délai de huit jours*[327] ». Au Gabon, la compétence du juge constitutionnel à l'égard de tout texte susceptible de léser les personnes dans leur droit est consacrée expressément dans la Constitution[328]. En l'absence d'une disposition similaire dans la Constitution du 18 février

---

[324] L. FAVOREU et alii, *Droit des libertés fondamentales, op.cit,* p. 168 ; D. CHAGNOLLAUD., *Droit constitutionnel contemporain, op.cit,* p. 90.

[325] Pour emprunter les expressions chères à Pierre Leroy, P. LEROY, *Les régimes politiques du monde contemporain, op.cit,* p. 148.

[326] Sur les systèmes de protection des droits de l'homme, lire L. FAVOREU et alii., *Droit des libertés fondamentales, op.cit,* p. 170.

[327] FONDATION KONRAD ADENAUEUR., *Commentaire de la Constitution béninoise du II décembre 1990, op.cit.,* p 232. Déjà l'article 3 de la Constitution du Dahomey, ancienne appellation du pays ouvrait à tout citoyen le droit de se pourvoir contre toute loi ou acte contraire aux dispositions de la Constitution devant la Cour suprême. Lire à ce sujet, F. MODERNE, G. CONAC (dir.), *Les Cours suprêmes en Afrique, II, La jurisprudence, op.cit,* p. 27.

[328] G. CONAC, « État de droit et démocratie », in G. CONAC (dir.), *L'Afrique en transition vers le pluralisme politique, op.cit,* p. 497.

2006, on conseillerait à la CSJ, sous peine de tomber dans le piège du « *droit-de-l-hommisme*[329] », de développer une attitude qui éviterait de s'arroger le pouvoir de censurer toutes les violations des droits de l'homme.

Les dispositions constitutionnelles relatives aux conditions de fond de l'adoption des motions de censure et de défiance ne lui seraient d'aucun secours parce qu'elles ne concernent pas la compétence de la Cour ; elles relèvent plutôt du fond, tandis que la compétence ressortit à la forme. Elles ne peuvent dès lors avoir aucune incidence sur cette compétence, que ce soit pour l'étendre ou la restreindre.

Tout aussi faible, paraît l'argument tiré des précédents judiciaires formés par les arrêts Mutiri[330] et Kalegamire. Ainsi que Dieudonné Kaluba Dibwa le reconnaît lui-même[331], la compétence de la CSJ dans ces deux espèces découle de l'article 144, alinéa 1er du Code de procédure devant cette juridiction aux termes duquel : « *La Cour connaît aussi, à la requête de l'intéressé, des recours dirigés contre les actes du Conseil législatif refusant la validation des pouvoirs ou constatant la démission d'office d'un de ses membres*[332] ». La CSJ ne pourrait donc pas fonder sa compétence, pour annuler une motion de défiance ou une motion de censure, sur ces précédents judiciaires. Sous réserve de ce qui a été relevé au sujet des actes règlementaires autonomes, il semble qu'elle ne l'est pas non plus pour connaître de la légalité des actes règlementaires.

En définitive, bien qu'aucune des dispositions constitutionnelles relatives à sa compétence en tant que juge constitutionnel ne semble lui conférer un quelconque pouvoir en matière de protection des droits de l'homme, la CSJ a vocation de jouer le rôle de protecteur, par excellence, des droits de l'homme. Cette vocation découle essentiellement de ses attributions en ma-

---

329 Forgé par Allain Pellet, ce néologisme renvoie à l'attitude qui consiste, pour certains spécialistes de droit international, en raison de l'importance qu'ils attachent aux droits de l'homme, « à pêcher (…) par excès (en ce qu'ils s'efforcent parfois de justifier ce qui ne peut l'être en droit) » ou encore à « présenter comme des vérités scientifiques des projets politiques au sens le plus noble du terme d'ailleurs » et ce, en voulant « à toute force conférer une autonomie (qu'elle n'a pas à mon avis) à une "discipline" (qui n'existe pas en tant que telle à mon avis) : la protection des droits de l'homme ». Lire à ce sujet, PELLET A., « Droit-de-l'hommisme » et droit international, disponible en ligne à l'adresse http://www.droits-fondamentaux.org. Il nous semble que loin d'affecter seulement les internationalistes, le droit-de-l'hommisme est également une réalité vivante parmi les constitutionnalistes.

330 CSJ, 4 février 1997, RCE 001/96, Mutiri Muyongo.

331 D. KALUBA DIBWA., *Du contentieux constitutionnel en République démocratique du Congo, op.cit*, p 466.

332 KATUALA KABA KASHALA et YENYI OLUNGU, *Cour suprême de justice : historique et textes annotés de procédure*, Kinshasa, Editions Batena Ntambua, juin 2000, pp 171-172.

tière de contrôle de constitutionnalité des normes. Autrement dit, c'est « *le contrôle de constitutionnalité des lois (qui) permet la protection constitutionnelle des droits fondamentaux*[333] », mieux encore, la CSJ est « *juge des libertés du fait du contrôle de constitutionnalité*[334] ». Elle devrait assumer cette mission avec d'autant plus de facilité que, sauf exception, le catalogue des droits de l'homme inséré dans la Constitution est le plus précis possible. Tout aussi précis sont les actes susceptibles de contrôle de constitutionnalité. Le caractère étoffé de ce catalogue comme l'éventail important des actes susceptibles de contrôle de constitutionnalité n'en soulèvent pas moins des problèmes au sujet des capacités opérationnelles de la CSJ pour assumer correctement pareille vocation. En particulier, la question de son organisation et celle de ses modalités concrètes de fonctionnement méritent d'être approfondies.

---

[333] N. MOLFESSIS, « La dimension constitutionnelle des droits et libertés fondamentaux », *op.cit.*, p. 84.

[334] F. J AIVO., *op.cit.* p. 109. Lire, dans le même sens, MOUHAMADOU MOUNIROU SY, *op.cit.*, p. 73 pour qui : « *Le contrôle de constitutionnalité* (s'avère) *le moyen idéal de protection des droits de l'homme* ».

CHAPITRE II : L'ORGANISATION ET LE FONCTIONNEMENT DE LA CSJ

A la lecture de la Constitution du 18 février 2006, on s'aperçoit que la CSJ est investie d'une attribution indirecte en matière de protection des droits de l'homme. Son organisation (Section I) et son fonctionnement (Section II) devraient contribuer à l'exercice de cette attribution.

Section 1 : L'organisation de la Cour

La capacité d'une juridiction constitutionnelle à protéger efficacement les droits de l'homme est notamment tributaire de son indépendance, elle-même redevable de son organisation interne (§ 1.), des modalités de nomination de ses membres (§2) et de leur statut juridique (§ 3.).

§ 1. L'organisation interne

Il importe de situer, au préalable, le siège de la CSJ (A) avant de présenter la juridiction (B), le parquet (C) et le greffe qui y sont rattachés (D).

A. Le siège

L'article 51, alinéa 1 du COCJ dispose : « Il existe une Cour suprême de justice dont le siège ordinaire est établi à Kinshasa. Son ressort s'étend sur tout le territoire de la République[335] ». La superficie de celle-ci est évaluée à 2.345.409 km2[336]. « État le plus vaste d'Afrique centrale (...), il (c'est nous qui précisons) se classe par sa superficie au troisième rang en Afrique après le Soudan et l'Algérie (pays en grande partie désertiques »[337]. « Le Zaïre, disait le Président Mobutu, est un sous-continent. Le zaïrois pourrait s'identifier au grec, à l'italien, au suisse, au français, à l'espagnol, au portugais, au belge, au britannique, à l'allemand, au danois. Mettez tout ce monde ensemble pour former un Etat unitaire, vous aurez le zaïre[338] ». Boyamba et Ngwej Katot affirment que, par sa superficie, l'État congolais est « Grand

[335] KALONGO MBIKAYI et INIER LATEBO EKWA, *Le Code judiciaire zaïrois, dispositions législatives et règlementaires mises à jour au 31 janvier 1986*, Kinshasa, Service de documentation et d'études du Département de la justice, 1986, p. 19.

[336] BOYAMBA A. et NGWEJ KATOT A., *Regard sur la République démocratique du Congo*, Paris, Robert Lafont, 2010, p. 10.

[337] KITENGIE LUBAND et alii, *Le Zaïre : une puissance en devenir*, Géographie, 6ème secondaire, toutes sections, Kinshasa, EDIDEPES, 1988, p. 9.

[338] *Op.cit*, p 9.

comme une fois et demie l'Europe, soit près de cinq fois la France ou quatre vingt fois la Belgique[339] ».

Selon Manuel Eggen, en effet :

> « *Pour une justice de qualité, chaque citoyen doit pouvoir accéder rapidement à une juridiction qui soit proche de son domicile. C'est l'un des défis majeurs dans un pays extrêmement vaste, avec une faible densité de population (27 habitants par km2), dont la population est encore majoritairement rurale et où l'état des infrastructures est largement délabré, voire inexistant dans certaines zones.*
>
> *Au regard de cette situation (...) on peut estimer que chaque citoyen puisse accéder à une juridiction à 50 km de son domicile*[340] ».

Bien que ce raisonnement soit plus valable pour les juridictions de base que constituent les tribunaux de paix que pour la CSJ, un effort aurait dû être fourni pour rapprocher cette juridiction des justiciables. Selon Télesphore Kavundja Maneno, « *L'on envisageait la création des sections de la CSJ dans l'arrière-pays pour rapprocher la justice des justiciables. Les chambres foraines devraient aussi avoir lieu selon le souhait émis par les autorités judiciaires et les justiciables*[341] ». Aucune de ces options ne s'est matérialisée. L'idée d'établir le siège de cette Cour à Kananga, au centre du pays, par exemple, n'a pas non plus été exploitée. Cette situation s'avère d'autant plus déplorable que, ainsi que le note Jean Morange :

> « *C'est dans de tels cas que (ceux des violations des droits de l'homme, c'est nous qui soulignons), plus que dans tous les autres, que les citoyens devraient se trouver sur un pied d'égalité.*
>
> *C'est lorsqu'un droit fondamental est violé qu'ils doivent avoir l'impression de pouvoir intenter un recours simple, peu coûteux et rapide* [342] ».

Pour n'avoir pas tenu compte de cet état de choses, le législateur de l'ordonnance-loi ayant créé la CSJ ne l'a pas mis en position d'assumer correctement sa mission de protecteur par excellence des droits de l'homme.

---

339 BOYAMBA A. et NGWEJ KATOT A., *Regard sur la République démocratique du Congo, op.cit*, p. 10.

340 MANUEL EGGEN, « Les critères de la justice de proximité selon RCN Justice & Démocratie », Paroles de justice, *Revue annuelle de doctrine*, 2009, pp. 3-4.

341 T. KAVUNDJA MANENO, *Droit judiciaire congolais, Tome I, Organisation et compétences judiciaires*, p. 183 (sous presses).

342 J. MORANGE, *Libertés publiques, op.cit*, p 92.

B. La juridiction

L'ordonnance-loi n°82-020 du 31 mars 1982 portant Code de l'organisation et de la compétence judiciaires indique que la CSJ est composée de trois sections, à savoir la section judiciaire, la section administrative et la section de législation. Le contrôle de légalité relève de la section administrative et, celui de constitutionnalité, des sections réunies. Chaque section comprend une ou plusieurs chambres auxquelles sont affectées des juges. Les sections siègent à trois juges au moins, à l'exception des sections réunies qui, elles, siègent à sept juges au moins. Chaque section est placée sous la présidence d'un Président.

Ainsi organisée, la Cour suprême semble trouver son équivalent, sous d'autres cieux, dans la Cour suprême des États-Unis[343]. L'identité de dénomination est de nature à accréditer cette thèse[344]. Une comparaison plus approfondie des deux juridictions permet cependant de constater qu'en réalité, la similitude entre l'une et l'autre s'arrête là[345]. C'est une situation similaire qui a prévalu jusqu'à la décennie 1990. Georges Burdeau note à ce sujet que :

> *« C'est à un tribunal spécial que la plupart des États francophones d'Afrique ont confié le contrôle de constitutionnalité des lois.*
>
> *Sans doute, sauf au Congo-Léopoldville où a été établie une Cour constitutionnelle (Const, art. 70 de la Constitution du 24 juin 1967)*[346] *et au Mali où le contrôle appartient à une section de la Cour d'État (Const, art. 44), c'est la Cour suprême qui est compétente. Seulement, ce recours à la plus haute juridiction de l'État ne signifie pas absence d'organe spécial. En effet, lorsqu'elles ont à statuer en matière constitutionnelle, les Cours africaines adoptent une structure ou une procédure spéciale. Tantôt, c'est une formation spéciale-chambre ou section constitutionnelle qui connait de l'affaire ; (...), tantôt, ce sont ces deux sections réunies de la Cour suprême qui sont appelées à se prononcer. On peut donc bien parler d'une juridiction spécialisée*[347] *».*

---

343 P-G. NGONDANKOY NKOY-ea-LOONGYA, *Le contrôle de constitutionnalité, op.cit*, p. 66 ; J-B. MONSI, *Opportunité ou non de l'éclatement des cours suprêmes*, disponible en ligne à l'adresse http://democratie.francophonie.org/IMG/pdf/17-2.pdf.

344 J-B. MONSI, *Opportunité ou non de l'éclatement des cours suprêmes, op.cit.*

345 *Idem.*

346 En fait, cette exception congolaise n'a existé que sur papiers, la Cour constitutionnelle n'ayant pas été effectivement crée.

347 G. BURDEAU, *Traité de science politique*, *op.cit.*, p. 382.

Abordant dans le même sens, Louis Favoreu relève, pour sa part que, s'agissant des juridictions constitutionnelles de la même époque : « *Le système que l'on appellera, faute de mieux, de la chambre constitutionnelle ou de la chambre mixte a eu beaucoup de succès* [348]».

Les causes de la fortune du système de la chambre constitutionnelle, de la chambre administrative ou de la chambre mixte sont pratiquement les mêmes dans tous les États concernés. Il s'agit, selon Antoine Rubbens, d'une « *économie de frais de fonctionnement et de personnel. On peut ajouter que l'unité de la juridiction suprême ajoute à son prestige et par conséquent à son indépendance*[349] ». Bayona-Ba-Meya Muna Kimvimba y ajoute une cause politique liée à l'intégration nationale. Selon cet auteur :

> *« Au sujet de la Cour suprême de justice, il conviendrait de prendre conscience de la mission à la fois délicate et grandiose qui lui est dévolue : l'unité de jurisprudence constitue un facteur appréciable de stabilité dans le fonctionnement de l'appareil de l'Etat ; cela engendre chez les citoyens un sentiment de confiance et chez les étrangers un sentiment de sécurité ; c'est ce rôle que la Cour suprême de justice joue lorsqu'en face des violations des lois, diversement sanctionnées, elle dit la solution applicable, laquelle s'impose à toutes les juridictions, elle contribue de manière positive à l'affermissement du sentiment d'appartenance à une même nation. C'est ici que s'illustre la parole combien sage du président de la République (...) lorsqu'il a déclaré : « Notre souhait est d'établir dans notre pays une atmosphère de fraternité et de concorde en vue de la reconstruction nationale*[350] *» ».*

Comme on peut le constater, le choix porté sur le modèle de juridictions constitutionnelles était fondé sur des raisons d'ordre économique et politique. Il ne pouvait en être autrement quand on sait qu'à l'époque, la protection des droits de l'homme n'était pas encore une préoccupation majeure des dirigeants africains.

---

[348] L. FAVOREU, « Brèves réflexions sur la justice constitutionnelle en Afrique », in CONAC G. (dir.), *op.cit.*, p. 41.

[349] A. RUBBENS, « La réforme judiciaire du 10 juillet 1968 en République démocratique du Congo », Cahiers *économiques et sociaux*, vol. VII, Cahier n°4, décembre 1969, p. 424. Les mêmes raisons ont motivé l'option en faveur des cours suprêmes en Afrique aux lendemains des indépendances. Lire à ce sujet *Le Bulletin* n°3 de l'ACCPUF, disponible en ligne à l'adresse http://www.accpuf.org/images/pdf/publications/bulletins/b3/orga_jurdc_natio.pdf, pp. 10-11. Lire aussi S-A. VIEUX, *L'administration zairoise*, Paris, Editions Berger-Levrault, 1974, pp. 86-87.

[350] BAYONA-BA-MEYA MUNA KIMVIMBA, « La mutation du droit judiciaire sous la deuxième République », *Revue juridique du Zaïre*, 49ème année, n°1, 1973, p. 3.

Il faudra attendre les conférences nationales des années 1990 pour assister à un changement radical des mentalités avec les revendications de plus en plus pressantes en faveur de l'instauration de l'État de droit, avec comme corolaire, le respect des droits de l'homme. Ce qui va se traduire par l'éclatement des cours suprêmes pour donner naissance aux Cours constitutionnelles, aux Conseils d' État et aux Cours de cassation[351]. Ainsi que le constate Réné Degni Segui : « *longtemps rattachées, pour la plupart, aux cours suprêmes, (les juridictions constitutionnelles) tendent, depuis 1990, à s'en détacher*[352] ».

La RDC n'a pas échappée à cette dynamique institutionnelle. Après avoir fait l'objet d'une résolution de la Conférence nationale souveraine de 1992, l'éclatement de la CSJ y a été consacré par la Constitution du 18 février 2006. Pour la Conférence nationale souveraine, les motivations en faveur de cet éclatement de la Cour tiennent :

1. *à l'efficacité qui doit résulter de la maitrise du contentieux administratif par un Conseil d'Etat ;*
2. *au préjudiciable blocage dans l'avancement des magistrats en grade au motif que le sommet est saturé ;*
3. *à la lenteur observée dans le traitement des affaires au niveau de la Cour suprême de justice dans sa forme actuelle ;*
4. *au constat généralisé du nombre peu élevé, dans les pays sous-développés, de recours contre les décisions du pouvoir (monolithisme, terrorisme) et de la peur d'attaquer les actes et décisions des autorités administratives ;*
5. *à la tendance actuelle vers le fédéralisme dont la Constitution va procéder à une répartition des matières entre l'Etat fédéral et les Etats fédérés ; ce qui entraine la nécessité de créer un organe spécial uniquement consacré à veiller sur la Constitution et à résoudre tous les conflits d'attributions ou de violations de compétence entre Etats* ;

---

[351] Lire à ce sujet, *Le Bulletin* n° 3 de l'ACCPUF, *op.cit.*, p. 9, qui cite, au nombre des pays africains qui se sont engagés dans le démembrement de leurs anciennes cours suprêmes : le Benin, le Burkina Faso, le Burundi, la République centre africaine, le Congo, le Gabon, la Guinée équatoriale, la Mauritanie, le Niger et le Sénégal. La même source fait également état des pays qui, à l'époque, étaient en voie d'emboiter le pas aux pays susmentionnés, en l'occurrence le Cameroun, le Cap vert et les Comores. Sur la même question, lire aussi, avec intérêt, SORY BALDE, *Juge constitutionnel et transition démocratique en Afrique*, disponible en ligne à l'adresse http://www.juridicas.unam.mx/wccl/ponencias/16/279.pdf.

[352] DEGNI SEGUI R., *Les droits de l'homme en Afrique noire francophone (théories et réalités), op.cit*, p. 68.

6. *au fait que le fonctionnement de la Cour suprême de justice, dans sa forme actuelle, rentrait dans la logique du centralisme et de l'unité de commandement qui ne sont plus de mise* ;
7. *à la nécessité de débarrasser la Cour suprême de justice de toute fonction politique qui l'éloigne de son rôle judiciaire et qui devrait relever uniquement de la Cour constitutionnelle et au souci de rétablir l'équilibre des 3 pouvoirs de l'Etat du fait de la désignation des membres de la Cour constitutionnelle par chacun des trois pouvoirs susdits ;*
8. *à l'abondance imminente de recours en matière administrative, grâce au climat démocratique qui a dissipé la crainte d'attaquer une décision une décision administrative ;*
9. *à l'existence d'un budget propre qui permettra au pouvoir judiciaire d'opérer aisément l'éclatement de la Cour suprême de justice et à l'installation de ses dérivés ;*
10. *au besoin d'allègement, grâce à la décentralisation résultant de l'éclatement, de la tâche de la Cour suprême de justice*[353].

Trois des raisons ainsi retenues en faveur de l'éclatement de la CSJ et de l'institution corrélative de trois juridictions distinctes dont la Cour constitutionnelle ont été reprises par le constituant du 18 février 2006 en ces termes : « *Pour plus d'efficacité, de spécialité et de célérité dans le traitement des dossiers, les cours et tribunaux ont été éclatés en trois ordres juridictionnels* (…)[354] ».

Comme on peut le constater, contrairement aux autres États de l'Afrique subsaharienne[355], l'émergence, en RDC, de la Cour constitutionnelle ne semble pas avoir été motivée par le souci d'améliorer la protection des droits de l'homme. A tout le moins, celle-ci n'a pas joué un rôle déterminant dans le débat en la matière. On n'a jamais pensé que la CSJ de justice est, de par son essence, incapable d'assurer la protection des droits de l'homme. Tout dépend notamment de son indépendance et de celle du parquet qui y est rattaché.

[353] CONFERENCE NATIONALE SOUVERAINE, COMMISSION JURIDIQUE, *Rapport de la Commission juridique*, 1992, pp. 30-31.

[354] Exposé des motifs de la Constitution du 18 février 2006, in M. WETSH'OKONDA KOSO SENGA, *Les textes constitutionnels congolais annotés, op.cit*, p. 431.

[355] Lire à ce sujet, notamment, T. HOLO, « Emergence de la justice constitutionnelle », *op.cit.*, pp. 101-113.

C. Le parquet

Aux termes de l'article 54, alinéa 5 du COCJ, l'on peut lire que : « *En toutes matières, la Cour suprême de justice siège avec le concours du Ministère public*[356] ». L'article 12, alinéas 1 et 6 du même Code précise que :

> « *Le Procureur général de la République exerce près la Cour suprême de justice, les fonctions du Ministère public, en ce compris l'action publique... Un ou plusieurs Premiers avocats généraux de la République et Avocats généraux de la République assistent le Procureur de la République. Ils exercent leurs fonctions du Ministère public sous sa surveillance et sa direction*[357] ».

L'article 90 de l'arrêté d'organisation judiciaire n°299/79 du 20 août 1979 portant organisation des cours, tribunaux et parquets détermine les formations du Parquet général de la République en ces termes : « *Le Parquet général de la République comprend une section judiciaire et une section de l'action publique*[358] ». A la différence de la CSJ qui connaît une certaine spécialisation organique, correspondant à ses attributions, le Parquet général de la République ignore cette spécialisation.

D. Le greffe

« *En toutes affaires, la Cour suprême de justice siège avec (...) l'assistance du greffier*[359] ». En effet, « *La Cour suprême de justice comprend un greffe civil, un greffe pénal, un greffe administratif et un greffe de législation placés sous la direction d'un greffier en chef assisté d'un ou de plusieurs adjoints*[360] ». Comme on peut bien le constater, il se dessine, nonobstant l'absence du greffe de constitutionnalité, un effort de spécialisation, en fonction des attributions de la CSJ. Sur papier, celui-ci a été créé depuis janvier 2007, à la faveur de l'adoption de l'organigramme de la CSJ qui prévoit sept greffes : le greffe civil, greffe pénal, greffe constitutionnel, greffe administratif, greffe de législation, l'huissariat et greffe de contrôle des cours et tribunaux[361]. Dans la pratique, c'est toujours le greffe civil qui gère les dossiers relatifs au contrôle de constitutionnalité. L'autre faiblesse du greffe de la CSJ se découvre dans le fait qu'à la différence de la plupart

---

[356] KALONGO MBIKAYI et INIER LATEBO EKWA, op.cit, p. 20.
[357] *Idem*, pp. 13-14.
[358] I*bidem*, p. 60.
[359] KALONGO MBIKAYI et INIER LATEBO EKWA, *ibidem*, p. 20.
[360] Article 56, alinéa 1 de l'arrêté d'organisation judiciaire n°299/79 du 20 août 1979 portant règlement intérieur des cours, tribunaux et parquets, KALONGO MBIKAYI et INIER LATEBO EKWA, *ibidem*, p. 54.
[361] ESAMBO KANGASHE J-L., *La Constitution du 18 février 2006 à l'preuve du constitutionnalisme, op.cit*, p. 233.

d'autres greffes des juridictions constitutionnelles, du moins ceux de l'espace francophone, celui-ci ne dispose pas d'un fonds documentaire digne de ce nom. Il n'est pas non plus spécialisé en matière d'archivage de documents. L'absence d'un service juridique sur lequel les membres de la Cour suprême auraient pu s'appuyer, notamment dans le cadre des recherches nécessaires à l'accomplissement de leur mission mérite aussi d'être soulignée. Le suivi de l'activité politique, de l'application des lois, de la doctrine, de la jurisprudence et la veille législative constituent également d'autres activités méconnues par le greffe de la CSJ, alors qu'elles auraient pu aider cette juridiction à assumer efficacement sa mission[362].

De ce qui précède, il y a lieu de noter que l'organisation de la CSJ ne semble pas en tous points adaptée aux exigences de la protection des droits de l'homme. Deux déficiences méritent particulièrement d'être relevées :

- l'inaccessibilité géographique de la Cour pour la plupart des justiciables ; et
- le manque de spécialisation dans sa composition.

A cela s'ajoute les faiblesses liées aux modalités de désignation des membres de la cour et ceux du parquet y rattaché.

§2. Les modalités de désignation des membres de la Cour et du parquet

Trois questions fondamentales peuvent être évoquées. Il s'agit de celle de l'autorité de nomination des membres de la Cour (A), des critères de leur nomination (B) et de la procédure de nomination (C).

A. L'autorité de nomination

Une opinion déplore le fait que la Constitution du 18 février 2006 ait reconnu au président de la République le pouvoir de nomination et-principe de l'acte contraire oblige-de révocation des magistrats[363]. Cette position ne semble pas fondée : loin d'être une invention congolaise, la nomination des

---

[362] Sur les attributions des greffes des cours constitutionnelles, lire notamment, avec intérêt, ACCPUF, Bulletin n°8-novembre 2007 (les méthodes de travail et le contrôle de constitutionnalité), disponible en ligne à l'adresse http://www.accpuf.org/. Sur les services administratifs du Conseil constitutionnel français, lire notamment VLAD CONSTANTINESCO, *Droit constitutionnel*, Paris, PUF, 2004, pp. 495-496.

[363] MUMBALA ABELUNGU J., « La question de l'indépendance du pouvoir judiciaire en République démocratique du Congo », in YAV KATSHUNG J. (dir.), *La justice congolaise au banc des accusés* ?, Lubumbashi, PUL, 2010, pp. 100-101 ; C. YATALA NSOMWE NTAMBWE, l'indépendance du pouvoir judiciaire à l'égard du pouvoir exécutif au Congo-Kinshasa, disponible en ligne à l'adresse *http://www.droitcongolais.info/files/independance_du_pouvoir_judiciaire_rdc_2.pdf*.

magistrats, y compris les plus hauts d'entre eux, par le président de la République ou d'autres autorités politiques, est une réalité dans la quasi-totalité des pays. Aux États-Unis comme en France, les magistrats de la Cour suprême, pour les premiers, et ceux du Conseil constitutionnel, du Conseil d'Etat et de la Cour de cassation, pour la seconde, sont tous désignés par le président de la République, sans que leur indépendance en soit compromise[364]. Cette situation s'explique par les garde-fous consacrés dans les deux pays en vue de prévenir les abus, par le président de la République, dans l'exercice de son pouvoir de nomination et de révocation des magistrats. Au nombre de ces garde-fous, il convient de mentionner les critères objectifs que le président de la République est obligé de prendre en compte pour la nomination des magistrats.

B. Les critères de nomination

Ces critères sont définis à l'article 1er de la loi organique n°06/020 du 10 octobre 2006 portant statut des magistrats. Aux termes de cette disposition légale : « *Nul ne peut être nommé magistrat s'il ne réunit les conditions énumérées ci-après :*

1. *posséder la nationalité congolaise ;*
2. *être âgé d'au moins vingt et un ans accomplis et n'avoir pas dépassé l'âge de quarante ans ;*
3. *jouir de la plénitude de ses droits civiques ;*
4. *jouir d'une parfaite moralité attestées par un certificat délivré par une autorité administrative et par extrait de casier judiciaire ;*
5. *posséder les aptitudes physiques et mentales nécessaires par un certificat médical daté de moins de trois mois au dépôt du dossier au Secrétariat permanent du Conseil supérieur de la magistrature ;*
6. *être titulaire d'un diplôme de doctorat ou de licencié délivré par une université nationale publique ou privée légalement agréée ou d'un diplôme délivré par une université congolaise étrangère déclaré*

---

[364] Lire à ce sujet KIFWABALA TEKILAZAYA, « L'indépendance de la justice réclamée par les magistrats », in *Les Analyses juridiques n°1/2004*, p. 9. Sur l'indépendance du défenseur des droits en France, également nommé par le Président de la République, lire O. DORD, « Le défenseur des droits ou la garantie rationnalisée des droits et libertés », in *A.J.D.A*, 16 mai 2011, p. 961. Pour cette auteur, une « *nomination politique ou politicienne n'exclut pas* (nécessairement) *l'indépendance* ». Lire aussi, VLAD CONSTANTINESCO et S. PIERRE-CAPS, *op.cit*, pp. 489 et s ; N. BRACONNAY et MANUEL DELAMARRE, *op.cit*, pp. 307 et 309 ; M. NGUELE ABADA, « Le contrôle de la constitutionnalité des lois au Cameroun », A. ONDOUA (dir.), *La Constitution camerounaise du 18 janvier 1996 : bilan et perspectives*, Paris, Editions Afrcdit, 2007, p. 57 ; Sur les modes de nomination des membres des juridictions constitutionnelles en droit comparé, lire, J-L. ESAMBO, *La Constitution du 18 février 2006 à l'épreuve du constitutionnalisme, op.cit*, pp. 248-252 .

équivalent conformément à la législation congolaise sur l'équivalence des diplômes ;

7. *s'il s'agit d'une personne mariée, produire un extrait d'acte de mariage*[365] *».*

On pourrait s'imaginer que, nommés sur la base des critères ainsi définis, les magistrats de la CSJ seraient plus compétents et intègres que leurs homologues américains et français, dont la nomination n'est soumise à aucun critère matériel [366]. Tel ne semble pas le cas en réalité, de nombreux auteurs ayant mis en cause leur compétence et leur intégrité. Ainsi, Bayona ba Meya relève-t-il que :

> *« l'on doit relever l'absence des chambres spécialisées pour dire le droit de manière scientifique. Le juge congolais doit passer pour un super juriste, spécialisé en matière pluridisciplinaire puisqu'il siège en toute matière juridique, notamment le droit pénal dans sa complexité, les suretés, le droit commercial, le droit du travail et de la sécurité sociale, le droit coutumier et l'on comprend que les juges ne disposant pratiquement pas de bibliothèque ad hoc fassent preuve de tant de lenteur sans compter que ces juges sont dépourvus de toute logistique indispensable à l'exercice de la fonction juridictionnelle*[367] *».*

Cette affirmation mérite d'être relativisée. A travers ses formations internes que sont la section judiciaire, la section administrative et les sections réunies, la CSJ réalise une relative spécialisation organique. Il n'y a donc pas lieu de parler de « *l'absence des chambres spécialisées pour dire le droit de manière scientifique* ». L'auteur a cependant raison lorsqu'il déplore l'absence de spécialisation des magistrats de la Haute cour. Non accompagnée de la spécialisation personnelle, la spécialisation organique de celle-ci s'avère insuffisante. Telle est, en tous cas, l'une des leçons que l'on peut tirer de l'expérience de la CSJ. Loin d'être ces « *super juristes* » auxquels Bayona-ba-Meya fait allusion, les membres de cette juridiction suprême se sont plutôt révélés des hommes, d'une compétence scientifique et technique

---

365 *Journal officiel de la République démocratique du Congo*, 47ème année, numéro spécial, 25 octobre 2006, pp. 2-3.

366 Lire à ce sujet notamment P. ARDANT, *Institutions politiques & droit constitutionnel*, 17ème édition, Paris, L.G.D.J, 2005, p. 112 ; D. BREILLAT, *Libertés publiques et droits de la personne humaine*, Paris, Gualino éditeur, 2003, p. 171, H. ROUSSILLON, *Le Conseil constitutionnel*, *op.cit.*, pp. 10 ; G. LEBRETON, *Libertés publiques et droits de l'homme*, *op.cit*, 2001, p. 208 ; D. ROUSSEAU, « Le Conseil constitutionnel est-il une juridiction ? », *Cahiers des Ecoles doctorales, Recherche et travaux, Les controverses doctrinales*, n°1, 2000, p. 316.

367 BAYONA-ba-MEYA, Regard estimatif sur les problèmes saillants du fonctionnement de la justice congolaise, *op.cit*, p .40.

éprouvée, certes, mais, relativement, limitée. En particulier, leur spécialisation, en matière de droit public, en général, et de droit constitutionnel, en particulier, ne s'est pas révélée à la hauteur des attentes.

> *« Le juge ordinaire se reconnaissait également compétent en matière administratif, note ainsi Bibombe Mwamba, mais avec beaucoup d'hésitations et même des tâtonnements (...)*
>
> *Tout juge, de n'importe quel niveau, se reconnait la compétence de siéger dans n'importe quelle matière : spécialisation, connaît pas*[368] *».*

Le même constat est fait par Mbata Betukumesu lorsqu'il relève qu' :

> *« à force de se réfugier derrière des arguments fondés sur une théorie largement critiquée d'actes de gouvernement, la Cour est à la longue devenue elle-même incompétente au vrai sens du terme et a perdu tout crédit*[369] *».*

Dans le même ordre d'idées, Telesphore Malonga déplore le fait que :

> *« les juges ne sont spécialistes ni par leurs compétences ni dans leur affectation dans différentes sections. Les mêmes juges se retrouvent en matière de contentieux civil et en matière administrative. La tentation, dans ce contexte, est de transposer au contentieux administratif les solutions adoptées dans les contentieux de droit privé. Pour toutes ces raisons, le juge a du mal à apporter sa contribution à l'Etat de droit (...)*[370] *».*

Pour sa part, Balingene Kahombo opine qu' :

> *« étant majoritairement imprégnés d'un esprit de juristes privatistes, comme l'a noté le professeur Mampuya*[371]*, ces juges n'ont*

---

[368] BIBOMBE MWAMBA, « La protection des citoyens en cas de conflit avec l'administration par le juge administratif », in G. BAKANDEJA wa MPUNGU, A. MBATA BETUKUMESU et R. KIENGE KIENGE INTUDI (dir.), *Participation et responsabilité des acteurs dans un contexte d'émergence démocratique du Congo*, Kinshasa, PUK, 2007, p. 44.

[369] A. MBATA BETU KUMESU MANGO, « Suprématie de la Constitution, indépendance du pouvoir judiciaire et gouvernance démocratique en République démocratique du Congo », in G. BAKANDEJA wa MPUNGU, A. MBATA BETUKUMESU et R. KIENGE KIENGE INTUDI (dir.), *Participation et responsabilité des acteurs dans un contexte d'émergence démocratique du Congo*, Kinshasa, PUK, 2007, p.404.

[370] T. MUHINDO MALONGA et KAVUSA KALEMBA, « Les limites du principe de légalité dans l'action administrative », in *Parcours et initiatives n°7*, mai 2008, p. 22.

[371] A. MAMPUYA KANUK'A TSHIABO, « A propos du projet de Loi organique sur la Cour constitutionnelle », *Quotidien "Le Phare" du 9 avril 2008* ; article rapporté par S. BOLLE, « Quelle Cour constitutionnelle en RD du Congo? », *http://www.la-constitution-en-afrique.org/*, 16 avril 2008.

pas nécessairement la maitrise de la conduite des procès de droit public. Dès lors, des errements s'en suivent ; ce qui prédispose les arrêts de la Cour à des critiques négatives qui ne l'honorent pas du tout et lui font perdre de sa crédibilité[372] ».

En ce qui le concerne, Kaluba Dibwa affirme que :

> « *la quasi-totalité de nos haut magistrats sont des juristes de haut niveau œuvrant depuis vingt-cinq ans en moyenne dans le domaine du droit privé et judiciaire sans avoir à trancher des matières de droit public du reste rares devant les juridictions inférieures dont ils proviennent.*
>
> *La création des tribunaux administratifs dans la Constitution du 18 février 2006 est de nature à exiger une spécialisation académique et professionnelle des magistrats dans ces matières délicates*[373] ».

Et le même auteur d'ajouter que :

> « *les juges à la Cour suprême de justice ne sont pas toujours munis d'une formation spécialisée en droit public ni même affectés de manière à cultiver cette spécialisation in concreto. La lecture des arrêts rendus en matière administrative donne à voir une très grande ressemblance de raisonnement et même de rédaction avec le juge de droit privé congolais*[374] ».

Jean-Louis Esambo Kangashe déplore également le fait que « l'examen du contentieux constitutionnel (se réalise) par tous les magistrats sans distinction des spécialités[375] ».

Ces observations semblent d'autant plus fondées que comme il a déjà été relevé plus haut, la CSJ entretient la confusion notamment sur les actes susceptibles de contrôle de constitutionnalité et de légalité devant elle : les actes législatifs, les actes de gouvernement, les actes d'assemblée, etc. Elle éprouve également des difficultés dans l'application des conventions internationales. Il ne peut s'agir là que des conséquences logiques des modalités concrètes de nomination et de promotion des magistrats, lesquelles ne sont pas de nature à favoriser leur spécialisation, et encore moins, leur intégrité morale.

---

[372] BALINGENE KAHOMBO, La Cour suprême de justice : Cour constitutionnelle transitoire, article disponible en ligne à l'adresse *http://www.la-constitution-en-afrique.org/*.

[373] D. KALUBA DIBWA, *De la saisine du juge constitutionnel, op.cit*, pp. 84-85.

[374] D. KALUBA DIBWA, « Le contrôle des lois et des actes ayant force de loi en droit positif congolais », in *Revue du Barreau de Kinshasa/Gombe* n°2/2006, p. 8.

[375] J-L ESAMBO KANGASHE, *La Constitution du 18 février 2006 à l'épreuve du constitutionnalisme, op.cit*, p. 232.

Au sujet de l'intégrité morale des magistrats, Kengo wa Dondo relève, dans son analyse de l'ordonnance-loi n°73/037 du 19 septembre 1973, l'apparition, au nombre des critères de nomination des magistrats, d'une nouvelle condition, conforme à l'intégration de la magistrature dans le parti : le militantisme[376]. Dans la mesure où l'adhésion au Mouvement Populaire de la Révolution se faisait par le simple fait de la naissance, en qualité de congolais, il n'était pas nécessaire, pour démontrer l'accomplissement de cette condition, d'évoquer ladite adhésion. Il fallait plutôt démontrer, par ses activités, ses attitudes et son comportement, son aptitude à lutter, combattre pour le Mouvement Populaire de la Révolution et le président de la République, qui en était l'incarnation, ainsi qu'à leurs idéaux. Selon le Petit Larousse illustré, en effet, le militantisme renvoie « *à l'attitude, à l'activité du militant*[377] » qui n'est autre que, « *celui qui lutte, combat pour une idée, une opinion, un parti*[378] ».

On comprend dès lors, quelle menace pareille condition de recrutement pouvait faire peser sur l'indépendance du pouvoir judiciaire, d'autant plus que, d'après Kengo-wa-Dondo :

> *« Le Conseil judiciaire n'est pas (...) une institution propre mais un organe à travers lequel le Mouvement Populaire de la Révolution-et donc le président car ce dernier en est l'incarnation-exerce la mission de rendre justice.*
>
> *De ce fait, le magistrat n'est pas à proprement parler le mandataire du président de la République mais en quelque sorte le président lui-même exerçant la mission de dire le droit*[379] *».*

Autant en conclure qu'aucun effort n'a été ménagé pour que, dès son entrée dans le corps, selon la belle formule de Boshab, le magistrat ne soit nullement quelqu'un qui agit mais qui est agit[380].

Une autre tare contenue dans les statuts des magistrats antérieurs à celui de 2006 en vigueur, et qui a exercé une incidence négative sur la CSJ et les autres juridictions congolaises est le critère selon lequel la femme mariée ne peut être nommée comme magistrat, que moyennant l'autorisation de son mari. Un tel critère ne pouvait favoriser une meilleure représentation des

---

376 KENGO wa DONDO, « Le magistrat et son statut », in *Revue juridique du Zaïre*, numéro spécial, 50ème anniversaire, p. 19.

377 I. JEUNE-MAYNART (dir.), *Le Petit Larousse illustré*, 2011, Paris, Larousse, 2010, p.646.

378 *op.cit*, p. 646.

379 KENGO wa DONDO, « Le magistrat et son statut », *op.cit*, p. 10.

380 E. BOSHAB, « La misère de la justice et justice de la misère en République démocratique du Congo », *op.cit*, p. 1169.

femmes au sein des instances judiciaires, et, en particulier, de la CSJ. En fait, peu de femmes, deux ou trois seules, ont eu le privilège de siéger au sein de cette juridiction.

En définitive, pendant fort longtemps, les critères de nomination des magistrats n'étaient pas de nature à garantir l'intégrité et l'indépendance des magistrats de la Haute cour à l'égard du pouvoir politique.

Bien que les membres de cette juridiction aient toujours été des magistrats de profession, l'absence de spécialisation qui les caractérise ne leur permet pas de faire preuve de compétence technique suffisante, dans les matières qui intéressent, particulièrement, la protection des droits de l'homme, en l'occurrence le contentieux constitutionnel, le contentieux administratif et les droits de l'homme. La condition de militantisme intégrée au critère d'intégrité a également eu un impact négatif sur le rendement de la Cour dans la mesure où, elle ne s'accommode guère avec les exigences de l'indépendance du pouvoir judiciaire. Enfin, la soumission de la nomination, en qualité des magistrats, des femmes mariées, à l'autorisation de leur mari, n'a pas favorisé une meilleure représentation des femmes au sein de la Cour.

Il est heureux de constater que des efforts sont déployés pour corriger ces différentes imperfections qui ont caractérisé le statut des magistrats et impacté négativement le rendement de la CSJ. Il a déjà indiqué qu'à la différence de la législation antérieure relative au statut des magistrats, la loi en vigueur n'a pas repris le militantisme et l'autorisation maritale, au nombre des critères ou des conditions de nomination des magistrats. En ce qui concerne les femmes, une innovation heureuse a été introduite par l'article 7, alinéa 2 du règlement intérieur du CSM aux termes duquel : « *Lors des nominations (...), il sera tenu compte des critères d'intégrité, de compétence, d'esprit d'initiative ainsi que de la représentation équitable de la femme*[381] ».

Il faut cependant déplorer le fait que ledit règlement d'ordre intérieur ait préféré la « *représentation équitable* », une expression pour le moins floue à la « parité », consacrée par la Constitution[382].

S'agissant de l'intégrité, l'article 1er de la résolution adoptée en date du 26 mai 2011 par l'Assemblée générale du CSM a utilement complété la loi organique portant statut des magistrats en ces termes :

---

[381] *Journal officiel de la République démocratique du Congo*, 50ème année, numéro spécial, 15 juin 2009, p. 8.

[382] Article 14 de la Constitution du 18 février 2006.

« Sans préjudice des dispositions de l'article 1er, point 4 de la loi organique portant statut des magistrats, les modalités pratiques du processus d'obtention du certificat de bonne vie et mœurs délivré par l'autorité administrative et l'extrait du casier judiciaire, doit privilégier la vérification de la moralité du candidat magistrat par :

- *L'enquête de moralité menée aux bons soins des autorités administratives de la localité où il a séjourné les six derniers mois ;*
- *Le témoignage des autorités académiques de l'institution où il a effectué ses études universitaires ;*
- *L'avis du conseil de l'ordre du barreau auquel il a appartenu s'il provient du barreau ».*

Contrairement à la position du ministère de la Justice et des Droits humains à cet égard[383], il y a lieu de soutenir qu'il n'est pas nécessaire, pour le fonctionnement optimal de la CSJ ou des juridictions auxquelles son éclatement devrait donner naissance, de faire appel aux magistrats étrangers, comme cela a été le cas pendant la phase de démarrage de la CSJ. A l'époque, son indépendance à peine acquise, la RDC ne disposait pas de juristes, en nombre suffisant, pour animer cette juridiction[384]. Tel n'est plus le cas aujourd'hui. De nombreux congolais ont fait des études, dans les différentes branches de la science juridique. Il suffit de faire une utilisation judicieuse de cette main d'œuvre potentielle. Ce qui pose le problème de la procédure de recrutement des magistrats.

C. La procédure de nomination

Deux dispositions constitutionnelles forment le siège de la matière. Il s'agit des articles 82 et 152, alinéas 1 et 3 de la Constitution. L'article 82 dispose : « *Le Président de la République nomme (...), par ordonnance, les magistrats du siège et du parquet sur proposition du Conseil supérieur de la magistrature. Les ordonnances dont question (...) sont contresignées par le Premier ministre*[385] ». A l'article 152, on peut lire que : « *Le Conseil supérieur de la magistrature est l'organe de gestion du pouvoir judiciaire (...)*

[383] MINISTERE DE LA JUSTICE, *Feuille de route du Ministère de la justice pour l'exercice 2009*, Kinshasa, décembre 2008, p. 6.
[384] NGONDANKOY NKOY-ea-LOONGYA, *Le contrôle de constitutionnalité en République démocratique du Congo, op.cit*, 68 et svts ; KALUBA DIBWA, *Du contentieux constitutionnel en République démocratique du Congo, op.cit*, p. 267.
[385] M. WETSH'OKONDA KOSO, *Les textes constitutionnels annotés, op.cit*, p. 461.

Il élabore les propositions de nomination (...) des magistrats[386] ». Il en résulte que trois institutions concourent à la nomination des magistrats : le CSM, le Premier Ministre et le président de la République. Le rôle de chacune, dans la procédure de nomination des magistrats, mérite d'être clarifié.

« *Organe de gestion du pouvoir judiciaire* », le CSM joue un rôle clé dans la procédure de nomination des magistrats. Ce rôle se décline globalement dans :

- l'initiative de recrutement des magistrats ;
- la publicité préalable par avis officiel dans tous les chefs-lieux des provinces fixant un délai utile pour l'introduction des candidatures ;
- l'organisation de la constitution et du dépôt des dossiers de candidature ;
- l'organisation du déroulement du concours de recrutement dans tous les chefs-lieux des provinces ;
- l'établissement de la liste des candidats ayant satisfait au concours, classés en ordre utile ;
- l'établissement de la liste de réserve des candidats magistrats reprenant ceux des magistrats ayant satisfait au concours de recrutement mais qui n'ont pas pu être nommés compte tenu des besoins ;
- la formation initiale des magistrats soit par le Conseil lui-même soit par l'Ecole supérieure de la magistrature ;
- l'élaboration des propositions de nomination des magistrats et leur soumission au Président de la République ;
- l'organisation du stage des magistrats ;
- l'attribution, aux magistrats nommés, des numéros d'immatriculation.

Pour lui permettre d'assumer correctement ces différentes attributions, le constituant du 18 février 2006 a introduit une importante innovation par la consécration du principe selon lequel le CSM est « *composé des seuls magistrats*[387] », les uns de droit et les autres élus par leurs pairs[388].

En outre, le pouvoir judiciaire est désormais doté d'un budget[389] couvrant la rémunération des magistrats et son fonctionnement[390], budget auquel devrait logiquement émarger celui du CSM.

---

386 *Idem*, p. 485.
387 Exposé des motifs de la Constitution du 18 février 2006.
388 Lire l'article 152, alinéa 2 de la Constitution du 18 février 2006.
389 Article 149, alinéa 6 de la Constitution du 18 février 2006.

Ces différentes attributions du CSM et les garanties d'indépendance de cette institution ne dépouillent pas pour autant le président de la République de son pouvoir en matière de nomination des magistrats.

« Celui-ci (le Conseil supérieur de la magistrature, c'est nous qui précisons) assure la gestion de la carrière des magistrats et dispose, à cet effet, des pouvoirs de proposition en matière de nomination (...). Cependant, le Président de la République est et demeure l'unique autorité de nomination (...) des magistrats[391] ».

Ces commentaires tirés de l'exposé des motifs de la loi organique portant organisation et fonctionnement du CSJ présente l'avantage de préciser le rôle respectif du président de la République et du CSM, dans la procédure de nomination des magistrats.

Seul le rôle du Premier Ministre n'est pas défini. Il semble qu'il consiste à répondre des actes du président de la République, en matière de nomination des magistrats. Cette position s'explique par le fait que, le dans le régime politique institué par la Constitution du 18 février 2006, le président de la République est politiquement irresponsable. Ce sont les membres du Gouvernement qui, en contresignant ses actes, en endossent la responsabilité.

La procédure de nomination des magistrats ainsi décrite paraît plus favorable à l'effectivité de l'indépendance du pouvoir judiciaire que celle qui a été suivie pour la nomination des magistrats de la CSJ et de la création de celle-ci en 1968. Pour une meilleure compréhension de cette procédure dont celle en vigueur aurait tiré les leçons, il y a lieu de remonter le cours de l'histoire jusqu'à l'accession du pays à l'indépendance.

A cette époque :

> *« pressentant que les magistrats belges demeureraient en fonction après la proclamation de l'indépendance et voulant les mettre à l'abri de toute pression politique, Antoine Rubbens affirme que, la loi fondamentale du 19 mai 1960 avait imaginé une autonomie quasi absolue du corps de la magistrature. L'article 194 de cette loi prévoyait que tous les magistrats étaient nommés par le Chef de l'Etat sur une liste double présentée par les cours et tribunaux (...) Sans maintenir l'autonomie injustifiable d'une magistrature se renouvelant par cooptation (...), la Constitution de 1964 assurait aux*

---

[390] Article 38 de la Loi organique n°08/013 du 05 août 2008 portant organisation et fonctionnement du Conseil Supérieur de la Magistrature, *Journal officiel de la République démocratique du Congo*, 49ème édition, numéro spécial, 11 août 2008.

[391] *Loi organique n°08/013 du 05 août 2008 portant organisation et fonctionnement du Conseil supérieur de la magistrature, idem*, p. 1.

magistrats une indépendance satisfaisante à l'égard des pouvoirs exécutif et législatif (art. 129 et 130).

Le décret-loi du 19 septembre 1965 formant le statut de la magistrature allait mettre en application les garanties constitutionnelles (...) créant un Conseil supérieur de la magistrature obligatoirement consulté par le Président de la République avant toute nomination d'un magistrat du siège (...) la loi prévoyait des dispositions analogues en faveur des magistrats du parquet bien que la Constitution ne leur donné aucune garantie, sinon d'avoir un statut légal[392] *».*

Poursuivant l'étude de l'évolution du droit congolais relatif à la nomination des magistrats, le même auteur ajoute :

« La Constitution de 1967 est fortement en retrait sur les garanties données par la Constitution précédente (art.63 et 64). La consultation obligatoire du Conseil supérieur de la magistrature avant les nominations peut prévenir les mutations vexatoires ou politiques. Or, le Président de la République nomme (...) sur avis du Conseil supérieur de la magistrature (art.30) ; Si l'on pouvait entendre que le Président de la République nomme (...) sur avis « conforme » dudit Conseil, cette disposition offrirait des garanties au moins équivalentes à celles du texte de 1964. Le mot « conforme » qui avait figuré aux textes des projets de la Constitution a cependant été biffé avant l'édition officielle, manquant incontestablement que le Président de la République peut passer outre les avis de son Conseil supérieur de la magistrature. Signalons encore que le Conseil supérieur de la magistrature n'a pas encore été installé à ce jour et que transitoirement les nominations se font de la seule autorité du Président de la République[393] *».*

La procédure de nomination des magistrats, par le président de la République, agissant de manière discrétionnaire, et non sur avis du CSM, a également été envisagée sous l'empire de la Constitution du 24 juin 1967, telle que modifiée par la loi n°74-020 du 15 août 1974. Cette loi a consacré la plénitude du pouvoir entre les mains du président de la République.

---

392 A. RUBBENS, « La réforme judiciaire du 10 juillet 1968 en République démocratique du Congo », *op.cit*, pp. 426-427.

393 *Idem*, p. 427.

Une telle option politique ne s'accommode guère de la consultation préalable, de quelque organe que ce soit, avant la prise des décisions par le président de la République[394].

La loi n°77/030 du 28 décembre 1977 sur le Conseil judiciaire est encore plus explicite à cet égard. D'elle, en effet, on retient que, le Président du Conseil judiciaire, cumulant sur sa tête, tant les attributions du Procureur général de la République, que celle du Ministre de la justice, assurera seul les propositions de nomination des magistrats[395]. Ce régime juridique ne connaîtra de changement fondamental qu'avec la réorganisation du CSM par la Loi n °86-006 du 23 novembre 1986. En dépit de la réhabilitation de sa fonction consultative en matière de nomination des magistrats, la composition comme les modalités de fonctionnement de cette institution ne lui permettront pas d'exercer ses attributions en toute indépendance.

Aux termes des dispositions combinées des articles 3 et 4 de l'ordonnance n°87-394 du 18 décembre 1987 portant organisation et fonctionnement du CSM[396], celui-ci était composé non seulement des magistrats nommés par le président de la République, mais aussi, du Président du Conseil judiciaire, et des autres membres de ce Conseil. Il se réunissait sur convocation du Président de Conseil judiciaire, qui en était le président. Sur le plan pratique, il est arrivé que, pendant longtemps, le Président du Conseil judiciaire ne convoque pas le CSM, ce qui lui permettait de continuer à régenter la gestion de la carrière des magistrats, à commencer par leur nomination. Ainsi, selon Tshimanga Mukeba, alors Procureur général de la République :

> *« Le rôle du Conseil supérieur de la magistrature qui ne figurait plus dans la Constitution depuis la révision constitutionnelle de 1978 réapparait (seulement, c'est nous qui ajoutons) dans la Constitution dite harmonisée du 24 avril 1993 et dans l'Acte constitutionnel de la transition du 9 avril 1994 ainsi que le décret-loi constitutionnel du 27 mai 1997 tel que modifié (...)*[397] *».*

---

394 KENGO-wa-DONDO, « Le magistrat et son statut », *Revue juridique du Zaïre*, numéro spécial, 1975, p. 21.

395 KENGO-wa-DONDO, *L'évolution jurisprudentielle de la cour suprême de justice au Zaire (1968-1979)*, Mercuriale prononcée le 4 novembre 1978 à l'occasion de l'audience solennelle de rentrée judiciaire et du 10ème anniversaire de la Cour suprême de justice, Kinshasa, Editions de la Cour suprême de justice, 1979, p. 15.

396 *Journal officiel de la République démocratique du Congo*, 45ème année, n°7, 1er avril 2004, pp. 1 et 2.

397 TSHIMANGA MUKEBA, *Mercuriales & allocutions du Procureur général de la République Tshimanga Mukeba pendant la période de transition*, Kinshasa, Copyrights, 2006, p. 83.

Cette affirmation mérite d'être relativisée. Le président de la République avait toujours le pouvoir, en vertu de l'article 4 de l'ordonnance-loi n°88-056 du 29 septembre 1988 portant statut des magistrats, de procéder à des nominations exceptionnelles des magistrats, sans consultation préalable du CSM. Par ailleurs, même en ce qui concerne les nominations autres qu'exceptionnelles, le président de la République contournait, en pratique, régulièrement le CSM[398]. A titre d'exemple et à la suite de la révocation, le 6 novembre 1998, de 315 magistrats, il a procédé, de manière unilatérale, à la nomination de nombreux autres magistrats.

Selon Balanda Mukuin Leliel, juridiquement, « *les pouvoirs du président de la République ont été (...) dilués par le partage de l'exercice de certaines prérogatives jadis assumées par le Chef de l'Etat seul. Il s'agit de l'obligation d'agir sur proposition de certains organes à qui revenait le pouvoir d'initiative*[399] ». Il en est ainsi, en ce qui concerne la nomination des magistrats, du CSM. Il n'en demeure pas moins vrai que, dans la pratique, derrière cette réforme de façade, le Chef de l'Etat gardait l'essentiel de son pouvoir. Mais, jamais le rôle décoratif du CSM, tout au moins dans la procédure de nomination des magistrats, n'apparaîtra aussi clairement, que sous le régime de la Constitution de la transition. A cette époque, en effet, cet organe figure au nombre des structures d'appoint du ministère de la Justice.

En réaction à tous les abus observés en matière de nomination des magistrats, le constituant a introduit quelques innovations en la matière. La nomination des magistrats a ainsi été subordonnée à la proposition du CSM. Les propositions du CSM en matière de nomination des magistrats ne pourraient pour autant être assimilées à l'avis conforme qu'Antoine Rubbens avait préconisé en 1967. Pour preuve, la faculté reconnue au président de la République, de renvoyer lesdites propositions au CSM, dans les trente jours de leur transmission, accompagnées de ses observations écrites[400]. Il s'ensuit que, le pouvoir du président de la République, en matière de nomination des magistrats, n'est pas discrétionnaire : il ne peut être exercé régulièrement, qu'à l'initiative du CSM et, plus exactement, de l'Assemblée générale de celui-ci. La nomination des magistrats est donc un domaine de collaboration entre le président de la République et le CSM. Il semble que tel n'est pas

---

[398] Lire notamment BALANDA MUKUIN LELIEL, « Droits de l'homme et administration de la justice », in *Droits de l'homme et droit international humanitaire*, Kinshasa, PUK, 1999, p. 258.

[399] BALANDA MIKUIN LELIEL, « Les relations internationales à travers les constitutions de la transition, in le droit et la transition en République démocratique du Congo, actes des journées scientifiques organisées par la Faculté de droit de l'Université protestante au Congo », les 2 et 3 avril 2004, *Revue de la faculté de droit*, n°4, 2004, p. 72.

[400] Lire à ce sujet l'article 7 de la Loi organique n° 08/013 du 5 août 2008 portant organisation et fonctionnement du Conseil supérieur de la magistrature, *Journal officiel de la République démocratique du Congo*, 49ème anniversaire, numéro spécial, 11 août 2008.

l'entendement du président de la République. Comme avant l'installation du CSM entre 1967 à 1970, celui-ci s'est estimé compétent, pour nommer les magistrats, sur proposition du ministre de la Justice. Après la mise en place du CSM, le président de la République a également agit, en l'absence des propositions du CSM[401]. Une telle procédure de nomination des magistrats s'avère d'autant plus inquiétante que le statut de ceux-ci souffre aussi de quelques imperfections.

§3. Le statut des membres de la Cour

Au nom de l'indépendance du pouvoir judiciaire, nécessaire à l'exercice de leurs fonctions et à la différence des fonctionnaires, les magistrats devraient être régis par un statut spécial. Celui-ci devrait garantir notamment leur inamovibilité, promotion ainsi que des conditions de vie et de travail dignes de leur rang social.

En contrepartie de ces avantages, les magistrats devraient être soumis à un régime rigoureux des incompatibilités, assuré par une gestion disciplinaire tout aussi stricte.

L'inamovibilité des magistrats revêt à cet égard deux significations. Elle emporte, d'une part, l'idée de l'inamovibilité de la carrière des magistrats : sous réserve de la mise à la retraite ou de la révocation, en raison de leur compétence ou des fautes professionnelles graves, les magistrats devraient vaquer paisiblement à leurs occupations. Le moins qu'on puisse dire c'est qu'en dépit de sa consécration par les différents textes constitutionnels congolais, cette garantie est encore loin d'être une réalité tangible ; les magistrats congolais étant encore objet des révocations intempestives, dont certaines, sous le couvert de la mise à la retraite et ce, « *en violation de la Constitution qui exige notamment l'intervention obligatoire du Conseil supérieur de la magistrature*[402] ».

Il en résulte une instabilité professionnelle préjudiciable à l'indépendance de ces magistrats. Illustratif est le fait qu'en cinq ans, soit de 2006 à 2011, la CSJ en est à son quatrième Premier président. Autrement dit, le mandat moyen de chacun de ces premiers présidents de la CSJ n'est que d'un an et deux mois. Pareil délai semble très court pour permettre aux magistrats concernés, de travailler, avec toute la sérénité nécessaire à l'exercice de leurs fonctions. Le tableau suivant permet de prendre la mesure de l'instabilité qui caractérise la fonction de Premier président de la CSJ.

---

401 Pour les cas de nomination des magistrats en l'absence des propositions du Conseil supérieur de la magistrature, lire notamment J-L ESAMBO KANGASHE, *La Constitution du 18 février 2006 à l'épreuve du constitutionnalisme, op.cit*, pp. 190-192.

402 BALANDA MIKUIN LELIEL, « Droits de l'homme et administration de la justice », *op.cit*, p. 258.

Tableau des Premiers présidents de la CSJ et de leurs mandats

N°	Noms, post-noms et prénoms	Dates de naissance	Mandats	Observations
1.	Lihau Eboua Marcel Antoine	9 septembre 1931	1968-1980	
2.	Bayona-ba-Meya	25 novembre 1938	1975-1983	
3.	Kalala Ilunga		1983-1986	
4.	Balanda Mikuin Leliel	12 septembre 1939	30 octobre 1986-mai	
5.	Mbiango Kekese	3 février 1937	Mai 1998-juin 2003	
6.	Lwamba Bindu	19 juillet 1945	Juin 2003-9 février	
7.	Tinkamanyire		9 février 2008-15 juillet 2009	
8.	Bemwizi		15 juillet 2009-26 novembre 2010	
9.	Kitoko Kimpele		26 novembre 2010-	

L'instabilité professionnelle s'observe également au Parquet général de la République. En cinq ans, de 2006 à 2011, trois Procureurs généraux de la République se sont succédé.

Le tableau suivant permet de s'en rendre compte :

Tableau des Procureurs généraux de la République et de leurs mandats

N°	Noms, post-noms et pré-noms	Mandats	Observations
1.	Kengo-wa-Dondo	1968-1980	
2.	Angelete Galedji	1980-1981	
3.	Bokuma Etike	1981-1983	
4.	Lubamba Lumbu	1983-1986	
5.	Mongulu Tapangane	1986-1997	
6.	Likuwa Kasongo	1997-1998	
7.	Luhonge Kabinda Ngoy	1998-2002	
8.	Thimanga Mukeba	2002-2007	
9.	Mushagalusa Ntayondeza' Ndi	2007-2009	
10.	Kabange Numbi	2009-	

L'inamovibilité des magistrats protège, d'autre part, leur siège ou résidence. On parle alors de l'immutabilité des magistrats, laquelle concerne plutôt les magistrats du siège que ceux du parquet.

Evariste Boshab a démontré comment, d'une Constitution à une autre, ou d'une révision constitutionnelle à une autre, au fil du temps, cette importante garantie de l'indépendance du pouvoir judiciaire a été progressivement vidée de toute sa substance. Tant la Loi fondamentale du 19 mai 1960 relatives aux structures du Congo que la Constitution du 1er août 1964, respectivement dans leurs articles 192 et 129, subordonnent la mutation des magistrats du siège, à une double condition de nomination nouvelle et de leur consentement préalable. Cette dernière condition n'a plus été requise dans la Constitution du 24 juin 1967. C'est le tour de l'inamovibilité elle-même de disparaitre purement et simplement dans les révisions constitutionnelles de 1974 et 1978[403]. En fait comme le souligne l'auteur, « *il ne s'agit là, on ne peut que le constater, d'accorder une base constitutionnelle à un état de fait qui prévalait depuis le 25 novembre 1965*[404] ». Selon Antoine Rubbens :

> « *Dans un pays jeune disposant de cadres tenus et manquant d'expérience, cette mesure (celle de la faculté de déplacement des magistrats du siège sans leur consentement, c'est nous qui précisons) est certes défendable, les privilèges des juges ne leur étant pas accordés pour leurs convenances personnelles*[405] ».

Avec le recul du temps, il y a lieu de douter du fondement de cette excuse. Loin de s'expliquer par la carence du personnel judiciaire, la faculté de déplacement, sans consentement préalable, des magistrats du siège, semble plutôt traduire une dynamique d'inféodation du pouvoir judiciaire à l'égard du pouvoir politique. Ce qui motive la soumission de la mutation des magistrats du siège à une double condition de nomination nouvelle et de demande par le magistrat intéressé, sinon pour les besoins de rotation décidées par le CSM en application de l'article 150, alinéa 4 de la Constitution du 18 février 2006[406]. Les magistrats de la CSJ étant au sommet de la pyramide judiciaire, ne peuvent, en principe, faire l'objet d'une mutation. Aussi, les dispositions relatives à cette matière ne les concernent-ils pas vraiment. Elles présentent, cependant, un intérêt réel au moment de leur nomination nouvelle ou de leur promotion en qualité de membres de la haute Cour.

En règle générale et à l'instar du recrutement des magistrats, celle-ci se fait par le président de la République, sur proposition du CSM, à condition que des postes budgétairement prévus soient vacants d'une part, et d'autre part, que non seulement les magistrats concernés aient une certaine ancienneté dans leur poste, mais aussi, qu'ils aient obtenu une bonne côte, pendant les trois dernières années. S'y ajoutent le militantisme qui a également été retenu, à une certaine époque, au nombre de critères de nomination et de promotion des magistrats. L'ancienneté et la cotation comme la consultation du CSM n'étaient pas de mise, en cas de nominations exceptionnelles. Les modalités de promotion des magistrats ainsi résumées ne sont pas à l'abri des critiques. D'abord, « *le nombre de juges qui composent la Cour suprême de justice n'est pas déterminé par le législateur. (...)*

L'absence de limitation du nombre de juges permettra, sous la Deuxième République, au pouvoir politique d'affecter à la Cour des juges préoccupés

---

403 E. BOSHAB, « Justice de la misère et misère de la justice », *op.cit*, p. 1167-1168.

404 *Idem*, p. 1168.

405 A. RUBBENS, « La réforme judiciaire du 10 juillet 1968 en République démocratique du Congo », *op.cit*, pp. 426-427.

406 M. WETSH'OKONDA KOSO, *Les textes constitutionnels congolais annotés, op.cit*, p. 484.

davantage par la survie des idéaux du Parti-Etat que par le triomphe du droit »[407]. Aux États-Unis, il n'a jamais été accepté que le Chef de l'Etat détermine, de manière discrétionnaire, le nombre des membres de la Cour suprême, une telle faculté étant susceptible d'être utilisée à des fins d'instrumentalisation politique de cette juridiction[408]. Il semble que le législateur congolais n'ait pas pris conscience de cette réalité. Cela est d'autant plus déplorable que la progression géométrique des requêtes au greffe de la CSJ observée depuis 2003, ne s'est pas accompagnée du renforcement des effectifs du personnel de cette juridiction appelée à en connaitre. Ainsi s'explique, tout au moins en partie, la liste de plus en plus longue de requêtes en souffrance à la Haute cour. Il en est de même de la qualité discutable de certains arrêts de cette juridiction. Mais, peut-on raisonnablement s'attendre à autre chose de la part des magistrats, dépourvus de spécialisation, de moyens matériels et d'un personnel d'appoint conséquent ?

La représentation féminine à la Haute cour constitue une autre question qui n'a pas encore retenu l'attention du législateur. La consultation du CSM, l'ancienneté des magistrats, candidats à la promotion et leur cotation périodique, auraient pu malgré tout contribuer à la sélection, au sein de cette juridiction, des magistrats aussi compétents qu'intègres.

Faute d'application par le président de la République, ces gardes fous, institués en matière de nomination des magistrats, n'ont pas pu produire leurs effets. Matadi Nenga attribue plutôt la nomination des magistrats de la Haute cour au « *phénomène tribal sans référence aux compétences scientifiques et morales* », mieux à l'« arbitraire »[409]. Abondant dans le même sens, Evariste Boshab affirme que « *si le magistrat était politisé, les promotions l'étaient encore davantage : le principe du quota régional, sinon l'origine ethnique et le militantisme constituaient des critères déterminants pour toute promotion*[410] ». Les conditions de vie et de travail des magistrats de la CSJ constituent un autre sujet de préoccupation. Evariste Boshab l'exprime en ces termes :

> *« remarquable à travers le délabrement du bâtiment qui abrite la Cour suprême de justice (...), la misère traduit, malgré les difficultés auxquelles est confronté ce pays, l'immense mépris du pouvoir politique à l'égard de la justice. Le système politique congolais, bâti sur la violence, fort peu soucieux de la protection des droits des citoyens ne peut favoriser l'instauration d'une justice indépen-*

407 E. BOSHAB, « La mise de la justice et la justice de la misère », *op.cit*, p. 1174.
408 D. CHAGNOLLAUD, *Droit constitutionnel contemporain*, *op.cit*, p. 361.
409 MATADI NENGA GAMANDA, *La question de la réforme du pouvoir judiciaire, op.cit*, pp. 375 et 378.
410 E. BOSHAB, « La misère de la justice et la justice de la misère », *op.cit*, p. 1173.

dante (...)[411]. *Les membres de la Cour suprême de justice ne disposent même pas, de manière individuelle, de séries de recueils déjà parus. Souvent, ils doivent se rendre à la bibliothèque de la Cour, laquelle, à l'instar de tous les autres services administratifs du pays, fonctionne de manière désolante :*

muni d'un système de fichiers, une classification sans mise à jour, la bibliothèque de la Cour n'est abonnée ni aux revues juridiques étrangères ni congolaises. Totalement à l'écart du mouvement général d'informatisation dont l'accélération a débouché sur les autoroutes de l'information, la Cour suprême de justice de la République démocratique du Congo, fort peu soucieuse de la mise en place d'une banque de données ne dispose même pas d'un ordinateur. C'est donc dans ce climat de misère à la fois matérielle et intellectuelle que sont rendus les arrêts qui, en raison des conditions de travail des juges, ne peuvent être des modèles en droit tant ceux-ci soulèvent des problèmes allant de l'ignorance du droit au déni de justice »[412].

Que dire des devoirs, du régime des incompatibilités et du régime disciplinaire des magistrats ? Qu'ils soient du siège ou du parquet, tous les magistrats sont astreints aux devoirs de fidélité, dévouement, dignité, loyauté et intégrité. Ils sont également tenus au devoir de formation et de perfectionnement permanents[413].

Outre ces devoirs communs à tous les magistrats, ceux du parquet étaient également soumis à un devoir d'obéissance à l'égard du Ministre de la justice[414]. Ces devoirs appellent quelques commentaires. Tout au long de la deuxième République, de 1967 à 1990, à leur intégration dans leur corps comme à chaque mutation ou avancement en grade, sous peine d'annulation de tous les actes qu'ils pourraient être amenés à poser, tous les magistrats étaient tenus à l'obligation de prêter le serment suivant : « *Je jure fidélité au Président de la République, obéissance à la Constitution et aux lois de la République*[415] ». Le moins qu'on puisse dire c'est qu'ériger la fidélité au

---

411 *Idem*, p. 1164.

412 *Ibidem*, p. 1175.

413 MUSHAGALUSA NTAYONDEZA'NDI, *L'organisation du Ministère public : aspect judiciaire et administratif*, Kinshasa, RCN Justice & Démocratie, janvier 2005, p. 73. Sur les devoirs qui incombent aux magistrats actuellement, lire M. WETSH'OKONDA KOSO, *Guide pratique de procédure disciplinaire des magistrats, Kinshasa*, USAID, PRO-JUSTICE, 2011, pp. 31-36.

414 MUSHAGALUSA NTAYONDEZA'NDI, *L'organisation du Ministère public : aspect judiciaire et administratif*, *op.cit*, pp. 98-100.

415 Lire notamment l'article 6 de l'ordonnance-loi n°82-018 du 31 mars 1982 portant statut des magistrats, in KALONGO MBIKAYI et INIER LATEBO, *op.cit*, p.86.

président de la République en un devoir des magistrats ne s'accommode guère des exigences de l'indépendance du pouvoir judiciaire. Faire passer ce devoir avant celui de l'obéissance à la Constitution et aux lois de la République est encore plus grave. La même observation semble valable en ce qui concerne le devoir d'obéissance des magistrats du parquet à l'égard du Ministre de la justice. Ce devoir découle de l'autorité de ce ministre sur tous les magistrats du parquet. La doctrine est divisée sur la portée exacte de cette autorité. Pour les uns, elle se ramène au pouvoir reconnu au ministre d'ordonner les poursuites, au droit d'impulsion et de regard sur l'action publique. Elle ne peut s'étendre au pouvoir d'interdire ou d'ordonner la suspension ou l'abandon des poursuites déjà déclenchées[416]. Pour les autres, « *l'article 10 du Code de l'organisation et de la compétence judiciaires (...) semble catégorique (...). En l'absence d'un autre texte législatif clair et précis interdisant au ministre de la Justice de donner des injonctions négatives, il nous revient de constater que l'ambigüité persiste*[417] ».

Autrement dit, rien n'interdit au Ministre de la justice de donner aux magistrats du parquet, des injonctions positives ou négatives[418]. L'ambigüité au sujet de la portée exacte de l'autorité du Ministre de la justice sur les magistrats du parquet trouve sa source dans la nature juridique hybride de ces derniers. Selon certains auteurs, en effet, ceux-ci relèveraient tout à la fois du pouvoir judiciaire et du pouvoir exécutif. Ils appartiendraient au pouvoir judiciaire à l'audience, et du pouvoir exécutif, en dehors de celle-ci. En dehors de l'audience et en qualité de fonctionnaires de l'Etat, les magistrats du parquet seraient soumis pleinement à l'autorité du Ministre de la justice. Dès lors, celui-ci serait fondé à leur donner toutes sortes d'injonctions, qu'elles soient positives ou négatives[419]. Prenant le contre pieds de cette opinion, d'autres auteurs soutiennent, quant à eux, que les magistrats du parquet relèvent, toujours, du pouvoir judiciaire, qu'ils soient à l'audience, ou en dehors de celle-ci. En conséquence, le Ministre de la justice ne peut leur donner que des injonctions positives, à l'exclusion des injonctions négatives[420].

---

416 AKELE ADAU, « Rôle de l'officier du ministère public dans la bonne administration de la justice », in NGOMA BINDA (dir.), *Justice, démocratie et paix en République démocratique du Congo*, Kinshasa, Publication de l'IFEP, 2000, pp. 81-83 ;

417 KIFWABALA TEKILAZAYA, « L'indépendance de la justice réclamée par les magistrats », *op.cit*, p. 14.

418 Les injonctions positives consistent à ordonner aux magistrats du parquet d'engager les poursuites tandis que celles négatives tendant à interdire celles-ci ou à s'y opposer.

419 ALANGI EBE, « Ethique de l'officier du ministère public civil », in NGOMA BINDA (dir.), *op.cit*, pp. 98-99.

420 AKELE ADAU, « Rôle de l'officier du ministère public dans la bonne administration de la justice », in NGOMA BINDA (dir.), *op.cit*, pp. 81-83 ; BAYONA BA MEYA, « L'indépendance de la magistrature en République du Zaïre », *Annales de la faculté de droit*, Vol. I, Kinshasa, 1972, p. 32.

La Constitution du 18 février 2006, dans sa version originale, semble avoir tranché sur ce débat. Deux de ses articles permettent de l'affirmer. Aux termes de l'article 149, alinéa 1 de ladite Constitution :

> « *Le pouvoir judiciaire est indépendant du pouvoir législatif et du pouvoir exécutif. Il est dévolu aux Cours et Tribunaux qui sont : la Cour constitutionnelle, la Cour de cassation, le Conseil d'Etat, la Haute Cour militaire, les cours et tribunaux civils et militaires ainsi que les parquets rattachés à ces juridictions*[421] ».

Quant à l'article 91, alinéa 3 de la même Constitution, on peut y lire que : « *Le Gouvernement dispose de l'administration publique, des Forces armées, de la Police nationale et des services de sécurité*[422] ». Comme on peut le constater, le parquet faisait partie intégrante du pouvoir judiciaire. Il ne pouvait donc pas être à la disposition du Gouvernement. Il s'ensuit que, sous l'empire de la Constitution sous examen, la thèse du caractère hybride des magistrats du parquet était dénuée de tout fondement juridique. Aucune disposition juridique ne reconnaissait non plus, au ministre de la Justice, le pouvoir de donner des injonctions négatives aux magistrats du parquet. Cette position semble confortée par l'article 15, alinéa 2 de la loi organique n° 06/020 du 10 octobre 2006 portant statut des magistrats. Selon cette disposition légale, le pouvoir du Gouvernement et partant du ministre de la Justice à l'égard des magistrats du parquet se limite « (...) *sans préjudice des articles 149, 150 et 151 de la Constitution (...) sans interférer de quelque manière que ce soit dans le cours de l'instruction, (à) saisir le Procureur général près la Cour de cassation des faits qui relèvent de sa compétence afin de mettre l'action publique en mouvement*[423] ». A travers le Ministre de la justice, le Gouvernement pouvait ainsi donner des injonctions positives au Procureur général de la République. Autrement dit, son pouvoir était encadré, à la fois sur le plan organique et sur le plan matériel.

Sur le plan matériel, le Ministre de la justice ne pouvait donner des injonctions qu'au Procureur général de la République, quitte à celui-ci de les relayer auprès de ses collaborateurs. Sur le plan matériel, cette autorité ministérielle ne pouvait donner au Procureur général de la République que des injonctions positives, destinées à mettre l'action publique en mouvement. En excluant le parquet du pouvoir judiciaire[424], sans, cependant, le mettre à la

---

[421] M. WETSH'OKONDA KOSO, *Les textes constitutionnels congolais annotés, op.cit*, p. 482.

[422] M. WETSH'OKONDA KOSO, *Les textes constitutionnels congolais annotés, op.cit*, p. 462.

[423] *JORDC*, 47ème année, numéro spécial, 25 octobre 2006, p. 6.

[424] La nouvelle formulation de l'article 149, alinéa 1 de la Constitution révisée se lit de la manière suivante : « *Le pouvoir judiciaire est indépendant du pouvoir législatif et du pouvoir exécutif. Il est dévolu aux Cours et Tribunaux qui sont : la Cour constitutionnelle, la*

disposition du Gouvernement[425] et encore moins sous l'autorité du Ministre de la justice[426], la loi n°11/002 du 20 janvier 2011 portant révision de certains articles de la Constitution de la RDC[427] ne soulève pas uniquement la question de sa conformité à la Constitution. Elle sème aussi la confusion sur le statut exact des magistrats du parquet et la portée du pouvoir du Ministre de la justice à leur égard.

Contrairement à Joseph Kazadi Mpiana qui y voit, une simple retouche de la Constitution du 18 février 2006[428], il semble qu'en réduisant le pouvoir judiciaire aux seuls cours et tribunaux, la loi constitutionnelle pré rappelée a plutôt réduit la portée de cette indépendance. L'article 220 de la Constitution semble ainsi avoir été violé. Se fondant sur le droit comparé, Joseph Kazadi estime que le pouvoir judiciaire ne comprend que les cours et tribunaux. Il ne s'étend pas au parquet. Au nom de l'autonomie constitutionnelle congolaise, mieux de l'identité constitutionnelle, tenant compte des vicissitudes de l'histoire politico-institutionnelle de cet Etat, le constituant du 18 février 2006 a voulu se démarquer des solutions toutes faites du droit comparé, en consacrant une définition originale du pouvoir judiciaire. L'originalité de cette Constitution reste relative, parce que d'autres constitutions antérieures[429], avaient déjà consacré la même définition du pouvoir judiciaire. Enfin, selon Joseph Kazadi, le parquet ne devrait pas relever du pouvoir judiciaire, parce que nombre de dispositions constitutionnelles consacrées à ce pouvoir, notamment celles relatives à l'inamovibilité des juges, ne le concerne pas. Le fait que l'inamovibilité ne soit reconnue qu'aux juges, à l'exclusion des magistrats du parquet, n'est pas un argument suffisant, pour exclure ces magistrats du pouvoir judiciaire et leur dénier l'appartenance au pouvoir judiciaire. Cela signifie, plutôt, qu'il y a une différence de degré, entre l'indépendance des juges et celle des magistrats du parquet. L'indépendance des juges est plus étendue que celle des magistrats du parquet.

La Constitution révisée confère-t-elle au Ministre de la justice, le pouvoir de donner des injonctions négatives aux magistrats du parquet ? A cette question, la réponse de Joseph Kazadi Mpiana n'est pas claire, l'auteur se

---

Cour de cassation, le Conseil d'Etat, la Haute Cour militaire, les cours et tribunaux civils et militaires ». Par rapport à la formulation antérieure, on notera que le parquet a été supprimé.

425 L'article 91, alinéa 3 de la Constitution ne compte pas au nombre des articles de la Constitution révisés.

426 L'article 149, alinéa 1 de la Constitution révisée est muette sur la question.

427 *Journal officiel de la République démocratique du Congo*, n°3, 1er février 2011.

428 J. KAZADI MPIANA, *La révision constitutionnelle congolaise du 20 janvier 2011 : considérations critiques d'un citoyen (juriste)*, disponible en ligne à l'adresse http://www.la-constitution-en-afrique.org/.

429 Lire notamment l'article 148, alinéa 2 de la Constitution de la transition du 4 avril 2003.

contentant d'affirmer que la soumission des magistrats du parquet à l'égard du ministre de la Justice est naturelle, au regard du droit positif congolais, sans préciser si elle emporte le pouvoir, pour celui-ci, de donner des injonctions négatives à ceux-là. Lors des discussions qui ont précédé l'adoption de la loi n°011/002 du 20 janvier 2011, il a été convenu de ne pas reprendre expressément l'alinéa relatif à l'autorité du ministre de la Justice sur les magistrats du parquet, au motif que cela était superfétatoire. Cette autorité, avait-on argué, découle du fait que les magistrats du parquet ne relèvent pas du pouvoir judiciaire. Face au silence de la Constitution sur la portée exacte de cette autorité, il semble que la matière est désormais régie par l'article 15, alinéa 2 de la loi organique portant organisation et fonctionnement du CSM. La lecture de cette loi indique que, le ministre de la Justice ne peut donner, aux magistrats du parquet, que des injonctions positives et non négatives.

S'agissant des incompatibilités à la fonction de magistrat, Mushagalusa les définit comme :

> *« des interdictions stipulées par le statut. Ce sont en réalité des obligations d'abstention qui s'imposent au magistrat. Les incompatibilités ont un double but :*
>
> - *éviter que le magistrat exerce des activités qui risqueraient de l'inciter à négliger ses fonctions judiciaires et qui pourraient porter atteinte à son indépendance, à son intégrité, voire à sa dignité ; et*
> - *mettre le magistrat à l'abri de tout soupçon d'impartialité par faveur ou haine à l'égard de l'un ou l'autre des justiciables qui comparaissent devant lui*[430] *».*

Poursuivant sa réflexion, l'auteur ajoute :

> *« Il y a incompatibilité entre les fonctions de magistrat et :*
>
> 1. *Toute activité professionnelle salariée ou non dans le secteur public ou privé ;*
> 2. *L'exercice du commerce directement ou indirectement. Ainsi le mariage entre magistrat et commerçant sous le régime de la communauté (difficulté de garder la dignité en cas de faillite) devrait entrainer la mise en disponibilité de l'époux magistrat ;*
> 3. *L'arbitrage.*

---

[430] MUSHAGALUSA NTAYONDEZA NDI', *L'organisation du ministère public : aspects judiciaires et administratifs*, *op.cit*, p. 73.

Les dérogations peuvent cependant être accordées aux magistrats ; être actionnaire dans une société ou se livrer à une exploitation agricole ou à l'élevage, enseigner dans une université ou un institut supérieur ; arbitrer un litige entre personnes qui lui sont apparentées au alliées jusqu'au quatrième degré[431] ».

La profession de magistrat est également incompatible avec les fonctions de président de la République et de membres de Gouvernement. Selon les articles 96 et 97 de la Constitution, en effet, les fonctions de président de la République et de premier Ministre sont incompatibles avec « tout emploi public », et partant, la profession de magistrats. La profession de magistrat est aussi incompatible avec les fonctions de députés ou de sénateurs. En revanche, les responsabilités au sein d'un parti politique ne sont pas retenues au nombre des faits incompatibles avec la profession de magistrat. Est-ce pour cette raison que, sous la deuxième République, les magistrats étaient non seulement membres à part entière du Parti-État, mais aussi, qu'ils ont assumé, des responsabilités, au sein des organes de cette institution, notamment au sein du Bureau politique ou du Conseil exécutif qui faisait alors fonction de Gouvernement[432] ? Ce qui est sûr, c'est qu'il en a résulté une politisation à outrance du pouvoir judiciaire. Kengo wa Dondo la décrit en ces termes :

« Le Conseil judiciaire n'est pas, en effet, une institution propre, mais un organe par lequel le Mouvement populaire de la Révolution-et donc son Président car ce dernier en est l'incarnation-exerce la mission de rendre justice. De ce fait, le magistrat est, non pas à proprement parler le mandataire du président du Mouvement populaire de la Révolution mais en quelque sorte le président lui-même exerçant la mission de dire le droit…

Aussi le magistrat doit-il prendre de plus en plus conscience de l'importance de sa mission et rendre la justice en son âme et conscience de militant, veillant à ne pas faire rendre au président du MPR une justice inique[433] ».

En ce qui concerne le régime disciplinaire des magistrats, il y a lieu de relever que, tout manquement, par un magistrat, aux devoirs de son état, à l'honneur et à la dignité de ses fonctions, est constitutif d'une faute disciplinaire. Celle-ci est constatée par les chefs de juridiction et d'offices de parquet et les magistrats de l'Inspectorat général des services judiciaires. Après

[431] *Idem*, pp. 73-74. Ces incompatibilités trouvent leur fondement juridique dans les articles 65 à 68 de la loi organique n°06/20 du 10 octobre 2006 portant statut des magistrats.
[432] KENGO wa DONDO, « Le magistrat et son statut », *op.cit*, p. 18.
[433] *Idem*, pp. 9-10.

enquête, par un magistrat désigné à cet effet, un rapport ad hoc est alors soumis aux chefs de juridictions et d'office du parquet, qui décident, soit du classement sans suite, soit de la saisine de la Chambre de discipline. Entre temps, le magistrat poursuivi peut faire l'objet d'une mesure d'interdiction de la part des chefs de juridictions et d'offices de parquet. A l'issue de son instruction, la Chambre de discipline peut prendre une décision d'acquittement ou de condamnation. Quatre peines disciplinaires sont prévues : le blâme, la retenue d'un tiers du traitement d'un mois, la suspension de trois mois au maximum avec privation de traitement et la révocation. Les trois premières peines sont prononcées par la Chambre de discipline tandis que la dernière est une prérogative exclusive du président de la République. Les décisions de la Chambre de discipline ne sont susceptibles d'aucun recours. Ainsi résumé, le régime disciplinaire des magistrats en vigueur paraît plus conforme aux exigences de l'indépendance du pouvoir judiciaire et du respect des droits de la défense, que le régime antérieur. Dans ce dernier régime, le ministre de la Justice jouait un rôle de premier plan, dans la discipline des magistrats : il partageait, avec les chefs de juridiction et d'offices de parquets et les membres de l'Inspectorat général des services judiciaires, le pouvoir de constater les fautes disciplinaires commises par le magistrat. Il avait, également, le pouvoir d'interdire les magistrats poursuivis. Le ministre de la Justice était la seule institution habilitée à décider du classement sans suite ou de la saisine de la Chambre de discipline des fautes disciplinaires des magistrats. La décision des décisions disciplinaires concernant les magistrats était aussi une prérogative exclusive du ministre de la Justice. Le pouvoir disciplinaire est un attribut essentiel du pouvoir hiérarchique. Le fait que l'article 152, alinéas 2 et 4 de la Constitution n'a pas été modifié par la loi n° 011/002 du 20 janvier 2011 conforte la position selon laquelle, le ministre de la Justice n'a pas d'autorité sur les magistrats du parquet. Cet article consacre le CSM comme le juge disciplinaire des magistrats, sans distinction entre ceux du siège et ceux du parquet. Comparé à l'ancien régime disciplinaire des magistrats, le régime disciplinaire des magistrats en vigueur est, également, plus conforme aux exigences du respect des droits de la défense. Cette affirmation se fonde notamment sur le fait que le magistrat qui a fait l'objet d'un constat de faute disciplinaire, a droit à la notification de ce procès-verbal. Sauf exception, le magistrat condamné à une faute disciplinaire jouit, également, d'un droit de recours, devant la Chambre nationale de discipline. Il s'agit là, d'autant d'innovations heureuses, introduites par la loi organique portant statut des magistrats ainsi que la loi organique portant organisation et fonctionnement du CSM.

Sous la deuxième République, en cas de manquement à la discipline du parti, à l'instar de tous les autres citoyens congolais, les magistrats pouvaient répondre de leurs actes, devant la Commission de discipline du Comité central du Mouvement Populaire de la Révolution. Celle-ci jouissait des pouvoirs très étendus, allant jusqu'à la révocation des magistrats. Tel a été le cas du Procureur général de la République, Angelete Galedji, dont la carrière a été brisée, près d'un an après sa nomination, par le fait d'une décision de cette Commission. Pareil régime disciplinaire des magistrats ne semble pas compatible avec les exigences de l'indépendance du pouvoir judiciaire.

En définitive, il y a une inadéquation criante entre les attributions de la CSJ et son organisation. Il ne s'agit pas ici de déplorer l'option levée en faveur d'une Cour suprême, cumulant les attributions dévolues, sous d'autres cieux, à trois juridictions autonomes : la Cour constitutionnelle, le Conseil d'Etat et la Cour de cassation. Cette option ne pourrait être tenue pour un mal en soi. Des mesures d'accompagnement appropriées, tenant compte du fait que la CSJ constitue « trois juridictions en une seule » auraient permis à cette juridiction d'assumer efficacement ses fonctions. Ces mesures pouvaient porter tant sur les structures organiques, que sur les structures humaines de la Haute cour. En ce qui concerne les structures organiques, le siège de la Cour devrait être accessible, en pleine égalité, à tous ses justiciables. S'agissant des structures humaines de la CSJ, la spécialisation devrait être prise en compte, tant dans la nomination, que dans la promotion des magistrats. La représentativité de la femme, au sein de la Cour, devrait également être, dans le respect de la loi, assurée.

En revanche, pour garantir l'indépendance effective des magistrats de la même Cour, le militantisme ne devrait, en aucune façon, être retenu au nombre des critères de nomination et de promotion. De même, les magistrats ne devraient pas être membres d'un parti politique, et encore moins, assumer des fonctions au sein de celui-ci. L'indépendance du CSM, chargé de la gestion de la carrière des magistrats, devrait être renforcée. En particulier, le président de la République ne devrait nommer, promouvoir et révoquer les magistrats, que sur proposition de cette institution. L'inamovibilité des magistrats de la Cour devrait être mieux aménagée et respectée. La nomination de ces magistrats ne devrait avoir d'autres explications que le mérite et l'ancienneté. Les conditions de vie et de travail de ces magistrats devraient également être sensiblement améliorées, au moyen de l'allocation d'un budget conséquent. Le régime disciplinaire des magistrats devrait être le plus respectueux possible de l'indépendance du pouvoir judiciaire. Faute de système politique favorable, ces différentes mesures n'ont pas été prises en temps utile. Les conséquences en ont été désastreuses quant à la capacité de la CSJ à assumer sa fonction de protection des droits de l'homme. L'inadéquation des règles régissant le fonctionnement de la Haute cour ne pouvait qu'aggraver la situation.

Section 2 : Le fonctionnement de la Cour

En règle générale, la détermination du fonctionnement des juridictions ou de la procédure applicable devant celles-ci relève du domaine de la loi[434]. Cela n'exclut pas que certains principes de base, relatifs à cette matière, soient consacrés par la Constitution. Aussi allons-nous scruter à la fois la Constitution et l'ordonnance-loi n° 82-017 du 31 mars 1982 portant procédure devant la C.S.J en vigueur[435]. En dehors des règles communes à tous les contentieux de la compétence de cette juridiction, ce texte juridique distingue, notamment, des règles spécifiques au contrôle de constitutionnalité et au contrôle de légalité[436]. Seules les règles communes à tous les contentieux (§ 1.) et celles relatives au contrôle de constitutionnalité (§ 2.) des normes retiendront notre attention.

§ 1. Les règles communes à tous les contentieux

Elles se rapportent essentiellement à l'introduction des affaires (A), leur mise en état (B), leur instruction à l'audience (C), au délibéré et au prononcé (D), ainsi qu'à l'exécution des décisions (E).

A. L'introduction des affaires

L'introduction des affaires devant CSJ se fait au moyen des actes bien déterminés, lesquels contiennent un certain nombre de mentions obligatoires. Ils doivent pour ce faire être signés, en plusieurs copies et exemplaires, par des personnes habilitées et être enrôlés, moyennant paiement des frais subséquents. Dans certains cas, les auteurs de ces actes doivent élire domicile au cabinet d'un avocat à la CSJ. Aux termes de l'article 1er de l'ordonnance-loi

---

434 Lire notamment les articles 59, 118 et 122, point 6 respectivement de l'Acte constitutionnel de la transition du 9 avril 1994, de la Constitution de la transition et de la Constitution du 18 février 2006.

435 Avant cette ordonnance-loi, la procédure devant la Cour était régie par l'ordonnance-loi n° 69-2 du 8 janvier 1969. En dehors de la saisine, cette ordonnance-loi était muette sur la procédure en matière de contrôle de constitutionnalité des normes. La raison en est qu'il était prévu que soit créé une Cour constitutionnelle dont la Cour suprême de justice n'exerçait les attributions qu'à titre transitoire. Pour un commentaire de cette ordonnance-loi, lire G. BOUCHOMS, « Commentaire de l'ordonnance-loi du 8 janvier 1969 relative à la procédure devant la Cour suprême de justice », in *Revue congolaise de droit*, n°1, 1971, pp.

436 DIBUNDA KABUINJI., *Procédure devant la section administrative de la Cour suprême de justice, Droit judiciaire zairois*, série spéciale, Tome IV, vol. 3, Kinshasa, Editions Connaissance et pratique du droit zaïrois, 1987, p. 5 ; R. MUSHIGO-A-GAZANGA GIGOMBE, *Le contentieux administratif dans le système juridique de la République démocratique du Congo, op.cit*, pp. 96-98 ; MABANGA MONGA MABANGA, *Le contentieux constitutionnel congolais*, Kinshasa, Editions universitaires africaines, 1999 ; WASENDA N'SONGO, *Contentieux administratif congolais, essai d'analyse de doctrine et de jurisprudence*, Kinshasa, CIJ, 1998.

n°82-017 du 31 mars 1982, les affaires sont introduites auprès de la Cour, soit par voie de réquisitoire, soit par voie de requête. Le réquisitoire émane du Procureur général de la République, tandis que la requête est diligentée par toute personne autorisée et, en matière de contrôle de constitutionnalité, par le Procureur général de la République.

Quel que soit son auteur, la requête doit, pour être recevable, contenir un certain nombre de mentions obligatoires, se rapportant non seulement à l'identité de son auteur et de la partie adverse, mais aussi, à son objet ainsi qu'à l'inventaire des pièces formant le dossier subséquent[437].

L'identité du requérant comprend son nom, son post-nom et, éventuellement, son prénom, ainsi que sa qualité et son domicile ou sa résidence. L'importance de ce dernier élément mérite particulièrement d'être soulignée parce que, particulièrement en matière administrative, pour laquelle l'élection de domicile n'est pas exigée[438], c'est à travers son adresse que le requérant recevra notification des actes de procédure ultérieurs, notamment le mémoire en réponse et la date de fixation de l'audience, ainsi que tout arrêt avant dire droit ou définitif, prononcé dans sa cause. Dans les autres matières pour lesquelles l'élection de domicile est de rigueur, et doit se faire, soit dans la requête, soit dans un mémoire, la notification des différents actes susvisés se fera plutôt au domicile élu, lequel doit se trouver dans le cabinet d'un avocat inscrit au Barreau près la CSJ. Comme celle du requérant, l'identité de la partie adverse comprend également le nom, le post-nom et, éventuellement, son prénom, ainsi que sa qualité et son domicile ou sa résidence. En principe, et pour les raisons déjà avancées précédemment, la partie adverse est, elle aussi, tenue à l'obligation de l'élection de domicile. Elle s'en acquitte dans son mémoire en réponse. Dans l'hypothèse où il s'agit d'une institution publique, il suffira d'indiquer sa qualité et son siège. De peur d'être déclarée irrecevable, à la suite de l'exception tirée de l'adage « *obscuri libelli* », soulevée par la partie adverse, l'objet de la demande sera circonscrit avec toute la précision voulue.

Il sera ainsi précisé si on attend de la Cour une interprétation de la Constitution, une appréciation de la constitutionnalité ou une indemnisation. Quant à l'inventaire des pièces formant le dossier, il indique les différents documents attachés à la requête, en guise de moyens de preuve à l'étai des allégations du requérant. Tant la requête que ces différents documents sont

---

[437] Article 2 de l'ordonnance-loi n°82-017 du 31 mars 1982 portant procédure devant la Cour suprême de justice.

[438] Article 5 de la même ordonnance-loi. G. BOUCHOMS, « Commentaire de l'ordonnance-loi du 8 janvier 1969 relative à la procédure devant la Cour suprême de justice », *op.cit*, p. 10.

établis avec deux copies et autant d'exemplaires qu'il y a des parties[439]. Ainsi composée, sauf en matière administrative, où l'intervention d'un avocat n'est pas obligatoire, la requête sera signée par un avocat inscrit au Barreau près la CSJ[440]. Elle sera ensuite enrôlée par le greffier, moyennant consignation des frais à moins d'une dispense accordée par le Premier président de la CSJ contre remise d'un récépissé. Commence alors la mise en état de l'affaire.

B. La mise en état des affaires

Outre l'échange des pièces et des moyens, la mise en état d'une affaire passe par l'instruction préparatoire et la fixation de la cause. Une fois l'affaire enrôlée, le greffier communique le dossier au Procureur général de la République. Il le signifie également, par voie d'huissier, à la partie adverse.

Loin d'être sanctionnée par l'irrecevabilité de la requête, le non-accomplissement de cette formalité entraîne plutôt le prononcé, par le Premier président de la Cour, d'un arrêt avant-dire droit de mise en état de l'affaire, ordonnant au greffier de régulariser la procédure. Pour permettre à toute personne intéressée d'user de sa faculté d'intervention volontaire, dans les quinze jours suivant son enrôlement, une copie de la requête est également publiée au Journal officiel[441]. Il ne faut pas, cependant, pour que la procédure soit régulière, que cette publication soit effective, la preuve de l'envoi de la requête pour publication au Journal officiel suffit. Il est également prévu, d'autres modes de publicité de la requête, mais, dans la pratique, seule la publication au Journal officiel et l'envoi pour publication au Journal officiel sont usités[442]. Au cas où la requête n'a pas été publiée ou ne l'a pas été dans le délai, par un arrêt avant-dire droit de mise en état de l'affaire, le Président peut ordonner au greffier de régulariser la procédure. A dater de la signification de la requête, la partie adverse est tenue, dans un délai d'un mois, de produire son mémoire en réponse, accompagné, le cas échéant, de ses pièces et ce, avec deux copies et autant d'exemplaires qu'il y a des parties. A la différence de l'ordonnance-loi n°69-2 du 8 janvier 1969 qui prévoyait une succession de mémoires dont le mémoire en réplique, le mémoire ampliatif et les derniers mémoires, par souci de réduction de la durée de la procédure, l'ordonnance n°82-017 du 31 mars 1982 ne prévoit que le mé-

---

439 Article 4 de la même ordonnance-loi.

440 Article 2 de la même ordonnance-loi.

441 DIBUNDA KABUINJI, *Procédure devant la section administrative de la Cour suprême de justice*, *op.cit*, p. 15; G. BOUCHOMS, « Commentaire de l'ordonnance-loi du 8 janvier 1969 relative à la procédure devant la Cour suprême de justice », *op.cit*, p.28.

442 DIBUNDA KABUINJI, *idem*, p. 4.

moire en réponse[443]. A moins d'une prorogation de délai par le Premier président, à la requête de la partie adverse, une fois son mémoire en réponse élaboré ou passé le délai imparti à cet effet, le dossier est transmis au Premier président de la C.S.J qui désigne un magistrat rapporteur à charge pour celui-ci d'étudier le dossier, avant de préparer une note juridique, et un ou plusieurs projets d'arrêts.

L'Assemblée plénière des magistrats de la Cour pourra alors être convoquée, pour émettre son avis sur l'affaire. Celle-ci est désormais en état, à moins que des devoirs complémentaires s'avèrent nécessaires, notamment pour effectuer certaines vérifications, ou compléter les documents qui font défaut. Dans ce cas, le Premier président désigne un magistrat de la Cour, que ce soit le magistrat rapporteur, ou un autre, pour accomplir ces devoirs. L'affaire peut ainsi être fixée, par voie d'ordonnance du Premier président, laquelle est signifiée aux parties, huit jours au moins, avant la date de l'audience.

C. L'instruction à l'audience

L'audience à la Haute cour est publique. Elle peut cependant se tenir, à huis clos, en cas de besoin. En principe, l'affaire étant en état, il ne peut être accordé une remise, sauf s'il apparaît que des devoirs importants devraient encore être accomplis. L'article 15 de l'Ordonnance-loi n°82-017 relative à la procédure devant la CSJ détermine le déroulement des débats de la manière suivante :

> *« - à l'appel de la cause, un conseiller résume les faits et les moyens et expose l'état de la procédure ;*
> *- le mandataire du Gouvernement, les parties ou leurs avocats peuvent présenter des observations orales ; il ne peut être produit à l'audience d'autres moyens que ceux développés dans la requête ou les mémoires ;*
> *- le Ministère public donne son avis ;*
> *- le président de l'audience prononce la clôture des débats et la cause est prise en délibéré pour qu'intervienne la décision de la Cour[444] ».*

La publicité des débats et le caractère contradictoire des débats ainsi consacrés démontrent le caractère juridictionnel de l'instruction et constituent des gages non négligeables de l'efficacité de la protection des droits de l'homme.

---

[443] *Ibidem*, p. 19.
[444] KALONGO MBIKAYI et INIER LATEBO, *Le Code judiciaire zaïrois mis à jour 31 janvier 1986, op.cit*, pp.115-116.

D. Le délibéré et la décision

A la différence de l'audience qui est publique, le délibéré revêt un caractère secret. L'officier du Ministère public peut y prendre part, mais sans voix délibérative. Après le résumé des faits de la cause et le rappel des textes de loi applicables par le Président, le projet d'arrêt est passé au vote, selon l'ordre croissant de préséance des membres de la composition, tant sur ses motifs que sur son dispositif. La décision de la Cour est prise à la majorité de ses membres et prononcée, en audience publique, quand bien même le huis clos a été décrété, lors de l'instruction à l'audience. Le délibéré fait l'objet d'un procès-verbal signé par les juges qui y ont participé. Aux termes de l'article 27 de l'ordonnance-loi n° 82-017 du 31 mars 1982 :

« Les arrêts de la Cour mentionnent obligatoirement :

01) *la section de la Cour et, le cas échéant, la chambre qui a siégé en la cause ;*
02) *le nom des magistrats composant le siège ;*
03) *le nom du greffier audiencier ;*
04) *le nom des magistrats du parquet qui ont fait rapport ou réquisition en la cause ou qui ont assisté aux audiences et au prononcé de l'arrêt ;*
05) *les noms, demeure ou siège des parties ainsi que leur qualité, et le cas échéant, les noms et qualité de la personne qui les représente ;*
06) *l'énoncé des moyens produits par les parties, la référence aux requêtes et mémoires dans lesquels ils ont été formulés, l'indication de la date du dépôt ;*
07) *l'indication de la lecture du rapport présenté par le conseiller rapporteur ;*
08) *la mention de la convocation et de l'audition des parties et, s'il y a lieu, le nom des avocats qui les ont représentés' ;*
09) *la mention de l'audition du Ministère Public ;*
10) *la date des audiences ;*
11) *les incidents de procédure et la solution que la Cour y a apportée ;*
12) *la date et la mention du prononcé en audience publique;*
13) *la motivation ;*
14) *le dispositif ;*
15) *le compte et l'imputation des frais et dépens*[445] ».

[445] M. WETSH'OKONDA KOSO, *Les textes constitutionnels congolais annotés, op.cit*, p. 530.

Par ailleurs, en application de l'article 28 de l'ordonnance-loi n° 82-017 du 31 mars 1982 précitée, outre leur notification aux parties et au Procureur général de la République, les arrêts de la CSJ sont publiés dans le bulletin des arrêts de cette juridiction. Il s'agit là, d'autant de formalités, qui devraient en faciliter l'exécution.

E. L'exécution de la décision

Une fois prononcés, les arrêts de la CSJ sont exécutoires. Ils ne sont susceptibles d'aucun recours, exception faite du recours en rectification d'erreurs matérielles et en interprétation.

Il se dégage de ce qui précède que :

> « *Le législateur congolais n'ayant pas élaboré une procédure propre en matière administrative (et constitutionnelle, c'est nous qui ajoutons), il y a lieu de relever, à cet égard, que la procédure administrative (et constitutionnelle, c'est encore nous qui soulignons) de la Cour suprême de justice traîne quelques similitudes avec la procédure de la cassation alors qu'en matière administrative, la Cour suprême de justice statue en fait et en droit comme une juridiction de fond*[446] ».

En outre, « (...) *essentiellement écrite, elle (cette procédure, c'est nous qui soulignons) est malheureusement ignorée de la plupart des deurs*[447] ». Au nombre d'autres sujets de préoccupation inspirés par la même procédure, il convient de mentionner notamment l'obligation de l'élection de domicile et de signature de la requête, sauf en matière administrative, par un avocat inscrit au Barreau près la CSJ, les délais impartis pour l'accomplissement des devoirs relatifs à la mise en état de la cause et la consignation des frais.

L'intervention obligatoire d'un avocat au Barreau près la CSJ, sous réserve de ce que nous avons indiqué en matière administrative, peut s'expliquer par la complexité de la matière et la nécessité de son traitement par des mains expertes. Elle peut également trouver son fondement dans la volonté de faciliter l'échange des pièces et moyens, ainsi que d'autres actes de procédure, dans le respect des droits de la défense, particulièrement du principe du contradictoire. Il y a lieu, cependant, de se demander si, à un problème réel, il n'a pas été apporté une mauvaise réponse. D'abord, les avocats inscrits au Barreau près la CSJ ne sont pas tous spécialistes des matières de la compétence de cette juridiction, notamment du contentieux cons-

---

446 WASENDA N'SONGO, *Le contentieux administratif congolais, essai d'analyse de doctrine et de jurisprudence*, *op.cit*, p. 77.

447 *Idem*, p. 78.

titutionnel, en général, et celui des droits de l'homme, en particulier. En tous cas, leur admission à ce Barreau n'est pas soumise au critère de compétence technique dans ces contentieux. Ensuite, compte tenu de la pauvreté de la majeure partie de la population, loin de faciliter l'échange des pièces, moyens et d'autres actes nécessaires, le ministère obligatoire d'un avocat inscrit au Barreau près la CSJ produit plutôt les effets contraires à ceux escomptés. Il ne semble pas que l'assistance judiciaire gratuite résolve le problème de manière adéquate. Sa mise en œuvre se heurte à plusieurs obstacles liés notamment à l'ignorance, par la majeure partie de la population, de l'existence même de cette institution d'une part, et d'autre part, au monnayage, par le service des affaires sociales, appelé à émettre le certificat d'indigence, nécessaire à l'octroi de ladite assistance judiciaire. Au regard de ce qui précède, il y a lieu de saluer l' innovation introduite dans la procédure devant la CSJ par l'ordonnance-loi n° 82-017 du 31 mars 1982 portant procédure devant cette juridiction en renonçant au caractère obligatoire de l'intervention d'un avocat inscrit au Barreau près la CSJ en matière administrative. Il a fallu attendre la Constitution de la transition du 4 avril 2003 pour qu'il en soit de même en matière constitutionnelle.

Les délais impartis pour produire les actes nécessaires constituent un autre sujet de préoccupation pour les justiciables, qui ne sont pas toujours en mesure de les respecter, soit en raison de la complexité de la matière, soit, du moins pour certains parmi eux, de la distance qui les sépare de la Cour. Enfin, le caractère onéreux de la procédure n'est pas toujours de nature à arranger les choses, particulièrement pour les pauvres, qui constituent la majeure partie de la population congolaise. Il met la haute cour en porte à faux par rapport à la plupart des juridictions constitutionnelles des pays ayant en commun l'usage du français. Devant ces juridictions, la procédure se distingue notamment par son caractère gratuit[448]. En définitive, envisagée sous l'angle de la protection des droits de l'homme, la question de l'accès à la CSJ ne semble pas avoir été abordée de manière heureuse, qu'on l'envisage sous l'angle géographique, culturel, technique ou financier. Les règles spécifiques au contrôle de constitutionnalité en apportent une preuve supplémentaire.

§2. Les règles spécifiques au contrôle de constitutionnalité

Elles portent essentiellement sur la saisine de la CSJ (A), les caractères obligatoire ou facultatif (B), a priori ou a posteriori de cette saisine (C), le délai dans lequel le recours doit être introduit (D), la durée de la procédure de son instruction (D) et la sanction du contrôle de constitutionnalité (E).

---

[448] Lire à ce sujet *http://www.accpuf.org/images/pdf/publications/bulletins/b8/Bulletin8-Ch1-2.pdf* (21 juillet 2011 à 17 heures 45'.

A. La saisine de la Cour

Au nombre des déficiences des juridictions constitutionnelles africaines d'avant les conférences nationales des années 1990, Franck Moderne stigmatise l'étroitesse de la saisine de ces juridictions en ces termes :

> *« Il n'y a plus de saisine populaire en matière constitutionnelle (...). Il est très rare que la juridiction constitutionnelle puisse se saisir elle-même (...) Le droit de saisine appartient, avait-il alors noté, dans tous les systèmes où une juridiction a été mise en place, au pouvoir exécutif. Les différences portent pour l'essentiel sur le caractère exclusif ou non de cette compétence[449] ».*

Le Conseil constitutionnel français a encouru des critiques similaires avant les réformes constitutionnelles de 1974 et de 2008 instituant respectivement le recours parlementaire et la question prioritaire de constitutionnalité. Selon Lemong Nguyen :

> *« Le Conseil (...) se bornait avant sa décision du 16 juillet 1971, à défendre le domaine du Gouvernement contre les empiètements du Parlement (articles 37 et 31) (...) Le Conseil était l'objet de l'indifférence générale du public. Dans ce rôle, le Conseil était l'auxiliaire-conscient ou inconscient-du pouvoir (Jean Robert). Certains, « mal informés de sa jurisprudence, s'obstinaient à ne voir dans le Conseil qu'un instrument docile de l'exécutif » (J. Rivero). Le Conseil, il faut bien l'admettre, « ne s'était fait remarquer ni par ses audaces, ni par ses témérités » (J. Robert) (...) La décision du 16 juillet 1971 marque le grand tournant de la haute juridiction constitutionnelle (...)*
>
> *La place que le Conseil vient ainsi de s'assurer parmi les organismes protecteurs des libertés rend plus difficiles désormais les accusations politiques parfois formulées contre lui (...) D'autres décisions du Conseil constitutionnel allant dans le sens de la protection des libertés viendront (après 1971) conforter cette position (...) La décision du 16 juillet 1971 marque le grand tournant de la haute juridiction constitutionnelle[450] ».*

---

[449] F. MODERNE., « Les juridictions constitutionnelles en Afrique », *op.cit.*, p. 27.

[450] LEMONG NGUYEN, *La Constitution de la Vème République de Charles de Gaulle à François Mitterrand*, *op.cit.* p. 427.

Abondant dans le même sens, Hugues Portelli constate que « *le Conseil constitutionnel a pu (...) s'ériger en protecteur des droits et libertés, ce qui lui a valu le soutien de l'opinion*[451] ».

C'est l'ouverture de la saisine du Conseil constitutionnel qui est à la base de cette évolution : de 1958, date de la création du Conseil constitutionnel à 1971, seules huit requêtes ont été soumises à cette juridiction[452]. Ce nombre peu élevé de requêtes s'explique essentiellement par le mode de saisine du Conseil constitutionnel en vigueur à cette époque. Le Conseil ne pouvait être saisi que par quatre autorités publiques, à savoir le président de la République, le Premier ministre, le Président de l'Assemblée nationale et le Président du Sénat[453]. Pour preuve, l'institution du recours parlementaire en 1974, à l'initiative du Président Valérie Giscard d'Estaing, a « *conduit à une intensification de l'activité du Conseil constitutionnel*[454] ». Le nombre de requêtes soumises à cette juridiction a augmenté sensiblement en passant à 221 entre 1974 à 1995, soit une dizaine par an. « *Reforme bienvenue*, constatent ainsi la doctrine, (...) *et qui a démultiplié alors la capacité du Conseil, sa « banalisation », selon l'heureuse formule du doyen Roussillon*[455] », permettant par le fait même au même Conseil de cesser de jouer uniquement le rôle de régulateur des pouvoirs publics, pour l'étendre, également, à celui de « *gardien des libertés* »[456].

L'institution, en vertu de la loi constitutionnelle du 23 juillet 2008, de la question préjudicielle de constitutionnalité[457] a renforcé le pouvoir du Conseil constitutionnel en matière de protection des droits de l'homme. Le commentaire que développe Nicolas Molfessis à ce sujet mérite d'être cité in extenso. Selon cet auteur :

> *« La réforme constitutionnelle du 23 juillet 2008, vient ajouter au contrôle de constitutionnalité a priori par voie d'exception, un contrôle a posteriori par voie d'exception. L'avancée est considérable, qui vient ouvrir le contrôle de constitutionnalité aux justiciables et leur permet d'invoquer l'inconstitutionnalité des textes*

---

451 H. PORTELLI, *Droit constitutionnel*, *op.cit.*, p. 296.

452 C. EMERI et C. BIDEGARAY, *La Constitution en France de 1789 à nos jours*, *op.cit.*, p. 175.

453 *Idem*, p. 174.

454 J-P JACQUE, *Droit constitutionnel et institutions politiques*, *op.cit.*, p. 174.

455 C. EMERI et C. BIDEGARAY, *La Constitution en France de 1789 à nos jours*, *idem*, p. 175.

456 I*bidem*, p. 174.

457 Sur les tentatives antérieures d'institution de ce mode de saisine du Conseil constitutionnel, lire notamment G. CHAMPAGNE, *L'essentiel du droit constitutionnel*, *op.cit.*, p. 58 ; H. ROUSSILLON, *Le Conseil constitutionnel*, *op.cit.*, pp. 83-96 ; FAVOREU L. (dir.), *Droit des libertés fondamentales*, *op.cit.*, pp. 172-173.

de lois en vigueur (...) Entrée en vigueur en mars 2010, la réforme a pour effet de transformer la nature même du Conseil constitutionnel. Intervenant dans les litiges en cours, il devient une véritable juridiction avec toutes les conséquences qui en résultent sur la procédure qui doit être suivie devant lui (...). En une année, ce sont plus de cent questions prioritaires de constitutionnalité (QPC) qui ont pu être traitées par le Conseil constitutionnel. Le succès de la procédure a été immédiat et fulgurant. Comme on l'a justement souligné, « rarement, dans la vie juridique française, acronyme se sera imposé avec tant de promptitude et de facilité[458] *».*

L'ouverture de la saisine de la Cour constitutionnelle a aussi été identifiée comme l'un des facteurs du succès de la justice constitutionnelle béninoise[459]. Théodore Holo note à ce propos que :

« L'exception que constitue la justice constitutionnelle au Bénin ne se conçoit pas sas cette générosité de sa saisine (...). De juin 1993 à décembre 2008, la Cour a rendu 2400 décisions dont 1728 en contrôle de constitutionnalité[460] *».*

Robert Dossou abonde dans le même sens en ces termes :

« (...) il y a eu des efforts louables en matière du respect de la Constitution mais également de protection des droits de l'homme au Bénin. Ce bilan satisfaisant peut être attribué à la facilité d'accès à la Cour constitutionnelle. Celle-ci a ainsi rendu des centaines de décisions sur requêtes de simples individus et bien souvent en faveur des requérants ; ce qui fait de la Haute juridiction, un véritable instrument de promotion de l'Etat de droit. La Cour est aidée en cela par le caractère extrêmement libéral et diversifié des modes de saisine allant de la saisine individuelle par les citoyens à l'auto saisine de la Cour elle-même en passant par la saisine d'office, l'exception d'inconstitutionnalité, la saisine par les autorités publiques. Cependant, quelques inconvénients liés à ce mode de saisine méritent d'être relevés. Parmi ceux-ci, l'absence d'un mécanisme de filtrage des recours individuels, conduisant à l'engorgement de la juridiction constitutionnelle. A cet égard, la statistique des décisions rendues par la Haute juridiction entre juin

---

458 N. MOLFESSIS, « La dimension constitutionnelle des droits et libertés fondamentaux », *op.cit.*, pp. 81 et 102. Lire aussi, C. GILLES, *op.cit.*, p.57.

459 En droit comparé africain, la saisine restreinte du juge constitutionnel est considéré comme un facteur de la pauvreté de la jurisprudence constitutionnelle. Lire à ce sujet, BABACAR GUEYE, « La démocratie en Afrique », *op.cit*, p. 19. Selon cet auteur, en quinze ans, le Conseil constitutionnel aurait prononcé une centaine d'arrêts en quinze ans.

460 T. HOLO., *op.cit.*, p. 108.

1993 et novembre 2008 est assez éloquente et significative : deux mille trois cent quatre-vingt-neuf (2389) décisions dont mille sept cent dix-sept en contrôle de constitutionnalité[461] ».

En RDC, la saisine du juge constitutionnel a évolué au fil du temps avec des effets divers sur le contentieux constitutionnel. De 1968, date de la création de la CSJ à 2003, avec la promulgation de la Constitution de la transition du 4 avril 2003, le contentieux constitutionnel, en général, et celui des droits de l'homme, en particulier était quasi inexistant à cause notamment de l'étroitesse de la saisine de la Cour. Il faudra attendre la promulgation de la Constitution de la transition susvisée pour voir le contentieux constitutionnel prendre son essor grâce à l'ouverture progressive de la saisine de la même juridiction. Selon l'article 131 de l'ordonnance-loi n° 82-017 du 31 mars 1982 portant procédure devant la CSJ :

> *« La Cour Suprême de Justice, toutes sections réunies, est saisie du recours en appréciation de la Constitutionnalité par requête du Procureur Général de la République agissant soit d'office, soit à la demande :*
>
> *a) du Président du Mouvement Populaire de la Révolution, Président de la République pour les lois et règlements intérieurs du Conseil Législatif ;*
>
> *b) du Bureau du Conseil Législatif, pour les actes du Président du Mouvement Populaire de la Révolution, Président de la République ayant valeur de loi ;*
>
> *c) des juridictions de jugement, lorsqu'une exception d'inconstitutionnalité est soulevée devant elles pour les lois et les actes du Président du Mouvement Populaire de la Révolution, Président de la République ayant valeur de loi*[462] ».

[461] R. S. M. DOSSOU, *La Cour constitutionnelle du Bénin : l'influence de sa jurisprudence sur le constitutionnalisme er les droits de l'homme, communication présentée à la Conférence mondiale sur la Justice constitutionnelle tenue à Cape Town du 23 au 24 janvier 2009* (texte inédit). J-L ESAMBO, *Le droit constitutionnel, op.cit*, p. 122, évoque aussi l'encombrement de la Cour constitutionnelle du Bénin, laquelle prononcerait en moyenne 1500 décisions par an. C'est ici le lieu de souligner que l'expérience béninoise telle que décrite par cet auteur permet de prendre avec réserve l'affirmation de D. KALUBA DIBWA, *La saisine du juge constitutionnel et du juge administratif suprême, op.cit*, p. 17, affirmation selon laquelle « *plusieurs pays d'Afrique noire ont ouvert la saisine de ce juge sans entrainer ni ruée effrénée vers la justice constitutionnelle ni l'émasculation de la majesté de la loi* ». Le moins qu'on puisse dire c'est qu'en ce qui concerne le Bénin, la ruée vers le juge constitutionnel est indéniable.

[462] M. WETSH'OKONDA KOSO, *Les textes constitutionnels congolais annotés, op.cit*, p. 533.

Cet article institue un double verrou qui ne pouvait qu'entraver le contrôle de constitutionnalité des lois[463]. D'abord, une seule autorité publique est habilitée à saisir le juge constitutionnel : le Procureur général de la République. Ensuite, cette autorité ne peut agir que de sa propre initiative, sinon à la demande, soit du président de la République, soit du Bureau de l'Assemblée nationale, soit d'une cour ou d'un tribunal, à la suite d'une exception d'inconstitutionnalité, dans l'hypothèse où celle-ci est retenue par cette cour ou ce tribunal. Un examen approfondi de ce dernier verrou permet d'affirmer qu'il n'en est pas un, en réalité. Rien n'empêchait, en effet, qu'en dehors des institutions limitativement énumérées, le Procureur général de la République saisisse la CSJ, à la demande de toute autre personne intéressée, quitte à s'approprier cette demande. Il n'en reste pas moins vrai que le mode de saisine ainsi institué n'a pas favorisé et ne pouvait pas favoriser une protection efficace des droits de l'homme. C'est ce que Bayona-ba-Meya relève en ces termes :

> *« (...) la procédure de saisine (...) était vraiment paralysante (...) Lorsqu'on sait que les membres du bureau du Parlement étaient élus sur instruction du Président de la République et qu'en ce qui concerne l'exception d'inconstitutionnalité, celle-ci ne pouvait être soulevée devant une juridiction qu'en ce qui concerne les actes du Président de la République à l'exclusion des lois votées par le Parlement, l'on comprend donc l'impossibilité politique, sous la deuxième République et durant la longue transition, de pouvoir saisir la Cour suprême de justice en matière constitutionnelle[464] ».*

Abondant dans le même sens, Paul-Gaspard Ngondankoy Nkoy-ea-Loongya renchérit :

> *« Le Code de 1982 illustre (...) de façon regrettable, une certaine volonté de corsetage du prétoire du juge constitutionnel. En effet, parmi les règles de saisine du juge constitutionnel s'intercale ainsi l'intervention obligatoire du Procureur général de la République et ce, dans la plupart des matières de la compétence du juge constitutionnel[465] ».*

Quant à Mpongo Bokako, il estime que : *« Le Procureur général de la République constitue la clé de voûte en matière de contrôle de constitution-*

---

463 M. WETSH'OKONDA KOSO, *Les perspectives des droits de l'homme... op.cit*, p.23.

464 BAYONA-ba-MEYA, Regard estimatif, *op.cit*, p. 44.

465 NGONDANKOY NKOY-ea-LOONGYA, « Le contrôle de constitutionnalité en République démocratique du Congo », *op.cit*, p. 75.

nalité des lois. C'est lui qui met en mouvement la procédure de ce contrôle devant le juge constitutionnel[466] *»*.

Poursuivant son raisonnement, l'auteur déplore le fait que le Procureur général de la République ne jouit pas d'une indépendance nécessaire à l'exercice de cette fonction qui lui est confiée. Il ne dispose pas non plus de temps nécessaire pour exercer la même fonction, en plus de nombreuses autres qui lui sont attribuées. Enfin, pour cet auteur, il y a une certaine incohérence à demander à la même institution de veiller à l'application de la loi et de demander la censure de cette même loi[467]. Matadi Nenga partage la même opinion lorsqu'il affirme que :

> *« Le Procureur général de la République est considéré (...) comme une personnalité politique dont la nomination n'obéit pas aux critères professionnels généralement préétablis pour la nomination des magistrats (...) Comment pourrait-il exercer des recours pour inconstitutionnalité contre les textes de loi que prend le Président de la République, pour le moment seul législateur ? (...) Il peut (...) s'abstenir de saisir la Cour même si les conditions pour le faire étaient réunies (...)*
>
> *Ainsi, les citoyens évincés par l'inconstitutionnalité d'une loi ou d'un texte réglementaire ne saurait bénéficier d'un quelconque recours judiciaire, le Procureur général de la République faisant obstacle*[468] *»*.

Jean-Louis Esambo Kangashe révèle pour sa part qu' :

> *« Aucun Procureur général de la République n'a, proprio mutu, pris l'initiative de saisir la Cour suprême de justice en matière de constitutionnalité des lois ou des actes ayant force de loi ou d'interprétation de la Constitution. Quand bien même il l'eût fait, la décision qu'il eût prise n'aurait pas échappé certainement à l'intervention du Président de la République. Celui-ci a la latitude d'arrêter l'initiative par la relève anticipée de ses fonctions de cet officier du Ministère public (...). Approché en décembre 1991 par un cartel de partis politiques opposés à la prolongation du mandat du Président Mobutu au-delà de la date du 4 décembre 1991, cet officier du ministère public a jugé inopportun la saisine de la Cour*

466 MPONGO BOKAKO BAUTOLINGA, « Le contrôle de constitutionnalité des lois sous l'Acte constitutionnel de la transition du 9 avril 1994 », in *Annales de la Faculté de droit*, Vol. XXV, août 1996, p. 340.
467 Voir MPONGO BOKAKO BAUTOLINGA, *op.cit*, pp. 340-348.
468 MATADI NENGA GAMANDA, *La question du pouvoir judiciaire en République démocratique du Congo*, op.cit, pp. 374-375.

suprême de justice en interprétation de l'alinéa 1 de l'article 4 des dispositions transitoires de la Constitution révisée du 5 juillet 1990. Une attitude identique a été affichée, en 1999, par le même magistrat. En effet, prenant aux mots le Président Laurent-Désiré Kabila, un groupe de partis politiques a saisi le Procureur général de la République. Pour toute réponse, cette autorité a évoqué l'inopportunité de saisir la Cour suprême de justice en appréciation de la fin annoncée de la période de transition[469] ».

Cette affirmation mérite d'être relativisée. En date du 30 janvier 1995, la CSJ a prononcé son arrêt n°R.Const. 003/TSR[470]. Il y a lieu de croire que cet arrêt est intervenu à la requête du Procureur général de la République : seule cette institution était habilitée à saisir la cette juridiction à l'époque. Par ailleurs, un auteur a recensé trois arrêts prononcés pendant la période considérée[471].

La Constitution de la transition a introduit une importante innovation dans le fonctionnement de la CSJ, siégeant comme une Cour constitutionnelle, en étendant le cercle des personnes habilitées à saisir cette juridiction :

- au président de la République[472] ;
- au Premier ministre ;
- au Président de l'Assemblée nationale ;
- au Président du Sénat ;
- aux présidents des Institutions d'appui à la démocratie ; et
- à un dixième de députés et de sénateurs[473].

Les effets de cette ouverture de la saisine du juge constitutionnel ne se sont pas fait attendre : rien qu'en matière de contrôle de constitutionnalité des normes, vingt-sept requêtes ont été enregistrées, soit treize requêtes par an. Il ne serait pas exagérer d'affirmer qu'on assiste ainsi à une révolution copernicienne en la matière. On observe, en même temps, la naissance du

[469] J-L. ESAMBO KANGASHE, *La Constitution du 18 février 2006 à l'épreuve du constitutionnalisme, op.cit*, pp. 230-231.

[470] CSJ, 30 janvier 1995, R.Const.003/95, in KATUALA KABA KASHALA et YENYI OLUNGU, *Cour suprême de justice : historique et textes annotés de procédure*, *op.cit*, pp. 168-169.

[471] MATADI NENGA GAMANDA, *La question de la réforme du pouvoir judiciaire*, *op.cit*, p. 378. En termes statistiques, il y a lieu d'affirmer qu'à cette époque, la Haute cour prononçait un arrêt tous les treize ans.

[472] Article 131 de la Constitution de la transition.

[473] Article 131 de la Constitution de la transition.

droit constitutionnel jurisprudentiel congolais et du printemps du contentieux constitutionnel congolais[474].

Elargissant la brèche ouverte par la Constitution de la transition en matière de saisine de la Haute cour, la Constitution du 18 février 2006 a ouvert son prétoire aux individus. Désormais, ces derniers se voient ainsi reconnaître la faculté de saisir la CSJ, soit directement, par voie de requête[475], soit par l'entremise d'une juridiction, à la suite d'une exception d'inconstitutionnalité[476]. Cette réforme se traduit par un accroissement remarquable du nombre de requêtes soumises à la Haute cour[477]. Ainsi, du 17 mars 2006 au 9 mars 2011, en cinq ans, 118 requêtes en inconstitutionnalité ont été soumises à la CSJ, soit une moyenne de 23 requêtes par an. Certes, par rapport à la période antérieure, il y a une réelle évolution.

En définitive, il y' a lieu de noter que pendant longtemps, le mode de saisine de la CSJ siégeant comme une Cour constitutionnelle n'était pas adapté à sa mission de protection des droits de l'homme. L'institution du recours parlementaire et individuel, tant sous la forme de l'action en inconstitutionnalité que de celle de l'exception d'inconstitutionnalité, respectivement en 2003 et 2006 a permis de remédier à la situation.

B. Le caractère obligatoire ou facultatif du contrôle de constitutionnalité

Le caractère obligatoire ou facultatif du contrôle de constitutionnalité des normes détermine le degré de protection des droits de l'homme. Le contrôle obligatoire de constitutionnalité s'avère plus favorable à la protection des droits de l'homme que le contrôle facultatif dans la mesure où il ne laisse pas aux normes liberticides la chance de sortir leur effet et, dans l'hypothèse où elles sont déjà entrées en vigueur, de continuer à produire lesdits effets.

En RDC, les deux types de contrôle sont organisés de manière concomitante. Le contrôle obligatoire de constitutionnalité est prévu pour les lois organiques ainsi que les règlements intérieurs tant des chambres législatives que des institutions d'appui à la démocratie. Tous les autres actes juridiques susceptibles de contrôle de constitutionnalité sont plutôt soumis au contrôle facultatif.

Sans vouloir anticiper sur la suite de l'étude, il y a lieu de relever que la plupart des arrêts prononcés par la CSJ en matière de contrôle constitution-

---

[474] Lire à ce sujet M. WETSH'OKONDA KOSO, « La définition des actes législatifs », *op.cit*, p. 14.

[475] Article 162, alinéa 2 de la Constitution du 18 février 2006.

[476] Article 162, alinéas 1er et 3 de la Constitution du 18 février 2006.

[477] M. WETSH'OKONDA KOSO, *Les textes constitutionnels congolais annotés, op.cit*, pp. 12-13.

nalité des normes l'ont été dans le cadre du contrôle obligatoire. En revanche, seul un nombre réduit d'arrêts l'ont été dans le cadre du contrôle facultatif. A titre d'exemple, un seul arrêt a été prononcé en matière de contrôle de constitutionnalité des traités internationaux : l'arrêt OHADA[478].

C. Caractère a priori ou a posteriori des recours

Le contrôle a priori et le contrôle a posteriori n'ont pas la même incidence sur la protection des droits de l'homme. Parlant du contrôle a priori de constitutionnalité des normes qui a été le seul à être exercé par le Conseil constitutionnel français jusqu'à l'institution de la question préjudicielle de constitutionnalité en 2008, Nicolas Molfessis a ainsi noté que :

> *« On peut y voir un avantage, en ce que la loi comportant une disposition contraire à la Constitution n'aura pu être appliquée ; de même, le législateur pourra corriger le texte de loi contrôlé. Toutefois, il souffre de son corollaire : les inconstitutionnalités doivent être mises à jour sans que l'on connaisse précisément le sens de la disposition législative, l'interprétation de la loi n'ayant pas, par hypothèse, encore pu être fixée (...) Lorsqu'il a lieu à priori, le contrôle de constitutionnalité est abstrait : il ne s'agit pas de s'interroger sur l'inconstitutionnalité de l'application concrète, dans une espèce déterminée, d'une norme législative. Un tel système a pu sembler insuffisant ou du moins incomplet[479] ».*

Cette citation fait écho à celle du Doyen Henry Roussillon selon laquelle :

> *« Malgré le progrès très important réalisé en 1974 avec l'élargissement du droit de saisine du Conseil à l'opposition parlementaire, un certain nombre de lois ne lui sont pas déférées, ou ne le seront pas, pour des raisons qu'il est facile d'imaginer et qui, pour une part, peuvent être volontaires. Il y aurait donc des carences de recours. Mais au-delà, de ces carences dans la saisine il faut envisager le cas d'inconstitutionnalité « décalées » n'apparaissant qu'à l'usage et donc échappant au contrôle a priori qui interviendrait trop tôt »[480].*

---

[478] M. WETSH'OKONDA KOSO., *L'arrêt de la Cour suprême de justice n°RConst.112/TSR du 5 février 2010 sur l'OHADA*, disponible en ligne à l'adresse *http://www.la-constitution-en-afrique.org/article-ohada-la-constitution-sacrifiee-47288675.html*.

[479] N. MOLFESSIS, « La dimension constitutionnelle des droits fondamentaux», *op.cit.*, p. 86.

[480] H. ROUSSILLON., *Le Conseil constitutionnel, op.cit.*, p. 84.

Aussi curieux que cela puisse paraitre et en dépit de ces déficiences, le contrôle de constitutionnalité de loi à la française, tout au moins avant l'institution de la question prioritaire de constitutionnalité, c'est-à-dire le contrôle a priori de constitutionnalité des lois exercé à titre exclusif a été préconisé par un auteur congolais en RDC. Selon lui :

> *« L'instauration d'un système de contrôle de constitutionnalité plus réaliste conviendrait à notre pays. Je pense ainsi au système de contrôle de constitutionnalité de type juridictionnel a priori où la loi inconstitutionnelle peut être annulée avant sa promulgation*[481] *».*

Il est heureux que le législateur congolais ne soit pas tombé dans ce piège lui tendu par le mimétisme institutionnel aveugle. Au contraire, il a fait œuvre utile en conférant à la CSJ le pouvoir d'exercer, de manière concomitante, à la fois le contrôle a priori et le contrôle a posteriori de constitutionnalité des normes. Le premier porte sur les lois organiques[482], les règlements intérieurs des chambres parlementaires et du Congrès[483] ainsi que des institutions d'appui à la démocratie[484]. Son champ d'action se confond ainsi avec celui du contrôle obligatoire de la constitutionnalité des normes. Le second s'applique quant à lui aux actes législatifs et aux actes règlementaires[485].

Ce double mode de contrôle de constitutionnalité des normes offre plus de garantie de protection efficace des droits de l'homme. Il n'en demeure pas moins qu'il soulève une question, pour le moins épineuse, celle de savoir si une atteinte à la Constitution qui n'a pas été décelée par la CSJ dans le cadre du contrôle a priori de la constitutionnalité peut être « censurée » par la même juridiction dans le cadre du contrôle a posteriori de la constitutionnalité. Il ne s'agit pas ici d'une hypothèse d'école. Une situation similaire a déjà été expérimentée au moins une fois au sujet du Règlement intérieur de l'Assemblée nationale. Déclaré conforme à la Constitution par l'arrêt RConst.043/TSR du 21 décembre 2006[486], celui-ci a fait l'objet d'un recours en annulation pour inconstitutionnalité, en vertu de la requête enrôlée sous le

---

481 MPONGO BOKAKO., « Le contrôle de constitutionnalité des lois sous l'Acte constitutionnel de la transition du 4 avril 1994 », *op.cit.* p. 349.

482 Articles 121, alinéa 2 ainsi que 124 et 160 respectivement de la Constitution de la transition du 4 avril 2004 et de la Constitution du 18 février 2006.

483 Articles 103 ainsi que 112, 120 et 160 respectivement de la Constitution du 18 février 2006.

484 Article 160 de la Constitution du 18 février 2006.

485 Article 162 de la Constitution.

486 CSJ, 21 décembre 2006, R.Const.043/TSR (inédit).

numéro RConst.044/TSR[487]. Dans son arrêt daté du 3 janvier 2007, la Haute cour a jugé que

> *« S'agissant de la deuxième partie de la requête en rapport avec la conformité à la Constitution des articles 98, 102, 103, 104, 21, 46, 61 et 84 du Règlement intérieur de l'Assemblée nationale, la Cour la dira irrecevable étant donné qu'elle s'est déjà prononcée sur la même demande par son arrêt RConst.043/TSR du 21 décembre 2006 qui a déclaré conforme à la Constitution le règlement intérieur de l'Assemblée nationale, à l'exception de ses articles 86, alinéa 2 et 88, alinéa 1e[488] ».*

La CSJ n'aurait-elle pas dû relativiser sa position en reconnaissant sa compétence pour connaître de la constitutionnalité de celles des dispositions du règlement intérieur de l'Assemblée nationale litigieux sur lesquelles il n'avait pas eu à se prononcer dans le cadre du contrôle a priori de la constitutionnalité ? Les exigences bien comprises de l'État de droit milite en faveur d'une réponse affirmative.

D. Le délai du recours

Jusqu'à la promulgation de la Constitution de la transition du 4 avril 2003, la soumission des recours en inconstitutionnalité n'était soumise à aucune condition de délai. Le nombre peu élevé de pareilles demandes ne s'accommodait guère de ce type d'encadrement des recours en inconstitutionnalité. Tel n'est plus le cas avec l'ouverture progressive du prétoire de la CSJ et l'explosion des requêtes à laquelle elle a donné lieu.

La Constitution de la transition a imposé un délai de six jours pour le contrôle facultatif de constitutionnalité des lois. Ce délai court à partir de la transmission, pour promulgation, de la loi concernée au le président de la République et de l'adoption définitive de ladite loi par le dixième des députés ou des sénateurs[489]. En revanche, aucun délai n'est prévu pour la soumission des recours en annulation, pour inconstitutionnalité des lois organiques, des règlements intérieurs des chambres ou des institutions d'appui à la démocratie, ainsi que des traités. Il importe cependant de souligner, s'agissant du contrôle a priori de constitutionnalité, que sous peine d'irrecevabilité, les recours doivent intervenir, selon le cas, avant la promulgation, la mise en application ou la ratification de la norme concernée.

---

487 CSJ, 3 janvier 2007, R.Const.44/TSR (inédit).

488 CSJ, 3 janvier 2007, R.Const.44/TSR (inédit).

489 Article 131 de la Constitution de la transition du 4 avril 2003.

La Constitution du 18 février 2006 a maintenu le délai pour introduire un recours en annulation, pour inconstitutionnalité des lois, en le portant à quinze jours, à dater, selon le cas, de l'adoption définitive et de la transmission pour promulgation[490].

Ce délai paraît plus réaliste que celui de six jours. Il permet, en effet, à toute personne intéressée, de mûrir la réflexion, avant de décider de l'opportunité d'introduire une demande en inconstitutionnalité et surtout de rédiger sa requête. Il n'est pas certain que la Cour ait également suffisamment de temps pour instruire la cause, avant de prononcer un arrêt conséquent.

E. La durée de l'instruction

Tant la Constitution de la transition du 4 avril 2003[491] que celle du 18 février 2006[492] ne la prévoient que dans le cadre du contrôle a priori de la constitutionnalité des normes. Elle est fixée à 15 jours par la première Constitution et 30 jours par la seconde. En cas d'urgence, cette dernière Constitution réduit la durée d'instruction des requêtes en inconstitutionnalité à huit jours, à dater de la saisine de la Cour. Les efforts fournis par le constituant congolais en vue d'étendre la portée du principe du droit à un jugement dans un délai raisonnable, en matière de contrôle de constitutionnalité des normes, ne peut qu'être salués. Il n'en reste pas moins qu'ils demeurent insuffisants. Fixer le délai d'instruction des causes, sans en même temps doter la Cour des moyens conséquents pour le respecter, ne paraît pas une démarche cohérente. Pour preuve, la pratique de la CSJ révèle l'existence d'un nombre de plus en plus élevé de dossiers en souffrance. Pareille situation semble préoccupante du point de vue de la protection des droits de l'homme. Avec l'accroissement des requêtes soumises à la Haute cour, il est à craindre que, si des dispositions ne sont pas prises en temps utile, cette juridiction ne soit victime, à plus ou moins brève échéance, d'une asphyxie. La portée de ses décisions mérite également une attention soutenue.

F. La sanction du contrôle de constitutionnalité des lois

La sanction du contrôle de constitutionnalité varie selon les normes en cause : les traités internationaux comportant des dispositions inconstitutionnelles ne peuvent être ratifiés à moins d'une révision préalable de la Constitution[493] ; les règlements intérieurs des chambres parlementaires inconsti-

[490] Article 139 de la Constitution du 18 février 2006.

[491] Articles 103, alinéa 3, 109, alinéa 3 et 131 de la Constitution de la transition du 4 avril 2003.

[492] Articles 139 et 160 de la Constitution du 18 février 2006.

[493] Lire notamment les articles 110 et 194 respectivement de la Constitution du 24 juin 1967 telle que révisée le 5 juillet 1990 et de la Constitution de la transition du 4 avril 2003.

tutionnels pas mis en application ; les dispositions inconstitutionnelles du règlement intérieur du Congrès ne sont pas également mises en application[494].

Aux termes de l'article 134 de l'ordonnance-loi n°82-017 du 31 mars 1982 portant procédure devant la CSJ, les normes déclarées inconstitutionnelles par cette juridiction sont abrogées, soit totalement, soit seulement dans leurs dispositions jugées inconstitutionnelles[495]. Cette disposition légale a été abrogée par l'article 168, alinéa 2 de la Constitution du 18 février 2006 aux termes duquel : « *Tout acte déclaré non conforme à la Constitution est nul de plein de droit* ».

En règle générale, les sanctions du contrôle de constitutionnalité ainsi résumées sont classiques. Seules deux d'entre elles appellent quelques commentaires de notre part : la non-application des dispositions inconstitutionnelles du règlement intérieur du Congrès et l'annulation des actes législatifs et règlementaires inconstitutionnels.

En droit camerounais, le règlement intérieur de l'Assemblée nationale et celui du Sénat ne peuvent entrer en application qu'après avoir été reconnus dans leur totalité conforme à la Constitution[496]. Il n'en va pas de même en RDC où le règlement intérieur du Congrès peut être mis en application dans celles de ses dispositions qui n'ont pas été déclarée inconstitutionnelles par la CSJ.

En ce qui concerne les arrêts prononcés dans le cadre du contrôle a posteriori de constitutionnalité des normes, une innovation a été introduite avec la substitution de l'abrogation à l'annulation[497].

L'annulation des actes juridiques inconstitutionnels portent des effets ex tunc, c'est-à-dire que la décision d'annulation rétroagit de telle manière que la norme litigieuse est censée n'avoir jamais existé[498]. De là la différence

---

494 Article 120, alinéa 5 de la Constitution du 18 février 2006.

495 M. WETSH'OKONDA KOSO, *Les textes constitutionnels congolais annotés, op.cit*, p. 534.

496 D. OLINGA., *La Constitution de la République du Cameroun*, Yaoundé, Les Éditions Terre africaine et Presses de l'UCAC, 2006, p. 170.

497 Aux termes de l'article 168, alinéa 2 de la Constitution : « *Tout acte déclaré non conforme à la Constitution est nul de plein de droit* ».

498 De ce qui précède, il y a lieu d'affirmer que la doctrine selon laquelle les décisions prononcées à la suite d'une exception d'inconstitutionnalité ne s'appliquent qu'au cas d'espèce est dénuée de base juridique. Sur ce point, le droit constitutionnel congolais se démarque ainsi de celui des Etats-Unis. Pour cette doctrine, lire, J-L ESAMBO, *Le droit constitutionnel, op.cit*, p. 110 ; J. DJOLI ESENG'EKELI, *Droit constitutionnel, op.cit*, p. 191. Pour la doctrine contraire, R. DEGNI SEGUI, *Les droits de l'homme en Afrique noire francophone (théories et réalités), op.cit*, p. 79.

avec l'abrogation qui portent plutôt des effets ex nunc, en ce qu'elle ne sort ses effets qu'à dater de la décision qui la prononce et qu'elle ne réagit pas.

De ce qui précède, il y a lieu de saluer le nouveau régime de sanction du contrôle de constitutionnalité des normes dans la mesure où il permet non de débarrasser l'ordre juridique congolais des normes inconstitutionnelles ou liberticides mais en plus elle permet de rétablir les victimes desdites normes de leur prestin état.

CONCLUSION

L'observation de la configuration et du rôle de la CSJ dans la protection des droits de l'homme permet d'indiquer que :

1. à travers le contrôle de constitutionnalité des normes, cette juridiction a été érigée en protecteur ou gardien, par excellence, des droits de l'homme ;
2. ce rôle s'avère d'autant plus important que la compétence de la Cour s'étend aux actes aussi multiples que variés que les actes législatifs, c'est-à-dire, les lois, y compris les édits provinciaux (2006) et les actes ayant force de loi, les règlements intérieurs des chambres parlementaires et des institutions d'appui à la démocratie (2003) ;
3. l'ouverture de la saisine de la Cour, à travers l'institution du recours parlementaire (20003) et du recours individuel en plus du recours exclusif du procureur général de la République, a eu pour effet de booster la protection des droits de l'homme ;
4. l'institution du contrôle obligatoire a priori et abstrait des lois organiques, des règlements des chambres ainsi que des institutions d'appui à la démocratie constitue un facteur supplémentaire de l'amélioration de la protection des droits de l'homme ;
5. la persistance de l'inféodation de la Cour à l'égard du pouvoir politique et plus exactement du président de la République continue d'avoir une incidence négative sur cette protection des droits de l'homme. Elle passe essentiellement par le pouvoir discrétionnaire du président de la République en matière de fixation du nombre des membres de la Cour ainsi que de leur nomination et de leur révocation ;
6. il en va de même du manque de spécialisation des membres de la Cour et du parquet y rattaché ;
7. l'inaccessibilité tant géographique qu'économique de la Cour pour la majorité de ses justiciables constitue un facteur non négligeable de la pauvreté de sa jurisprudence relative aux droits de l'homme.

SECONDE PARTIE

LA JURISPRUDENCE CONSTITUTIONNELLE DE LA CSJ EN MATIÈRE DE PROTECTION DES DROITS DE L'HOMME

INTRODUCTION

La présentation de la configuration générale de la CSJ a débouché sur une familiarité avec les attributions de cette juridiction, notamment celles relatives aux droits de l'homme. Ce détour était nécessaire pour permettre d'apprécier la qualité de la jurisprudence produite en matière de protection des droits de l'homme. Pour les besoins de la clarté de l'exposé, cette jurisprudence sera abordée en deux temps, le premier sur les droits civils et politiques (Chapitre I) tandis que le second se rapportera aux autres droits de l'homme (Chapitre II).

CHAPITRE I : LES DROITS CIVILS ET POLITIQUES

L'attention portera successivement sur les droits civils (Section 1) et les droits politiques (Section 2).

Section 1. Les droits civils

Parmi les droits civils intéressés par la présente étude, il y a lieu de s'appesantir sur le droit à la vie (A), le droit à l'égalité (B), le droit à la présomption d'innocence (C), le droit au double degré de juridiction (D), les droits de la défense (E), le droit à l'inviolabilité du domicile (F), l'indépendance du pouvoir judiciaire (G), le droit à la liberté de manifestation (H) et le droit à la liberté d'expression (I). L'examen des arrêts relatifs à chacun de ces droits permettra de mesurer le degré, et, partant, la qualité de la protection qui leur a été accordée.

§1. Le droit à la vie

« *Droit suprême de l'être humain*[499] », le droit à la vie est au cœur de l'affaire Mukonkole[500].

« Les prévenus Martin Mukonkole, Norbert Muteba et Stéphane Mbuyi Kasende, Simon Soke Bopili et Adamo, non autrement identifié sont poursuivis par le procureur général de la République devant la section judiciaire de la Cour suprême de justice, toutes chambres réunies, sur pieds de l'ordonnance-loi n°78-001 du 24 février 1978 relative à la répression des infractions intentionnelles flagrantes ou réputées telles, suivant requête déposée le 26 mai 2010 au greffe de la susdite Cour, pour association de malfaiteurs, vol qualifié et recel d'objets volés, en participation criminelle directe.

Le prévenu Adamo étant en fuite, les quatre premiers ont tous comparu dans cette procédure en personne à l'audience publique du 26 mai 2010, les prévenus Martin Mukonkole et Norbet Muteba ayant, par ailleurs, été assistés de leurs conseils. Ces derniers ont, au nom de leurs clients, conclu in limine litis à l'inconstitutionnalité des poursuites engagées contre les prévenus et (...) soulevé trois exceptions d'inconstitutionnalité en demandant à la Cour suprême de justice, section judiciaire, de sursoir à statuer. Par son arrêt RP n°003/CR du 27 mai 2010, la Cour suprême de justice, section judiciaire a sursis à statuer au fond en attendant que la Cour constitution-

---

[499] Selon l'observation du Comité des droits de l'homme n°146/1983, Baboeram c/Surinam, A/40/40, § 697), lire à ce sujet, NGONDANKOY NKOY-ea-LOONGYA, *Droit congolais des droits de l'homme, op.cit*, p. 222.

[500] CSJ, 8 janvier 2011, R.Const.128/TSR, inédit.

nelle se prononce sur cet incident. Elle a assigné à résidence le prévenu Martin Mukonkole, en considération de sa qualité de député national et ordonné la mise en détention préventive des trois autres (...) La deuxième exception subdivisée en deux branches est prise de l'inconstitutionnalité des articles 156 à 158 du Code pénal livre II (...). Dans sa première branche, l'exception suggère que les articles 157 et 158 du Code pénal livre II qui servent notamment de base à l'action di ministère public et qui punissent l'association de malfaiteurs dont les prévenus sont entre autres poursuivis de la seule peine de mort sont inconstitutionnels puisque celle-ci a été abolie par l'article 61, point 1 de la Constitution (...)[501] ».

Rencontrant ce moyen, la CSJ a développé le raisonnement suivant : « *L'exception n'est pas fondée. Car, contrairement à ce qui y est affirmé, le point 1 de l'article 61 de la Constitution n'abroge pas la peine de mort, l'interdiction de déroger au droit à la vie signifiant simplement qu'en dehors des cas prévus par la loi, ledit droit à la vie est protégé en toutes circonstances et qu'il ne peut être mis fin à la vie d'autrui de manière traire*[502] ».

Le recours fait par les prévenus, dans leur défense, aux arguments puisés dans la loi fondamentale, mérite d'être salué et encouragé. Il s'agit là d'une pratique marginale devant le prétoire congolais[503]. Ce phénomène s'explique notamment par le fait que l'enseignement du droit constitutionnel ne prend pas, sinon insuffisamment en compte la jurisprudence constitutionnelle[504]. L'absence du contentieux constitutionnel dans les programmes des cours, y compris ceux en vigueur à la faculté de droit semble aussi expliquer le même phénomène[505]. Leur maladresse ne peut, cependant, être passée sous silence. Une lecture approfondie de la Constitution du 18 février 2006 permet d'affirmer que cinq de ses dispositions au moins intéressent la question du droit à la vie et de la peine de mort qui, en constitue une exception. Il s'agit des articles 16, 34, 60, 61 et 221[506]. Il en résulte que, fonder

---

501 8ème et 9ème feuillets.

502 8ème et 9ème feuillets.

503 Lire notamment A. KAMUKUNY MUKINAY, *Contribution à l'étude de la fraude en droit constitutionnel congolais*, *op.cit*, pp. 372-374 ; E. BOSHAB, « La misère de la justice et justice de la misère en République démocratique du Congo », *op.cit*, p. 1178. Pour une attitude contraire, par les justiciables et de leurs conseils dans d'autres États africains, surtout anglophones, lire, M. KAMTO, « Charte africaine, instruments internationaux de protection des droits de l'homme, Constitutions nationales : articulations respectives », *op.cit*, pp. 38-43.

504 A. KAMUKUNY MUKINAY, *Contribution à l'étude de la fraude en droit constitutionnel congolais*, *idem*, pp. 369-372.

505 Lire infra.

506 M. WETSH'OKONDA KOSO, « Etat des lieux de l'abolition de la peine de mort dans le monde et en République démocratique du Congo », in CPJ, *Rapport général du séminaire-atelier du 10 octobre 2009*, Kinshasa, CPJ, avril 2011, p. 72.

l'inconstitutionnalité des articles 157 et 158 du Code pénal consacrant cette peine en cas d'association de malfaiteurs sur le seul article 61 de la Constitution semble traduire une lecture superficielle et maladroite de celle-ci. Les conséquences qui semblent en avoir résulté quant à la protection du droit à la vie feront l'objet de quelques commentaires plus loin.

Sur le plan de la forme, l'arrêt Mukonkole marque une évolution indéniable de la jurisprudence constitutionnelle congolaise. Il semble avoir fait une bonne application du mécanisme juridique de l'exception d'inconstitutionnalité.

Face à cette exception, la CSJ, section judiciaire, toutes chambres réunies qui est un juge de fond a pris un arrêt avant dire droit ordonnant la surséance de l'instruction de la cause dont elle était saisie, en attendant que les sections réunies de la même juridiction, faisant office de juge constitutionnel, vide sa saisine. Il s'agit, ici, d'un exemple, que toutes les autres devraient suivre[507].

Sur le plan du fond, par contre, la CSJ ne s'est pas démarquée de ces différentes juridictions, la Constitution du 18 février 2006 entretenant une certaine confusion sur le sort réservé à la peine de mort. Elle n'indique pas que celle-ci est abolie ou maintenue. « *Aucune disposition n'abolit explicitement la peine de mort* », notent J-M Kumbu, Bob Kabamba et J-L Esambo Kangashe[508]. Aucune ne la maintient non plus. L'interprétation s'avère ainsi nécessaire pour cerner la position du constituant au sujet de cette peine.

« *Interpréter un texte, c'est découvrir son sens caché ou déposé. C'est également choisir entre plusieurs significations qui lui sont données, celle qui se rapproche le plus de la volonté de son auteur. L'interprétation a pour but d'obtenir le sens du texte ou de délivrer son secret* [509]».

---

[507] M. WETSH'OKONDA KOSO, *Le contentieux constitutionnel congolais des droits de l'homme du 18 février 2006 au 18 février 2011 : essai de bilan et perspectives d'avenir*, disponible en ligne à l'adresse http://www.la-constitution-en-afrique.org/categorie-10195444.html (27 décembre 2011). Contrairement à la position de A. MAZYAMBO MAKENGO KISALA, « Introduction aux droits de l'homme : théorie générale, instruments, mécanismes de protection », *op.cit*, p. 272, l'installation de la Cour constitutionnelle n'a pas été nécessaire pour donner plein effet à l'article 162 de la Constitution, son caractère auto exécutoire ayant été reconnu par la CSJ. Dans le même sens, lire, M. WETSH'OKONDA KOSO, *Les textes constitutionnels congolais annotés, op.cit*, p. 13. Dans le sens contraire, lire le jugement Mohammed Ali du tribunal militaire de garnison de Lubumbashi.

[508] J-M KUMBU, B. KABAMBA et J-L ESAMBO, « La Constitution de la République démocratique du Congo », *op.cit*, p. 26. Lire aussi, E. BOSHAB, *Entre la révision de la Constitution et l'inanition de la Nation*, Bruxelles, Larcier, 2013, p. 145.

[509] J-L ESAMBO KANGASHE, *La Constitution du 18 février 2006 à l'épreuve du constitutionnalisme, op.cit*, p. 304.

En prenant en compte leurs auteurs, trois types d'interprétation peuvent être distingués : l'interprétation authentique (celle qui émane de l'auteur du texte interprété), celle doctrinale (c'est-à-dire celle proposée par les auteurs, les professeurs des universités, les magistrats, les avocats, les chercheurs dans le domaine des sciences juridiques) et l'interprétation jurisprudentielle. De toutes ces interprétations, la dernière semble la plus importante dans la mesure où elle est opposable à toutes les institutions et à toute personne.

Aux termes de l'article 168 de la Constitution, en effet, « *les arrêts de la Cour constitutionnelle ne sont susceptibles d'aucun recours et sont immédiatement exécutoires. Ils sont obligatoires et s'imposent aux pouvoirs publics, à toutes les autorités administratives et juridictionnelles, civiles et militaires ainsi qu'aux particuliers (...)* [510] ».

Qu'elle soit authentique, doctrinale ou jurisprudentielle, l'interprétation de la Constitution, comme celle de tout autre texte juridique, implique le recours aux techniques d'interprétation, autrement appelées règles, méthodes, théories ou directives d'interprétation[511]. Il existe plusieurs techniques d'interprétation. Jean-Louis Esambo Kangashe distingue notamment l'interprétation littérale, l'interprétation téléologique et l'interprétation par analogie[512]. Quant à André Mbata Betukumesu Mangu, il invoque les méthodes d'interprétation téléologique, comparative et par objectifs, fondée sur les valeurs protégées[513].

L'interprétation selon la rédaction de la norme (interprétation grammaticale), quant à son contexte (systématique), du point de vue de son but (téléologique) et en tenant compte des travaux préparatoires (historique) ainsi que l'interprétation évolutive ont plutôt été dégagées de l'étude de la jurisprudence de la Cour constitutionnelle allemande[514]. En ce qui le concerne, Jacques Werner note que :

> *« de manière générale, la jurisprudence et la doctrine reconnaissent, en faisant abstraction du cas de l'interprétation littérale ou grammaticale, les méthodes d'interprétation suivantes :*

---

510 M. WETSH'OKONDA KOSO, *Les textes constitutionnels congolais annotés, op.cit*, p. 494.

511 MOUHAMADOU MOUNIROU SY, *La protection constitutionnelle des droits fondamentaux en Afrique*, *op.cit*, p. 419.

512 J-L ESAMBO KANGASHE, *La Constitution du 18 février 2006, op.cit*, pp. 304-305.

513 A. MBATA BETUKUMESU MANGU, *La peine de mort et le constitutionnalisme en Afrique*, Paris, l'Harmattan, 2011, p. 61.

514 MOUHAMADOU MOUNIROU SY, *La protection constitutionnelle des droits fondamentaux en Afrique*, *idem*, p. 419 ; MAYACINE DIAGNE, ««« Le juge constitutionnel africain et la technique des réserves d'interprétation, *op.cit*, pp. 380-381.

l'interprétation logique ; l'interprétation systématique ; l'interprétation historique ; l'interprétation téléologique enfin[515] *».*

Il va sans dire que la signification d'un texte dépend largement de la technique ou de la méthode d'interprétation utilisée pour la dégager. Ainsi la même règle peut-elle revêtir deux ou plusieurs significations différentes, selon les techniques d'interprétation utilisées pour les dégager[516].

Le choix de la méthode d'interprétation revêt ainsi une importance cruciale, particulièrement en matière de protection des droits de l'homme. En règle générale et dans le souci d'assurer l'effectivité de ces droits, tant en droit international qu'en droit constitutionnel, les dispositions qui les consacrent font l'objet d'une interprétation téléologique. En revanche, l'interprétation littérale est rarement usitée[517].

Selon Philippe Ardent,

> *« on peut s'interroger sur la démarche des « sages » lorsqu'ils interprètent la Constitution. Doivent-ils rechercher l'intention du constituant au moment où il posait la règle ? Qu'a-t-il voulait voulu dire en 1789, 1946 ou 1958 ? Ils privilégient alors avec toutes les incertitudes liées à une reconduction rétrospectives de volonté-une vision historienne-et conservatrice du droit.*
>
> *Au contraire, leur faut-il découvrir l'interprétation en harmonie avec l'esprit du système juridique dans son ensemble ? La solution pourra alors être innovante, plus libérale, car adoptée à l'état actuel de la société. Qu'il veuille ou non, le Conseil crée du droit*[518] *». Au regard de la jurisprudence de cette juridiction, à ces différentes interrogations, Pierre Pactet répond en ces termes : « Parfois, le Conseil est amené est amené à donner un sens à certaines-cadres auxquelles le constituant n'a pas cru devoir donner un contenu explicite (...).*

---

515 J. WERNER, *Interprétation constitutionnelle, le cas de l'instrumentum à la lumière du droit américain*, Genève, Librairie de l'Université Georg & Cie S.A, 1975, p. 144.

516 Lire notamment D. ROUSSEAU, « Le Conseil constitutionnel est-il une juridiction ? », in *Cahiers des écoles doctorales, Les controverses doctrinales*, n°1, mars 2000, pp. 318-319 ; J. VAN COMPERNOLL et M. VERDUSSEN, La réception des décisions d'une Cour constitutionnelle sur renvoi préjudiciel-l'exemple de la Cour d'arbitrage de Belgique, http://www.conseil-constitutionnel.fr/conseil-constitutionnel/francais/cahiers-du-conseil/cahier-n-14/la-reception-des-decisions-d-une-cour-constitutionnelle-sur-renvoi-prejudiciel-l-exemple-de-la-cour-d-arbitrage-de-belgique.52019.html.

517 FEYYAZ GOLCUKLU, "Cour européenne des droits de l'homme", *Revue trimestrielle des droits de l'homme*, Vol. 2, n° 6-8, 31 août 1990, pp. 297-298.

518 P. ARDENT, *Institutions politiques et droit constitutionnel*, *op.cit*, p. 137.

Plus souvent, le Conseil doit, pour dégager le sens véritable du texte constitutionnel sur une question donnée combiner entre elles plusieurs dispositions qui se situent dans des parties qui différentes de la Constitution. Dans presque tous les cas, le Conseil s'efforce d'adopter l'interprétation la plus raisonnable et la plus équilibrée, celle qui donne un sens utile sans pour autant s'écarter de la lettre du texte. Il arrive, cependant, qu'il opte pour une interprétation plus audacieuse, lui réservant de très larges possibilités d'appréciation discrétionnaire[519] ».

Abondant dans le même sens, Francis Hamon et Michel Troper constatent que :

« comme tout juge suprême, il (Le Conseil constitutionnel) doit interpréter, ce qui revient souvent à s'éloigner du texte-obscur, ambigu, insuffisant-et parfois même à lui ajouter du sens. Il peut aussi avoir à constater l'existence d'un principe non écrit et qu'il n'a pas encore introduit dans ses décisions ou, si on préfère, dont il n'a pas encore révélé la valeur constitutionnelle. Il peut encore avoir à déterminer parmi les principes constitutionnels concernés celui qu'il faut prioritairement en avant. De même, il peut être obligé de donner à la norme déférée un sens qui pouvait échapper jusque-là à ses auteurs, c'est-à-dire aux autorités publiques. Sa liberté n'est donc pas négligeable. Mais deux limites s'imposent au Conseil. D'une part, il est tenu par les textes dont il ne sait jamais trop s'éloigner si ce n'est parce qu'il peut faire autrement et encore faut-il qu'il le fasse raisonnablement et très modérément. D'autre part, le Conseil peut décider des revirements de jurisprudence mais ceux-ci sont finalement rares[520] ».

Abondant dans le même sens, Jacques Velu relève que :

« d'une manière générale, l'interprétation constitutionnelle des juridictions judiciaires et administratives s'appuie tout d'abord sur une démarche exégétique : même s'il répugne à se laisser enfermer dans des interprétations purement sémantiques ou littérales, le juge s'efforce en premier lieu de rechercher l'intention du constituant à travers le sens usuel et courant des termes que celui-ci a utilisés et fait appel, à toutes les ressources de la grammaire, de l'étymologie, de la syntaxe et de la linguistique. Mais à ses yeux, la fidélité à l'esprit du texte importe plus qu'une étroite fidélité aux mots : tout comme le juge international, il s'emploie à donner aux

[519] P. PACTET, *Institutions politiques, droit constitutionnel*, *op.cit*, pp. 464-465.
[520] F. HAMON et M. TROPER, *Droit constitutionnel*, *op.cit*, pp. 517-518.

termes d'une disposition constitutionnelle une portée qui tient compte de leur contexte ainsi que de l'objet et du but de la Constitution. Encore que le recours aux travaux préparatoires soit, dans certains cas, susceptibles de s'avérer utile, le juge n'accepte qu'avec prudence d'avoir égard aux travaux des chambres pré constituantes et des chambres constituantes. En cas d'insuffisance du texte constitutionnel, sa dialectique interprétative fait usage de l'argument d'analogie.

De plus en plus souvent, les décisions juridictionnelles procèdent d'une interprétation à la fois téléologique et évolutive de la Constitution, faisant une large par à la coutume et aux principes généraux du droit (...)[521] ».

Roman Herzog partage la même position lorsqu'il affirme que :

« *Pour l'essentiel, la Cour constitutionnelle fédérale ne fait que recourir aux méthodes verbale, grammaticale, systématique et téléologique. En général, on se réfère à la genèse d'une norme constitutionnelle uniquement lorsqu'elle est en mesure de renforcer le résultat d'une interprétation déjà obtenu par l'intermédiaire d'une autre méthode. Pour des raisons facilement concevables, l'interprétation systématique est d'une signification particulière, interprétation qui considère comme acquis que la loi fondamentale, dans ses différentes parties, ne peut contenir de dispositions contradictoires. Fait également partie de l'interprétation systématique la conception, appliquée davantage autrefois qu'à présent, qui considère le catalogue des droits fondamentaux comme un ordre de valeurs cohérent. L'interprétation téléologique a, jusqu'à présent, acquis de l'importance surtout dans le contexte des buts, relatifs aux libertés, des droits fondamentaux (...)*[522] ».

Certaines cours constitutionnelles africaines ont adhéré à ces techniques d'interprétation de la Constitution, dégagées par la plupart des juridictions constitutionnelles occidentales. Il en est ainsi notamment du Conseil constitutionnel sénégalais. Au sujet de cette juridiction constitutionnelle, Mouhamadou Mounirou Sy relève qu' :

---

[521] J. VELU, « La hiérarchie des normes constitutionnelles et sa fonction dans la protection des droits fondamentaux : droit belge », in *Revue universelle des droits de l'homme*, Vol. 2 n° 6-8, 31 août 1990, p. 232.

[522] ROMAN HERZOG, « La hiérarchie des normes constitutionnelles et sa fonction dans la protection des droits fondamentaux : République fédérale d'Allemagne », in *Revue universelle des droits de l'homme*, Vol. 2 n° 6-8, 31 août 1990, p. 277.

« à la lecture de sa jurisprudence (il y a lieu de constater) qu'il a rejeté de recourir aux directives de l'interprétation subjective fondée sur la volonté de l'auteur des textes constitutionnels. Même si cela pourrait le laisser croire (...) aucune des décisions constitutionnelles n'invoque expressément l'intention subjective du constituant pour interpréter les textes à confronter à une loi dont la constitutionnalité reste douteuse. Certes, dans certaines d'entre elles, le juge a invoqué l'esprit de la Constitution mais il n'a nullement fait état de la volonté du constituant. Il ne pouvait en être autrement car, on l'a dit, interpréter revient non pas à rendre compte de ce que l'auteur a voulu signifier, mais à dire ce que le texte signifie hic et nunc. Force est don d'admettre alors que l'interprétation n'a pas pour objet de constater une volonté historique mais au contraire de prendre le chemin, la direction ouverte par le texte lui-même. En définitive, l'étude de toutes ces directives montre qu'au final, le Conseil constitutionnel les utilise pour satisfaire au double besoin de l'article 16 de la Déclaration des droits de l'homme et du citoyen de 1789, à savoir la séparation des pouvoirs et la protection des droits et libertés. Par conséquent, on est tenté de dire que, dans un sens, le juge fait application de ce qu'on appelle les directives téléologiques. Dans le cadre de cette interprétation, il vise le «telos » des textes, c'est-à-dire le but ou la fonction qui leur est assigné.

Ce sont d'ailleurs ces mêmes directives que les juges occidentaux utilisent pour mettre en œuvre la méthode de l'unité logique-téléologique pour interpréter la Constitution[523] *».*

« *Première grande décision* » de la Cour de l'avenue Constitution Square et en même temps « *décision de référence* » en matière de justice constitutionnelle, coup d'essai qui s'est révélé un coup de maitre, propulsant par le fait même la juridiction qui l'a rendue, dans le cercle fermé des juridictions constitutionnelles, l'arrêt Mukwanyane, prononcé en date du 6 juin 1995, par la Cour constitutionnelle d'Afrique du Sud, illustre, de manière saisissante, le recours à l'interprétation téléologique, en matière de protection des

[523] MOUHAMADOU MOUNIROU SY, *La protection constitutionnelle des droits fondamentaux en Afrique*, *op.cit*, pp. 424-425. Pour la même technique d'interprétation, lire la décision n°17-HCC/D 3 de la Haute cour constitutionnelle malgache relative à la destitution, pour violation de la Constitution, du Président de la République, tout au moins au sujet de la désignation du président ad intérim. Lire à ce sujet, RAJAONA ANDRIANAIVO RAVELONA, « Un évènement constitutionnel inédit à Madagascar : la destitution du chef de l'État d'un régime parlementaire par l'évocation de la responsabilité politique », *RFDC*, n°34, 1998.

droits de l'homme. La question qui se posait était celle de la constitutionnalité de la peine de mort. Le texte de la Constitution était muet en la matière.

Il consacrait, cependant, deux droits sur lesquels le juge pouvait s'appuyer dans son entreprise herméneutique : le droit à la dignité (section 10) et l'interdiction de la torture et des traitements dégradants (section 11(2). La Constitution de l'Afrique du Sud comportait en plus quelques orientations, à l'intention des juges, dans l'exercice de leurs attributions en matière d'interprétation du catalogue des droits de l'homme qui y était inséré. La section 35 (1) de ladite Constitution prévoyait que, l'interprétation doit promouvoir les valeurs qui sous-tendent une société ouverte et démocratique, basée sur la liberté et l'égalité. Aux termes d'une recherche minutieuse s'étalant sur 244 pages en prenant en compte tant le texte de la Constitution que le contexte de son élaboration, sans oublier les engagements internationaux de l'Afrique du Sud et les enseignements du droit comparé, la Cour constitutionnelle conclut que la peine de mort est inconstitutionnelle et, plus précisément qu'elle viole tant la dignité humaine que l'interdiction de la torture[524]. Ainsi que le note Luc Sindjoun,

> *« c'est l'usage de la liberté en matière d'interprétation constitutionnelle qui permet au juge de considérer l'abolition de la peine de mort comme étant la conséquence des droits à la vie et à la dignité contenus dans la Charte des droits instituée par le chapitre III de la Constitution intérimaire. Ici, le juge ne s'est pas limité à appliquer un droit préexistant. Il crée la norme constitutionnelle en interprétant de manière spécifique le droit à la vie et le droit à la dignité. Le jugement va au-delà de l'annulation de la disposition légale autorisant la peine de mort pour devenir une interprétation constituante. Il ne s'agit pas que d'une législation négative au sens de Hans Kelsen, c'est-à-dire une annulation de la loi, mais d'une innovation normative et partant d'une législation positive[525] ».*

Ce tour d'horizons des techniques d'interprétation utilisées par les juges constitutionnels dans leurs décisions, en matière de protection des droits de l'homme, et des résultats auxquels elles sont parvenus, quant à la protection du droit à la vie était nécessaire pour prendre la mesure du retard qu'accuse la CSJ dans ce domaine. Il était également nécessaire, pour mettre en

---

524 Sur cette décision, lire notamment F. HOURQUEBIE, *La diffusion du constitutionnalisme en Afrique du Sud : une analyse à travers la décision du 6 juin 1995 portant inconstitutionnalité de la peine de mort*, disponible en ligne à l'adresse *http://www.droitconstitutionnel.org/congresmtp/textes7/HOURQUEBIE.pdf* (2 août 2011).

525 L. SINDJOUN, *Les grandes décisions de la justice constitutionnelle africaine*, *op.cit*, p. 429.

exergue le caractère anachronique et liberticide de l'arrêt Mukonkole. Cet arrêt semble n'avoir pas suffisamment pris en compte le texte de la Constitution que la CSJ a pourtant la charge de protéger. Il ne semble pas, non plus, s'être préoccupé du contexte dans lequel cette Constitution a été élaborée. Les engagements internationaux de la RDC n'ont pas aussi retenu l'attention qu'ils méritent. Enfin, contrairement à ses homologues, sous d'autres cieux, qui privilégient l'interprétation téléologique de la Constitution, la Haute s'est plutôt contentée d'une interprétation linguistique de celle-ci, encore que cette dernière soit restée insuffisante. De là son caractère laconique. Comme relevé supra, cinq dispositions de la Constitution au moins intéressent la question de la peine de mort.

Une seule parmi elles a été invoquée par les prévenus dans leur exception d'inconstitutionnalité. Au lieu de corriger cette irrégularité, la CSJ est plutôt tombée dans le piège qui lui était tendue. Son arrêt pêche ainsi par le fait de n'avoir pas privilégié une interprétation systématique de la Constitution[526].

Tout aussi préoccupante est l'indifférence de la CSJ, à l'égard du contexte dans lequel cette Constitution a été élaborée.

Sur le plan international, il y a lieu d'invoquer la dynamique mondiale en faveur de l'abolition de la peine de mort. Elle est attestée par un nombre élevé d'Etats ayant aboli la peine de mort, l'émergence des régions sans peine de mort à l'image du Conseil de l'Europe, et de l'exclusion de cette peine de la nomenclature des peines applicables par les juridictions pénales internationales.

Au plan national, au moment de l'adoption de la Constitution, la peine de mort n'est plus d'application obligatoire ou impérative, comme c'était le cas, sous l'empire du Code de justice militaire du 25 septembre 1972[527]. Par ailleurs, le viol suivi de mort n'est plus puni de mort. Cette peine n'est pas

---

[526] Le même grief peut être retenu à l'endroit d'André Mbata Betukumesu Mangu, auteur d'une proposition de loi portant abolition de la peine de mort. A en croire ce député, en ses articles 16 et 61, la Constitution du 18 février 2006 a aboli implicitement la peine de mort. Or selon l'article 221 de la même Constitution : « *Pour autant qu'ils ne soient pas contraires à la présente Constitution, les textes législatifs et règlementaires en vigueur restent maintenus* (...) ». A contrario, il y a donc lieu d'affirmer que ceux relatifs à la peine de mort sont déjà abrogés. Tout porte à croire que le député n'a pas tenu compte de cet état de choses. Aux termes de l'article 225 de la Constitution : « *La Cour de sureté de l'Etat est dissoute dès l'entrée en vigueur de la présente Constitution*[526] ». En application de cette disposition constitutionnelle, aussitôt la Constitution promulguée, cette juridiction a cessé de fonctionner. On n'a pas attendu l'adoption d'une loi d'application de la Constitution pour ce faire. Pourquoi en faut-il une pour concrétiser l'abolition de la peine de mort si on a la conviction que la Constitution l'a déjà consacrée ?

[527] Il n'est pas sans intérêt de le noter : le 10 décembre 1999, la RDC a pris un moratoire sur les exécutions capitales avant de le lever le 23 septembre 2003.

non plus prévue en cas de transmission volontaire des maladies sexuellement transmissibles incurables. Le train de décrets présidentiels accordant la grâce aux condamnés à mort et l'engagement pris par le président de la République à la Commission des droits de l'homme des Nations unies de maintenir le moratoire sur les exécutions capitales, en attendant l'abolition formelle de celle-ci, comme la consécration de l'abolition de la peine de mort dans la Charte congolaise des droits de l'homme et du peuple, méritent également d'être invoqués. Le fait que la formule selon laquelle « *le droit à la vie est garanti. Nul ne peut y porter atteinte qu'en vertu de la loi et selon les formes qu'elle prescrit* » contenue dans la plupart des Constitutions antérieures n'est pas reprise dans la Constitution du 18 février 2006 ne peut être négligée.

L'arrêt Mukonkole a pêché en ce qu'il n'a pas utilisé l'interprétation contextuelle. Il n'a pas non plus tenu compte des engagements de la RDC, notamment le Statut de Rome de la CPI. Celui-ci, on le sait, ne reprend pas la peine de mort, au nombre des peines applicables devant cette juridiction internationale. Certes, en son article 80, cet instrument juridique permet aux Etats parties d'appliquer les peines qui leur semblent appropriées.

Il n'en reste pas moins vrai qu'en appliquant la peine de mort au plan interne, alors que celle-ci n'est pas d'usage à la CPI, la RDC court le risque de cautionner une entorse criante au principe de l'égalité devant la justice, dans l'hypothèse où, des auteurs des crimes internationaux les plus graves, certains seraient passibles de mort tandis que d'autres ne le seraient pas. Cette situation semble d'autant plus préoccupante qu'en raison de la division du travail entre les juridictions nationales et internationales, ce sont les responsables des crimes internationaux qui échapperaient à la peine de mort, tandis que le « menu fretin » en serait exposé[528]. Que la CSJ n'ait pas intégré, dans son entreprise herméneutique, la « condamnation » de la RDC pour violation des droits de l'homme, dans la décision Marcel Wetsh'okonda Koso et autres de la Commission africaine des droits de l'homme et des peuples donne également matière à réflexion[529]. En se contentant d'affirmer que « *le point 1 de l'article 61 de la Constitution n'abroge pas la peine de mort, l'interdiction de déroger au droit à la vie signifiant simplement qu'en dehors des cas prévus par la loi, ledit droit à la vie est protégé en toutes circonstances et qu'il ne peut être mis fin à la vie d'autrui de manière arbitraire* »,

---

528 Sur les implications du Statut de Rome sur l'application de la peine de mort en R.D.C, lire notamment M. WETSH'OKONDA, Etats des lieux de l'abolition de la peine de mort dans le monde et en République démocratique du Congo, *op.cit*, p. 90.

529 Sur cette décision, lire notamment M. WETSH'OKONDA KOSO, « Quelques aspects du déficit de coopération entre la RDC et le mécanisme africain de promotion et de protection des droits de l'homme », in J. YAV (dir.), *Le droit congolais à l'épreuve du temps : mélanges Mbuyi Tshimbadi*, Lubumbashi et Charleston, PUL & Create Space, octobre 2010, pp. 255-259.

l'arrêt Mukonkole semble s'être limité à une interprétation littérale de la Constitution. Certes, en vertu de l'article 122 de la Constitution[530], le Parlement est habilité à aménager les droits de l'homme. Son pouvoir, en la matière, subit cependant des limitations. Il ne peut, par exemple, déroger aux droits énumérés à l'article 61 de la Constitution.

L'interprétation que la CSJ a fait de cette disposition constitutionnelle semble avoir pêché par son caractère littéral, alors que sous d'autres cieux, dans le domaine des droits de l'homme, cette « *interprétation n'est (...) jamais utilisée seule*[531] ». Il faut cependant reconnaitre, à la décharge de la Haute cour, qu'elle souffre ici d'un double handicap. Contrairement à la Cour constitutionnelle sud-africaine, elle ne trouve aucune directive d'interprétation de la Constitution dans les dispositions de celle-ci. Ses membres ne sont pas non plus formés en matière de jurisprudence constitutionnelle[532].

En définitive, en raison de plusieurs facteurs au nombre desquels il y a lieu de mentionner le manque de maîtrise des techniques d'interprétation de la Constitution, la CSJ a manqué plusieurs occasions de protéger ce « droit des droits » qu'est le droit à la vie.

§2. Le droit à l'égalité

Considéré, autant que le droit à la liberté, comme le socle de droits de l'homme, avec son corolaire, le droit à l'interdiction de la discrimination, le droit à l'égalité est susceptible de plusieurs applications, notamment en matière politique, électorale, civile, judiciaire, pénale, fiscale, des affaires[533], etc. Sauf erreur de notre part, dix arrêts prononcés par la CSJ, dans le cadre du cadre du contrôle de constitutionnalité des normes, l'ont abordé. Il s'agit des arrêts Immunités des poursuites[534], loi organique portant organisation, attributions et fonctionnement de la CVR[535], loi organisation portant at-

---

[530] Cet article est libellé de la manière suivante : « *Sans préjudice des autres dispositions de la présente Constitution, la loi fixe les règles concernant (...) les droits civiques et les garanties fondamentales accordées aux citoyens pour l'exercice des libertés publiques* »

[531] P. XAVIER, Les clauses de limitation et d'interprétation des droits fondamentaux dans la Constitution sud africaine de 1996, *op.cit*, p.920.

[532] Sur l'enseignement de l'interprétation constitutionnelle en Afrique du Sud, lire P. XAVIER, *op.cit*, p. 900.

[533] Lire notamment O. DUHAMEL, *Le pouvoir politique en France*, Paris, Seuil, 5ème édition, 2003, pp. 362-367 ; J. GICQUEL, « L'applicabilité directe de la norme constitutionnelle », in M. DELMAS-MARTY et C. LUCAS DE LEYSSAC (dir.), *op.cit*, pp. 294-295.

[534] C.S.J, 28 août 1981, RPA 67, KATUALA KABA KASHALA et YENYI OLUNGU, *Cour suprême de justice : historique et textes annotés de jurisprudence, op.cit*, p. 168.

[535] C.S.J, 7 mai 2004, RConst.07/TSR, Inédit.

tributions, organisation et fonctionnement du CSAC[536], règlement intérieur de la CVR[537], règlement intérieur de l'ONDH,[538]règlement intérieur de la CVR[539], règlement intérieur du Sénat[540] et Famille Forrest[541]. Il y a lieu de les passer en revue, en présentant succinctement, les faits de la cause, avant d'en arriver à la position de la Cour et à une appréciation personnelle.

Dans l'arrêt RPA 67 du 28 août 1981, la CSJ a été appelée à apprécier la conformité à la Constitution de l'article 54, alinéa 2 du Code de procédure pénale subordonnant les poursuites, à charge des personnes bénéficiaires des privilèges de juridiction, à la requête du ministère public, à l'exclusion de la citation directe.

En réaction à cette préoccupation, la position de la Cour est la suivante :

> *« L'article 54, alinéa 2 du Code de procédure pénale qui subordonne les poursuites d'un prévenu jouissant du privilège de juridiction à la requête du ministère public et exclut ainsi la citation directe n'est pas contraire à l'article 12 de la Constitution qui prévoient que tous les zaïrois sont égaux devant la loi et ont droit à une égale protection de la loi[542] ».*

Il importe de rappeler que, sous l'empire de la Constitution du 24 juin 1967, toutes les juridictions étaient compétentes, pour statuer sur l'exception d'inconstitutionnalité. Toutefois, seules les sections réunies de la CSJ, faisant office de juge constitutionnel, étaient habilitées à déclarer les dispositions d'une loi d'inconstitutionnelles. Il s'ensuit que, sur le plan de la forme, c'est à bon droit, que la section judiciaire de la Haute Cour s'est prononcée, dans cette affaire, sur une question de constitutionnalité d'une loi.

Du point de vue du fond, cependant, il semble que la section judiciaire de la CSJ a raté là une bonne occasion d'encadrer la propension marquée du législateur congolais, à étendre indéfiniment le champ d'application des immunités de juridiction, des privilèges de juridiction et des immunités de

---

[536] C.S.J, 31 décembre 2010, R.Const.125/TSR, Inédit.
[537] C.S.J, 11 mars 2005, R.Const.26/TSR, Inédit.
[538] C.S.J, 30 décembre 2004, R.Const.24/TSR, Inédit.
[539] C.S.J, 23 avril 2007, R.Const.46/TSR, Inédit.
[540] C.S.J, 23 avril 2007, R.Const.46/TSR, inédit.
[541] C.S.J, 26 mars 2010, R.Const.113/TSR, inédit.
[542] KATUALA KABA KASHALA et YENYI OLUNGU, *op.cit*, p. 168.

poursuites au préjudice du droit à l'égalité [543]. Le recours à la technique de la réserve d'interprétation[544] aurait été utile à cet égard.

Il n'en a pas été de même dans l'arrêt relatif à la conformité à la Constitution de la loi organique portant organisation, attributions et fonctionnement de la CVR[545].

Appelée à statuer sur la conformité à la Constitution de cette loi par la requête du président de la République reçue au greffe de la Cour en date du 23 avril 2003, celle-ci a jugé que :

> *« l'article 33 de la loi en son alinéa 1er contredit les dispositions des articles 151 et 154 de la Constitution de la transition et viole par conséquent celle-ci. (...) Alors que l'article 151 ci-dessus stipule que la Cour suprême de justice juge (...) l'alinéa 1er de*

---

543 Pour une vue globale du droit congolais des privilèges des juridictions et des immunités, lire notamment G. KILALA PENE-AMUNA, *Immunités et privilèges en droit positif congolais*, Kinshasa, Editions Amuna, décembre 2010, 258 p.

544 Sur cette technique d'interprétation, lire H. ROUSSILLON, *Le Conseil constitutionnel, op.cit*, pp. 73-76 ; S. BOLLE, *Le Code des personnes et de la famille devant la Cour constitutionnelle du Benin, la décision DCC 02-0144 du 23 décembre 2002*, *www.afrilex.u-bordeaux4.fr* .

545 CSJ, 7 mai 2004, R.Const.07/TSR. Il y a lieu de souligner qu'à la suite de sa « deuxième lecture » consécutive à la déclaration d'inconstitutionnalité de certaines de ces dispositions, la loi sur la CVR a fait l'objet d'un second arrêt, de conformité cette fois : l'arrêt R.Const.09/TSR du 2 juin 2004. C'était là la première expérience congolaise du contrôle à double détente. Celui-ci a été exercé dans plusieurs autres cas. Ainsi la loi organique portant organisation, attributions et fonctionnement de la CELC a fait l'objet des arrêts R.Const.10/TSR et R.Const.14/TSR respectivement du 11 juillet 2004 et du 20 juillet 2004. Quant à la loi organique portant organisation, attributions et fonctionnement de l'ONDH, elle a fait l'objet des arrêts R.Const.11/TSR du 2 juillet 2004 et R.Const.15/TSR du 28 juillet 2004. La loi organique portant organisation, attributions et fonctionnement de la HAM a connu les arrêts R.Const.12/TSR du 14 juillet 2004 et R.Const.18/TSR du 28 juillet 2004. La loi organique portant organisation, attributions et fonctionnement de la C.E.I a fait l'objet des arrêts R.Const.17/TSR du 15 septembre 2004 et R.Const.18/TSR du 8 octobre 2004. Les arrêts R.Const.26/TSR et R.Const.27/TSR respectivement du 11 mars 2005 et du 1er avril 2005 ont sanctionné le contrôle de constitutionnalité du règlement intérieur de la CVR tandis que celui du règlement intérieur de l'Assemblée nationale l'a été par les arrêts R.Const.043 du 21 décembre 2006 et R.Const.045 du 12 janvier 2007. Après avoir été censurée par l'arrêt R.Const.139/TSR du 30 novembre 2010, la loi organique portant organisation et fonctionnement de la Cour constitutionnelle a été déclarée conforme à la Constitution par l'arrêt R.Const.165/TSR du 2 août 2011. Il semble que dans un cas au moins le contrôle à double détente n'a pas été mené à son terme, celui du règlement intérieur du Congrès, déclaré partiellement inconstitutionnel par l'arrêt R.Const.061/TSR du 30 novembre 2007 et entré en vigueur sans que la CSJ n'ait déclaré les dispositions jugées inconstitutionnelles de séparables de celles qui ne le sont pas. Sur l'utilisation de la technique du contrôle à double détente dans les autres Etats africains, notamment en Mauritanie, lire MAYACINE DIGNE, « Le juge constitutionnel africain et la pratique des réserves d'interprétation », *op.cit*, p. 368.

l'article 33 de la loi portant organisation, attributions et fonctionnement de la Commission vérité et réconciliation dispose que les membres de cette dernière, ceux de ses bureaux de représentation provinciale, ses agents et cadres techniques ainsi que les experts à tous les niveaux ne peuvent être poursuivis, recherchés, arrêtés, détenus ou jugés, aussi bien durant l'exercice de leur mandat qu'après, pour les opinions émises ou les actes accomplis dans l'exercice de leurs fonctions. Par ailleurs, cette dernière disposition qui énonce l'irresponsabilité pénale contredit l'article 159, alinéa 2 de la Constitution aux termes duquel les fonctions de président et de membres des Institutions d'appui à la démocratie prennent fin par entre autres par condamnation pour haute trahison, détournement de deniers publics, concussion ou corruption, lesquels ne peuvent généralement être commis que dans l'exercice de fonction des personnes concernées et engageant leur responsabilité pénale. Il s'ensuit que la loi portant organisation, attributions et fonctionnement de la Commission électorale indépendante est conforme à la Constitution de la transition, sauf en ce qui concerne l'alinéa 1er de son article 33 ».

Bien que la CSJ n'ait pas invoqué le principe d'égalité devant la justice, il va sans dire que cet arrêt contribue à son respect. Il en est de même de l'arrêt relatif à la conformité à la Constitution de la transition du règlement intérieur de l'ONDH[546]. Par sa requête du 30 décembre 2004, le président de cette institution d'appui à la démocratie a transmis ledit règlement intérieur à la CSJ, aux fins de l'examen de sa conformité à la Constitution.

Selon la Haute cour :

« Pour ce qui est des articles 116, 117 et 118, la Cour constate que les immunités et privilèges reconnus par l'article 39 de la loi n°04/019 du 30 juillet 2004 portant organisation, attributions et fonctionnement de l'Observatoire national des droits de l'homme ont été étendus aux membres de cabinet et aux agents administratifs alors que la loi susdite ne reconnait ces avantages qu'aux seuls membres de l'Observatoire, ceux de ses bureaux de représentations provinciales, ses agents et cadres techniques ainsi qu'aux experts à tous les niveaux[547] ».

C'est une position similaire que la même juridiction a adoptée dans l'arrêt relatif au règlement intérieur de la CVR[548]. Suite à la requête du Pré-

[546] CSJ, 18 janvier 2005, R.Const.024/TSR, inédit.
[547] CSJ, 8 janvier 2005, R.Const.024/TSR, inédit.
[548] CSJ, 11 mars 2005, R.Const.26/TSR, inédit.

sident de ladite Commission introduite en date du 28 février 2005 aux fins de l'examen de la conformité à la Constitution du règlement intérieur de la CVR, la Cour a jugé que :

> « *S'agissant de l'article 17, la Cour suprême constate qu'il institue l'irresponsabilité pénale du membre de la Commission et de toute personne appelée à éclairer celle-ci en qualité de témoin ou d'expert pour les actes accomplis et les opinions émises en rapport avec l'exercice de sa fonction alors que les articles 159, alinéa 2 de la Constitution et 47 de la loi vantée n'envisagent des immunités que pour les seules opinions émises lors de l'accomplissement de leur mission s'agissant des témoins ou experts, ou à l'occasion de leur mandat pour les membres de la Commission*[549] ».

Le 9 avril 2007, le règlement intérieur du Sénat a été soumis à la CSJ pour examen de conformité à la Constitution. Après examen des 270 articles que comporte ce règlement intérieur, la Haute cour a constaté que « *toutes les dispositions de ces articles sont conformes à la Constitution, à l'exception des articles 6, alinéa 3, point 2 (...) S'agissant de l'article 6, alinéa 3, point 2, la Cour suprême considère que l'immunité absolue (...) contrarient) l'article 29 de la Constitution (...)* [550] ».

Une fois de plus, l'égalité des citoyens devant la justice a ainsi été sauvegardée, de manière incidente par la CSJ.

Il en a été de même dans l'arrêt relatif à la conformité à la Constitution de la loi organique portant CSAC[551]. La Cour a recalé un article de cette loi libellé de la manière suivante : « *Ils ne peuvent être poursuivis, arrêtés ni détenus pour des actes posés dans l'exercice de leur fonction*[552] ».

Il y a lieu de se demander si, forte de cette jurisprudence, la Cour suprême pourrait avoir le courage de réduire les privilèges de juridiction généralisée et les innombrables immunités consacrées par la Constitution ?

Ce qui est sûr, c'est qu'elle ne peut, sans excéder les limites de sa compétence, annuler les dispositions constitutionnelles consacrant ces privilèges et immunités de juridiction, notamment en faveur du président de la République et du Premier ministre. Il n'empêche, cependant, qu'elle puisse tout au moins atténuer les effets négatifs des dispositions constitutionnelles litigieuses, par leur interprétation évolutive, tenant compte de la tendance qui se

[549] CSJ, 11 mars 2005, R.Const.26/TSR, inédit.
[550] CSJ, 23 avril 2007, R.Const.46/TSR (inédit).
[551] CSJ, 5 février 2010, R.Const.110/TSR, inédit.
[552] CSJ, 31 décembre 2010, R.Const.125/TSR (inédit).

dessine, à l'échelle internationale, en faveur de la lutte contre l'impunité des autorités de l'Etat, fussent-elles les plus élevées[553].

Pour preuve, l'article 27 du Statut de Rome de la CPI aux termes duquel :

> « *1. Le présent Statut s'applique à tous de manière égale, sans aucune distinction fondée sur la qualité officielle. En particulier, la qualité officielle de chef d'Etat ou de gouvernement, de membre d'un gouvernement ou d'un parlement, de représentant élu ou d'agent d'un Etat, n'exonère en aucun cas de la responsabilité pénale au regard du présent Statut, pas plus qu'elle ne constitue en tant que telle un motif de réduction de peine.*
>
> *2. Les immunités ou règles de procédure spéciales qui peuvent s'attacher à la qualité officielle d'une personne, en vertu du droit interne ou du droit international, n'empêchent pas la Cour d'exercer sa compétence à l'égard de cette personne*[554] ».

Un seul arrêt prononcé par la CSJ concerne l'égalité en matière d'exercice de la liberté associative. Il s'agit de l'arrêt relatif à l'organisation et au fonctionnement des partis politiques. Les faits de la cause ont été présentés par Ngondankoy Nkoy-ea-Loongya de la manière suivante :

> « *Par un recours conjoint déposé au greffe de la Cour suprême de justice par les députés Kazadi Nanshabalwa, Mubanga Kabobela, Lumpumba Kamanda, Mukadi Mukadi et Sekelay, un groupe de députés de l'Assemblée nationale de transition sollicitait de la Cour suprême de justice, toutes sections réunies, « l'examen de la conformité à la Constitution de la transition de la loi n°04/002 du 15 mars 2004 portant organisation et fonctionnement des partis politiques adoptés par l'Assemblée nationale le 5 mars 2004 . Dans leur requête, les députés de la Chambre basse du Parlement demandaient à la Haute Cour, sur pieds de l'article 131 de la Constitution de la transition et de l'article 103 de leur Règlement intérieur, « d'examiner spécialement la conformité de cette loi à l'article 11 de la Constitution de la transition qui pose le principe de la liberté de formation des partis politiques et celui de la liberté d'exercer les activités politiques en République démocratique du Congo ainsi qu'à celle de l'article 11 de la Constitution » relatif au principe d'égalité et de non-discrimination.*

---

553 M. WETSH'OKONDA KOSO, *Les perspectives des droits de l'homme dans la Constitution congolaise du 18 février 2006, op.cit*, p. 67. Pour plus de détails, lire infra, sur la protection de l'indépendance du pouvoir judiciaire à laquelle renvoie également ce débat.

554 *Instruments internationaux et régionaux relatifs aux droits de l'homme ratifiés par la République démocratique du Congo, op.cit*, pp. 185-186.

A l'appui de leur requête, ces honorables députés exposaient que la loi portant organisation et fonctionnement des partis politiques, telle qu'adoptée par l'Assemblée nationale de transition (était) une restriction au principe de liberté posé par l'article 11 de la Constitution de la transition, en ce qu'elle cré(aient), d'après eux, des conditionnalités excluant du champ d'application de cette disposition des congolais gradués de l'enseignement supérieur ». Ils critiquaient l'économie de l'article 12 de ladite loi en arguant que « celui-ci cré(ait) un schéma unique d'organisation et de fonctionnement des partis politiques en imposant 11 fondateurs originaires, faisant ainsi d'eux de véritables propriétaires du parti ». Ils estimaient, en outre, que l'imposition de l'autorisation étatique, dans la création des partis politiques, suggérait que tout congolais qui veut parler de politique (était) un homme dangereux, qu'on doit impérativement surveiller. Pour les parlementaires requérants, la loi sur l'organisation et le fonctionnement des partis politiques « ne(pouvait), dans l'esprit de l'article 11 de la Constitution, être qu'une loi sur l'exercice des libertés politiques en République démocratique du Congo et, par conséquent, ne se limiter qu'à définir la procédure d'enregistrement desdits partis politiques sans poser des conditionnalités qui seraient contraires au principe de la liberté qui la justifi(ait).

De cette conviction, ils ont tiré la conclusion que « la loi déférée devant les hauts magistrats (était) source de conflits sociaux, en ce qu'elle méconnaissait les droits acquis des partis politiques déjà enregistrés (avant l'adoption de cette loi). Autant de griefs sur lesquels la Haute cour était appelée à se prononcer[555] *».*

La réaction de la CSJ aux moyens des requérants se lit de la manière suivante :

« La Cour suprême de justice fait savoir que, s'agissant de la recevabilité du recours en appréciation de la conformité d'une loi à la Constitution, l'article 131 de cette loi fondamentale pose deux conditions aux députés désireux d'engager cette procédure, à savoir : 1°. Le recours doit être formé par un nombre de députés au moins égal au dixième des membres de l'Assemblée nationale ; 2°.le recours doit être introduit dans un délai de six jours francs qui suivent son adoption définitive. En l'espèce, poursuit-elle, la Cour constate qu'aucune de ces deux conditions n'a été respectée. En effet, la loi organique portant organisation et fonctionnement

[555] P-G NGONDANKOY NKOY-ea-LOONGYA, *Le contrôle de constitutionnalité en République en République démocratique du Congo, op.cit*, pp. 346-347.

des partis politiques ayant été adoptée le 5 mars 2004, le délai de 6 jours francs courait jusqu'à la date du 11 mars 2004. C'est dans ce délai conclut-elle, que le recours aurait dû être déposé. En l'introduisant le 12 mars 2004, soit un jour après le délai de 6 jours francs, les requérants ont agi en dehors du délai, fixé par l'article 131 de la Constitution de la transition. (...) La requête déposée au greffe de la Cour suprême le 12 mars 2004 a été signé par cinq députés sur les cinq cents que comprend l'Assemblée nationale, alors qu'aux termes de l'article 131, c'est le dixième des membres composant cette institution qui devrait l'introduire (...)

La Cour dit qu'elle n'aura pas égard à la liste reprenant les noms de 37 députés annexées à la requête déposée le 12 mars 2004 pour la seule raison que celle-ci n'est pas signée par les députés et qu'elle a été présentée en photocopie libre, et ce, au mépris des articles 2 de la procédure devant elle et 131 de la Constitution de la transition. Elle ne prendra pas non plus en considération les autres documents, notamment celui reprenant les noms et signatures de 53 députés déposé au greffe le 22 mars 2004, soit après l'expiration du délai de six jours francs, et ce, en photocopie libre à laquelle elle ne peut même pas avoir égard ».

Comme on peut le constater, la Haute cour a, dans cette espèce, fait preuve d'un formalisme tatillon qui a mis en échec la protection des droits de l'homme. Selon Pascal Kambale Kalume,

« les juristes (congolais) manifestent un attachement excessif à un formalisme anachronique qui peut conduire à l'impunité (...). En matière de cassation (...) la majorité des décisions de débouté (trouvent leur fondement dans la) (...) violation des règles de procédure[556] *».*

L'arrêt sous examen en fournit une éloquente illustration. C'est ici le lieu de souligner avec José Antonio Martin Pallin qu'il faut :

« restaurer les facultés d'interprétation du juge, de manière à lui permettre de conformer le droit aux principes fondamentaux du système.

Comme l'indique F. Chiara-dans l'ouvrage intitulé « la Conscience des juges »-, le juge n'empiète pas sur le domaine législatif, dès lors qu'il se borne à user de son pouvoir d'interprétation pour annuler les effets des normes qui, du point de vue historique, ne cadrent pas avec la réalité sociale. Une telle fonction doit être

---

[556] P. KAMBALE KALUME, « Quelques réflexions sur l'impunité », in *Revue juridique du Zaïre*, 71ème année, numéro spécial, 1995, p. 60.

considérée comme nécessaire lorsque, du fait de l'inertie du législateur, des lois sont mises en œuvre qui ne devraient pas exister...Le juge ne peut pas s'arrêter aux portes d'un lieu de détention et accepter les excuses et les obstacles que dressent devant lui les gardiens de l'ordre (...) ; sa mission délicate lui fait obligation d'accomplir les devoirs que lui impose l'ordre constitutionnel[557] ».

Dans l'arrêt relatif à la conformité à la Constitution de la loi organique portant CSAC et au mépris de ces sages conseils de l'auteur, la CSJ s'est arrêtée à la porte du contrôle de constitutionnalité de la loi, qui lui a été déférée, en invoquant des moyens discutables. Reprenons-les les uns après les autres, pour nous en rendre compte. Exposant son premier moyen d'irrecevabilité de la loi en cause, *la CSJ a jugé que*

« la loi organique portant organisation et fonctionnement des partis politiques ayant été adoptée le 5 mars 2004, le délai de 6 jours francs courait jusqu'à la date du 11 mars 2004. C'est dans ce délai conclut-elle, que le recours aurait dû être déposé.

En l'introduisant le 12 mars 2004, soit un jour après le délai de 6 jours francs, les requérants ont agi en dehors du délai, fixé par l'article 131 de la Constitution de la transition ».

Aux termes de cette disposition constitutionnelle : « La Cour Suprême de Justice peut être saisie d'un recours visant à faire déclarer une loi non conforme à la Constitution de la transition par : (...) un nombre de Députés au moins égal au dixième des membres de l'Assemblée nationale[558] ». Il se dégage de la disposition constitutionnelle ainsi libellée que pour être reçue, un recours parlementaire en annulation, pour inconstitutionnalité, d'une loi, doit, notamment, satisfaire à l'exigence du quorum de cinquante députés ou sénateurs au moins. Cette exigence a-t-elle été satisfaite dans l'espèce sous examen ? Une lecture attentive de l'arrêt permet de constater que le 12 mars 2004, jour du dépôt du recours, quarante-deux députés se sont exprimés contre les dispositions légales litigieuses.

Cinq d'entre eux ont signé la requête, tandis que les noms des trente-sept autres ont été repris sur une liste annexée audit recours. A ces quarante deux députés se sont ajoutés les cinquante-trois autres, dont les noms ont également été repris sur une liste, introduite à la CSJ, le 22 mars 2004. Contrairement à la lecture de la Cour, plus de cinquante députés ont ainsi exprimé, d'une manière ou d'une autre, leur volonté de la voir censurer les disposi-

---

[557] JOSE ANTONIO MARTIN PALLIN, « Les juges engagés pour la justice et le droit », in *Non à l'impunité oui à la justice*, Genève, Commission internationale des juristes, 1993, pp. 143-144.

[558] M. WETSH'OKONDA KOSO, *Les textes constitutionnels congolais annotés, op.cit*, p. 412.

tions légales jugées par eux inconstitutionnelles. La CSJ n'a pas jugé bon d'avoir égard aux listes de députés soutenant le recours. C'est pour cette raison qu'elle a estimé que le quorum requis en vue de la recevabilité d'un recours parlementaire n'a pas été atteint.

Tout aussi critiquable est le deuxième moyen d'irrecevabilité du recours invoqué par la Haute cour.

« La loi organique portant organisation et fonctionnement des partis politiques ayant été adoptée le 5 mars 2004, a jugé la haute cour, le délai de 6 jours francs courait jusqu'à la date du 11 mars 2004. C'est dans ce délai conclut-elle, que le recours aurait dû être déposé. En l'introduisant le 12 mars 2004, soit un jour après le délai de 6 jours francs, les requérants ont agi en dehors du délai, fixé par l'article 131 de la Constitution de la transition ».

L'article 131 de la Constitution de la transition dispose : « La Cour Suprême de Justice peut être saisie d'un recours visant à faire déclarer une loi non conforme à la Constitution de la transition (...) dans les six jours francs suivent son adoption définitive[559] ». Certes, la définition des délais n'est pas toujours aisée. La controverse suscitée par la computation du délai préfix qui est du reste un délai franc dans l'affaire Itwa contre Eale et ministère public en constitue une preuve éloquente[560]. Cependant, à la différence du délai préfix qui n'est pas défini par le législateur, le délai franc, lui, est bel est bien défini, ce qui devrait en faciliter l'application.

Aux termes de l'article 13 de l'ordonnance-loi n°82-017 du 31 mars 1982 portant procédure devant la CSJ : « *Les délais préfix sont des délais francs comme prévu au Code de procédure civile*[561] ». Quant au point 1 de l'article 195 dudit Code, il dispose : « *le jour de l'acte qui est le point de départ d'un délai n'y est pas compris. Le jour de l'échéance est compté dans le délai, si celui-ci n'est qualifié de franc*[562] ». Il se dégage de ces dispositions légales combinées que le délai franc se définit et se distingue des autres en ce que le dies a quo et le dies ad quem n'y sont comptés. Il s'ensuit que, dans le cas d'espèce, la loi litigieuse ayant été adoptée le 5 mars 2004, le recours des députés pourrait être déposé utilement le 12 mars 2004 au plus tard. Il

---

559 M. WETSH'OKONDA KOSO, *Les textes constitutionnels congolais annotés, op.cit*, p.412.

560 Sur cette affaire, lire M. LIHAU, « La notion de délai préfix dans la législation congolaise », in *Revue congolaise de droit*, n°1, 1970, p. 114 et s.

561 KALONGO MBIKAYI et INIER LATEBO EKWA, *Le Code judiciaire zaïrois mis à jour au 31 janvier 1986, op.cit*, p. 115.

562 *I*dem, p. 304.

semble que c'est donc à tort que la Cour l'a déclaré irrecevable[563]. Cette solution semble d'autant plus regrettable que la CSJ ne semble pas avoir fait preuve de la même rigueur à l'égard d'autres requêtes qui lui ont été soumises.

A titre d'exemple, le 14 juillet 2006, après son adoption en termes identiques par l'Assemblée nationale et le Sénat, la loi organique portant statut des magistrats a été transmise au Président de la République pour publication. Conformément à l'article 139, 1er tiret, celui-ci devrait à son tour la déférer à la CSJ en vue de l'appréciation de sa conformité à la Constitution et ce, dans le délai de quinze jours à dater de sa transmission. En fait, ce n'est que le 23 août 2006, soit vingt et un jours plus tard que le Président de la République s'est plié à cette obligation constitutionnelle. Curieusement, dans son arrêt du 8 septembre 2006 sanctionnant l'examen de la requête présidentielle, la Haute cour semble ne s'être pas préoccupée de cette situation[564]. Certes, l'on peut rétorquer que la situation n'est pas la même : dans l'arrêt relatif à l'organisation et au fonctionnement des partis politiques, on est en présence d'une loi ordinaire, tandis que dans l'arrêt relatif à la loi portant statut des magistrats, il s'agit plutôt d'une loi organique. Le contrôle de constitutionnalité de celle-ci est obligatoire, alors qu'il est facultatif, pour celle-là.

Il n'en reste pas moins que, dans les deux cas, le pouvoir constituant a pris le soin d'enserrer l'exercice du droit de saisine du juge constitutionnel dans des délais, qui doivent, dès lors, être respectés. Il semble donc que la Haute cour aurait dû, ne serait-ce que, déplorer le retard pris par le président de la République pour la saisir. Pour ne l'avoir pas fait et contrairement à ce qu'affirme Kaluba Dibwa[565], elle a ainsi failli à son devoir d'impartialité.

La raison pour laquelle la CSJ a considéré que le quorum requis pour la recevabilité d'une requête parlementaire n'était pas réuni, c'est que, certains députés ne l'avaient pas signé. Apparemment, cette exigence découle de l'article 2 de l'ordonnance-loi n° 82-017 du 31 mars 1982 relative à la procédure devant la CSJ, libellé de la manière suivante :

« *Lorsqu'elle émane du ministère public ou lorsqu'elle est formée en matière administrative, la requête introductive doit être signée par un avocat à la Cour suprême de justice (...)*[566] ». Comme on peut le constater, cette dis-

[563] NGONDANKOY NKOY-ea-LOONGYA, *Le contrôle de constitutionnalité, op.cit*, pp. 350-351.
[564] CSJ, 8 septembre 2006, RConst.36/TSR.
[565] D. KALUBA DIBWA, *La saisine du juge constitutionnel et du juge administratif suprême en droit public congolais, op.cit*, p. 84.
[566] KALONGO MBIKAYI et INIER LATEBO EKWA, *Le Code judiciaire zaïrois mis à jour 31 janvier 1986, op.cit*, p. 113.

position légale exigeait la signature d'un avocat à la CSJ, comme condition de recevabilité des requêtes. En cette matière, la Constitution de la transition a introduit d'importantes innovations, en ouvrant le prétoire de cette juridiction, statuant en matière de contrôle de constitutionnalité, à plusieurs institutions publiques : le président de la République, le Président de l'Assemblée nationale, le Président du Sénat, le Premier ministre, les présidents des institutions d'appui à la démocratie et une fraction de députés et de sénateurs. Il s'ensuit que, contrairement à la volonté du législateur du Code de procédure devant la CSJ qui était de « *corseter le prétoire du juge constitutionnel* », celle du constituant du 4 avril 2003 était plutôt de faciliter la saisine du juge constitutionnel. La jurisprudence de la Cour allait dans ce sens dans la mesure où, avant la requête parlementaire litigieuse, quelques requêtes en inconstitutionnalité des normes avaient été introduites devant cette juridiction et reçues par elle, sans qu'elles n'aient été signées par un avocat à la CSJ[567]. Plus explicite en la matière, l'arrêt Ndambu affirme :

> « *L'exception en sa première branche est prise de la violation des dispositions des articles 3 et 4 de l'ordonnance-loi n°82-017 du 31 mars 1982 portant procédure devant la Cour suprême de justice en ce que le demandeur n'a pas produit deux copies dûment signées par un avocat près la Cour suprême de justice, alors que les dispositions légales susdites prévoient que toute requête introduite devant la Cour suprême de justice et tout mémoire déposé devant elle doivent être accompagnés de deux copies dûment signées par un avocat près la Cour suprême de justice.*
>
> *En cette branche, l'exception n'est pas fondée car en vertu de l'article 162, alinéa 2 de la Constitution, « toute personne peut saisir la Cour constitutionnelle pour inconstitutionnalité de tout acte législatif ou règlementaire » et, pour ce faire, elle n'a pas besoin de produire deux copies de la requête signées par un avocat à la Cour suprême de justice, le ministère d'un avocat n'étant pas exigé*[568] ».

Au lieu de décréter l'irrecevabilité de la requête, faute de signatures suffisantes, sans préciser le fondement juridique de cette exigence procédurale, la

[567] Pour une doctrine à l'encontre de ces arrêts de recevabilité, lire notamment KATUALA KABA KASHALA, « Une nouvelle exception à la saisine de la Cour suprême de justice telle qu'organisée à l'article 2 du Code de sa procédure », *Justice, Science et Paix*, numéro spécial, juin 2004, p. 9 et s. Dans le sens opposé, D. KALUBA DIBWA, La *saisine du juge constitutionnelle et du juge administratif suprême en droit public congolais, op.cit*, pp. 45-46.

[568] C.S.J, 26 avril 2011, R.Const.152/TSR, *Les Analyses juridiques n°22*/2011, pp. 64-69 avec note de M. WETSH'OKONDA KOSO, « La Cour suprême persiste et signe : la motion de défiance contre un gouverneur de province est un acte législatif ».

Cour n'aurait-elle pas fait œuvre utile, en demandant à ceux des parlementaires qui ne l'avaient pas fait, de régulariser la procédure, en y apposant leur signature ? Aussi curieuse qu'elle puisse paraitre, cette solution a été utilisée plus tard dans une autre espèce, notamment dans l'arrêt avant dire droit relatif au *règlement intérieur de la CVR,* dans lequel la Haute cour s'est exprimée en ces termes :

> *« A l'examen de la cause, la Cour suprême de justice relève que le règlement n'est pas revêtu des signatures requises, notamment celle du Président de la Commission. Par ailleurs, elle constate l'absence au dossier de tout renseignement relatif au quorum des votes émis lors de l'adoption dudit règlement, quorum prévu par l'article 17 de la loi organique n°04/018 du 30 juillet 2004. La Cour suprême de justice, toutes sections réunies, siégeant en matière d'appréciation de la conformité à la Constitution, statuant avant dire droit ; (...) ordonne au Président de cette Commission, le dépôt d'une copie signée ainsi que le procès-verbal de l'Assemblée plénière du 12 janvier 2005*[569] *».*

En définitive, il y a lieu d'épouser l'opinion de Ngondankoy Nkoy-ea-Loongya lorsqu'il affirme que, les différents moyens d'irrecevabilité opposés par la Cour à la requête parlementaire semblent autant de prétextes, pour ne pas contrarier le pouvoir politique, fût-il au mépris de la négation des droits de l'homme qu'elle a pour mission de protéger[570].

Il n'empêche qu'une réserve soit observée par rapport à la même opinion lorsqu'elle aborde le fond de la requête litigieuse en ces termes :

> *« critiquant l'économie de l'article 12 de la nouvelle loi (devenu article 11 dans sa version finale), les requérants exposaient, entre autres, que la condition de justifier d'un niveau de formation de graduat ou équivalent pour être fondateur d'un parti politique était contraire au principe d'égalité et de non-discrimination, raison pour laquelle ils sollicitaient de la Haute cour l'examen de conformité de cette disposition à l'article 17 de la Constitution. Pour un essai de discussion, on rappellera que, parmi les motifs de discrimination prohibés par la Constitution (religion, sexe, origine familiale, condition sociale, résidence, opinions ou convictions politiques, appartenance à une race, à une ethnie, à une tribu et à une minorité culturelle ou linguistique), on ne voit guère la condition de diplôme (...).Ce qui suppose que ce qui n'est pas de*

---

[569] C.S.J, 28 janvier 2005, R.Const.25/TSR, inédit.

[570] NGONDANKOY NKOY-ea-LOONGYA, *Le contrôle de constitutionnalité, op.cit*, pp. 350-351.

l'article 17 dans l'énumération ne peut être invoqué comme « motif » de discrimination.

De plus, quoique le principe de la liberté partisane puisse bénéficier en principe, à tout citoyen-comme l'enseigne le droit commun des droits de l'homme-, on sait que ce principe n'est incompatible ni avec un régime dérogatoire, ni avec certaines restrictions, qu'elles résultent de la Constitution ou des lois. Dans le cas d'espèce, on ne voit pas où, dans l'article 17 de la Constitution, les requérants pouvaient trouver une assise juridique au « motif » qualifié de « détention d'un diplôme universitaire » ! Dans un pays où n'importe qui peut se lever le matin, avec pour seule base politique sa famille biologique et pour seule préoccupation idéologique le port du titre de « président-fondateur », et draper les murs de sa maison aux couleurs du parti X, il y a lieu de craindre que l'absence d'un minimum de conditions dans le droit de création des partis politiques-telle la condition du port d'un diplôme universitaire-ne puisse freiner des efforts actuellement en cours visant à la résorption de l'exceptionnelle « inflation » des partis politiques en RDC apparue depuis 1990. De notre point de vue, l'inscription de la condition du diplôme dans la loi du 5 mars 2003, aussi « corporatiste » que cela puisse paraitre, ne pouvait être censurée ni sur base de l'article 17 de la Constitution, ni sur aucune autre base juridique, sauf à s'en offusquer sur le plan moral, politique ou éthique. Dès lors, si la Cour avait laissé se discuter le litige jusqu'au fond, en n'arrêtant pas son contrôle aux questions périphériques, la requête des honorables députés allait certainement se buter-nous croyons-à cette grande difficulté de trouver dans l'article 17 une assise juridique incontestable au prétendu motif de discrimination qualifié de « condition de diplôme ». Peut-on assimiler la « condition de diplôme » par exemple à la notion de « condition sociale » ou d'« origine familiale » prévue par cette disposition constitutionnelle ? Rien n'est si évident (...)[571] ».

Ici apparaît, une fois de plus, l'importance, pour une protection efficace des droits de l'homme, de l'utilisation des méthodes appropriées d'interprétation de la Constitution. L'opinion de Ngondankoy semble procéder d'une interprétation littérale qui n'est ni la seule possible, ni la plus adéquate. La RDC l'a appris au prix fort, notamment avec la révocation de son premier Premier ministre, Patrice-Emery Lumumba par le Président Kasavubu. Aux termes de l'article 22 de la loi fondamentale du 19 mai 1960 sur

[571] NGONDANGOY NKOY-ea-LOONGYA, *Le contrôle de constitutionnalité en République démocratique du Congo, op.cit*, p. 356.

les structures du Congo : « *Le Chef de l'Etat nomme et révoque le Premier ministre et les ministres*[572] ». C'est sur le fondement de cette disposition constitutionnelle, interprétée de manière littérale, que Lumumba, a été révoqué, plongeant par le fait même le pays dans une crise politique profonde[573].

L'interprétation littérale de la Constitution a encore failli coûter chère à la RDC au lendemain de la démission du Premier ministre, Antoine Gizenga. Il s'est alors posé la question du sort des membres de son gouvernement. A la suite d'une interprétation littérale de la Constitution, Louis Yuma Biabia a soutenu que celui-ci devrait rester en fonction[574]. Tenant compte l'esprit de la même Constitution, en plus de sa lettre, Auguste Mampuya Kanunk'a-Tshiabo[575] et Jean-Louis Esambo[576] sont arrivés à la conclusion opposée.

De ce qui précède, il semble qu'au lieu de l'interprétation littérale faite par Ngondankoy Nkoy-ea-Loongya, l'article 13 de la Constitution devrait plutôt faire l'objet d'une interprétation téléologique. Cet auteur a d'ailleurs envisagé expressément une telle démarche, en invoquant la possibilité de son interprétation, à la lumière des traités internationaux auxquels la RDC est partie[577]. Il existe en la matière un précédent fort intéressant du Conseil constitutionnel algérien qu'Elisabeth Abdelgawad Lambert présente de la manière suivante :

> « *Ce fut la première décision du 20 août 1989 relative au Code électoral. La norme en cause était l'article 86 relatif aux conditions d'éligibilité à l'Assemblée nationale, puisqu'était posée l'exigence pour les candidats et leurs conjoints d'être de nationalité algérienne d'origine. Le Conseil constitutionnel cite l'article 28 de la Constitution qui consacre le principe d'égalité des citoyens*

---

[572] M. WETSH'OKONDA KOSO, *Les textes constitutionnels congolais annotés, op.cit*, p. 19.

[573] Lire, à ce sujet, DJELO EMPENGE OSAKO, *L'impact de la coutume sur l'exercice du pouvoir en Afrique noire, op.cit*, pp. 36-38.

[574] YUMA BIABA, *La démission du Premier ministre et ses conséquences sur le fonctionnement du Gouvernement*, disponible en ligne à l'adresse *http://www.lepotentiel.com/afficher_article.php?id_edition=&id_article=71174* (19 septembre 2011).

[575] A. MAMPUYA KANUNK'a-TSHIABO, *Au-delà de la querelle artificielle, la lettre et l'esprit*, disponible en ligne à l'adresse *http://www.la-constitution-en-afrique.org/article-23367723.html* (19 août 2011).

[576] J-L ESAMBO KANGASHE, *La démission du Premier Ministre Gizenga : question constitutionnelle ou querelle politicienne ?*, disponible en ligne à l'adresse *http://www.la-constitution-en-afrique.org/15-categorie-10195444.html* (19 août 2011).

[577] NGONDANKOY NKOY-EA-LOONGYA, *Le contrôle de constitutionnalité en République démocratique du Congo, op.cit*, p. 180 ; M. WETSH'OKONDA KOSO, *Les perspectives des droits de l'homme dans la Constitution congolaise du 18 février 2006, op.cit*, pp. 30-31.

devant la loi et poursuit : « Considérant qu'après sa ratification et dès sa publication, toute convention s'intègre dans le droit national et, en application de l'article 123 de la Constitution acquiert une autorité supérieure à celle des lois, autorisant tout citoyen algérien de s'en prévaloir devant les juridictions, que tel est le cas notamment des pactes des Nations Unies de 1966 approuvés par la loi n°89-08 du 25 avril 1989 et auxquels l'Algérie a adhéré par décret présidentiel n°89-67 du 16 mai 1989, ainsi que de la Charte africaine des droits de l'homme et des peuples ratifiée par décret n°87-37 du 3 février 1987, ces instruments juridiques interdisant solennellement les discriminations de tous ordres ». Il termine en déclarant « en conséquence, le Conseil constitutionnel déclare non conforme à la Constitution, l'exigence de la nationalité algérienne d'origine pour le candidat aux élections législatives.

Dans cette même décision, et sur l'allégation selon laquelle l'article 108 de la loi électorale impose que la déclaration de candidature à la présidence de la République soit accompagnée d'un certificat de la nationalité d'origine du conjoint, le Conseil constitutionnel va plus loin en énonçant que cette disposition introduit une disposition contraire aux dispositions constitutionnelles et aux pactes ci-dessus visés » ; « en conséquence, le Conseil constitutionnel déclare le troisième alinéa de l'article 108 non conforme à la Constitution[578] *».*

A l'instar de son homologue algérien, la CSJ n'aurait-elle pas fait œuvre utile, en interprétant l'article 17 de la Constitution de la transition, à la lumière des engagements internationaux de la RDC, notamment de l'article 2 du Pacte international relatif aux droits internationaux relatifs aux droits civils et politiques aux termes duquel les « *Etats s'engagent à respecter et à garantir à tous les individus se trouvant sur leur territoire et relevant de leur juridiction les droits reconnus... sans distinction aucune*[579] »? Pour le surplus, s'il est indéniable que, dans leur configuration actuelle, les partis politiques ne semblent pas favoriser l'enracinement de la démocratie et de l'Etat de droit en RDC[580], rien ne semble, cependant, indiquer que la solution à ce

[578] E. LAMBERT ABDELGAWAD, « L'application de la Charte africaine des droits de l'homme et des peoples par les autorités nationales en Afrique du Nord », in J-F FLAUSS et E. LAMBERT-ABDELGAWAD, *L'application nationale de la Charte africaine des droits de l'homme et des peuples*, *op.cit*, p. 114.

[579] *Instruments internationaux et régionaux relatifs aux droits de l'homme ratifiés par la République démocratique du Congo*, *op.cit*, p. 25.

[580] Sur les faiblesses des partis politiques congolais, lire notamment A. KAMUKUNY MUKINAY, *Droit constitutionnel congolais*, *op.cit*, pp. 285-302 ; KABUYA LUMUNA, *Manuel de sociologie politique*, Kinshasa, PUK, 2011, pp. 325-377 ; P. NGOMA-BINDA, J. OTEMIKONGO MANDEFU YAHISULE et LESLIE MOSWA MOMBO,

problème passe nécessairement par le relèvement du niveau intellectuel des fondateurs de ces partis. Il y a lieu également de douter de l'opportunité d'exiger des qualifications académiques aux fondateurs des partis politiques, alors mêmes que les candidats présidents de la République, députés et sénateurs, ne sont pas soumis à la même exigence[581]. Pour toutes ces raisons, il y a lieu de se demander si la CSJ n'a pas raté, une bonne opportunité, de censurer la loi portant organisation et fonctionnement des partis politiques, en application de la technique de l'erreur manifeste ou de défaut de proportionnalité.

L'appréciation de la conformité à la Constitution de la transition et à la loi organique portant organisation, attributions et fonctionnement de la CVR, du règlement intérieur de cette institution d'appui à la démocratique a accordé à la Haute cour l'opportunité de prendre position sur la question de la discrimination sexiste. Cette position s'énonce de la manière suivante :

> « *Pour ce qui est de l'article 127 qui vise une violation grave des droits de l'homme ou une violence faite à la femme ou à l'enfant, la Cour dit et juge que cette disposition est contraire à la Constitution de la transition en ce qu'elle est discriminatoire à l'égard de l'homme*[582] ».

Le moins qu'on puisse dire c'est que, telle qu'elle est formulée, la position de la CSJ semble avoir laissé plusieurs questions en suspens : en quoi consiste l'inconstitutionnalité évoquée ? S'agit-il d'une inconstitutionnalité formelle ou matérielle ?

Les choses seraient certainement plus claires si la Haute cour avait précisé la disposition constitutionnelle qui, d'après elle, aurait été violée. Or, elle n'en a cité aucune. Aux termes de l'article 51 de la Constitution de la transition : « (...) *l'Etat prend des mesures pour lutter contre toutes les formes de*

République démocratique du Congo, Démocratie et participation politique : une évaluation des premiers pas dans la IIIème République, une étude d'AfriMap et de l'Open Society for Southern Africa, Johannesburg, OSISA, novembre 2010, pp. 123-142 ; E. BOSHAB, *République démocratique du Congo, Entre les colombes et les faucons, où vont les partis politiques*, Kinshasa, PUC, octobre 2001.

581 La Loi n°11/003 du 25 juin 2011 portant modification de la loi n°06/006 du 9 mars 2006 portant organisation des élections présidentielle, législatives, provinciales, urbaines, municipales et locales, Kinshasa, *Journal officiel de la République démocratique du Congo*, 52ème année, numéro spécial, 20 août 2011, pp. 25-26 et 130 semblent avoir rétabli la cohérence de l'ordre juridique en retenant les qualifications académiques ou l'expérience politique au nombre des conditions d'éligibilité tant du président de la République que des députés et des sénateurs.

582 CSJ, 11 mars 2005, R.Const.026/TSR, inédit.

violence faite à la femme dans la vie publique et dans la vie privée (...)[583] ». Quant à l'article 44 in fine de la même Constitution, il dispose que : « (...) *L'Etat a l'obligation de protéger l'enfant contre la prostitution, le proxénétisme, l'homosexualité, l'inceste, la pédophilie, le harcèlement sexuel et toutes autres formes de perversion sexuelle*[584] ». Il se dégage de ces deux dispositions constitutionnelles que, bien que la Constitution ne l'indique pas clairement, elle a voulu assurer une protection spéciale aux droits de certaines catégories d'individus, dont les femmes et les enfants[585]. Elle s'est ainsi inscrite dans la dynamique du droit international des droits de l'homme, lequel consacre également les droits catégoriels des femmes[586] et des enfants[587]. Il est, dès lors, difficile de comprendre pour quelle raison la Cour a reproché au règlement intérieur de la CVR de porter, lui-aussi, une attention particulière aux droits de la femme et des enfants.

Le peu d'attention que cette juridiction semble porter à l'égard des droits de ces catégories[588] n'incite pas à l'optimisme quant à la suite qu'elle pourrait être amenée à réserver à la requête en annulation, pour inconstitutionnalité, de la loi électorale à laquelle il est reproché d'avoir méconnu l'article 14, alinéa 5 de la Constitution relatif à la parité homme-femme dans les institutions nationales et locales à travers son article 13, par lequel, elle dispose que le fait pour les partis politiques, de ne pas tenir compte de ce principe, dans l'élaboration de leurs listes électorales, n'est pas une cause d'irrecevabilité de celles-ci[589].

583 M. WETSH'OKONDA KOSO, *Les textes constitutionnels congolais annotés, op.cit*, p. 391.

584 *Idem*, p. 390.

585 Une situation similaire peut être observée dans la Constitution du 18 février 2006. Lire à ce sujet M. WETSH'OKONDA KOSO, *Les perspectives des droits de l'homme dans la Constitution congolaise du 18 février 2006, op.cit*, pp. 45-50.

586 A travers notamment la Convention internationale pour l'élimination de toutes les formes de discrimination à l'égard des femmes et le Protocole à la Charte africaine des droits de l'homme et des femmes relatifs aux droits des femmes.

587 A travers notamment la Convention relative aux droits de l'enfant et la Charte africaine des droits et du bien-être de l'enfant.

588 Pour une situation opposée, lire notamment S. BOLLE, *Le Code des personnes et de la famille devant la Cour constitutionnelle du Benin, la décision DCC 02-0144 du 23 décembre 2002, www.afrilex.u-bordeaux4.fr*. Il y est fait état notamment de la censure des dispositions relatives à l'adultère, au lévirat et à l'obligation pour la femme mariée de porter le nom de son mari. Plus tard, fidèle à cette jurisprudence, la Cour constitutionnelle du Benin s'illustrera par l'annulation des dispositions du Code pénal relatives à la répression de l'adultère lesquelles réprimaient plus sévèrement l'adultère de la femme plutôt que celui de l'homme. En Afrique du Sud, c'est la règle de la primogéniture masculine qui a été déclaré inconstitutionnelle par la Cour constitutionnelle. ANTHEA VAN DER BURG et coll., *Afrique du Sud : le secteur de la justice et l'Etat de droit, op.cit*, p.52-53.

589 Cette requête a été déposée à la CSJ par le Cadre de concertation de la femme congolaise (CAFCO). Sur la quête de l'amélioration de la représentativité de la femme dans les

Ce scepticisme semble d'autant plus fondé que, non seulement la preuve de la qualité de la personne qui a signé la requête au nom de la requérante ne semble avoir été apportée, mais, en plus, les moyens développés à l'appui de cette requête ne semblent pas assez forts, pour emporter la conviction de la Cour et l'amener ainsi à changer sa position actuelle.

Tel n'a pas été le cas dans l'affaire Famille Forrest dans laquelle la CSJ a jugé que :

> *« Le premier moyen d'inconstitutionnalité est pris de la violation de l'article 12 de la Constitution énonçant que : « Tous les congolais sont égaux devant la loi et ont droit à une égale protection des lois » en ce que pour justifier le refus d'autorisation du rachat des actions de la Belgolaise par le demandeur et sa famille, la Banque centrale du Congo a, dans le souci de consolider le secteur financier de la RDC, décider de privilégier la présence dans l'actionnariat des banques y établies d'une banque de renommée internationale, critère considéré comme seule voie pour faciliter l'acceptation de la vente de la banque commerciale du Congo auprès de l'actionnaire Etat, seul critère auquel le requérant, en sa qualité d'industriel ne répond pas et de ce fait n'aurait pas dû être sélectionné par la partie cédante Belgolaise alors qu'il est démontré à suffisance de droit qu'après son adoption par lettre GOUV/n°000257, ce critère qui est imposé à la banque commerciale du Congo n'est pas appliqué à d'autres banques récemment*

---

cercles de prise de décision, lire notamment W. BUSANE RUHANA MIRINDI, « L'accès des femmes aux fonctions publiques en République démocratique du Congo : cas des fonctions gouvernementales », *Revue de droit africain* n 33/05, pp. 141-179 ; F. VUNDUAWE te PEMAKO, *Traité de droit administratif, op.cit*, p. 592 ; M. WETSH'OKONDA KOSO, *Les perspectives des droits de l'homme dans la Constitution congolaise du 18 février 2006, op.cit*, pp.46-47 ; E. BOSHAB, « République démocratique du Congo : Etat unitaire à régionalisation constitutionnelle ou fédéralisme assourdi ? », *Revue de droit africain n°7*, juillet 1998, p.306 ; A. KAMUKUNY MUKINAY, « La Constitution de la transition congolaise à l'épreuve du constitutionnalisme », in SAYEMAN BULA-BULA (dir.), *op.cit*, p.179 ; J-L. ESAMBO KANGASHE, *La Constitution congolaise du 18 février 2006 à l'épreuve du constitutionnalisme, op.cit*, p. 87 ; N. BANNEUX, E. BOSHAB, M. BOSSUYT, BOB KABAMBA et P. VERJANS, « République démocratique du Congo : une Constitution pour une troisième République équilibrée », *op.cit*, http://popups.ulg.ac.be/federalisme/document.php?id=561 ; J M. KUMBU KI NGIMBI, BOB KABAMBA et J-L. ESAMBO KANGASHE, « La Constitution de la République démocratique du Congo », *op.cit*, pp. 25-26 ; A. MUYABU NKULU, « La bonne gouvernance participative : le rôle de la femme », *Congo-Afrique* n°402-403, février-mars 2006, pp. 126-140 ; M-M. KALALA, « Parité homme-femme dans la période post-électorale », *Congo-Afrique* n° 402-403, février-mars 2006, pp. 102-112.

agrées comme c'est le cas de la Banque commerciale dont les statuts publiés au Journal officiel sont versés au dossier[590] ».

Sur le plan de la forme, il y a lieu de noter que cet arrêt est le quatrième que la Cour a prononcé en matière d'appréciation de la conformité à la Constitution des actes règlementaires. Elle fait suite aux arrêts Demofike[591], Claude Mwendo Muvia-wa-Buhatsi[592] et Kirarahumu[593]. Au fil du temps et à l'instar de ses homologues béninois, gabonais qui ont eux-mêmes emboité le pas aux juridictions constitutionnelles autrichienne, allemande, belge et espagnole, la CSJ, siégeant comme une Cour constitutionnelle, s'affirme ainsi comme un juge administratif sui generis[594].

Du point de vue du fond, il y a lieu de relever que, la CSJ a effectué un contrôle de constitutionnalité approfondi, en s'interrogeant sur l'exactitude des faits invoqués par la Banque centrale, pour s'opposer à la cession des droits de la Belgolaise, à Monsieur Forrest ainsi qu'à sa famille. Sans un tel contrôle, utilisé de plus en plus par le juge administratif camerounais[595] et sénégalais[596], lesquels n'hésitent pas à s'engager aussi sur le terrain du contrôle de la qualification des faits, le droit à l'égalité n'aurait pas bénéficié de la protection requise.

En définitive, on peut dire que le droit à l'égalité a bénéficié de la CSJ d'une « protection contingentée »[597]. Efficace dans les arrêts relatifs aux règlements intérieurs de la CVR, de l'ONDH et du Sénat ainsi que dans l'arrêt Forrest, cette protection semble plutôt avoir abouti à un échec, dans les arrêts relatifs aux immunités de poursuites et à la loi portant organisation et fonctionnement des partis politiques.

---

590 CSJ, 26 mars 2010, R.Const.113/TSR, inédit.

591 CSJ, 13 septembre 2006, R.Const.37/TSR, inédit.

592 CSJ, 26 février 2010, R.Const.089/TSR, inédit.

593 CSJ, 26 février 2010, R.Const.48/TSR, inédit.

594 P. MOUDOUDOU, « Les tendances du droit administratif dans les Etats d'Afrique francophones », in *Annales de l'Université Marien NGouab*i, 2009, 10 (3), pp. 31-35 ; C. KEUTCHA TCHAPNGA, « Le juge constitutionnel, juge administratif au Bénin et au Gabon ? », *RFDC* n° 75, 2008/3, pp. 551-583.

595 C.KEUTCHA TCHAPNGA et C. SIETCHOUA DJUITCHOKO, « Commentaire de l'arrêt de la Cour suprême du Cameroun, Chambre administrative, jugement n°29 du 03 mai 1990, Mbarga Symphorien contre Etat du Cameroun », *Revue électronique Afrilex* 2000/01.

596 MOUSTAPHA NGAIDE, « Le Conseil d'Etat du Sénégal et le principe de l'égal accès des citoyens à un emploi public : a propos de l'arrêt du 29 juin 2000, Association nationale des handicapés moteurs du Sénégal contre Etat du Sénégal (arrêt 12) », *Revue électronique Afrilex n°03/2003*, pp. 193-222.

597 NGONDANKOY NKOY EA LOONGYA, *Le droit congolais des droits de l'homme, op.cit*, pp. 86-88.

§3. Le droit à l'interdiction des travaux forcés

Le droit à l'interdiction des travaux forcés est au cœur de l'arrêt relatif à la conformité à la Constitution de la loi portant suppression des travaux forcés[598]. Par requête reçue au greffe de la CSJ, le 26 juillet 2011, le président de la République, agissant en vertu des articles 139 et 160 de la Constitution, a sollicité de cette Cour l'appréciation de la conformité de ladite loi à la Constitution, spécialement en son article 215.

Explicitant sa pensée, il a relevé qu'en même temps que le législateur s'est prononcé dans le sens d'une suppression totale de la peine précitée, la RDC demeure partie aux conventions n°29 et 105 de l'Organisation internationale du travail et au Pacte international relatif aux droits civils et politiques dont l'article 8, point c) admet, à titre d'exception, la validité juridique de *« tout travail ou service normalement requis d'un individu qui est détenu en vertu d'une décision de justice ou qui, ayant fait l'objet d'une telle décision, est libéré conditionnellement »*.

L'arrêt de la Cour en réponse à la requête ainsi résumée mérite d'être repris in extenso :

> *« De prime abord, la Cour relève, contrairement au paragraphe trois de l'exposé des motifs de la loi sous examen que l'article 5, point 2 de la loi n° 73/017 du 5 janvier 1973 relatif à la peine de travaux forcés ne heurte pas l'article 16 in fine de la Constitution, lequel n'interdit que le travail forcé imposé arbitrairement à autrui et contre sa volonté, sous la menace d'une mesure de rétorsion. Elle relève par ailleurs que tout en prohibant le travail forcé ou obligatoire, entendu comme « tout travail ou service exigé d'un individu sous la menace d'une peine quelconque et pour lequel ledit individu ne s'est pas offert de plein gré », les conventions internationales susvisées aménagent des tempéraments et n'interdisent notamment pas le travail ou service exigé d'un individu en exécution d'une condamnation prononcée par un tribunal compétent, conformément à la loi. Elle note ainsi que la loi sous examen n'est en rien contraire à l'article 215 de la Constitution qui dispose que « les traités et accords internationaux régulièrement conclus ont, dès leur publication, une autorité supérieure à celle des lois, sous réserve, pour chaque traité ou accord, de son application par l'autre partie ». En effet, cette loi ne contrevient pas ni aux conventions 29 et 105 de l'Organisation internationale du travail, ni au Pacte international relatif aux droits civils et politiques d'une part parce que ce que ces instruments internationaux n'imposent*

[598] CSJ, 19 août 2011, R.Const.166/TSR, inédit.

pas à la République démocratique du Congo une quelconque obligation de ne pas abolir les travaux forcés, d'autre part parce qu'ils excluent du champs de l'interdiction du travail forcé ou obligatoire le travail forcé régulièrement infligé à titre de sanction pénale par un tribunal compétent. La Cour juge ainsi que la loi portant suppression de la peine de travaux forcés est conforme à la Constitution, à l'exception du paragraphe 3 de son exposé des motifs qui laisse penser, à tort, que cette peine est contraire à l'article 16 in fine de la Constitution[599] ».

Il appelle quelques commentaires tant du point de vue de la forme que celui du fond. Au point de vue de la forme, le problème qui y est abordé est l'un des plus débattus en « *droit constitutionnel international* »[600]. Une loi contraire à un traité international l'est-elle également à la Constitution ? Le Conseil constitutionnel français était confronté à ce problème dans l'affaire relative à la loi sur l'interruption volontaire de grossesse (IVG), également connue sous le nom de loi Simone Weil. Non contents de son adoption par l'Assemblée nationale, une fraction de députés l'a déférée au Conseil, aux fins de l'appréciation de sa conformité à la Constitution. Selon eux, le droit à la vie étant consacré par les engagements internationaux de la France, notamment par l'article 2 de la Convention européenne des droits de l'homme, dans la mesure où elle autorisait l'interruption volontaire de grossesse, cette loi violait lesdits engagements internationaux. De ce fait, elle contrevenait à l'article 55 de la Constitution aux termes duquel :

> « *Les traités ou accords régulièrement ratifiés ou approuvés ont, dès leur publication, une autorité supérieure à celle des lois, sous réserve, pour chaque accord ou traité, de son application par l'autre partie*[601] ».

Ce raisonnement juridique n'a pas emporté la conviction du Conseil constitutionnel qui a décliné sa compétence en la matière.

L'on s'est interrogé, en doctrine, sur le bien-fondé de cette décision jurisprudentielle. Pour elle, une décision prise dans le cadre du contrôle de constitutionnalité des normes revêt un caractère absolu. Elle aboutit à l'annulation ou au rejet de la loi litigieuse. Tel n'est pas le cas d'une décision prononcée à la suite du contrôle de conventionalité des lois. La portée de celle-ci serait plutôt relative, dans ce sens qu'elle n'entraîne pas l'annulation

---

599 CSJ, 19 août 2011, R.Const.166/TSR.

600 L'expression est empruntée à L. FAVOREU et L. PHILIP, *Les grandes décisions du Conseil constitutionnel*, Paris, Dalloz, 11ème édition, 2001, p. 781.

601 J. GODECHOT, *Les Constitutions de la France depuis 1789*, Paris, Garnier-Flammarion, 1970, p.437.

de la loi en cause, mais écarte seulement son application, dans le cas d'espèce. Une autre différence, entre la décision du juge constitutionnel et celui de la conventionalité, tiendrait au fait que celle-là est définitive, tandis que celle-ci est plutôt contingente dans la mesure où elle dépend du respect ou non de la règle de la réciprocité. Autrement dit, une loi peut être déclarée conforme à une convention internationale ou non selon que l'Etat partie l'applique ou non. C'est surtout sur point que la décision Interruption volontaire de grossesse a été critiquée dans la mesure où la règle de la réciprocité n'est pas de mise en matière de convention des droits de l'homme.

Ainsi, l'excuse avancée par le Conseil constitutionnel, pour ne pas censurer la loi déférée devant lui, a-t-elle été rejetée, par certains auteurs, comme peu convaincante[602]. Il n'empêche que, c'est à la suite de ce déclinatoire de compétence que, la constitutionnalisation du droit aidant, le juge administratif comme le juge judiciaire, ont été amenés à exercer le contrôle de conventionalité de la loi.

On pourrait se féliciter que dans l'arrêt sous examen, la CSJ ait pris le contrepied de son homologue français dans l'arrêt IVG. On ne peut cependant que déplorer le fait que, comme dans plusieurs autres arrêts, ladite Cour n'ait pas motivé sa décision. En fait, elle ne s'est pas du tout interrogée sur sa compétence pour apprécier la conformité à la Constitution de la loi portant suppression des travaux forcés. Elle ne s'est pas non plus embarrassée de la différence de nature entre la décision du juge constitutionnel et celle du juge de conventionalité des lois. Elle s'est ainsi prononcée dans la précipitation, sans se préoccuper des conséquences qui pourraient en résulter. Il s'ensuit que, contrairement à la France, où le contrôle de conventionalité des lois échappe au Conseil constitutionnel, en RDC, sauf si ce précédent n'arrive pas à faire jurisprudence, il sera exercé tant par le juge administratif, celui judiciaire que par la Cour constitutionnelle avec tous les risques de contrariété de jurisprudence que cela comporte.

En ce qui concerne le fond, la question que la CSJ était appelée à résoudre est celle de la portée du droit à l'interdiction des travaux forcés ou obligatoires. A lire l'arrêt sous examen, il ne s'agit pas d'un droit absolu mais, plutôt, relatif. Son champ d'application n'inclut pas le travail pénitentiaire. Celui-ci reste régulier. A priori, cette position semble tout à fait justifiée. Il y a lieu, cependant, de se demander si la Haute cour n'aurait pas fait œuvre utile, en nuançant sa position. Dans la pratique, en effet, il n'est pas

[602] Lire notamment J. COMBACAU et S. SUR, *Droit international public*, Paris, Montchrestien, 7ème édition, p. 189; P. WASCHSMANN, *op.cit*, pp. 130-131. Dans le sens contraire, lire L. FAVOREU et L. PHILIP, *Les grandes décisions du Conseil constitutionnel*, Paris, Dalloz, 11ème édition, 2001, pp. 300-327.

rare que l'on abuse de la main d'œuvre pénitentiaire, en la soumettant, de gré ou de force, à toutes sortes de travaux.

Certes, on est loin, dans ce cas, du travail obligatoire ou forcé, tel qu'il a été pratiqué sous l'Etat indépendant du Congo[603], mais on s'y rapproche. On se trouve en face des formes modernes d'esclavage. Une réserve d'interprétation n'aurait-elle pas aidé à prévenir des situations de ce genre ? A la différence d'autres juridictions constitutionnelles, y compris africaines[604], la CSJ n'utilise pas, sinon pas encore cette technique de contrôle de constitutionnalité des normes. Ce qui ne lui empêche pas d'assurer la protection du droit à la présomption d'innocence.

§4. Le droit à la présomption d'innocence

Consacré par l'ensemble des textes constitutionnels congolais[605], le droit à la présomption d'innocence présente un intérêt capital. Comme le note Montesquieu : « *quand l'innocence des citoyens n'est pas assurée, la liberté ne l'est pas non plus*[606] ». Ses implications sont connues : non seulement la charge de la preuve incombe à l'accusation, mais aussi, le doute profite à l'accusé. Dans le souci de respecter les principes ainsi définis, sous d'autres cieux, plusieurs réformes ont été réalisées, particulièrement en matière pénale. A titre d'exemple, en France, à la notion de « détention préventive » s'est substituée celle de « détention provisoire ». La première insinue la culpabilité de la personne concernée par la détention tandis que la seconde parait plus neutre. Dans le même ordre d'idées, l'expression « inculpation » a cédé la place à celle de « mise en examen ». Sous le contrôle du juge, la détention provisoire est soumise à des conditions strictes, notamment quant à sa durée.

Selon Pierre Truche : « *présenter avant jugement une personne comme coupable peut exposer l'organe de presse fautif à l'obligation d'insérer un communiqué pour faire cesser l'atteinte à la présomption d'innocence et à*

603. D. VANGROENWEGHE, *Du sang sur les lianes, Léopold II et son Congo*, Bruxelles, Didier Hatier, 1986, 318 p.

604 MAYACINE DIAGNE, « Le juge constitutionnel africain et la technique des réserves d'interprétation », *op.cit*, pp. 367-399.

605 Lire Les articles 7, point 4 ; 23, alinéa 4 ; 9, alinéa 1 ; 13, alinéa 4 ; 19, alinéa 4 et 17, alinéa 9 respectivement de la loi fondamentale du 17 juin 1960 relative aux libertés publiques, de la Constitution du 1er août 1964, de la Constitution du 24 juin 1967, de l'Acte constitutionnel de la transition du 9 avril 1994, de la Constitution de la transition et de la Constitution du 18 février 2006.

606 Lire P. MALAURIE, « La présomption d'innocence », in G. LEBRETON, *Les droits fondamentaux de la personne humaine en 1995 et 1996*, Paris, l'Harmattan, 1998, p. 87.

des poursuites judiciaire[607] ». Depuis 1993 précise Philippe Malaurie : *« la présomption d'innocence est (...) une règle civile (...) Cette règle permet à un individu impliqué dans une procédure pénale (la loi énumère les hypothèses) et qu'un organe de presse présente comme un coupable, de faire cesser l'atteinte à la présomption d'innocence et d'obtenir réparation du préjudice qu'il éprouve*[608] *».*

En RDC, par contre, la constitutionnalisation de la présomption d'innocence ne s'est pas, jusque-là, accompagnée des réformes nécessaires. Bayona Ba Meya déplore ainsi le maintien, dans les textes juridiques relatifs au droit judiciaire, des expressions telles que « inculpé » et « auteur présumé de l'infraction » et « indices sérieux de culpabilité »[609].

S'agissant de l'expression : *« auteur présumé de l'infraction »*, l'auteur note : *« l'expression "auteur présumé de l'infraction" dont font usage le Code de procédure pénale*[610] *et l'ordonnance du 3 juillet 1978 relative à l'exercice des attributions des officiers de police judiciaire*[611] *viole également le principe constitutionnel de la présomption d'innocence ; en effet, on ne peut concevoir que le délinquant qui est présumé innocent soit déjà présumé comme celui qui a commis l'infraction*[612] ».

La même observation se trouve sous la plume de Kabasele Lusonso lorsqu'il affirme que : *« les expressions « auteur présumé » de l'infraction employées à l'article 2 du Code de procédure pénale sont contraires à l'article 17, alinéa 9 précité de la Constitution*[613] *».*

Plus grave encore est l'organisation judiciaire qui, faute de juge d'instruction chargé de faire contrepoids au parquet doté des pouvoirs

---

607 P. TRUCHE, « Présomption d'innocence », in MARIO BETTATI, O. DUHAMEL et L. GREILSAMER (dir.), *La Déclaration universelle des droits de l'homme*, paris, Gallimard, édition revue et augmentée, 2008, pp. 73-74.

608 P. MALAURIE, « La présomption d'innocence », *op.cit*, p 92.

609 BAYONA BA MEYA, « La terminologie juridique à l'épreuve de la pratique légale, judiciaire et sociale au Zaïre », *Revue de la faculté de droit*, UPC, 1998, p. 13 ; « Réflexions sur les droits et les devoirs respectifs des justiciables, des témoins et des hommes de loi en procédure pénale congolaise », LUKIENI LU NYIMI et MASIALA MUANDA (dir.), *Justice et ordre public, droits et des devoirs des gouvernants et des gouvernés*, Kinshasa, Publication de l'IFEP, 1999, p. 99.

610 Articles 5 et 6, 11, 15, 22 et 23.

611 Articles 97, 103 et 105.

612 BAYONA BA MEYA, « La terminologie juridique à l'épreuve de la pratique légale, judiciaire et sociale au Zaïre », *op.cit*, p. 14.

613 KABASELE LUSONSO, « Les principes du procès équitable en droit judiciaire congolais et comparé », *Les Analyses juridiques* n°12/2007, mai-juin-juillet-août, p. 21.

d'instruction étendus, n'est pas de nature à promouvoir l'effectivité du principe de la présomption d'innocence[614].

Quelques initiatives ont été prises pour mettre le droit congolais en harmonie avec le principe constitutionnel de la présomption d'innocence, en le débarrassant des dispositions qui y portent atteinte. Pour nous borner à cet exemple, privée de liberté dans le cadre d'une instruction judiciaire, un prévenu a soulevé une exception d'inconstitutionnalité des dispositions du Code de procédure pénale précité relatives à la détention préventive, jugées, par lui, contraires à la présomption d'innocence. Rencontrant son moyen de défense, le Tribunal de grande instance de Lubumbashi statuant en chambre du conseil a jugé que :

> *« cette disposition constitutionnelle conçue en des termes généraux trouve son champ d'application dans les prescrits des articles 27 à 47 du Code de procédure pénale qui prévoient (...) les conditions de mise en détention préventive (...)[615] ».*

Pour ce tribunal, en effet, la présomption d'innocence *« ne traduit pas l'innocence du prévenu, mais une simple présomption d'innocence qui implique également une présomption de culpabilité (...)[616] ».* Avec Pascal Kambale, nous ne pouvons que nous demander « par quelle révélation mystique les juges Mvuemba, Lokombo et Losange qui composaient cette chambre du conseil ont découvert une « présomption de culpabilité » dans le passage de la Constitution qui prévoit la présomption d'innocence[617] ».

Leur raisonnement est d'autant plus inquiétant que « ce que le requérant contestait, c'est précisément la constitutionnalité de ces dispositions ». Il *était déjà outrageant pour ce tribunal de s'en tenir à ce raisonnement aberrant. Mais ajoutant l'insulte à la blessure, ce tribunal a tenu à préciser* » que le principe d'innocence emporte celui de la culpabilité, vidant par le fait même ce principe de tout son contenu.

L'arrêt R.Const.011/TSR du 2 juillet 2004 a remis la pendule à l'heure. Le 18 juin 2004, le président de la République, agissant en vertu des disposi-

---

[614] Lire à ce sujet, P. KAMBALE KALUME, « Pour une rationalisation des enquêtes et de l'instruction préjuridictionnelle au Congo : essai d'analyse et propositions », in *Horizons, Revue de droit et de science politique du Graben, Revue scientifique et semestrielle du CEJA* n°02/juin 2006, pp. 14-15 ; L. MUTATA LUABA, Traité de crimes internationaux, Kinshasa, EUA, 2008, pp. 53-54.

[615] KABASELE LUSONSO, « Les principes du procès équitable en droit judiciaire congolais et comparé », *op.cit*, p. 13.

[616] *Idem*, p. 13.

[617] P. KAMBALE KALUME, « Pour une rationalisation des enquêtes et de l'instruction préjuridictionnelle au Congo : essai d'analyse et propositions », *op.cit*, p. 13.

tions de l'article 121, alinéa 2 de la Constitution de la transition a introduit une requête devant ladite Cour, aux fins de l'examen de la conformité à la Constitution de la loi portant organisation, attributions et fonctionnement de l'ONDH, adoptée, en date du 15 juin 2004, par l'Assemblée nationale et le Sénat.

Faisant suite à ce recours, la Haute cour a jugé que :

> *« concernant l'article 12, littéra f, la Cour relève que parmi les conditions requises pour devenir membre de l'Observatoire national des droits de l'homme, la loi sous examen exclut tout candidat faisant l'objet des poursuites judiciaires du chef de crime de guerre, de crimes contre l'humanité, de crimes de génocide et des crimes économiques alors que la Constitution de la transition en son article 19, alinéa 4 édicte que toute personne accusée d'une infraction est présumée innocente jusqu'à ce que sa culpabilité ait été établie par un jugement définitif. Refuser à une personne non encore condamnée la possibilité de devenir membre d'une institution de la transition au motif qu'elle est poursuivie constitue une violation du principe constitutionnel de la présomption d'innocence*[618] *».*

Cet arrêt mérite d'être salué. Comme indiqué ailleurs,

> *« en raison des crimes dont ils seraient coupables, le projet de constitution élaboré par la Commission Kashamura excluait les dignitaires de la deuxième République de l'exercice des fonctions politiques. La doctrine a critiqué sévèrement ledit projet de constitution accusé de méconnaitre le droit à la présomption d'innocence consacré par la quasi-totalité des instruments juridiques internationaux relatifs aux droits de l'homme auxquels la République démocratique du Congo est partie*[619].
>
> *Plus tard, le débat sur le respect de ce principe a été relancé à la suite de la requête des Nations unies et de plusieurs autres institutions de promotion des droits de l'homme en guise de mécanisme de justice transitionnelle d'écarter les personnes soupçonnées d'avoir commis des crimes internationaux de la gestion de la chose*

618 CSJ, 2 juillet 2004, RConst.O11/TSR, Observatoire national des droits de l'homme (inédit), premier feuillet.

619 BOSHAB MABUDJ., « République démocratique du Congo : un État unitaire à régionalisation constitutionnelle ou fédéralisme assourdi ?, » in *Revue de droit africain n°7*, 1998.

publique[620]*. Bien qu'il ne soit pas à l'abri des critiques, L'arrêt Observatoire national des droits de l'homme a le mérite de nous gratifier d'un précédent judiciaire destiné à alimenter le débat sur la portée exacte du principe précité*[621] ».

§5. Le droit au double degré de juridiction

Comme le droit à la vie, celui au double degré de juridiction est en jeu dans l'arrêt Mukonkole[622].

Il est également abordé dans l'arrêt relatif à la conformité à la Constitution de la loi organique portant organisation et fonctionnement du Conseil supérieur de la magistrature[623]. Les faits de l'affaire Mukonkole ayant déjà été précédemment résumés, il n'y a pas lieu d'y revenir ici. Il suffira de souligner que les prévenus ont mis en cause la conformité à la Constitution de l'article 98 du COCJ. Pour eux, en effet,

> « *l'article 61, point 5 de la Constitution dispose : En aucun cas et même lorsque l'état de siège ou d'urgence aura été proclamé, il ne peut être dérogé aux droits et principes fondamentaux énumérés ci-après : (...) 5. Les droits de la défense et le droit de recours » ; Or, dans les cas prévus à l'article 98 du Code de l'organisation et de la compétence judiciaires, il est dérogé au droit de recours pourtant garanti par la Constitution en ce que, cette disposition légale donne compétence à la Cour suprême de justice siégeant toutes sections réunies de statuer en premier et dernier ressort privant ainsi aux prévenus de leur droit de recours. Il va donc de soi que toute clause légale qui ne soumet pas à la Constitution prévoyant le droit de recours et partant ne peut trouver tion*[624] ».

Rencontrant ce moyen, la Haute cour a tenu le raisonnement suivant : « selon la deuxième branche de l'exception, l'article 98 du Code de l'organisation et de la compétence judiciaires est inconstitutionnel en ce qu'il donne compétence à la Cour suprême de justice, section judiciaire,

---

620 Sur cette requête, lire notamment WETSH'OKONDA KOSO M., *République démocratique du Congo : la justice militaire et le respect des droits de l'homme-l'urgence du parachèvement de la reforme*, une étude d'AfriMap et de l'Open Society Initiative for Southern Africa, Johannesburg, Une publication du Réseau Open Society Institute, juin 2009, p 74.

621 M. WETSH'OKONDA KOSO, *Le contentieux constitutionnel congolais des droits de l'homme du 18 février 2006 au 18 février 2011*, disponible en ligne à l'adresse http://www.la-constitution-en-afrique.org/categorie-10195444.html (27 décembre 2011).

622 C.S.J, 28 janvier 2011, R.Const.128/TSR, inédit.

623 C.S.J, 31 juillet 2008, R.Const.069/TSR, inédit.

624 CSJ, 28 janvier 2011, R.Const.128/TSR, 3ème feuillet.

siégeant toutes chambres réunies pour statuer en premier et dernier ressort, sans possibilité de recours, alors que l'article 61, point 5 de la Constitution prévoit qu'en aucun cas, il ne peut être dérogé aux droits de la défense et au droit de recours. En ces deux branches réunies, l'exception n'est pas fondée.

L'article 98 du Code de l'organisation et de la compétence judiciaires ne viole pas l'article 61, point 5 de la Constitution car il est conforme à l'article 153, alinéa 3 de la même Constitution qui dispose que la Cour de cassation connait en premier et dernier ressort des infractions commises notamment par les membres de l'Assemblée nationale et du Sénat (...). S'agissant du caractère non derogeable du droit de recours, l'article 61, point 5 de la Constitution vise uniquement l'hypothèse d'une voie de recours déjà prévue par la loi et dont on ne peut priver une partie au procès même en période d'urgence proclamé. Il ne signifie pas qu'en toute procédure, les parties peuvent exercer des voies de recours même lorsque la loi ne les prévoit pas[625].

De prime abord, il convient de relever que, dans cet arrêt, la CSJ s'est efforcée de faire une interprétation plus ou moins systématique de la Constitution, en prenant en compte non son article 61, point 5 invoqué par les prévenus, mais, aussi, l'article 153, alinéa 3.

Elle aurait fait encore une œuvre plus utile, en se référant également à la jurisprudence pertinente des organes de supervision des traités internationaux. A titre d'exemple et en application des dispositions combinées des articles 60 et 61 de la Charte africaine des droits de l'homme et des peuples ainsi que des Garanties pour la protection des personnes passibles de mort, la Commission africaine des droits de l'homme et des peuples est parvenue à la conclusion selon laquelle la privation à ces personnes du droit au double degré de juridiction constitue une violation des droits de l'homme[626]. Dans sa décision Marcel Wetsh'okonda Koso et autres, la même Commission s'est réservée de retenir une violation des droits de l'homme à charge de la RDC au motif que la preuve de la ratification par cet État du Pacte international relatif aux droits civils et politiques qui consacre expressément le droit au double degré de juridiction n'était pas rapportée. Il s'agissait, dans cette affaire, de dire si l'article 5 du Décret-loi n°19 du 23 août 1997 aux termes duquel « les décisions de la Cour d'ordre militaire ne sont susceptibles d'aucun recours » était ou non en harmonie avec les engagements internationaux de la RDC. En dépit de la faiblesse de cette décision, qui aurait pu con-

---

[625] CSJ, 28 janvier 2011, R.Const.128/TSR, 9ème feuillet.

[626] Y. HAMULI KABUMBA, « La justice militaire en Afrique face aux exigences du procès équitable : analyse de la jurisprudence de la Commission africaine des droits de l'homme et des peuples », in *RDA* n°35, juillet 2005, pp. 253-254.

firmer la précédente, sinon se livrer à un minimum de recherche[627], pour réaliser que la RDC est bel et bien partie du Pacte international relatif aux droits civils et politiques, il y a lieu d'affirmer que, le droit au double degré de juridiction fait partie intégrante du droit communautaire africain. Dès lors, il devrait être respecté scrupuleusement par les États parties, y compris par leurs juridictions suprêmes. Ngondankoy Nkoy-ea-Loongya[628] et Constantin Yatala Nsomwe[629] opinent dans le même sens.

En définitive, le droit au double degré de juridiction n'a pas été garanti par la CSJ.

L'arrêt relatif à la conformité à la Constitution de la loi organique portant organisation et fonctionnement du Conseil supérieur de la magistrature confirme ce jugement. Aux termes de l'article 30, alinéa 3 de cette loi : *« L'appel n'est pas suspensif ».* Cette disposition entre en contradiction avec celle de l'article 60, alinéa 4 de la loi organique portant statut des magistrats libellé comme suit : *« l'appel est suspensif de l'exécution de la décision ».* Cet article semble abrogé en vertu de l'article 47 de la loi organique portant organisation et fonctionnement du CSM aux termes duquel : « Toutes les dispositions législatives (...) relatives au statut des magistrats et au Conseil supérieur de la magistrature contraires à la présente loi organique sont abrogées ». Cette position est également fondée sur l'adage *« lex posterior lex melior »*. De même l'article 50, alinéa 2 du règlement intérieur du CSM adopté par l'Assemblée générale de cette institution en date du 13 juin 2009 précise : *« L'appel n'est pas suspensif »*. Quant à l'article 23 de la même loi, il exclut le bénéfice du droit au double degré de juridiction à certains magistrats en ces termes :

> *« La Chambre nationale de discipline connait, en premier et dernier ressort, des fautes disciplinaires mises à charge des magistrats de la Cour de cassation, du Conseil d'Etat, de la Haute Cour militaire et de ceux des parquets près ces juridictions (...). Sans préjudice des dispositions de l'article 22 ci-dessus, la Chambre nationale de discipline connait aussi des fautes disciplinaires mises à*

---

[627] Dans son premier arrêt, Michelot Yogogombaye, la Cour africaine des droits de l'homme a consulté le Président de la Commission de l'Union africaine pour savoir si le Sénégal avait ou non souscrit la déclaration relative à sa compétence pour recevoir les demandes individuelles. Lire à ce sujet G-F NTWARI, « Note sur le premier arrêt de la Cour africaine des droits de l'homme et des peuples », in *African Journal of International and Comparative Law* 18.2, 2010, p. 234.

[628] P-G NGONDANKOY NKOY-ea-LOONGYA, *Le contrôle de constitutionnalité en République démocratique du Congo, op.cit*, pp. 129-130.

[629] C. YATALA NSOMWE NTAMBWE, *L'effectivité du droit constitutionnel de former un recours contre tout jugement au regard du principe de l'instance unique*, www.droitcongolais.info (27 décembre 2011).

charge des Premiers présidents des Cours d'appel, des Cours administratives d'appel, des Cours militaires ainsi que des Chefs de parquets près ces juridictions ».

Il y a lieu d'affirmer qu'en déclarant la loi organique portant organisation et fonctionnement du CSM conforme à la Constitution en dépit de l'inclusion des dispositions ainsi résumées, l'arrêt n'a pas non plus assuré au droit au double degré de juridiction la protection qu'il mérite. La raison en est, probablement, que la Cour n'a pas eu le temps d'approfondir l'examen de la conformité de la loi à la Constitution.

§6. Les droits de la défense

« Erigés, (en France), (...) au rang constitutionnel par la voie d'une reconnaissance comme principe fondamental reconnu par les lois de la République[630] *»*, les droits de la défense trouvent leur fondement dans plusieurs instruments juridiques internationaux, régionaux et nationaux relatifs aux droits de l'homme[631]. Il se dégage de ces différents instruments juridiques qu'ils recouvrent notamment :

- le droit à la publicité des audiences ;
- le droit à l'égalité des armes ;
- le droit au silence ;
- le droit à être informé sur les charges ;
- le droit de disposer des facilités et du temps nécessaire à la préparation de la défense ;
- le droit de se défendre seul ou d'être assisté par un conseil de son choix ;
- le droit à l'aide juridique ;
- le droit d'interroger les témoins à charge et d'obtenir la comparution des témoins à décharge ;
- le droit à bénéficier, en cas de besoin, des services d'un interprète ;
- le droit d'accès au dossier[632].

La Cour européenne des droits de l'homme a secrété une jurisprudence étoffée sur nombre de ces composantes des droits de la défense dont elle a, par ailleurs, étendu l'application, au-delà des affaires pénales, aux affaires

630 O. DUHAMEL, *Le pouvoir politique en France, op.cit*, p. 377 ; M. DELMAS-MARTY, « Le paradoxe pénal », in M. DELMAS-MARTY et C. LUCAS DE LEYSSAC (dir.), *Libertés et droits fondamentaux, op.cit*, p. 447.

631 AMAR BENTOUMI, « Droits de la défense et droits de l'homme », in G. BRAIBANT et G. MARCOU (dir.), *Les droits de l'homme : universalité et renouveau*, 1789-1989, Paris, L'Harmattan, 1990, pp. 350-351.

632 *Idem*, pp. 347-357; M. DELMAS-MARTY, "Le paradoxe pénal", *op.cit*, pp. 447-448.

administratives et des affaires disciplinaires[633]. Le Conseil constitutionnel français a, également, contribué à donner une existence effective et une consistance aux droits de la défense. Dans sa décision relative à la loi sécurité et liberté, il a estimé que le fait de reconnaitre au président d'une juridiction le droit d'empêcher un avocat ayant troublé la sérénité des débats de défendre son client, alors même qu'il n'aurait pas violé les termes de son serment, est contraire aux droits de la défense[634]. Dans la décision en rapport avec le conseil de la concurrence, il a déclaré :

> *« non conforme à la Constitution la dévolution du contrôle juridictionnel des décisions du Conseil de la concurrence à la cour d'appel de Paris plutôt qu'au Conseil plutôt qu'au Conseil d'Etat.*
>
> *C'est qu'au premier cas, le sursis à exécution n'était pas prévu, alors qu'au second il aurait toujours été possible, et qu'en la matière, la possibilité du sursis à exécution, compte tenu des intérêts et des sanctions en jeu, se range parmi les droits de la défense*[635] *».*

En RDC, depuis le déclenchement du processus de démocratisation en 1990, le pouvoir constituant comme le législateur ont déployé beaucoup d'efforts en vue de l'amélioration de la protection des droits de la défense[636]. Il suffira, pour s'en convaincre, d'évoquer le cas du droit à l'assistance judiciaire au cours de l'instruction préjuridictionnelle. En raison du caractère inquisitorial de celle-ci, cette assistance n'était organisée, au cours de l'instruction préparatoire, qu'en matière de détention préventive. Elle ne l'était pas pour les autres matières et au cours de l'instruction préliminaire. Dans le souci de renforcer les droits de la défense, l'Acte portant dispositions constitutionnelles relatives à la période de la transition du 2 août 1992 a introduit une importante innovation en droit constitutionnel congolais en disposant, en son article 15, alinéa 4 que :

> *« Toute personne poursuivie a le droit d'exiger d'être entendue en présence d'un avocat, d'un défenseur judiciaire ou de toute autre personne de son choix et ce, à tous les niveaux de la procédure pénale. La loi détermine les modalités d'exercice de ce droit*[637] *».*

---

633 Lire, AMAR BENTOUMI, « Droits de la défense et droits de l'homme », *ibidem*, p. 347.

634 O. DUHAMEL, *Le pouvoir politique en France, op.cit*, p. 377.

635 *Idem*, p. 378.

636 Lire notamment BAYONA BA MEYA, « Lacunes à combler en procédure pénale en vue d'améliorer la sauvegarde de la liberté individuelle et les droits de la défense », *Revue interdisciplinaire des droits de l'homme*, Vol. I, n°2, mai-août 1995, pp. 5-40.

637 M. WETSH'OKONDA KOSO, *Les textes constitutionnels congolais annotés, op.cit*, p. 279.

Cette disposition constitutionnelle a été reconduite dans les textes constitutionnels postérieurs, notamment à l'article 15, alinéa 4 et 5 de l'Acte constitutionnel de la transition du 9 avril 1994 aux termes duquel : « *Toute personne poursuivie a le droit d'être entendue en présence d'un avocat, d'un défenseur judiciaire ou de toute autre personne de son choix, et ce, à tous les niveaux de la procédure pénale. La loi détermine les modalités d'application de ce droit*[638] ». La loi d'application ainsi prévue n'ayant pas été adoptée, le droit à l'assistance judiciaire, à tous les niveaux de la procédure pénale, est demeuré un simple vœu pieux[639]. C'est pour faire face à cette situation que la Constitution du 18 février 2006 dispose, en son article 19, alinéas 3, 4 et 5 : « *Le droit de la défense est organisé et garanti. Toute personne a le droit de se défendre elle-même ou de se faire assister d'un défenseur de son choix et ce, à tous les niveaux de la procédure pénale, y compris l'enquête policière et l'instruction préjuridictionnelle. Elle peut se faire assister également devant les services de sécurité*[640] ». Comme on peut le constater, désormais, il n'est plus besoin d'une loi d'application, pour bénéficier du droit à l'assistance judiciaire, à tous les niveaux de la procédure pénale. Au contraire, celui-ci revêt un caractère self executing. Il est d'application directe ou immédiate[641].

La volonté ainsi exprimée par le pouvoir constituant, en faveur de l'effectivité des droits de la défense, se reflète-t-elle également dans la jurisprudence de la CSJ ? Sauf erreur de notre part, quatre arrêts de ladite Cour au moins intéressent la matière.

Il s'agit des arrêts R.Const.011/TSR du 2 juillet 2004 relatif à la conformité à la Constitution de la transition de la loi organique portant organisation, attributions et fonctionnement de l'Observatoire national des droits de

638 *Idem*, p. 331.

639 Lire notamment BAYONA-BA-MEYA, Réflexions sur les droits et les devoirs respectifs des justiciables, des témoins et des hommes de loi en procédure pénale congolaise, *op.cit*, p. 98.

640 M. WETSH'OKONDA KOSO, *Les textes constitutionnels congolais annotés*, *ibidem*, p. 442.

641 M. WETSH'OKONDA KOSO, *Les perspectives des droits de l'homme*, *op.cit*, p. 34 ; J-L ESAMBO, La Constitution du 18 février 2006 à l'épreuve du constitutionnalisme, *op.cit*, p. 63 ; N. BANNEUX, E. BOSHAB, B. KABAMBA et P. Verjans, « République démocratique du Congo : une Constitution pour une troisième République équilibrée », *Fédéralisme Régionalisme*, n°5, 2004-2005, disponible en ligne à l'adresse http://popups.ulg.ac.be/1374-3864/index.php?id=209. Pour une position contraire, lire, M. YABILI, *État de droit : les contrôles de constitutionnalité par la Cour constitutionnelle, les cours et tribunaux*, Lubumbashi, PUL, 2012, pp. 37-38. Il y a lieu de déplorer, cependant, le fait que la question des modalités concrètes d'application de ce droit reste en suspens. Il y a lieu de se demander, entre autres, si le conseil peut prendre la parole, faire des observations orales et, en contrepartie, bénéficier des honoraires. Le Code de procédure pénale devrait répondre à ces interrogations.

l'homme[642], R.Const.062/TSR du 26 décembre 2007 en rapport avec l'affaire Cibalonza[643], R.Const.060/TSR du 28 décembre 2007 relatif à l'affaire Kishabongo[644] et R.Const.157/TSR du 22 octobre 2010 en rapport avec l'affaire Roger Nsingi[645]. Le 18 juin 2004, en application de l'article 121, alinéa 2 de la Constitution de la transition, le président de la République déférait la loi portant organisation, attributions et fonctionnement de l'Observatoire des droits de l'homme à la CSJ aux fins de l'examen de sa conformité à la Constitution.

Dans son arrêt prononcé en date du 2 juillet 2004, la Cour a jugé :

> *« S'agissant de l'article 38, la Cour suprême de justice retient que la procédure spéciale et rapide organisée par cette disposition est contraire aux articles 19 et 22 de la Constitution qui imposent le respect des délais et des formes prévus par la loi en vue de sauvegarder les droits de la défense et de garantir un procès équitable[646] ».*

Bien que nous n'ayons pas eu accès à la disposition légale censurée, il nous semble que la position de la Cour mérite d'être saluée. Certes, le droit au jugement dans un délai raisonnable doit être respecté, mais cela ne devrait pas se faire au prix de la violation des droits de la défense, en l'occurrence du droit aux facilités et au temps nécessaire à la préparation de la défense. Il semble également que dans l'arrêt sous examen, la Haute cour a fait un effort pour concilier les deux droits. Ce sont d'autres droits de la défense qui sont en cause dans les arrêts Cibalonza, Kishabongo et Roger Nsingi, en l'occurrence le droit à l'information sur les charges et le droit à la présentation des moyens de défense.

§7. Le droit à l'inviolabilité du domicile

Deux arrêts au moins ont été prononcés sur le droit à l'inviolabilité du domicile : l'arrêt règlement intérieur de l'ONDH[647] et l'arrêt règlement intérieur de l'Assemblée nationale[648]. Le 30 décembre 2004, le Président de l'ONDH a déféré le règlement intérieur de cette institution d'appui à la démocratie à la CSJ, aux fins de l'appréciation de sa conformité à la Constitu-

642 Arrêt inédit.
643 CSJ, 26 décembre 2007, R.Const.062/TSR, Cibalonza, inédit.
644 CSJ, 28 décembre 2007, R.Const.060/TSR, BACSJ, Kinshasa, Editions du SDE du ministère de la justice et des droits humains, 2010, pp. 37-40.
645 Arrêt inédit.
646 2ème feuillet.
647 CSJ, 18 janvier 2005, R.Const.24/TSR, inédit.
648 CSJ, 23 avril 2007, R.Const.046/TSR, inédit.

tion et à la loi portant organisation, attributions et fonctionnement de la même institution.

Dans son arrêt du 18 janvier 2005, la Haute cour a censuré l'article 5, litera a et b dudit règlement intérieur en ces termes :

> *« S'agissant de l'article 5, litera a et b, la Cour note que celui-ci est contraire à l'article 32 de la Constitution en ce qu'il consacre l'inviolabilité absolue du siège de l'Observatoire alors que tout en proclamant l'inviolabilité du domicile, la Constitution y apporte des tempéraments en stipulant qu'il ne peut y être effectué des visites ou perquisitions que dans les formes et conditions prévues par la loi*[649] *».*

La position ainsi exprimée ne peut qu'être approuvée. Elle présente l'avantage de relever qu'à l'instar d'autres droits de l'homme, loin d'être absolu, le droit à l'inviolabilité du domicile est plutôt un droit relatif. Il trouve sa limite dans le droit de l'Etat de se protéger contre les atteintes susceptibles d'être portées à l'ordre public.

La même position a été confirmée dans l'arrêt règlement intérieur de l'Assemblée nationale :

> *« Par requête reçue le 9 avril 2007 au greffe de la Cour suprême de justice, le Président du bureau provisoire du Sénat, agissant en vertu de l'article 112, alinéa 3 de la Constitution a sollicité de cette Cour l'examen de la conformité à la Constitution du règlement intérieur du Sénat adopté le 30 mars 2007. Après examen des 270 articles que comprend ce règlement intérieur, la Cour suprême de justice a constaté que toutes les dispositions de ces articles sont conformes à la Constitution à l'exception des articles 6, alinéa 3, point 2 (...)*[650] *».*

A l'appui de cette position, la Haute cour développe le moyen suivant : *« S'agissant de l'article 6, alinéa 3, point 2, la Cour suprême de justice considère que l'immunité absolue et l'interdiction de perquisitionner les bâtiments qui abritent le Sénat contrarient l'article 29 de la Constitution lequel, tout en proclamant l'inviolabilité du domicile, autorise néanmoins les visites et perquisitions opérées dans les formes et conditions prévues par la loi*[651] *».*

---

[649] CSJ, 18 janvier 2005, R.Const.24/TSR, inédit.
[650] CSJ, 23 avril 2007, R.Const.046/TSR, inédit.
[651] Idem.

Seule une position de ce genre pouvait assurer la protection du droit à l'inviolabilité de domicile sans porter atteinte au droit à l'indépendance du pouvoir judiciaire.

§8. Le droit à l'indépendance du pouvoir judiciaire

Le droit à l'indépendance du pouvoir judiciaire est abordé par au moins neuf arrêts rendus dans les affaires Kambale Mututulo[652], Tala Ngai[653], Raphaël Nghenda[654], Jacques Muyumba [655], Observatoire national des droits de l'homme[656], Statut des magistrats[657], Interprétation de l'article 151 de la Constitution[658], conformité à la Constitution du règlement intérieur du Congrès[659] et conformité à la Constitution de la loi organique relative à la procédure devant la Cour de cassation[660].

Il fait également l'objet de deux affaires pendantes devant la CSJ, l'une, relative à la conformité à la Constitution de la loi n°11/002 du 20 janvier 2011 portant révision de certaines dispositions de la Constitution du 18 février 2006[661] et l'autre, en rapport avec la révocation des magistrats[662]. Poursuivi, en raison du privilège de juridiction dont il était bénéficiaire, devant la section judiciaire de la CSJ, Kambale Mututulo a soulevé une exception relative à l'irrégularité de la procédure engagée à sa charge. Selon lui, en vertu des dispositions de l'ordonnance-loi n°82-017 du 31 mars 1982 relative à la procédure devant ladite cour, il ne pouvait être déféré devant la justice, que moyennant l'accomplissement d'une double formalité : l'autorisation des poursuites et la mise en accusation par voies d'ordonnances présidentielles. Ces formalités n'ayant pas été accomplies, ajoutait-il, la procédure engagée à sa charge devait être annulée. Pour

---

652 CSJ, 10 juillet 1998, MP C. Kambale Mututulo et consorts, KATUALA KABA KASHALA et YENYI OLUNGU, *Cour suprême de justice : historique et textes annotés de procédure*, *op.cit*, pp. 154-155.

653 CSJ, 26 mars 1999, RP 041/CR, MP c. Tala Ngai, *B.A.C.S.J*, années 1990 à 1999, Kinshasa, Editions du SDE, 2003, pp. 465-469.

654 CSJ, 10 juillet 1998, RP 3031, RMP. V/062, inédit.

655 CSJ, 4 mai 2005, R.P 49/CR, M.P c. Jacques Muyumba et consorts, *Les Analyses juridiques* n°7/2005, pp. 57-59 avec notes de Kifwabala Tekilazaya et Mbuyi Tshimbadi.

656 CSJ, 2 juillet 2004, R.Const.11/TSR, inédit.

657 CSJ, 8 septembre 2006, R.Const.36/TSR, inédit.

658 CSJ, 23 mai 2007, R.Const.050/TSR, inédit.

659 CSJ, 30 novembre 2007, R.Const.061/TSR, inédit.

660 CSJ, 24 juin 2011, R.Const.159/TSR, inédit.

661 Lire, à ce sujet, M. WETSH'OKONDA KOSO, *La Cour suprême de justice est-elle le juge idéal pour connaître du contentieux électoral de 2011 ?*, disponible en ligne à l'adresse http://www.aeta-network.org/wp-content/uploads/2011/11/la_cour_supreme_de_justice_serait_elle_le_juge_ideal_pour_le_reglement_du_contentieux_electoral_de_2011_corrige.pdf (21 décembre 2011).

662 Requête n°R.Const.068/TSR du 18 février 2008.

l'organe de la loi, l'exception ainsi résumée devait être déclarée non fondée étant donné que dans le nouvel ordre politique institué par le Décret-loi constitutionnel n°003 du 27 mai 1997 relatif à l'organisation et à l'exercice du pouvoir en RDC, le président de la République n'était plus, comme auparavant, habilité à interférer dans l'exercice du pouvoir judiciaire.

Rencontrant l'exception du prévenu, dans son arrêt du 10 juillet 1998, la CSJ a tranché sur la controverse juridique entre celui-ci et le ministère public.

Cette décision favorable à l'indépendance du pouvoir judiciaire et plus exactement à l'indépendance du parquet a été confirmée dans l'arrêt Tala Ngai, ministre de l'Economie, déféré devant la CSJ pour y répondre de ses actes.

Comme dans l'affaire précédente, le parquet n'avait pas pris le soin de solliciter de la part du président de la République une ordonnance de mise en accusation suivie d'une autre autorisant des poursuites à sa charge. Aussi a-t-il appelé la CSJ à sanctionner d'irrecevabilité la procédure ainsi mise à sa charge. La Cour préféra plutôt confirmer le précédent Kambale Mututulo.

Il en a été de même dans l'affaire Raphaël Nghenda, alors ministre de l'Information, déféré devant la justice sous le Président Laurent-Désiré Kabila.

« *Dans ses moyens de défense*, peut-on lire dans l'ordonnance, *l'inculpé Nghenda Raphaël, après avoir allégué avoir été irrégulièrement arrêté et détenu plus d'un mois (...) a protesté contre le mandat d'arrêt pris à son endroit par l'officier du ministère public près la Cour suprême de justice en violation, selon lui, des articles 101 et 103 de la procédure devant la Cour de céans pour absence de décret du Président devant ordonner l'ouverture de l'instruction judiciaire à sa charge. S'agissant de la violation des articles 101 et 103 de la procédure devant la Cour suprême de justice, pour absence du décret du Président de la République (...) cette assertion n'est pas fondée parce que les dispositions légales susvantées, outre qu'elles étaient abrogées par l'Acte constitutionnel de la transition du 9 avril 1994 en ses articles 94 et 121, sont à ce jour abrogées par l'effet de l'article 29 du décret-loi constitutionnel n°003 du 27 mai 1997 relatif à l'organisation et à l'exercice du pouvoir en République démocratique du Congo tel que modifié et complété à ce jour par celui n°074 du 24 mai 1998. En effet, il ressort de l'économie des articles 5 et 6 du décret-loi précité qui définissent les attributions du Président de la République que celui-ci n'a plus de compétence en matière judiciaire qui lui permettrait d'exercer l'action publique telle que prévue aux articles 101 et 103 de la procédure devant la Cour*[663] ».

En vertu de la requête du 27 août 2004, Jacques Muyumba, alors gouverneur de la Province du Katanga et ses co-prévenus étaient poursuivis devant la CSJ des chefs d'association de malfaiteurs et de meurtre avec préméditation, au préjudice de Lukonde Kienge et de Kyoni Kya Mukenge. En guise de moyen de défense, Jacques Muyumba a soulevé l'exception d'irrecevabilité de la procédure engagée à son encontre au motif que le décret n° 04/72 pris par le président de la République, en vue d'autoriser les poursuites à sa charge, n'était pas accompagné d'un autre, destiné à le mettre en accusation.

Pour rencontrer ce moyen, la CSJ a développé le moyen suivant :

> « *Cette exception n'est pas fondée. En effet, s'agissant de la compétence exclusive du Chef de l'Etat en matière judiciaire, l'initiative et la direction de l'action publique lui reconnues étaient édictées par les articles 101 et 103 du Code de procédure devant la Cour suprême de justice en harmonie avec l'article 104 de la loi n° 80-012 du 15 novembre 1980 modifiant et complétant certaines dispositions de la Constitution.*
>
> *Cette compétence lui fut reconnue concurremment avec l'Assemblée nationale par l'article 99 de la loi n°90-008 du 25 novembre 1990 avant d'être abrogée par celle n°93-001 du 1er avril 1993 portant acte constitutionnel harmonisé relatif à la période de la transition en ses articles 102 et 125.*
>
> *A ce jour, la Constitution de la transition ne lui attribue pas non plus une compétence dans ce domaine qui lui permettrait d'exercer l'action publique comme ce fut le cas. C'est donc en vain que le prévenu Muyumba Jacques invoque l'article 114 de la procédure devant la Cour suprême de justice pour justifier, par l'absence au dossier du décret présidentiel le mettant en accusation, la nullité de la cause devant cette cour et conclure à l'irrecevabilité de l'action publique. En effet, comme démontré ci-haut, le Chef de l'Etat n'a plus de compétence en matière judiciaire*[664] ».

Pour une fois, des dispositions légales ont été interprétées à la lumière de la Constitution. A son tour, celle-ci a fait l'objet d'une interprétation contextuelle. Grâce à cette double gymnastique intellectuelle, plutôt rare dans la

---

[663] CSJ, 10 juillet 1998, R.P 3031, RMP. V/062.

[664] CSJ, 4 mai 2005, R.P 49/CR, *Les Analyses juridiques n°7*/2005, pp. 58-59.

pratique de la Haute Cour, le droit à l'indépendance du pouvoir judiciaire, garantie par excellence des autres droits de l'homme a bénéficié d'une protection efficace. Tel ne serait pas le cas si, prisonnière du légicentrisme, pour interpréter l'ordonnance-loi relative à la procédure devant la CSJ, cette juridiction ne s'était pas donnée la peine d'interroger l'évolution du droit constitutionnel congolais. C'est dans ce piège que la Haute cour militaire, première juridiction saisie de l'affaire Jacques Muyumba et autres était tombée en jugeant que :

> *« (...) la Cour suprême de justice connait seule des infractions commises par les gouverneurs de province ; (...) ils sont mis en accusation par le Président de la République et (...) la juridiction compétente ne pourra être saisie des faits qu'après autorisation préalable du Président de la République, à l'examen du dossier soumis à la Cour d'ordre militaire, il n'existe pas d'autorisation des poursuites émanant du Chef de l'Etat, Président de la République, ni la mise en accusation par lui en ce qui concerne le Vice-gouverneur Jacques Muyumba (...) il y a dès lors nécessité à se conformer aux règles de procédure devant cette juridiction en ce qui concerne les justiciables devant cette Cour[665] ».*

L'adoption de la loi organique portant organisation et fonctionnement de l'Observatoire national des droits de l'homme a accordé à la CSJ une autre opportunité pour déterminer la portée exacte du droit à l'indépendance du pouvoir judiciaire. Le 18 juin 2004, en application de l'article 121, alinéa 2 de la Constitution de la transition du 4 avril 2003, le président de la République a soumis cette loi à la Haute cour en vue de l'examen de sa conformité à la Constitution. Dans son arrêt prononcé à cet effet, en date du 2 juillet 2004, la Cour confirme sa jurisprudence antérieure en faveur de l'indépendance du parquet en ces termes :

> *« Elle retient en outre que les dispositions de l'article susvisé (l'article 38) sont contraires à l'article 147 de la Constitution en ce qu'elles ne permettent pas au ministère public de bien mener l'instruction et lui enlève tout pouvoir d'appréciation[666] ». Aux termes de l'article 147 de la Constitution de la transition : « Le pouvoir judiciaire est indépendant du pouvoir législatif et du pouvoir exécutif. Le Président de la République est le garant de l'indépendance du pouvoir judiciaire. Il est assisté, à cet effet, par un Conseil supérieur de la magistrature dont l'organisation et le fonctionnement sont déterminés par une loi organique.*

---

665 COM, 17 avril 2003, R.P n°340/2003, inédit.
666 CSJ, 2 juillet 2004, R.Const.11/TSR, 2ème feuillet.

Le pouvoir judiciaire est le garant des libertés individuelles et des droits fondamentaux des citoyens. Les juges ne sont pas soumis dans l'exercice de leurs fonctions qu'à l'autorité de la loi[667] ».

En règle générale, la doctrine congolaise considère que cette disposition n'est applicable qu'aux cours et tribunaux. En parlant expressément des juges qui ne sont soumis, dans l'exercice de leurs fonctions, qu'à l'autorité de la loi, son alinéa 4 semble accréditer cette thèse. C'est donc une véritable révolution judiciaire silencieuse que la Cour a réalisée en étendant la portée de l'indépendance du pouvoir judiciaire, au-delà des magistrats du siège, en faveur de leurs collègues du parquet. Il semble qu'il aurait encore mieux fait en privilégiant une interprétation systématique ou holistique de la Constitution. Cela l'aurait conduit à prendre en compte l'article 148 de la Constitution de la transition ainsi libellé : « *Le pouvoir judiciaire est exercé par la Cour suprême de justice, les cours d'appel et les cours et tribunaux civils et militaires ainsi que les parquets* (…)[668] ». En dépit de la constance de la jurisprudence de la CSJ en matière de protection de l'indépendance du parquet, entendue comme le pouvoir d'appréciation reconnu à celui-ci, dans l'exercice de l'action publique, d'autres assauts à l'encontre de cette indépendance ont été signalés, notamment dans le règlement intérieur du Congrès.

Une fois de plus, la Cour a su y faire face en jugeant que :

« Quant à l'article 40, la Cour constate qu'il est contraire à la Constitution puisqu'il reconnaît à la moitié des membres de chacune de deux chambres du Parlement l'initiative de saisir le Congrès aux fins de mise en accusation du Président de la République et du Premier ministre. En effet, ce texte signifie qu'au seul niveau du Parlement, on peut décider à partir de l'initiative des parlementaires, de mettre en accusation ces hautes autorités sans référence au pouvoir judiciaire, violant ainsi non seulement l'article 149 de la Constitution qui instaure la séparation des pouvoirs mais aussi (...) l'article 150 de la même Constitution qui fait du pouvoir judiciaire le garant des libertés individuelles et des droits fondamentaux.

Concernant les articles 41 et 42, la Cour suprême de justice les considère comme étant la conséquence de l'initiative de la moitié des membres de chacune des deux chambres du Parlement réunies en Congrès devant décider des poursuites judiciaires et de la mise

---

[667] M. WETSH'OKONDA KOSO, *Les textes constitutionnels congolais annotés, op.cit*, p. 417.
[668] *Idem*, p. 417.

en accusation du Président de la République et du Premier ministre. Ces deux articles ne sont pas conformes à la tion[669] ».

Le raisonnement de la Cour est resté identique dans l'arrêt relatif à la conformité à la Constitution de la loi organique relative à la procédure devant la Cour de cassation. Cet arrêt se lit de la manière suivante :

> « *Elle indique qu'après examen des articles un à un, elle s'est rendue compte que l'article 85, alinéa 2 de ladite loi organique n'est pas conforme à la Constitution. Cet article énonce que « si le Procureur général près la Cour de cassation est lui-même en cause, l'initiative revient au ministre de la justice par voie d'injonction donnée au premier avocat général de la République le plus ancien », et de la sorte, viole les dispositions de l'article 152 de la Constitution qui reconnaît au seul Conseil supérieur de la magistrature le pouvoir de gérer les magistrats ; Lequel Conseil est habilité à donner des orientations à suivre en cas de poursuite d'une de ses personnes énumérées à l'article 85, alinéa 1*[670] ».

Comme on peut le constater et en dépit de l'exclusion du parquet du pouvoir judiciaire en vertu de la révision constitutionnelle du janvier 2011, par une interprétation téléologique de l'article 152 de la Constitution, la Haute Cour poursuit son activisme judiciaire en faveur de la protection de l'indépendance du parquet. Ira-t-elle jusqu'à affranchir le parquet de son inféodation consacrée par la Constitution, à l'égard du Congrès qui peut, seul, mettre en accusation et autoriser les poursuites à charge du président de la République et du Premier ministre ainsi que de l'Assemblée nationale dont l'intervention s'avère nécessaire, en vue d'engager des poursuites, à l'égard des membres du Gouvernement, autres que le Premier ministre ? Pourra-t-elle, par une interprétation hardie des dispositions de l'article 166 de la Constitution lever l'hypothèque qui pèse sur l'effectivité, au Congo, du droit constitutionnel pénal ? La question reste posée. Ce qui est acquis, c'est que le président de la République ne peut pas, sans s'exposer à la censure de la Haute Cour, s'hasarder à mettre fin, de manière arbitraire, aux fonctions des magistrats, qu'ils soient du siège ou du parquet.

C'est du moins la leçon qu'on est en droit de tirer de l'arrêt relatif à la conformité à la Constitution de la loi organique portant statut des magistrats.

« *Examinant la seconde observation, la Cour déclare que l'article 43 du statut des magistrats ne viole pas la Constitution. En effet, aux termes de*

---

[669] CSJ, 30 novembre 2007, R.Const.061/TSR, 4ème feuillet.
[670] CSJ, 24 juin 2011, R.Const.159/TSR, 3ème feuillet, inédit.

l'article 82 de la Constitution, le Président de la République nomme, relève de leurs fonctions et, le cas échéant, révoque, par ordonnance, les magistrats du siège et du parquet, sur proposition du Conseil supérieur de la magistrature.

L'article 43 de la loi organique portant statut des dispose quant à lui que le magistrat qui, de l'avis d'une commission de trois membres au moins, dont la composition est fixée par le Conseil supérieur de la magistrature sur demande conjointe des premiers présidents de la Cour de cassation et du Conseil d'Etat et des procureurs généraux près ces juridictions, fait preuve de manière habituelle dans l'exercice de ses fonctions d'une incompétence notoire ou d'une grande ignorance du droit est relevé de ses fonctions par le président de la République. Les membres de la Commission prévue à l'alinéa précédent sont choisis parmi ceux du Conseil supérieur de la magistrature revêtus d'un grade égal ou supérieur à celui du magistrat concerné. Il ressort de cette disposition légale que c'est le Conseil supérieur de la magistrature qui crée la Commission dont question. Celle-ci adresse son rapport audit Conseil dont elle est l'émanation et non au président de la République. Il revient donc au Conseil supérieur de la magistrature de proposer la relève des fonctions au Président de la République. Il s'ensuit que l'article 43 ainsi que les 91 autres que compte la loi organique portant statut des magistrats sont conformes à la Constitution[671] ».

La CSJ pourra-t-elle confirmer le principe, dégagé par cet arrêt, en censurant les ordonnances d'organisation judiciaire prises par le président de la République, sans proposition du CSM ? Dans l'affirmative, le président de la République s'inclinera-t-il devant le verdict de la haute Cour ? Tel devrait être le cas.

« *Conformément à l'article 151 de la Constitution*, a jugé la CSJ, *le Parlement n'a ni la compétence, ni le pouvoir de rechercher la suite à réserver aux arrêts de la Cour suprême de justice ne de réexaminer des appréciations confiées aux cours et tribunaux sans porter atteinte à l'autorité et à l'indépendance de la justice. Cette disposition constitutionnelle ne donne pas lieu à la recherche de suite à réserver aux arrêts de la Cour. Bien au contraire, elle exige au Parlement à exécuter les décisions de justice*[672] ».

Ce qui est vrai pour le Parlement ne devrait-il pas l'être pour le président de la République ? Seul l'avenir pourra répondre à cette interrogation. C'est ici le lieu de relever que, les avancées marquées dans la jurisprudence de la CSJ, en faveur de l'indépendance du pouvoir judiciaire, ne sont pas exemptes des marches en arrière. Le cas de l'arrêt R.A. 459 et consorts rela-

---

[671] CSJ, 8 septembre 2006, R.Const.36/TSR, 4ème et 5ème feuillets, inédit.
[672] CSJ, 23 mai 2007, R.Const.050/TSR, 4ème feuillet, inédit.

tif au décret d'organisation judiciaire du 6 novembre 1998 relatif à la révocation de 315 magistrats a déjà été invoqué plus haut. Il en est de même du déni de justice auquel semblent se heurter les requêtes des magistrats victimes de la révocation et/ou mise à la retraite en vertu des ordonnances d'organisation judiciaire du 9 février 2008, lesquelles requêtes n'ont pas encore été suivies de décisions judiciaires jusqu'à ce jour.

Il convient d'y ajouter l'avis de la CSJ n°R.L 024 du 28 juillet 2010 relatif à l'interprétation de la loi organique portant statut des magistrats et de celle portant organisation et fonctionnement du CSJ. En 2010, le CSM a déclenché la procédure de recrutement de nouveaux magistrats.

Après avoir subi successivement un test écrit et un test oral, ainsi qu'une formation professionnelle, les candidats retenus n'attendaient plus que leur nomination, par voie d'ordonnance présidentielle, pour commencer leur stage professionnel.

Comme indiqué plus loin, le président de la République ne pouvait agir en la matière, que sur proposition de l'Assemblée générale du CSM.

La question qui se pose est celle de savoir quelle attitude le chef de l'Etat devrait adopter, en l'absence d'une telle proposition, au cas où l'urgence de la nomination des magistrats s'impose.

C'est la question que le Procureur général de la République, agissant en vert de l'article 159 du COCJ a adressé à la CSJ, à travers sa requête du 19 juillet 2010.

L'avis de la Haute cour en réponse à cette requête mérite d'être cité littéralement :

> *« Selon le requérant, l'interprétation sollicitée consiste à répondre à la question de savoir si pour raison de force majeure ou de l'état de nécessité plaçant le Conseil supérieur de la magistrature dans l'impossibilité d'organiser la tenue des assises de son Assemblée générale en vue de l'examen des dossiers personnels des magistrats tel que prévu par les articles 4 du statut des magistrats et 7 de la loi portant organisation et fonctionnement du Conseil supérieur de la magistrature, le bureau dudit Conseil supérieur de la magistrature, structure de gestion quotidienne et d'exécution du pouvoir judiciaire, les pouvoirs du Conseil supérieur de la magistrature peuvent être endossés par ce dernier comme relevant de sa compétence.*

La Cour suprême de justice, l'Assemblée mixte entendue en ses séances des 26 et 27 juillet 2010 rappelle qu'aux termes des articles 10 et 11 de la loi organique portant organisation et fonctionnement du Conseil supérieur de la magistrature, l'Assemblée générale du Conseil supérieur de la magistrature se réunit en session ordinaire une fois l'an, au premier lundi d'avril, sur convocation de son Président. La durée de la session ne peut dépasser trente jours.

Ladite Assemblée peut être convoquée en session extraordinaire par son Président, sur un ordre du jour déterminé, à la demande, soit du Bureau, soit des deux tiers de ses membres.

Elle constate, comme l'a relevé le requérant, que le Conseil supérieur de la magistrature est dans l'impossibilité matérielle de se réunir en Assemblée générale pour examiner les dossiers des magistrats tel que prévu par les dispositions légales précitées alors que plusieurs offices et juridictions de l'arrière-pays font face à une carence criante des magistrats qui paralyse ainsi le bon fonctionnement de l'appareil judiciaire et qu'il y a une impérieuse nécessité d'y remédier par la nomination de nouveaux magistrats conformément à l'article 4 du statut des magistrats selon lequel les candidats retenus sont, sur proposition du Conseil supérieur de la magistrature, nommés substituts du procureurs de la République par le Président de la République.

En effet, l'option de recruter de nouvelles unités ayant déjà été levée lors des précédentes sessions de l'Assemblée générale du Conseil supérieur de la magistrature, l'obligation de mettre à exécution les résolutions ainsi prises incombait au Conseil supérieur de la magistrature qui, par ses structures appropriées, devait finaliser le processus, en l'occurrence l'Assemblée générale et le Secrétariat permanent.

Elle note que l'impossibilité ci-haut constitue un cas de force majeure susceptible de justifier, en vertu du principe de continuité et de régularité du service public tel que prévu en droit administratif, les actes posés par ces deux structures.

En ce qui concerne le recours aux articles 11 et 12 du statut des magistrats, elle estime qu'il est sans objet dans la mesure où pour le premier, le Bureau n'a pas statué sur les propositions de promotion (...).

La Cour, l'Assemblée mixte entendue, émet l'avis qu'en raison de la force majeure et en vertu du principe de continuité et de régularité du service public, le bureau peut valablement et à titre exceptionnel se substituer au Conseil supérieur de la magistrature en vue de proposer la nomination de nouveaux magistrats au Président de la République[673] ».

Sans vouloir nous attarder sur sa forme, il nous semble que l'avis, ainsi présenté, donne matière à réflexion quant au fond.

A le lire, deux raisons fondamentales auraient motivé la substitution du Bureau du CSM à l'Assemblée générale de cette institution : la force majeure et la continuité et la régularité des services publics.

Loin d'être nouvelles dans la jurisprudence de la Haute cour, elles ont été utilisées, tantôt concomitamment, tantôt indépendamment l'une de l'autre, au moins dans quatre arrêts antérieurs : l'arrêt relatif à la prolongation du délai du second tour de l'élection présidentielle de 2006[674], l'arrêt en rapport avec la contestation des résultats provisoires du second tour des mêmes élections[675], l'arrêt portant prorogation du mandat de la Commission électorale indépendante (CEI)[676] et l'arrêt portant prolongation du mandat de la Haute Autorité des Médias (HAM)[677].

Dans le premier arrêt, prenant appui sur l'article 71 de la Constitution, le Président de la CEI avait sollicité auprès de la Cour la prorogation du délai de quinze jours lui imparti pour l'organisation du second tour de l'élection présidentielle. La position de la Cour face à cette requête est la suivante :

« *La force majeure (...) est tout événement imprévisible et insurmontable empêchant l'exécution d'une obligation, elle est d'origine extérieure en ce sens qu'elle est absolument étrangère à la personne qui l'invoque...La Cour retient, comme l'a démontré la requérante, que les conditions liées à la préparation et à l'impression de bulletins de vote en Afrique du Sud, à leur acheminement en République démocratique du Congo, qui requiert au moins 56 rotations d'avions gros porteurs et à leur déploiement dans tous les bureaux de vote et de dépouillement du pays, réalisable dans 26 jours au minimum après l'arrivée des matériels élec-*

---

673 CSJ, 28 juillet 2010, RL.O24, inédit.

674 CSJ, 15 septembre 2006, R.Const.38/TSR.

675 CSJ, 27 novembre 2006, R.C.E.P.R.009, *BACSJ, numéro spécial, contentieux électoraux*, 2007, pp. 83-109.

676 CSJ, 27 août 2007, R.Const.055/TSR.

677 CSJ, 30 janvier 2008, R.Const.059/TSR, *BACSJ, années 2004 à 2009, Tome II*, 2010, pp. 65-72.

toraux en République démocratique du Congo sont techniquement irréalisables dans les quinze jours.

Aux conditions susmentionnées, il échet d'ajouter que la confection des listes électorales s'échelonnent du 30 août au 21 octobre 2006.

Ces conditions objectives étant réunies, la prolongation du délai de 15 jours tiendra compte de ce que ces contraintes matérielles ne peuvent néanmoins justifier un délai excédant ce qui est strictement nécessaire à la bonne organisation du scrutin. Ainsi la prolongation de 50 jours s'impose en considération de ce qui précède.

C'est dans ledit délai que la Commission électorale indépendante, comme cela lui revient, fixera la date du second tour de l'élection présidentielle. Il en est de même de la campagne électorale, car, selon l'article 11 de la loi électorale, la calendrier électoral est établi par elle[678] ».

§9. Le droit à la liberté de manifestation

Le droit à la liberté de manifestation a été abordé dans l'arrêt Bavela et autres du 22 mars 1995[679]. Bavela Vuadi, Benjamin Mukulungu et Kibiswa Kwabene, membres du Haut-conseil de la République-Parlement de transition ont organisé une manifestation publique, à laquelle trente et une autres personnes, membres de la Coordination des syndicats des services publics ont participé. Déférés devant la CSJ pour y répondre de l'infraction d'organisation d'une manifestation non autorisée sur pied de l'ordonnance n° 025/505 du 5 octobre 1959, ils ont soulevé une exception d'inconstitutionnalité de cette ordonnance. Selon eux, seule une loi pouvait aménager les droits de l'homme, en vertu de l'article 59, point 1 de l'Acte constitutionnel de la transition du 9 avril 1994 en vigueur à l'époque aux termes duquel : « *La loi fixe : 1. Les règles concernant les droits civiques et es garanties accordées aux citoyens pour l'exercice des libertés civiques* (...)[680] ». Cette disposition était battue en brèche par l'ordonnance précitée en ce qu'elle était un acte réglementaire et non une loi. En conséquence, elle ne devrait pas leur être appliquée.

---

678 CSJ, 15 septembre 2006, R.Const.38/TSR.

679 RJZ, 1995, p. 74, avec note de Dibunda ; E. BOSHAB, « La misère de la justice et la justice de la misère », *op.cit*, pp. 1176-1179 ; A. LUKHANDA MULAMBU, « La problématique de l'application des normes internationales », *op.cit*, pp. 168-170 ; A. MAZYAMBO MAKENGO KISALA, « Les normes constitutionnelles », *op.cit*, p. 33 ; P. KAMBALE KALUME, « L'arrêt de la Cour suprême de justice du 22 mars 1995 sur la liberté de manifestation au Zaïre », in *RIDH*, vol. 1, n°2, mai-août 1995, p. 40 et s.

680 M. WETSH'OKONDA KOSO, *Les textes constitutionnels congolais annotés, op.cit*, p. 339.

Rencontrant ce moyen, la CSJ estima qu'il n'était pas fondé. Pour elle, s'il était vrai qu'aux termes de l'article 10 de l'Acte constitutionnel de la transition précité, « *La République démocratique du Congo garantit l'exercice des droits et libertés individuels et collectifs, notamment les libertés de circulation, d'entreprise, d'information, d'association, de réunion, de cortège et de manifestation, sous réserve du respect de la loi, de l'ordre public et des bonnes mœurs* », il n'en demeurait pas que le législateur n'avait pas encore pris une loi d'application du droit à la liberté de réunion ainsi consacré. En conséquence, de peur de laisser la place à un vide juridique, l'ordonnance litigieuse devrait être considérée comme étant en vigueur. Ce raisonnement juridique ne semble pas tenir débout. D'abord, il est hors de question qu'un acte réglementaire puisse aménagé les droits de l'homme. Il s'agit là d'une chasse gardée de la loi, comme il l'a été précédemment démontré. Ne serait-ce que pour cette raison, la CSJ ne devrait pas appliquer l'ordonnance litigieuse aux prévenus.

Ensuite, l'ordonnance du 14 mai 1886 dispose : « *Quand la matière n'est pas prévue par un décret, un arrêté ou une ordonnance déjà promulguée, les contestations qui sont de la compétence des tribunaux du Congo seront jugées d'après les coutumes locales, les principes généraux du droit et l'équité*[681] ».

Il s'ensuit que le vide juridique invoqué est juridiquement inconcevable dans l'ordre juridique congolais. Comme on peut le constater, la CSJ a manqué une bonne opportunité pour donner le sens et la consistance qu'il mérite au droit à la liberté de manifestation. Le même sort a été réservé au droit à la liberté d'expression.

§10. Le droit à la liberté d'expression

Le droit à la liberté d'expression a été abordé dans deux arrêts de la Haute Cour au moins: l'arrêt Bavela[682] et l'arrêt sur la retransmission en direct des séances parlementaires[683]. Le 8 janvier 1996, un Antonov 32 faisait un crash au marché Somba Zigida du quartier Ndolo, dans la commune de Kinshasa à Kinshasa, faisant un millier de morts. Le 10 janvier 1996, une messe œcuménique fut organisée en mémoire de ces morts à la Cathédrale Notre Dame de Kinshasa, à laquelle de nombreuses personnes prirent part, y

---

681 M. WETSH'OKONDA KOSO, *Les textes constitutionnels congolais annotés, op.cit*, p. 536.

682 CSJ, 23 janvier 1996, RP 34/CR, MP c. Bavela Vuadi, inédit ; E. BOSHAB, « *Justice de la misère et misère de la justice en République démocratique du Congo* », *op.cit*, pp. 1179-1180. ; J-M ELEY LOFELE, « Mimétisme constitutionnel et sanction des libertés publiques devant la Cour suprême de justice de la République démocratique du Congo », in *Paroles de justice, Revue annuelle de doctrine*, 2010, p. 160.

683 CSJ, 16 mars 2009, R.Const.084/TSR, inédit.

compris le président Mobutu. Dans une lettre ouverte adressée, séance tenante, à celui-ci, tout en en réservant des copies à d'autres personnalités présentes dans la cathédrale, le député Bavela Vuadi s'insurgea contre le fait que le président ait exploité une tragédie, pour inaugurer sa campagne électorale. En réaction à cette lettre, ledit député fut déféré devant la CSJ pour y être jugé, selon la procédure d'urgence. Il lui était reproché d'avoir commis une offense envers le chef de l'Etat, prévention prévue par l'ordonnance-loi n° 300 du 16 décembre 1963. Présentant ses moyens de défense, le prévenu Bavela souleva une exception selon laquelle :

> *« faute d'avoir été approuvé par les chambres dans un délai de six mois à dater de sa mise en vigueur, l'ordonnance-loi invoquée, puisque élaborée sous l'empire de la loi fondamentale du 19 mai 1960, est, en vertu de l'article 37 de cette dernière loi, devenue caduque*[684] *».*

Rencontrant ce moyen, la CSJ a jugé que :

> *« Quant à l'exception tirée de la caducité de l'ordonnance-loi n°300 du 16 décembre 1963 dont les dispositions ne répondraient pas aux exigences de la loi fondamentale du 19 mai 1960 relative aux structures du Congo, la Cour suprême de justice ne la prendra pas, car celle-ci est dilatoire et tend à l'amener à ne plus statuer conformément aux dispositions de l'ordonnance-loi n°78/001 du 24 février 1978 relative à la répression des infractions intentionnelles flagrantes.*
>
> *Par ailleurs, il revient aux sections réunies de la Cour suprême de justice siégeant en matière de constitutionnalité seules et non aux chambres réunies de la Cour suprême de justice comme c'est le cas de constater la caducité de l'ordonnance-loi n°300 du 16 décembre 1963*[685] *».*

Comme il a déjà été relevé, sous l'empire de l'ordonnance-loi n°82-017 du 31 mars 1982 relative à la procédure devant la CSJ, face à une exception d'inconstitutionnalité, soulevée par une partie au procès, le juge de fond avait le choix : soit, il rejetait l'exception lorsqu'il estimait qu'elle n'était pas sérieuse, soit il la retenait, au cas où il la trouvait sérieuse. Dans cette dernière hypothèse, après avoir ordonné la surséance de l'instruction de la cause, à travers le Procureur général de la République, le juge faisait diligence pour saisir les sections réunies de la CSJ faisant office de juge consti-

---

[684] E. BOSHAB, « La misère de la justice et la justice de la misère en République démocratique du Congo », *op.cit*, pp. 1179.

[685] *Idem*, pp. 1179-1180.

tutionnel. Dans le cas d'espèce, en affirmant que l'exception soulevée devant elle est dilatoire et tend à l'amener à ne plus statuer conformément aux dispositions relatives à la procédure de flagrance, il y a lieu de soutenir que les chambres réunies de la CSJ avait considéré que l'exception précitée était sérieuse. En conséquence, elles devraient, en tant que juge de fond, ordonner la surséance de l'instruction de la cause et, à travers le Procureur général de la République, saisir les Sections réunies de l'exception d'inconstitutionnalité soulevée. Cela étant, en poursuivant l'instruction de la cause, et en reprochant au prévenu de n'avoir pas saisi les sections réunies, de l'exception d'inconstitutionnalité soulevée, la CSJ a fait une application pour le moins critiquable de la loi. Cette situation est d'autant plus déplorable qu'elle a abouti à un échec de la protection du droit à la liberté d'expression en cause, le prévenu ayant finalement été condamné[686]. Que serait-il advenu si le prévenu avait pris l'initiative de saisir la CSJ, toutes sections réunies, comme l'arrêt de la Cour le suggère ?

Dans sa décision n°2007-04/CC du 29 août 2007 relatif à l'affaire Société études et réalisations d'ouvrages hydrauliques, le Conseil constitutionnel burkinabé n'a pas hésité à déclarer la requête de ladite société irrecevable, au motif qu'il revenait à la Cour de cassation seule et non à elle de la saisir d'une exception d'inconstitutionnalité[687]. Le prévenu Bavela n'aurait-il pas connu le même sort devant les sections réunies de la CSJ, dont l'attachement à l'interprétation littérale de la Constitution, a déjà été relevé tout au long de la présente étude ?

Cette juridiction aurait-elle reçue sa requête, comme elle l'a fait de celle du Premier ministre, ayant abouti à l'arrêt R.Const.084/TSR du 16 mars 2009 relatif à l'interprétation de l'article 118, alinéa 2 de la Constitution sur la publicité des séances de l'Assemblée nationale et du Sénat ?

Aux termes de cette disposition constitutionnelle : « *Les séances de l'Assemblée nationale et du Sénat sont publiques sauf si cette le huis clos est prononcé* »[688]. Cette disposition impose-t-elle au gouvernement l'obligation d'assurer la retransmission en direct de toutes les séances parlementaires ?

Une controverse a opposé le Gouvernement et le parlement à ce sujet. Le 10 mars 2009 et en vue de tirer la situation au clair, le Premier ministre a pris l'initiative de déposer une requête en interprétation de la disposition constitutionnelle litigieuse au greffe de la CSJ.

---

686 *Ibidem*, pp. 1179-1180.

687 Lire à ce sujet S. BOLLE, *L'exception d'inconstitutionnalité au Burkina Faso : un droit illusoire* ?, disponible en ligne à l'adresse http://www.la-constitution-en-afrique.org/article-16538693.html (27 décembre 2011).

688 M. WETSH'OKONDA KOSO, *Les textes constitutionnels congolais annotés*, *op.cit*, p. 473.

« *La disposition précitée fait l'objet de diverses interprétations*, relève la Haute cour, *dont celle de l'Assemblée nationale qui considère que la publicité des audiences consiste en une retransmission en directe obligatoire des débats sur les médias officiels, alors que selon l'entendement du Gouvernement, celle-ci s'analyse en un droit reconnu au public d'assister sans restrictions aux débats parlementaires à l'instar des audiences des cours et tribunaux, et nullement au droit pour le Parlement d'obliger lesdits médias à les retransmettre systématiquement en direct au détriment de leurs programmes et cahiers des charges. Elle poursuit en précisant, par ailleurs, que le Gouvernement est confronté aux coûts exorbitants desdites retransmissions. La Cour relève que la publicité ainsi édictée est entendue comme une garantie de liberté d'expression des parlementaires prévue à l'article 107 de la Constitution et un moyen de contrôle de la manière dont le Parlement fonctionne. Elle estime que cette publicité s'interprète par similitude, de la même manière que celle prévue à l'article 20 de la Constitution selon lequel « Les audiences des cours et tribunaux sont publiques à moins que cette publicité ne soit jugée dangereuse pour l'ordre public ou les bonnes mœurs, auquel cas, le tribunal ordonne le huis clos ». En effet, elle note que le système juridique congolais admet la présence du public aux audiences des cours et tribunaux comme une garantie suffisante de publicité conforme à la Constitution, en combinaison ou sans un autre mode de publicité, encore que le constituant lui-même est muet là-dessus.*

La Cour déduit de ce qui précède que la publicité prévue à l'article 118, alinéa 2 de la Constitution implique l'accès du public aux séances de l'Assemblée nationale et du Sénat et que la retransmission en querelle, bien que d'une utilité incontestable, s'avère néanmoins facultative. Elle dira par conséquent que la retransmission en direct des séances d'une Chambre parlementaire n'est pas une condition sine qua non de la régularité de la tenue desdites séances et qu'elle est un mode de publicité non obligatoire[689] ».

Sur le plan de la forme, les autorités publiques habilitées à solliciter l'interprétation de la Constitution auprès de la CSJ sont limitativement énumérées à l'article 161, alinéa 1 de la même Constitution. En effet, cet article dispose que : « *La Cour constitutionnelle connaît des recours en interprétation de la Constitution sur saisine du Président de la République, du Gouvernement, du Président du Sénat, du Président de l'Assemblée nationale, d'un dixième des membres de chacune des Chambres parlementaires, des Gouverneurs de provinces et des Présidents des Assemblées ciales*[690] ».

---

[689] CSJ, 16 mars 2009, R.Const.084/TSR, inédit.

[690] M. WETSH'OKONDA KOSO, *Les textes constitutionnels congolais annotés, op.cit*, p. 490.

Le Premier ministre n'étant pas repris dans cette énumération, il se pose manifestement un problème de recevabilité de sa requête. Certes, en faisant application des techniques d'interprétation d'usage, la Cour pourrait arriver à résoudre ce problème. A titre d'exemple, à partir d'une interprétation logique de la disposition constitutionnelle susindiquées, elle pourrait soutenir qu'en sa qualité de Chef de Gouvernement, en vertu de l'article 90, alinéa 2, le Premier ministre est fondé à introduire une requête en interprétation de la Constitution au nom dudit Gouvernement.

Dans l'arrêt R.Const.084/TSR du 16 mars 2009, le problème n'est même pas invoqué. Tout se passe comme si la Cour tenait, malgré tout, à faire droit à la requête du Premier ministre.

Sur le plan du fond, bien qu'il semble difficile qu'elle ait pu aboutir à une conclusion autre que celle contenue dans les motifs de l'arrêt ainsi développés, il y a lieu de regretter que la CSJ n'ait pas pris en compte l'impératif du respect du droit à la liberté d'information. Comme le note Robert S. Peck, « (...) *Le dialogue entre le peuple et ceux à qui il a remis le pouvoir est indispensable au fonctionnement d'un gouvernement démocratique*[691] ». Un tel dialogue n'est possible qu'à la condition que le peuple soit pleinement informé des activités de ses mandataires, notamment les députés et les sénateurs. Certes, plusieurs voies permettent de satisfaire à cette exigence : outre l'accès aux séances parlementaires et la retransmission à la radio et à la télévision des séances parlementaires, invoqués expressément dans l'arrêt sous examen, il y a lieu de citer les séances de travail au cours des vacances parlementaires, la publication des rapports parlementaires et des annales parlementaires, etc. Il faut cependant reconnaître que, la plupart de ces opportunités de dialogue entre le peuple et ses mandataires, ne sont pas utilisées, sinon pas assez.

Dans le souci de promouvoir la démocratie, sans faire de la retransmission en directe des séances parlementaires une obligation constitutionnelle à charge du Gouvernement, il semble que la CSJ aurait fait œuvre utile, en insistant sur la nécessité de l'information du peuple, sur le travail du Parlement. Une telle position n'aurait pas manqué d'encourager le Gouvernement à améliorer cette information, notamment en aidant le Parlement à se doter d'une chaîne de radiodiffusion et de télévision propres[692]. La Cour ne pourrait en arriver là, qu'à travers une interprétation systémique ou holistique de la Constitution, prenant en compte non seulement l'article 118, alinéa 2 de celle-ci, pomme de discorde entre le Parlement et le Gouvernement, mais aussi, d'autres dispositions constitutionnelles pertinentes, notamment l'article 24 relatif au droit à la liberté d'information.

---

691 R. S. PEACK, « Le droit à la différence d'opinion », *Dialogue* n°2, 1990, p. 29.
692 Une telle chaîne a finalement été mise en place. C'est la chaîne RTNC III.

En définitive, il y' a lieu de déplorer le fait que la CSJ n'aie pas exploité utilement les opportunités qui lui ont été offertes pour « incarner » le droit à la liberté d'information. Dans l'arrêt Bavela, le rendez-vous manqué pour la protection de ce droit procède d'une mauvaise application du mécanisme de l'exception d'inconstitutionnalité tandis que dans l'arrêt relatif à la retransmission en directe des séances parlementaires, c'est plutôt l'interprétation de la Constitution qui semble être en cause.

Section 2. Le droit à la participation politique

Le droit à la participation politique est abordé, de près ou de loin, par six arrêts de la CSJ : Mutiri Muyongo[693], Kalegamire Nyimigabo, Remise et reprise du bureau de l'Assemblée nationale[694], suppléant des députés[695], validation des pouvoirs[696] et Olivier Kamitatu[697]. Aux lendemains de la promulgation de l'Acte constitutionnel de la transition du 9 avril 1994, la RDC devrait mettre progressivement en place les institutions prévues par la Constitution, notamment le Haut conseil de la République-parlement de transition. Aux termes de l'article 56 de l'acte précité, « *Le Haut conseil de la République-Parlement de transition est composé :*

a) des conseillers de la République désignés par la Conférence nationale souveraine ;
b) des députés de l'ancienne Assemblée nationale ayant participé ès-qualité à la Conférence nationale souveraine ;
c) des Négociateurs aux concertations politique du Palais du peuple qui ne sont ni conseillers de la République, ni députés[698] ».

A la différence de l'article 78 du même texte constitutionnel dont la formulation a été à la base de l'arrêt USOR et Alliés et autres, cette disposition constitutionnelle parait très claire pour que son application se heurte à des obstacles particuliers.

C'est pourtant ce qui se passa lorsque Mutiri Muyongo et Kalegamire Nyimigabo, tous deux anciens conseillers de la République, désignés par la CNS virent leur mandat parlementaire invalidé, au motif que leur nationalité

---

693 C.S.J, 4 février 1997, R.C.E 001/96. Sur cet arrêt comme sur l'arrêt Kalegamire, lire notamment MABANGA MONGA MABANGA, *Le contentieux constitutionnel congolais, op.cit*, pp. 56-58 ; BRONWEN MANBY, *Les lois sur la nationalité en Afrique : une étude comparée*, New York, Open Society Foundations, 2010, p. 63.

694 C.S.J, 15 novembre 2006, R.Const.041/TSR (RC 015), inédit.

695 Règlement intérieur de l'Assemblée nationale, disponible en ligne à l'adresse http://www.glin.gov, pp. 85-86.

696 WETSH'OKONDA KOSO M., *Les textes constitutionnels annotés, op.cit*, p. 485.

697 C.S.J, 24 février 2008, R.Const.28/TSR, *Revue de droit africain n°38*, 2006, p.106.

698 M. WETSH'OKONDA KOSO, *Les textes constitutionnels congolais annotés, op.cit*, p. 339.

était douteuse. En application de l'article 144, alinéa 1er du Code de procédure devant la C.S.J aux termes duquel : « *La Cour connaît aussi, à la requête de l'intéressé, des recours dirigés contre les actes du Conseil législatif refusant la validation des pouvoirs ou constatant la démission d'office d'un de ses membres* »[699], les deux infortunés se sont alors résolus de saisir la CSJ afin d'être rétablis dans leur droit. Le droit à la participation politique est également en jeu dans l'affaire relative aux députés nationaux binationaux soustraite à la connaissance de cette juridiction[700].

L'initiative de Kalegamire et de Mutiri a payé parce qu'à travers les arrêts précités, celle-ci fit droit à leurs requêtes au motif que la possession de la nationalité congolaise ne comptait pas au nombre des conditions prévues par la Constitution pour être membre du Haut conseil de la République. Ces deux arrêts méritent d'autant plus d'être salués qu'ils comptent parmi les premiers que la CSJ, siégeant toutes sections réunies, ait prononcés, d'une part, et, d'autre part, ils semblent avoir assuré une protection efficace du droit à la participation politique dont on ne pouvait être privé qu'en vertu de la loi. Il ne s'agit pas seulement d'une hypothèse d'école, parce que, plus d'une fois, tant le constituant que le pouvoir législatif congolais, ont opposé des restrictions importantes, à l'exercice du droit à la participation politique. Sous la Deuxième République, ne pouvait accéder à la charge de président de la République que le président du Mouvement Populaire de la Révolution[701]. Il en a été de même, aussi bien sous l'empire de l'Acte constitutionnel de la transition, que sous celui de la Constitution de la transition du 4 avril 2003. Dans le premier cas, on l'a vu, la charge de Premier ministre était réservée exclusivement aux membres de la famille politique autre que celle à laquelle appartient le Chef de l'Etat, tandis que, dans le second, l'accès aux institutions de l'Etat était un privilège, réservé aux membres des composantes et entités au Dialogue intercongolais. Quelques tentatives de lutte contre des dispositions constitutionnelles attentatoires au droit à l'égalité et à l'interdiction de la discrimination ainsi résumées ont été enregistrées, mais elles se sont toutes soldées par un échec.

Dans l'arrêt USOR et Alliés, la CSJ s'est déclarée incompétente pour connaître des ordonnances portant nomination, prétendument en application de l'article 78 de l'Acte constitutionnel de la transition précité, du Premier

---

699 KATUALA KABA KASHALA et YENYI OLUNGU, *Cour suprême de justice : historique et textes annotés de procédure*, Kinshasa, Editions Batena Ntambua, juin 2000, pp. 171-172.

700 M. WETSH'OKONDA KOSO, *L'échec de l'initiative de révision constitutionnelle du 5 novembre 2007*, disponible en ligne à l'adresse http://www.la-constitution-en-afrique.org/20-categorie-10195444.html (27 décembre 2011).

701 NGONDANKOY NKOY-ea-LOONGYA., « Les conditions fondamentales d'accès à la fonction présidentielle en droit constitutionnel congolais », *Annales de la faculté de droit*, Vol. XI-XXVI, 1996-2003, août 2003, p 122.

ministre Kengo et des membres de son Gouvernement, tandis que, du moins à notre connaissance, la requête de Mpaka Nsusu, n'a jamais fait l'objet d'un arrêt, ne serait-ce que de radiation- jusqu'à ce jour. Cette requête viserait l'annulation des dispositions constitutionnelles susvisées, aux termes desquels la charge de président de la République ne pouvait être briguée que par le président du Mouvement Populaire de la Révolution[702].

La question de la discrimination, en matière d'exercice du droit à la participation politique, n'a été abordée, pour la première fois, par la CSJ, que dans l'arrêt Olivier Kamitatu. Désigné Président de l'Assemblée nationale de la transition par sa composante d'origine, le Mouvement de Libération du Congo (MLC), ce dernier a eu quelques ennuis avec ladite composante dont il finira d'ailleurs par claquer la porte, pour s'aligner sur le président de la République.

A alors surgit une question juridique, celle de savoir s'il devait ou non, sauvegarder le perchoir de l'Assemblée nationale. Plusieurs thèses étaient en concurrence. Pour l'une d'entre elles, désigné pour toute la durée de la transition, Olivier Kamitatu devrait maintenir son poste de président de l'Assemblée nationale.

Prenant le contre-pied de la thèse ainsi résumée, une autre voulait que, du moment qu'il n'appartenait plus au MLC, qu'il était censé représenter à l'Assemblée nationale, le Président Olivier Kamitatu devrait perdre son poste. Le 20 janvier 2006, en vue de solliciter l'éclairage de la C.S.J au sujet de cette controverse, le Procureur général de la République, agissant à la demande du président de la République, déposa au greffe de celle-ci une requête en interprétation des articles 99, 102, 105 et 108 de la Constitution de la transition. Faisant suite à cette requête, la Cour a prononcé l'arrêt dont la quintessence se trouve dans le paragraphe libellé de la manière suivante :

> *« C'est aux Composantes et entités que des responsabilités ont été attribuées, qu'elles sont titulaires des postes et mandats et fonctions à elles attribués. Il faut en inférer notamment le principe que nul ne peut devenir ou être député ou sénateur sans appartenir au préalable à une Composante ou Entité au Dialogue intercongolais[703] ».*

Ainsi libellé, l'arrêt Olivier Kamitatu ne pourrait laisser indifférent, qu'on l'envisage sous l'angle de la forme, ou celui du fond.

---

[702] Sur cette requête, lire WETSH'OKONDA KOSO M., *Les textes constitutionnels annotés, op.cit*, p 236.

[703] CSJ, 24 février 2006, RConst.28/TSR, *Revue de droit africain n°38*, 2006, p106.

Sous l'angle de la forme, au nombre des innovations introduites par la Constitution de la transition du 4 avril 2003, il convient de mentionner l'élargissement de la saisine de la CSJ, siégeant comme une Cour constitutionnelle, aussi bien au président de la République[704] qu'aux présidents des chambres parlementaires[705], ceux des institutions d'appui à la démocratie et à un dixième des membres de chacune des Chambres parlementaires[706]. Ces dispositions avaient déjà été appliquées, notamment par le président de la République qui avait saisi la CSJ d'un certain nombre de requêtes, dont celles relatives à l'examen de la conformité à la Constitution des règlements intérieurs de l'Assemblée nationale[707] et du Sénat[708]. Dès lors, il est curieux que le même président de la République ait recouru au Procureur général de la République pour déposer la requête en interprétation de la Constitution sur la base de l'ordonnance-loi relative à la procédure devant la CSJ au lieu de le faire directement, lui-même, sur le fondement de la Constitution de la transition, comme il l'a fait au sujet de l'interprétation des articles 76 et 94, alinéa 1 de la Constitution de la transition. Poser cette question ne signifie pas, cependant, que la CSJ devrait déclarée la requête qui lui a été soumise irrecevable.

Au point de vue du fond, il y a lieu d'apprécier l'effort fourni par la Cour pour résoudre la question qui lui était posée : pour interpréter les articles 99, 102, 105 et 118 de la Constitution, cités dans la requête du Procureur général de la République, il a également pris en compte d'autres dispositions constitutionnelles, non citées par ladite requête, à savoir les articles 1, 100, alinéas 2 et 3, 101, 106, alinéas 2 et 3 et 107, ainsi que l'Accord global et inclusif. Elle s'est ainsi efforcée de faire une interprétation systématique ou holistique de la Constitution enrichie par celle historique.

Il y a lieu, cependant, de se demander si, autant que ses homologues, sous d'autres cieux, notamment en Afrique du Sud, au Bénin et au Sénégal, elle n'aurait pas fait mieux, de prendre également en compte, les engagements internationaux de la RDC, notamment le Pacte international relatif aux droits civils et politiques et la Charte africaine des droits de l'homme et des peuples, ainsi que la jurisprudence y relative, qui prohibent la discrimination fondée sur les convictions politiques. Pareille interprétation l'aurait conduite à mettre fin à la confiscation de l'exercice du droit à la participation politique, par les composantes et entités au Dialogue intercongolais. Seule une telle interprétation aurait mis la RDC à l'abri de la « condamnation » dont

---

704 Article 131 de cette Constitution.

705 Articles 103, alinéa 3 et 109, alinéa 3 de cette Constitution.

706 Article 131 de cette Constitution.

707 CSJ, 3 octobre 2003, R.Const.03/TSR.

708 CSJ, 10 octobre 2003, R.Const.04/TSR.

elle avait déjà été l'objet par la décision du Comité des droits de l'homme dans les affaires Ngalula Mpandajila[709] et Mpaka Nsusu[710].

Le 21 novembre 1977, Monsieur André Alphonse Mpaka-Nsusu posait sa candidature à la présidence du Mouvement Populaire de la Révolution et, en même temps, à la présidence de la République. Le 31 décembre 1977, face au rejet de sa candidature, se fondant sur les dispositions de l'article 4 de la Constitution du 24 juin 1967 consacrant le bipartisme, il soumettait au gouvernement une proposition relative à la création d'un parti politique dénommé le Parti National Fédéraliste (PANEFE). Du 1er juillet 1979 au 31 janvier 1981, en réaction à cette démarche politique, considérée comme une menée subversive contre la sûreté de l'Etat, Monsieur Mpaka a fait l'objet d'une arrestation, suivie d'une détention sans jugement. Aux lendemains de sa libération, il fera l'objet d'une assignation à résidence, dans son village natal, d'où il réussira à s'envoler en exil. Il n'est pas sans intérêt de noter que le 1er octobre 1981, Monsieur Mpaka avait introduit un recours en annulation, pour inconstitutionnalité, des lois n°74-020 du 15 août 1974 et 80-012 du 12 novembre 1980. Le grief articulé contre ces lois, qualifiées d'ordinaires pour avoir modifié une Constitution, adoptée par voie de référendum du 4 au 24 juin 1967, en substituant le bipartisme au monopartisme. Le recours individuel devant le juge constitutionnel n'ayant pas encore été reconnu, cette requête est restée lettre morte[711].

L'installation des institutions issues des élections législatives de 2006 a donné naissance à un autre contentieux lié à l'exercice du droit à la participation politique. Le 22 septembre 2006, à la suite de la proclamation des résultats provisoires des élections législatives précitées s'est tenue la session extraordinaire de la nouvelle législature chargée, notamment, de l'installation de son bureau provisoire, de la validation des mandats de ses membres et de l'élaboration de son règlement intérieur. Il s'est dès lors posé la question du sort du bureau de l'Assemblée nationale de la transition sortant.

---

709 Décision du 26 mars 1986 sur la Communication n°138/1983, Lire à ce sujet la Décision du Comité des droits de l'homme sur la Communication n°157/1983, NATIONS UNIES, *Sélection des décisions du Comité des droits de l'homme prises en vertu du Protocole facultatif*, Volume 1, New York et Genève, Nations unies, 1998, pp. 172-175.

710 Décision du 26 mars sur la Communication n°157/1983, S.A, *Recueil des décisions des droits humains, 2001*, Pretoria, PULP, 2001, pp. 29-32 ; Lire à ce sujet la Décision du Comité des droits de l'homme sur la Communication n°157/1983; NATIONS UNIES, *Sélection des décisions du Comité des droits de l'homme prises en vertu du Protocole facultatif*, Volume 1, New York et Genève, Nations unies, 1998, pp 196-198.

711 Lire à ce sujet la Décision du Comité des droits de l'homme sur la Communication n°157/1983, NATIONS UNIES, *Sélection des décisions du Comité des droits de l'homme prises en vertu du Protocole facultatif*, Volume 1, New York et Genève, Nations unies, 1998, pp 196-198.

Celui-ci resterait-il en fonction, en attendant l'installation du bureau définitif de la nouvelle législature, ou ces fonctions devraient-elles prendre fin, à dater de l'installation du bureau provisoire ? Telle était la question sur laquelle le Président dudit bureau a sollicité l'éclairage de la Haute cour, à travers sa requête du 26 septembre 2006.

Celle-ci y a répondu en ces termes :

> *« (...) Dès l'ouverture de la session extraordinaire, l'Assemblée nationale de la transition comprenant son bureau a cessé d'exister. Elle relève, par ailleurs, que cette interprétation est confortée par l'article 201 du règlement intérieur de l'Assemblée nationale de la transition aux termes duquel, « le mandat de député expire à l'installation de la première législature du Parlement de la 3ème République » ainsi que de l'article 103 de la Constitution de la transition stipulant. Le député national est élu pour un mandat de cinq ans. Il est rééligible. Le mandat de député national commence à la validation des pouvoirs de l'Assemblée national et expire à l'installation de la nouvelle Assemblée*[712] *».*

A voir les choses de près, il apparaît que cette solution semble aller de soi, dans la mesure où la Cour n'a pas trouvé à redire, sur la recevabilité de la requête du Président du bureau provisoire de l'Assemblée nationale. Par ce comportement, elle avait déjà considéré comme le Président de l'Assemblée nationale qui a qualité pour introduire pareille requête. Elle ne pouvait donc plus se dédire, en disant que seul le Président du bureau définitif de l'Assemblée nationale est revêtu de cette qualité. La position de la Cour tient-elle pour autant débout du point de vue de la logique ? Il importe d'y revenir plus loin. En effet, la remise reprise devrait ainsi se faire entre le Président de l'Assemblée nationale de la transition et celui du bureau de la nouvelle Assemblée nationale. La question du dies a quo du mandat des parlementaires a resurgi dans l'arrêt R.Const.050/TSR du 23 mai 2007. En droit électoral congolais, la proclamation des résultats des élections législatives incombe à deux institutions différentes : la Commission électorale indépendante (devenue Commission électorale nationale indépendante) et la Cour constitutionnelle, et en attendant l'installation de celle-ci, la CSJ. La première proclame les résultats provisoires des élections législatives, tandis que la seconde proclame les résultats définitifs. En principe, les résultats définitifs sont proclamés deux mois après les résultats provisoires. Cependant, dans le cas d'espèce, les résultats définitifs ont été proclamés longtemps après l'expiration de ce délai[713]. Il s'en est suivi une situation telle que, le mandat de dix-huit députés, qui avaient siégé pendant plus de deux

---

[712] CSJ, 15 novembre 2006, R.Const. 041/TSR, inédit.
[713] CSJ, 5 mars 2007, R.E 007.

mois, s'est vu invalidé. Ces députés devraient-ils s'en tenir à la validation de leur mandat, par l'Assemblée nationale, ou devraient-ils, plutôt, tirer les conséquences de l'arrêt de la Cour suprême, invalidant leur mandat ? Autrement dit, devraient-ils tirer leur légitimité de la validation des pouvoirs par l'Assemblée nationale ou de l'arrêt de la CSJ[714] ?

« Par validation des pouvoirs, a estimé la Cour suprême de justice, la Cour entend l'opération de vérification d'un fait consistant pour une autorité judiciaire, administrative ou une Assemblée à connaître la véracité d'un fait ou la régularité d'un acte. En l'espèce, il s'agit de vérifier l'identité du député national proclamé provisoirement élu dans chaque circonscription électorale. Cette vérification a pour but notamment d'éviter que des personnes non proclamées élues par la Commission électorale indépendante ne puissent poser des actes dans le cadre de l'Assemblée nationale. Les autres éléments, notamment la régularité du vote, les contestations de tout genre liées à l'élection sont du ressort des cours et tribunaux en vertu des articles 161, alinéa 2 de la Constitution et 74 de la loi électorale.

Il découle de ce qui précède que la validation des pouvoirs ne peut remettre en cause ni le dispositif des arrêts rendus en la matière ni les résultats définitifs proclamés par les juridictions étant donné que la Constitution et la loi électorale ont confié l'examen et la régularité de l'élection aux seules instances judiciaires[715] ».

Cette motivation consacre le triomphe du juge constitutionnel et partant du constitutionnalisme. A ce titre, elle constitue l'équivalent, en droit congolais, de la célèbre formule du Conseil constitutionnel français selon laquelle : « Le législateur n'exprime la volonté générale que dans le respect de la Constitution[716] ». Autrement dit, la validation des pouvoirs des parlementaires par le Parlement n'a vraiment de valeur que, lorsqu'elle intervient à la suite et dans le respect de l'arrêt de la Cour constitutionnelle, portant proclamation des résultats définitifs des élections législatives. Cela étant, il y a lieu de se demander s' il n'aurait pas été plus logique, pour le Président de l'Assemblée nationale de la transition de faire la remise reprise avec le Pré-

[714] Sur la crise politique née de ces interrogations, lire notamment BOSHAB E., « Le principe de la séparation des pouvoirs à l'épreuve de l'interprétation des arrêts de la Cour suprême de justice par l'Assemblée nationale en matière de contentieux électoral », in BAKANDEJA wa MPUMBU G., MBATA BETUKUMESU MANGU A. et KIENGE KIENGE INTUDI R., *op.cit*, pp 19-27 ; MBATA BETUKUMESU MANGO A., *op.cit*, p. 404.

[715] CSJ, 23 mai 2007, R.Const.050/TSR, inédit.

[716] Lire à ce sujet Le Conseil constitutionnel français en période d'alternance politique, exposé présenté lors des rencontres constitutionnelles franco-roumaines des 1er et 2 octobre 1998, disponible en ligne à l'adresse *http://www.conseil-constitutionnel.fr/conseil-constitutionnel/root/bank_mm/pdf/Conseil/alternan.pdf*.

sident du bureau définitif de l'Assemblée nationale, issue des élections législatives de 2006, plutôt qu'avec le président du bureau provisoire de celle-ci. Cette question mérite d'autant plus d'être posée que, ce dernier compte au nombre des dix-huit députés, dont le mandat a été invalidé par la CSJ, dans son arrêt portant proclamation des résultats définitifs des élections législatives de 2006. Vu sous cet angle, il y a lieu de se demander si les arrêts R.Const.041/TSR du 15 novembre 2006 et R.Const.050/TSR du 23 mai 2007 s'inscrivent dans une relation de continuité ou de rupture.

L'élaboration du règlement intérieur de l'Assemblée nationale a donné à la CSJ l'occasion d'apporter une précision supplémentaire, sur le droit parlementaire, en déterminant les modalités de remplacement des députés. Deux dispositions insérées dans le règlement intérieur de l'Assemblée nationale étaient en cause. La première, l'ancien article 86-2 ouvrait aux partis politiques et aux députés indépendants, en cas de vacances de siège d'un député, lorsque le deuxième suppléant n'est plus disponible, la faculté de pouvoir désigner, eux-mêmes, une personne, non élue, de manière à combler la vacance de siège. La CSJ a jugé cette disposition inconstitutionnelle en ces termes :

> *« (...) aux termes de l'article 101 alinéa de la Constitution, les membres de l'Assemblée Nationale sont élus au suffrage universel direct et secret, et qu'à l'alinéa 3 du même article, il est dit que chaque député national est élu avec deux suppléants. Il s'ensuit qu'en reconnaissant au parti politique, au regroupement politique et au député indépendant le droit de désigner toute autre personne, non élue, en remplacement du deuxième suppléant, l'article 86, alinéa 2 du Règlement intérieur a violé la disposition constitutionnelle prérappelée*[717] *».*

Quant à la seconde disposition du règlement intérieur de l'Assemblée nationale jugée inconstitutionnelle par la CSJ, c'est l'ancien article 88-1 de ce texte.

Il retient au nombre des causes de la fin du mandat des députés, au lieu de l'incapacité permanente prévue par la Constitution, l'incapacité totale. A ce sujet, la Haute cour a tenu le raisonnement suivant :

> *« la Cour fait observer que l'article 110, point 5, de la Constitution cite parmi les causes pouvant mettre fin au mandat du député na-*

[717] CSJ, 21 décembre 2006, R.Const. 43/TSR.

tional l'incapacité permanente, et qu'en retenant l'incapacité totale, le Règlement intérieur a ajouté à la Constitution[718] ».

Comme on peut le constater, à l'instar de la Commission africaine des droits de l'homme et des peuples, à travers cet arrêt, la CSJ a tenu à protéger scrupuleusement le droit à la participation politique, consacré notamment par la Charte africaine des droits de l'homme et des peuples[719].

En définitive, le droit à la participation politique a bénéficié d'une protection efficace dans les arrêts Mutiri Muyongo et Kalegamire. Il en a été de même dans les arrêts en rapport avec la conformité à la Constitution du règlement intérieur de l'Assemblée nationale et, dans une certaine, la remise reprise entre le Président sortant de l'Assemblée nationale de la transition et le Président du bureau provisoire de l'Assemblée nationale de première législature de la Troisième République.

En revanche, la CSJ semble avoir raté ses rendez-vous, pour la consolidation du même droit, dans les affaires Mpaka Nsusu et Olivier Kamitatu. Reste à voir quel comportement elle a affiché au sujet des autres droits de l'homme.

---

718 CSJ, 21 décembre 2006, R.Const.43/TSR.

719 CHIDI ODINKALU, A propos du Kenya : position actuelle de l'Union africaine sur les changements anticonstitutionnels de gouvernement, disponible en ligne à l'adresse *http://www.afrimap.org/english/images/paper/UA_Changementsanticonstitutionnels_Odinkalu_jan08.pdf* (27 décembre 2011).

CHAPITRE II :
LES AUTRES DROITS DE L'HOMME

En dehors des droits civils et politiques, les autres droits de l'homme sont-ils justiciables ? Cette question fait l'objet d'une vive controverse dans la doctrine. Dans ses observations générales, le Comité des droits économiques, sociaux et culturels soutient que, si, en raison de leur application progressive, tous ces droits ne sont pas justiciables, il n'en demeure pas moins vrai que certains parmi eux le sont.

En ce qui la concerne, comme pour donner raison aux partisans de la thèse du défaut de justiciabilité, aussi bien des droits économiques, sociaux et culturels que des droits de solidarité, la C.S.J n'a prononcé que peu d'arrêts à leur égard. Nous les aborderons dans une section unique.

Section 1 : Le droit de propriété, le droit à la protection de l'initiative privée et le droit à l'éducation.

L'analyse portera successivement sur l'arrêt Congo Motors sur le droit de propriété[720] (§1), l'arrêt famille Forrest, déjà cité, sur le droit à la protection de l'initiative privée (§2) et l'arrêt CELC sur le droit à l'éducation (§3).

§1. Le droit de propriété

Les faits de la cause ayant déjà été résumés plus haut, il suffira de souligner que la Société Congo-Motors avait demandé à la CSJ de constater l'inconstitutionnalité de la loi Bakajika en application de laquelle elle était dépossédée. Elle a, en effet,

> *« soulevé l'exception d'inconstitutionnalité de l'ordonnance-loi n°66/343 du 7 juin 1966 au motif que cette ordonnance-loi est en opposition avec l'article 14 de la Constitution congolaise qui garantit le droit de propriété individuelle et collective et qu'en vertu de ces dispositions il ne pouvait être porté atteinte aux droits de la requérante que pour des motifs d'intérêt général et en vertu d'une loi, sous réserve d'une indemnité équitable à verser au titulaire de ces droits ».*

Rencontrant ce moyen, la CSJ a jugé que :

> *« l'article 14 de la Constitution garantit les droits de propriété individuelle et collective et (...) il ne peut être porté atteinte à ces droits que dans les conditions que rappelle la requête de la demanderesse (...) l'ordonnance-loi n°66/343 susvisée ne conférait*

[720] CSJ, 4 juin 1973, RA 5 et 33, Congo Motor Limited, *BACSJ*, année 1973, pp. 109-133.

pas ces garanties aux propriétaires des biens fonciers qui avaient fait l'objet d'une cession avant 1960. Cette ordonnance-loi a été prise avant l'entrée en vigueur de la Constitution de 1967 et qu'il faut apprécier sa constitutionnalité en se référant à la Constitution alors en vigueur et non celle de 1967 (...) conformément aux dispositions de l'article 1er, alinéa 2 du titre IX de la Constitution sont de plein droit abrogées et (...) c'est à tort que la demanderesse soulève une exception d'inconstitutionnalité entendue sans le sens des articles 71 à 73 de la Constitution de 1967 (...). L'exception d'inconstitutionnalité soulevée ne peut être prise en considération[721] ».

Ainsi motivé, l'arrêt Congo-Motor ne peut être approuvé, dans la mesure où, il a vidé le droit de propriété de toute sa substance. A partir du moment où il est consacré par la Constitution, ce droit devrait être respecté de tous, y compris du législateur. Les lois antérieures contraires devraient être censurées. Tel est le sort qui a été réservé au Code pénal hérité de la colonisation par la Cour constitutionnelle du Bénin. Poursuivis devant la première chambre correctionnelle du tribunal de première instance de Cotonou du chef d'adultère, Madame Nelly Houssou et Monsieur Akambi Kamanou Akala ont soulevé l'exception d'inconstitutionnalité des articles 336 à 339 relatif à cette prévention en ces termes :

> « *Les articles 336 à 339 du Code pénal en vigueur en République du Bénin, vestiges d'un temps révolu créent des conditions plus favorables à l'homme qu'à la femme au triple point de vue de la constitution de l'infraction, de la poursuite de l'infraction et de la peine encourue, en violation des articles 26 de la Constitution, 2 et 3 de la Charte africaine des droits de l'homme et des peuples qui consacrent le principe de l'égalité de l'homme et de la femme en droit (...)*[722] ».

Réagissant à ce moyen de défense, la Cour constitutionnelle a jugé qu' :*« il résulte de la lecture des articles 336 à 339 du Code pénal que le législateur a instauré une disparité de traitement entre l'homme et la femme en ce qui concerne les éléments constitutifs du délit ; (...) dans le cas d'espèce, alors que l'adultère du mari ne peut être sanctionné que lorsqu'il est commis au domicile conjugal, celui de la femme est sanctionné quel que soit le lieu de l'acte ; (...) l'incrimination ou la non incrimination de l'adultère ne sont pas contraires à la Constitution mais (...) toute différence de traitement de l'adultère entre l'homme et la femme est contraire aux ar-*

[721] *BACSJ, année 1973*, Kinshasa, Edition de la Cour suprême de justice, 1974, pp. 113-114.
[722] Décision DCC 09-08 du 30 juillet 2009, disponible en ligne à l'adresse http://www.la-constitution-en-afrique.org/.

ticles 26 de la Constitution, 2 et 3 de la Charte (...) en conséquence, les articles 336 à 339 du Code pénal sont contraires à la Constitution...[723] ».

Dans le même ordre d'idées, en France, « *il est acquis que le juge peut apurer le champ législatif, en remontant dans le temps. Sont visées, non seulement les lois promulguées entre 1958 et 1974, en un moment où l'opposition était privé du droit de recours, mais au-delà, celles antérieures à la Vème République. La souveraineté parlementaire peut ainsi être rattrapée. Il est un fait certain, pour s'en tenir à un exemple, que le droit douanier n'a pas éliminé les privilèges exorbitants du temps de la gabelle, en matière de fouilles corporelles ou de visites domiciliaires* ».

Le fait que dans ses arrêts antérieurs, notamment les arrêts Mukonkole, ainsi que dans l'arrêt relatif à la loi portant suppression des travaux forcés, la CSJ ne se soit plus opposé à apprécier la conformité des lois antérieures à la Constitution prouve que, le précédent Congo-Motor n'a pas fait jurisprudence. Au contraire, il y a lieu de le considérer plutôt comme un simple accident de parcours.

En définitive, du fait d'une compréhension erronée de ses implications, le droit de propriété n'a pas bénéficié d'une protection efficace de la CSJ. Il n'en a pas été de même du droit à la protection de l'initiative privée.

§2. Le droit à la protection de l'initiative privée

Le droit à la protection de l'initiative privée a été abordé dans l'arrêt Famille Forrest[724]. Outre la R.D.C, la Banque commerciale du Congo avait, comme actionnaires, notamment Monsieur Georges Forrest et la Belgolaise.

En 2007, cette dernière a jugé bon de céder ses actions, au sein de cette banque, à un autre opérateur économique. Le 16 février 2007, alors que ces actions étaient librement cessibles, le Gouverneur de la Banque centrale du Congo a pris une décision, par laquelle, il imposait la cession desdites actions à une banque de renommée internationale.

Cette décision a été confirmée par le Conseil des ministres. Le 3 septembre 2009, agissant au nom de la Belgolaise, Fortis/BNP a cédé les actions de celle-ci à Forrest et à sa famille. Comme on pouvait s'y attendre, le Gouverneur de la Banque s'est insurgé, contre cette cession, qui contrevenait à sa décision. C'est alors que la famille Forrest s'est résolue de déférer celle-ci à la CSJ, au motif qu'elle violait les droits de l'homme.

---

[723] Décision DCC 09-08 du 30 juillet 2009, disponible en ligne à l'adresse *http://www.la-constitution-en-afrique.org/*.

[724] CSJ, 26 mars 2010, R.Const.113/TSR, inédit.

Rencontrant ce moyen de défense, la Haute cour a jugé qu' :

« En tant qu'il est en outre correctement pris de la violation de l'article 37 de la Constitution qui énonce que « l'Etat garantit la liberté d'association » en ce que l'acte attaqué a imposé à la Banque commerciale du Congo de n'admettre qu'un actionnaire de référence, ce moyen est fondé. En effet, les actions au porteur comme celles de la Belgolaise du Congo sont librement cessibles. Mais dans l'acte attaqué, la Banque centrale du Congo a effectivement obligé la Banque commerciale du Congo à n'admettre comme repreneur d'actions ex-Belgolaise qu'une banque de renommée internationale et dotée des moyens financiers, techniques, humains et matériels suffisants capables d'aider à la transformation rapide de l'environnement financier en s'attaquant aux défis notamment de la bancarisation du pays, critère noble, certes, mais non prévu par la loi bancaire et n'est pas opposée à d'autres institutions bancaires à l'instar de la Banque congolaise, nouvellement agrée dont les statuts, publiés au Journal officiel, ne révèlent nullement la présence d'une banque de renommée internationale parmi les actionnaires. En disposant ainsi, elle a instauré un régime d'inégalité parmi les établissements de crédit installés en République démocratique du Congo est violé la liberté d'association[725] ».

Comme on peut le constater, plutôt que le droit d'association retenu par la CSJ, c'est le droit à la protection de l'initiative privée qui est en cause. Pour le reste, il y a lieu de relever le fait que, pour une fois, loin de se borner au droit, le contrôle de la CSJ a également porté sur l'authenticité des faits. Seul un contrôle d'une telle intensité a pu assurer une protection des droits de l'homme. Mais il constitue plutôt une exception dans la pratique de cette juridiction.

§3. Le droit à l'éducation

La Haute cour présente les faits de la cause de la manière suivante :

« Par sa requête déposée le 18 juin 2004 au greffe de la CSJ, le président de la République sollicite, conformément à l'article 121, alinéa 2 de la Constitution de la transition, la vérification de la conformité à cette Constitution de la loi portant organisation, attributions et fonctionnement de la Commission de l'Ethique et de la lutte contre la corruption adoptée, à la majorité requise, par les deux chambres du Parlement de transition. La Cour suprême de

[725] CSJ, 26 mars 2010, R.Const.112/TSR, inédit.

justice constate, après examen des 39 articles que contient ladite loi que celle-ci est, dans son ensemble, conforme à la Constitution à l'exception des articles 6, litera h et 1, 7 alinéas 3 in fine et 4, et 32.

En effet, alors que les articles 91 et 118, alinéa 2, litera 4 de la Constitution de la transition disposent que les ministres sont responsables de leurs départements respectifs dans lesquels ils appliquent le programme gouvernemental par voie d'arrêtés et me second, que les principes fondamentaux concernant l'enseignement relèvent du domaine de la loi, l'article 6 litera h de la loi susvisée confie à la Commission de l'Ethique et de la lutte contre la corruption la mission de renforcer le programme de cours visant la pratique des valeurs morales et républicaines aux niveaux primaire et secondaire et d'initier le même programme au niveau de l'enseignement universitaire. En reconnaissant des prérogatives concurrentes à la Commission précitée qui n'est ni un département ministériel ayant en charge l'enseignement ni l'Assemblée nationale, l'article 6 litera h susvisé viole la Constitution de la transition[726] ».

Ainsi résumé, l'arrêt CELC ne peut qu'être approuvé : il est de la responsabilité de la CSJ, d'assurer la régulation des pouvoirs, et de veiller ainsi, à ce qu'aucun pouvoir ne puisse empiéter, dans les attributions des autres. Sur le plan des techniques de contrôle de constitutionnalité, cependant, il y a lieu de se demander si, à l'instar de ses homologues d'autres Etats africains[727], la CSJ n'aurait pas dû, ici, recourir à la technique de la conformité sous réserve. Concrètement, la Cour aurait indiqué que l'article litigieux est conforme à la Constitution de la transition, à condition qu'il reconnaisse à la CELC, non pas le pouvoir d'élaborer la loi relative aux principes fondamentaux régissant l'enseignement ou l'arrêté relatif aux programmes de cours, mais celui d'être le conseiller, tant du parlement que du gouvernement, dans l'élaboration de celle-là, ou de celui-ci. Autrement dit, en matière d'élaboration des programmes de cours, la CELC ne jouit pas d'un pouvoir de décision, mais plutôt d'un pouvoir consultatif. Le législateur l'a d'ailleurs compris ainsi dans la mesure où

« s'agissant de l'article 6 litera h qui reconnaissait à la Commission de l'Ethique et de la lutte contre la corruption des prérogatives réservées aux ministres responsables de leurs départements

[726] CSJ, 01 juillet 2004, R.Const.10/TSR, inédit.

[727] Sur l'utilisation de cette technique de contrôle de constitutionnalité par le juge constitutionnel africain, lire notamment MAYACINE DIAGNE, « Le juge constitutionnel africain et la technique des réserves d'interprétation », *op.cit*, pp. 367-400.

respectifs contrairement aux dispositions des articles 91 et 118, alinéa 2 de la Constitution de la transition, la nouvelle formulation assigne à la Commission la mission de plaider auprès des ministères compétents pour le renforcement du programme des cours visant la pratique des valeurs morales et républicaines est conforme aux dispositions constitutionnelles sus invoquées[728] ».

[728] CSJ, 20 juillet 2004, R.Const.14/TSR, inédit.

CONCLUSION

En guise de conclusion, il convient de souligner que la protection des droits de l'homme, par la CSJ, s'avère encore embryonnaire, tant au plan quantitatif qu'à celui qualitatif. Au plan quantitatif, en quarante-trois ans de fonctionnement, cette juridiction n'a rendu qu'une trentaine d'arrêts en matière de protection des droits de l'homme, soit près d'un arrêt par an[729].

Comparées aux statistiques d'autres juridictions constitutionnelles africaines, notamment celles de la Cour constitutionnelle du Bénin, qui aurait prononcé près de 117 arrêts sur la même matière, rien qu'en 2008[730], ce nombre semble pour le moins dérisoire.

Les raisons principales de ce phénomène ont déjà été avancées. Elles sont à la fois politiques, juridiques ou techniques et culturelles. Jusqu'en 2003, le système politique congolais s'est caractérisé par une succession de systèmes politiques aussi autoritaires les uns que les autres. Pareils systèmes politiques ne peuvent constituer un terreau favorable au développement de la protection des droits de l'homme, sous quelque forme que ce soit, et particulièrement, de la protection juridictionnelle des droits de l'homme. La situation se complique davantage quand, juridiquement, l'accès au juge constitutionnel n'est pas ouvert aux citoyens, comme cela a été le cas jusqu'en 2003. Jusqu'à cette date, seul le Procureur général de la République avait qualité pour saisir les sections réunies de la CSJ, faisant office de Cour constitutionnelle. L'ouverture de la Cour constitutionnelle à l'opposition et aux individus, respectivement en 2003 et en 2006 a produit un effet relatif, en matière de protection juridictionnelle des droits de l'homme. Pour preuve, la plupart des arrêts examinés dans la présente étude remonte à cette période. Il n'en reste pas moins vrai que, tant les partis politiques[731] que les justiciables, en général, ainsi que les associations de défense des droits de l'homme et le barreau censés les encadrer ne se sont pas encore suffisamment imprégnés de l'opportunité et de la nécessité de recourir à la Cour constitutionnelle aux fins de la protection des droits de l'homme[732]. Pour preuve, n'eût été l'institution du contrôle obligatoire de constitutionnalité des lois organiques

---

729 Voir la liste des arrêts en annexe.

730 T. HOLO, « Emergence de la justice constitutionnelle », *op.cit*, p. 108.

731 Au nombre des arrêts relatifs aux droits de l'homme prononcés par la CSJ siégeant comme une Cour constitutionnelle, un seul l'a été sur requête de l'opposition politique : l'arrêt R.Const.06/TSR du 24 mars 2004.

732 Sur près de trente arrêts prononcés par la CSJ siégeant comme une Cour constitutionnelle en matière de protection des droits de l'homme, trois seulement l'ont été à la requête des individus : arrêts R.Const.062/TSR du 26 décembre 2007 (Cibalonza), R.Const. 060/TSR du 28 décembre 2007(Kishabongo) et R.Const.157/TSR du 22 octobre 2010 (Roger Nsingi). Un seul arrêt a été prononcé à la suite d'une exception d'inconstitutionnalité : l'arrêt R.Const.128/TSR (Mukonkole).

et des règlements intérieurs aussi bien des Assemblées parlementaires[733] que des institutions d'appui à la démocratie, la jurisprudence constitutionnelle relative aux droits de l'homme serait réduite à une portion congrue. Sur le plan qualitatif, seuls quelques droits de l'homme, essentiellement des droits civils et politiques ont eu le privilège de subir l'épreuve de leur protection par la CSJ.

Le fait que cette juridiction semble interpréter sa compétence de manière extensive et qu'elle exerce un contrôle de constitutionnalité à double détente donnent l'impression qu'elle jouit d'une indépendance et fait preuve d'une compétence nécessaire à l'exercice de ses fonctions et que la protection qu'elle assure aux droits de l'homme est la plus efficace possible. Une analyse plus approfondie de sa jurisprudence prouve que tel n'est toujours pas le cas : la CSJ interprète la Constitution et la loi de manière littérale ; seule la Constitution fait partie de ses normes de référence et, dans certains cas, le délai d'instruction des affaires dont elle est saisie est très long.

A cela s'ajoute le fait que, la CSJ n'assure aucune réparation aux victimes des violations des droits de l'homme et que la diffusion de sa jurisprudence s'avère très faible. Onze droits de l'homme ont subi l'épreuve de la protection par la CSJ. Il s'agit du droit à la vie, du droit à l'égalité, des droits de la défense, du droit à la présomption d'innocence, du droit à l'indépendance du pouvoir judiciaire, du droit à la liberté d'association, du droit à la liberté d'expression, du droit à la participation politique, du droit au double degré de juridiction et du droit à l'inviolabilité du domicile. Exception faite du droit de propriété et du droit du commerce et d'industrie, il n'en va pas de même des droits économiques, sociaux et culturels ainsi que des droits de solidarité condamnés pour ainsi dire à demeurer des droits théoriques, illusoires, sans contenu et portée précis. Il en est ainsi, notamment du droit du peuple à la souveraineté permanente sur ses ressources naturelles dont la portée pratique continue à faire l'objet d'une controverse fort animée[734]. Il en va de même des droits des minorités, dont le contenu

---

733 CSJ, 21 décembre 2006 ; R.Const.43/TSR, CSJ, 12 janvier 2007, R.Const.045/TSR ; CSJ, 23 avril 2007, R.Const.46/TSR et CSJ, 30 novembre 2007, R.Const.061/TSR.

734 Lire notamment G. KATAMBWE MALIPO, *Exposé de thèse*, disponible en ligne à l'adresse http://www.ebale.cd/IMG/pdf/EXPOSE_DE_THESE.pdf ; G. SAKATA, *L'Etat congolais conserve-t-il encore son droit exclusif de propriété sur son sol et son sous-sol ? Analyse de l'article 9 de la Constitution du 18 février 2006*, disponible en ligne à l'adresse http://membres.multimania.fr/sakatagarry/Le_sort_juridique_du_sol_et_du_sous_sol_en_RDCongo.pdf (8 janvier 2012) ; M. WETSH'OKONDA KOSO, « La nature juridique du droit de l'Etat congolais sur son sol et son sous-sol : droit de propriété ou souveraineté permanente », in *Les Analyses n°10/2006*, pp. 21-45.

nourrit toutes sortes de spéculations[735]. Le contraste est saisissant avec les Cours constitutionnelles de l'Afrique du Sud et du Bénin qui, dans leur jurisprudence, ont su donner vie à un éventail important de droits économiques, sociaux et culturels, tels que le droit à l'environnement[736], le droit au logement[737], le droit à l'éducation, le droit à une nourriture suffisante, le droit à la sécurité sociale et à l'habitat[738], le droit à la santé[739], etc.

Certains parmi ces droits n'auraient pas été protégés par la haute Cour si celle-ci n'avait pas interprété ses compétences de manière extensive en y incluant le contrôle des actes d'assemblée. Sauf exception, ce contrôle s'est, malheureusement, soldé par un échec parce qu'en règle générale, la CSJ n'a retenu comme seule norme de référence dans le cadre du contrôle de constitutionnalité des normes, que la Constitution. En revanche, sauf dans l'arrêt relatif à la conformité à la Constitution de la loi relative aux travaux forcés, les traités internationaux n'ont pas été suffisamment pris en compte, aussi bien comme norme de référence que comme source d'inspiration de la Constitution. Plusieurs rendez-vous pour une protection efficace des droits de l'homme ont également été manqués, parce que la CSJ privilégie une interprétation littérale de la Constitution.

Comme si cela ne suffisait pas, les techniques de contrôle de constitutionnalité des normes, telles que l'erreur manifeste d'appréciation, ou la déclaration de conformité sous réserve ne sont pas utilisées par la Haute cour. En outre, dans certains cas, la procédure d'instruction des requêtes soumises à cette juridiction traine en longueur sans que le préjudice subi pas les victimes ne soit réparé. Enfin, seuls un nombre limité d'arrêts prononcés par la CSJ ont été publiés, soit au Journal officiel, soit dans le bulletin des arrêts de la CSJ, ou dans d'autres publications. Il s'ensuit que la diffusion de la jurisprudence pertinente et la constitutionnalisation du droit en sont encore à leur balbutiement. En dépit de la censure de la disposition de la loi organique portant organisation, attributions et fonctionnement de l'ONDH, subordonnant l'entrée en vigueur du règlement intérieur de cette institution d'appui à la démocratie, des dispositions similaires ont été insérées dans les lois organiques portant organisation, attributions et fonctionnement de la CELC et de la HAM. Il en a été de même de la disposition de la loi orga-

[735] Lire, entre autres, BALINGENE KAHOMBO, *La protection des minorités ethniques en République démocratique du Congo : entre rupture et continuité des ordres constitutionnels antérieurs*, disponible en ligne à l'adresse http://www.the-rule-of-law-in-africa.com/wp-content/uploads/2010/07/La-protection-des-minorites-ethniques-en-Republique-democratique-du-Congo-Entre-rupture-et-continuite-des-o.pdf.

[736] M. KAMTO, *op.cit*, 39.

[737] M. KAMTO, *idem*, p.39.

[738] M. KAMTO, *ibidem*, p. 39.

[739] http://www.aidtransparency.org/at/images/docs/resarch_results/droits_economiques_et_sociaux/status_of_ECOSoC_in_africa.pdf (5 janvier 2012).

nique portant organisation, attributions et fonctionnement de l'ONDH, dont on a trouvé la réplique parfaite dans la loi organique portant organisation, attributions et fonctionnement de la CELC, alors qu'elle avait déjà été censurée, par un arrêt de la Haute cour. Dans le même ordre d'idées, alors que dans l'affaire Mukonkole, la CSJ avait ordonné la surséance de l'instruction de la cause, à la suite d'une question préjudicielle d'inconstitutionnalité, dans l'affaire Mohamed Ali, le tribunal militaire de garnison de Lubumbashi s'est plutôt arrogé le droit de vider, lui-même, l'exception d'inconstitutionnalité soulevée devant lui.

CONCLUSION GÉNÉRALE

En sa de juge constitutionnel, la CSJ a vocation d'être juge, par excellence, des droits de l'homme. L'objet de la présente étude était de dresser, au bout de dix ans d'exercice, son bilan en matière de protection de ces droits de cette attribution (I), d'en dégager les facteurs principaux (II), avant d'esquisser quelques perspectives d'avenir (III).

I. Le bilan de la CSJ siégeant comme une Cour constitutionnelle en matière de protection des droits de l'homme

Il a été abordé tant au plan quantitatif qu'à celui qualitatif. Au plan quantitatif, sans être nul, le bilan de la CSJ en matière de protection des droits de l'homme s'avère, cependant, assez modeste. Il est de près d'une trentaine d'arrêts. La jurisprudence de la Haute cour en matière de protection des droits de l'homme n'en est ainsi qu'à ses balbutiements.

Le bilan qualitatif de la Cour en matière de protection des droits de l'homme confirme cette observation. Seul un nombre limité de droits de l'homme ont subi l'épreuve de leur protection par la CSJ, siégeant comme Cour constitutionnelle, spécialement, des droits civils et politiques. En revanche, peu de droits économiques, sociaux et culturels, ainsi que des droits dits de solidarité ont pu bénéficier de ce privilège.

La faible intensité du contrôle exercé par la Haute cour mérite également d'être stigmatisée : le recours aux moyens d'illégalité internes, notamment l'erreur manifeste d'appréciation ou encore le défaut de proportionnalité est plutôt l'exception, la règle étant celle de l'utilisation des moyens d'illégalité externe, spécialement, la violation des formes substantielles.

Il n'en saurait être autrement quand on sait que, de manière générale, ce sont surtout les lois et les actes règlementaires, à l'exclusion de la Constitution et des traités internationaux, ainsi que de la jurisprudence qu'ils ont secrétée, qui servent de textes de référence dans le contrôle de légalité des actes règlementaires.

Loin d'être cohérente, la jurisprudence de la CSJ, en matière de protection des droits de l'homme, est plutôt caractérisée par une certaine inconstance, sinon quelques tâtonnements.

La lenteur dans l'instruction des causes constitue une autre plaie de la jurisprudence de la CSJ, en matière de protection des droits de l'homme. Elle est à la base du faible rendement de cette juridiction, dont soixante-quinze requêtes enrôlées sont en souffrance, pour certaines depuis des longues années.

Exception faite de l'abus des moyens d'incompétence et d'irrecevabilité ainsi que du recours marginal au moyen tirés du droit constitutionnel et du droit comparé, la jurisprudence constitutionnelle de la CSJ souffre des mêmes tares, auxquelles il y a lieu d'ajouter l'abus de l'interprétation, exclusivement littérale, de la Constitution.

Loin d'être un fait de hasard, cette situation s'explique par la conjugaison de plusieurs facteurs que l'étude a pu dégager.

II. Les facteurs principaux du bilan de la CSJ en matière de protection des droits de l'homme

Quatre facteurs principaux semblent à la base de du bilan de la CSJ en matière de protection des droits de l'homme : facteurs institutionnels, facteurs juridiques, facteurs politiques et facteurs culturels.

Selon Kabange Ntabala, *« la concentration des contentieux judiciaire, administratif et constitutionnel à la seule Cour suprême de justice a engendré un état léthargique pour certaines sections, spécialement de la section de législation et dans une certaine mesure de la section administrative. Ce qui a entrainé comme conséquence regrettable l'absence des grands arrêts de principe en matière du contentieux administratif[740] ».*

Cette affirmation mérite d'être nuancée. Le monisme juridictionnel incarné par la Haute cour n'exclut pas nécessairement la spécialisation, gage d'une jurisprudence de qualité. Pour preuve, dans son organisation interne, cette juridiction a aménagé une certaine spécialisation dans ce sens que le contentieux de la légalité relève de la section administrative, tandis que les sections réunies sont compétentes en matière de contrôle de constitutionnalité des normes. Cette spécialisation organique aurait pu être complétée par celle personnelle. C'est surtout parce que le pouvoir politique a perdu beaucoup de temps, pour réaliser cette réforme, que la CSJ a été condamnée à ne pas améliorer ses performances dans le domaine qui nous concerne.

Interviennent également les facteurs juridiques. En effet, la législation relative à la CSJ ne semble pas avoir configuré celle-ci de manière à lui permettre d'assumer efficacement sa mission de protection des droits de l'homme. Par ailleurs, en une quarantaine d'années d'existence, cette législation n'a subi que des modifications limitées destinées à corriger ses imperfections initiales. Depuis l'année 1990, le militantisme a cessé d'être exigé comme un critère tant de recrutement que de promotion des magistrats. La Constitution de la transition du 4 avril 2003 a initié la libéralisation de la

---

[740] KABANGE NTABALA, « Quelle Constitution pour la troisième République face aux réalités zaïroises ? », *op.cit.*, p. 98.

saisine du juge constitutionnel que celle du 18 février 2006 a élargi en consacrant le recours individuel. Le Statut des magistrats de 2006 a mis fin à l'exigence de l'autorisation maritale pour le recrutement de la femme mariée au sein dans la magistrature. De nombreuses autres faiblesses de la législation relative à la Haute cour n'ont pas cependant été corrigées. Sans vouloir être exhaustif, il y a lieu de noter, notamment :

- la localisation de la CSJ à une distance assez éloignée de la plupart de ses justiciables ;
- le défaut de fixation du nombre des juges de la CSJ ;
- le défaut de la consécration de la spécialisation comme condition de nomination des juges de la CSJ ;
- la modicité du budget alloué au secteur de la Justice, en général et à la CSJ, en particulier, etc.

L'examen de la jurisprudence de la Haute cour relative aux droits de l'homme, révèle une corrélation frappante avec le système politique. Plus celui-ci est ouvert, plus la jurisprudence est riche. Plus le système politique se ferme, plus la jurisprudence s'appauvrit. La dernière hypothèse s'est surtout vérifiée à l'ère du Mouvement Populaire de la Révolution-Parti-Etat, de l'installation de la Haute cour au déclenchement du processus de démocratisation au début des années 1980. Pendant près de vingt-deux ans, la jurisprudence de la CSJ en matière de protection des droits de l'homme était quasi inexistante.

Bibombe Bombe impute la pauvreté du contentieux administratif congolais, notamment aux *« barrières qui se dressent devant l'administré victime de l'ignorance non seulement du droit (...) mais aussi de toutes les questions de procédure*[741] *»* ainsi qu'à *« l'état psychologique de l'administré affaibli (...) et sans aucune assistance judiciaire*[742] *»*. A cela s'ajoute le *« manque de confiance des citoyens en leur justice et (...) la mauvaise représentation des citoyens en la justice »*. L'auteur déplore aussi le fait que *« les magistrats ne sont pas spécialisés dans les matières administratives (...)*[743]*»*. Abondant dans le même sens, Muhindo Malonga relève que *« les justiciables ne connaissent pas toujours leurs droits face à l'administration et quand ils les peuvent les connaitre, ils hésitent à se confronter à l'administration, perçue essentiellement comme un phénomène de puissance »*[744]. Selon Busane Mirindi, *« Le nombre des décisions d'irrecevabilité est (...) élevé et interpel-*

[741] YUMA BIABA, « Le contrôle de l'administration et la protection des citoyens en République démocratique du Congo », *op.cit.*, p. 6.
[742] *Idem*, p. 6.
[743] *Ibidem*, p. 7.
[744] T. MUHINDO MALONGA et V. KAVUSA KALEMBA, « Les limites du principe de légalité dans l'action administrative », *op.cit.* 21.

lant. Certaines décisions d'irrecevabilité sont certainement imputables à la faible maitrise par les requérants de la procédure de saisine de la juridiction (...) »[745].

Le même auteur ajoute que *« les citoyens sont encore largement prisonniers de la conception, liée à la coutume, de l'inattaquabilité de l'autorité et de son acte. En conséquence, l'on enregistre un faible taux de recours contre les actes des autorités administratives »*[746].

Balanda Mikuin Leliel aboutit à la même conclusion lorsqu'il affirme que :

> *« (...) dans ce domaine précis où un particulier doit se décider à attaquer l'acte d'une autorité administrative qui lui cause un grief, on peut constater un taux très bas de recours (...) un fait majeur qui justifierait une telle situation tient de la crainte révérencielle. En effet, l'africain ne perçoit pas ou n'établit pas une démarcation nette entre l'acte et l'autorité qui en est l'auteur. S'attaquer à l'acte d'une autorité administrative ressemblerait, dans cette conception, à s'élever à contre la personne de l'auteur lui-même.*
>
> *Une telle mentalité est, sans conteste, la cause importante qui explique l'existence d'un nombre aussi faible de requêtes administratives devant la Cour suprême de justice d'une part et de recours en matière de constitutionnalité devant la même juridiction (...). De très nombreux actes des autorités administratives congolaises continuent à subsister alors qu'ils ont été pris en violation des lois ou violent les droits des particuliers »*[747].
>
> *Kengo wa Dondo se range derrière la même position en ces termes : « trop peu de justiciables assignent l'administration en justice. Cet état de choses résulte du fait que d'abord, certains justiciables ne sont pas renseignés sur cette procédure, ensuite, d'autres pensent qu'intenter une action contre l'administration est une perte de temps car elle se soumet rarement aux décisions de justice et enfin, d'autres encore, redoutent les représailles qui résulteraient d'une telle action*[748] *».*

---

745 BUSANE MIRINDI, *Le contrôle du pouvoir discrétionnaire de l'administration par le juge administratif congolais, op.cit.* p. 18.

746 *Idem*, p. 22.

747 KENGO-wa-DONDO, *L'évolution jurisprudentielle de la Cour suprême de justice au Zaïre* (1968-1979), Kinshasa, 1979, p. 156.

748 KENGO-wa-DONDO, « L'exécution des jugements », in *BACSJ, année 1978*, Kinshasa, Editions des arrêts de la Cour suprême de justice, 1978, p. 245.

Le même constat se retrouve sous la plume de Mpongo Bokako lorsqu'il affirme qu' *« en ce qui concerne les parties, un obstacle majeur est à signaler : celui de l'ignorance de leurs droits et libertés fondamentaux »*[749].

La présente étude confirme toutes ces observations qui demeurent ainsi d'actualité. Reste à savoir quelles dispositions prendre pour améliorer la protection juridictionnelle des droits de l'homme en RDC, particulièrement dans le cadre du contrôle de constitutionnalité des normes et celui du contrôle de légalité des actes règlementaires.

III. Les perspectives d'avenir en matière de protection des droits de l'homme

En instituant, en plus de la Cour constitutionnelle, deux ordres de juridictions, coiffés l'un par le Conseil d'Etat et l'autre par la Cour de cassation, le constituant du 18 février 2006 a clôt la querelle entre les partisans de l'unité de juridictions et ceux du dualisme juridictionnel.

Il n'y a donc d'autre choix que celui de préconiser l'installation des juridictions nées de l'éclatement de la CSJ : la Cour constitutionnelle, le Conseil d'Etat et la Cour de cassation. A cet égard, en ce qui concerne la Cour constitutionnelle, le problème ne se pose pas parce que la loi la régissant est déjà entrée en vigueur[750].

Il ne suffira pas, cependant, que la cette Cour soit installée pour que la protection des droits de l'homme connaisse une amélioration, comme sous l'effet d'un coup de baguette magique. Encore faut-il que le système politique soit le plus démocratique possible, ce qui suppose notamment une indépendance effective du pouvoir judiciaire.

Une attention particulière doit également être portée à la spécialisation du personnel judiciaire, en général, ainsi que des magistrats et des avocats, en particulier. Les droits de l'homme, les techniques d'interprétation constitu-

---

[749] MPONGO BOKAKO BAUTOLINGA, « Le contrôle de constitutionnalité des lois sous l'Acte constitutionnel de la transition du 9 avril 1994 », *op.cit.* p. 348.

[750] Le 2 août 2011, la CSJ a prononcé son arrêt de conformité de la loi portant organisation et fonctionnement de la Cour constitutionnelle à la Constitution. Bien qu'elle n'ait pas été promulguée par le président de la République, il y a lieu d'affirmer que cette loi est entrée en vigueur en vertu de l'article 140 de la Constitution. Aux termes de cette disposition constitutionnelle, en effet, « *Le président de la République promulgue la loi dans les quinze jours de sa transmission après l'expiration des délais prévus par les articles 136 et 137 de la Constitution. A défaut de promulgation de la loi par le Président de la République dans les délais constitutionnels, la promulgation est de droit* ». Aux termes de l'article 108 de cette loi : « *La Cour constitutionnelle est mise en place dans les six mois de la promulgation de la présente loi* ». De ce qui précède, il y a donc lieu d'affirmer que le délai d'installation de la Cour constitutionnelle est largement dépassé.

tionnelle et la politique jurisprudentielle des cours constitutionnelles, singulièrement celles africaines comptent au nombre des matières sur lesquelles le renforcement des capacités des uns et des autres devraient porter.

Un défi pédagogique non négligeable est aussi à relever, celui de la diffusion non seulement du cadre juridique relatif au juge constitutionnel, mais aussi de sa jurisprudence y compris celle se rapportant aux droits de l'homme. A cela s'ajoute la procédure applicable devant la Cour constitutionnelle.

En tout état de cause, l'incidence, en matière de protection de ces droits, de la mutation institutionnelle réalisée par la substitution d'une Cour constitutionnelle à la CSJ mérite une étude plus approfondie.

BIBLIOGRAPHIE

I. TEXTES OFFICIELS

1) *Instruments internationaux et régionaux relatifs aux droits de l'homme et au droit international humanitaire ratifiés par la République démocratique du Congo*, Kinshasa, JORDC, numéro spécial, 5 décembre 2002.
2) *Instruments internationaux relatifs aux droits de l'homme et au droit international humanitaire ratifiés par la République démocratique du Congo*, Kinshasa, JORDC, numéro spécial, septembre 2001.
3) *Instruments internationaux relatifs aux droits de l'homme ratifiés par la République démocratique du Congo*, Kinshasa, JORDC, numéro spécial, avril 1999.
4) NATIONS UNIES, *La Commission du droit international et son œuvre*, 3ème édition, New York, Nations unies, 1981.
5) *Les Codes Larcier, République Démocratique du Congo, Tome 1, Droit civil et judiciaire*, Bruxelles, Larcier et Afrique éditions, 2010.
6) Loi organique n°13/011 du 21 mars 2013 portant institution, organisation et fonctionnement de la Commission nationale des droits de l'homme, *JORDC*, 54ème année, numéro spécial, 1er avril 2013.
7) Loi n°08/013 du 05 août 2008 portant organisation et fonctionnement du Conseil Supérieur de la Magistrature, *JORDC*, 49ème édition, numéro spécial, 11 août 2008.
8) Loi n°08/012 du 31 juillet 2008 portant principes fondamentaux relatifs à la libre administration des provinces, *JORDC*, 49ème année, numéro spécial, 31 juillet 2008.
9) Loi n°04/019 du 30 juillet 2004 portant organisation, attribution et fonctionnement de la Commission de l'éthique et de la lutte contre la corruption, *JORDC*, 45ème année, numéro spécial, 1er août 2004.
10) Loi n°04/017 du 30 juillet 2004 portant organisation, attribution et fonctionnement de la Commission vérité et réconciliation, *JORDC*, 45ème année, numéro spécial, 1er août 2004.
11) Loi n°023/2002 du 18 novembre 2002 portant Code judiciaire militaire, *JORDC*, 44ème année, numéro spécial, 20 mars 2003.
12) KALONGO MBIKAYI et INIER LATEBO EKWA, *Le Code judiciaire zaïrois mis à jour 31 janvier 1986*, Kinshasa, Service de documentation et d'études du Département de la justice.
13) Code pénal congolais, décret du 30 janvier 1940 tel que modifié jusqu'au 31 décembre 2009 et ses dispositions complémentaires, S.E.

14) PIRON et alii, *Supplément aux Codes congolais, législation de la République démocratique du Congo, 1960-1970*, Bruxelles, Kinshasa, Maison Ferdinand Larcier et Office national de la recherche et du développement.

II. OUVRAGES

1) AKELE ADAU A. (dir.), *Réforme du Code pénal congolais : à la recherche des options fondamentales du Code pénal congolais*, Kinshasa, Editions du CEPAS, 2008.

2) ANKUMAH E. A., *La Commission africaine des droits de l'homme et des peuples : pratique et procédures*, SADIC, sd.

3) ANTHEA VAN DER BURG (coll.), *Afrique du Sud: le secteur de la justice et de l'Etat de droit*, une publication d'AfriMap et de l'Open Society for Southern Africa, Johannesburg, Une publication du Réseau Open Society Institute, 2005.

4) ARDENT P., *Institutions politiques et droit constitutionnel*, Paris, 17ème édition, LGDJ, 2005.

5) BADET G., *Les attributions originales de la Cour constitutionnelle du Bénin*, Cotonou, Friedrich Ebert Stiftung, 2013.

6) BALANDA MIKUIN LELIEL, *Les accords de paix en République Démocratique du Congo*, Kinshasa, Chèche, 2003.

7) BOMANDEKE BONYEKA, *Le Parlement congolais sous la Loi fondamentale*, Kinshasa, PUZ, 1992.

8) BOSHAB E., *Entre la révision de la Constitution et l'inanition de la Nation*, Bruxelles, Editions Larcier, 2013.

9) BOSHAB E. et MATADI NENGA GAMANDA, *Le statut des représentants du peuple dans les assemblées politiques délibérantes, parlementaires, députés provinciaux, conseillers urbains, conseillers communaux, conseils de secteur ou de chefferie*, Louvain-la-Neuve, Academia Bruylant, 2010.

10) BOSHAB E., « De la Chambre des représentants à l'Assemblée nationale : quelles perspectives ? » in A. MUZITO, E. BOSHAB et L. KENGO WA DONDO, in *Cinquante ans de la gouvernance de la République démocratique du Congo: regards rétrospectifs et prospectifs*, Kinshasa, Commissariat général du Cinquantenaire, 2010.

11) BOSHAB E., *République démocratique du Congo, Entre les colombes et les faucons, où vont les partis politiques*, Kinshasa, PUC, octobre 2001.

12) BOYAMBA A. et NGWEJ KATOT A., *Regard sur la République démocratique du Congo*, Paris, Robert Lafon, 2010.

13) BUABUA wa KAYEMBE, *Droit économique congolais*, Kinshasa, EUA, 2000.

14) BURDEAU G., *Traité de science politique, le statut du pouvoir dans l'État*, tome IV, Paris, 10ème édition, LGDJ, 1969.

15) BRAIBANT G. et MARCOU G. (dir.), *La Déclaration universelle des droits de l'homme : universalité et renouveau, 1789-1984*, Paris, l'Harmattan, 1990.

16) BRACONNAY N. et MANUEL DELAMARRE, *Institutions juridictionnelles*, Paris, Unibert, 2007.

17) BREILLAT D., *Libertés publiques et droits de la personne humaine*, Paris, Gualino Editeur, 2003.

18) BRONWEN MANBY, *Les lois sur la nationalité en Afrique : une étude comparée*, New York, Open Society Foundations, 2010.

19) CABRILLAC R. et alii, *Libertés et droits fondamentaux*, Paris, 17ème édition, Dalloz, 2011.

20) CHAMPAGNE G., *L'essentiel du droit constitutionnel*, 1, *théorie générale du droit constitutionnel*, Paris, 8ème édition, Gualino, L'extenso éditions, 2009.

21) CHANTEBOUT B., *Droit constitutionnel*, Paris, Armand Colin, 2005.

22) COLLIARD C-A., *Libertés publiques*, Paris, 6ème édition, Dalloz, 1982.

23) COMBACAU J. et SUR S., *Droit international public*, Paris, 7ème édition, Montchrestien, 2006.

24) CONAC G. (dir.), *Les Cours suprêmes en Afrique*, trois volumes, Paris, Economica, 1988.

25) CORNU G., *Vocabulaire juridique*, Paris, 8ème édition, PUF, 1987.

26) DECAUX E., *Droit international public*, Paris, 6ème édition, Dalloz, 2008.

27) DEGNI-SEGUI R., *Les droits de l'homme en Afrique noire francophone (théories et réalités)*, Abidjan, 1998.

28) DELMAS-MARTY M. et LUCAS DE LEYSSAC C., *Libertés et droits fondamentaux*, Paris, 2ème édition, Seuil, 2002.

29) DEMBA SY, « Le juge sénégalais et la création du droit administratif », in D. DARBON et J. du BOIS DE GAUDUSSON (dir.), *La création du droit en Afrique*, Paris, Karthala, 1997.

30) DIBUNDA KABUINJI, *Procédure devant la section administrative devant la Cour suprême de justice*, Série spéciale, Tome IV, Vol 3, Kinshasa, Editions Connaissance et pratique du droit zaïrois, 1987.

31) DJOLI ESENG'EKELI J., *Droit constitutionnel : l'expérience congolaise (RDC)*, Paris, L'Harmattan, 2013.

32) DUHAMEL O., *Le pouvoir politique en France*, Paris, 5ème édition, Seuil, 2003.

33) DUPUY P-M., *Droit international public*, Dalloz, 8ème édition, 2006.

34) DUVERGER M., *Eléments de droit public*, Paris, 13ème édition, PUF, 1995.

35) DUVERGER M., *La cinquième République*, Paris, 3ème édition, PUF, 1963.

36) DJELO EMPENGE-OSAKO, *L'impact de la coutume sur l'exercice du pouvoir en Afrique, cas du Zaïre*, Louvain-la-Neuve, Le Bel Elan, 1990.

37) DJOGBENOU J., *Bénin : Le secteur de la justice et l'État de droit*, une étude d'AfriMap et de l'OSIWA, Dakar, OSIWA, 2010.

38) DJOLI ESENG'EKELI, *Droit constitutionnel, Tome1, principes structuraux*, Kinshasa, EUA, 2010.

39) ESAMBO KANGASHE J-L., *La Constitution du 18 février 2006 à l'épreuve du constitutionnalisme, contraintes pratiques et perspectives*, Louvain-la-Neuve, Academia Bruylant, 2010.

40) ESAMBO KANGASHE J-L., *Le droit constitutionnel*, Louvain-La-Neuve, Academia-L'Harmattan, 2013.

41) EMERI C. et BIDEGARAY C., *La Constitution en France de 1789 à nos jours*, Paris, Armand Colin, 1997.

42) FAVOREU L. et alii, *Droit des libertés fondamentales*, Paris, 1ère édition, Dalloz, 2000.

43) FAVOREU et L. PHILIP, *Les grandes décisions du Conseil constitutionnel*, Paris, 11ème édition, Dalloz, 2001.

44) FONDATION KONRAD ADENAUEUR., *Commentaire de la Constitution béninoise du 11 décembre 1990 : esprit, lettre, interprétation et pratique de la Constitution par le Benin et ses institutions*, Cotonou, Editions Copef, juillet 2009.

45) FLAUSS J-F. et LAMBERT-ABDELGAWAD E., *L'application nationale de la Charte africaine des droits de l'homme et des peuples*, Bruxelles, Bruylant, Némésis, 2004.

46) HAMON F. et TROPER M., *Droit constitutionnel*, Paris, 28ème édition, LGDJ, 2003.

47) GODECHOT J., *Les Constitutions de la France depuis 1789*, Paris, Garnier-Flammarion, 1970.

48) GBAMANZANGO MOLE, *Le Zaïre et la promotion des droits et libertés de la personne humaine*, s.e, s.d.

49) ISMAILA MADIOR FALL et alii, *Sénégal, le secteur de la justice et l'Etat de droit*, une étude d'AfriMap et de l'Open Society Initiative for West Africa, Dakar, OSIWA, novembre 2008.

50) JACQUE J.J., *Droit constitutionnel et institutions politiques*, Paris, 4ème édition, Dalloz, 2000.

51) KALUBA DIBWA D., *Démocratie et développement au Congo-Kinshasa*, Paris, l'Harmattan/RDC, 2010.

52) KALUBA BIBWA D., *La saisine du juge constitutionnel et du juge administratif suprême en droit positif congolais : lecture critique de quelques décisions de la Cour suprême de justice d'avant la Constitution du 18 février 2006*, Kinshasa, Editions Eucalyptus, 2007.

53) KAM YOGO, « L'influence du droit international des droits de l'homme sur la loi constitutionnelle du 18 janvier 1996 », in A. ONDOUA (dir.), *La Constitution camerounaise du 18 janvier 1996 : bilan et perspectives*, Langres-Saints-Geosmes, Afredit, 2007, pp. 167-184.

54) KAMIDI OFIT R., *Le système judiciaire congolais : organisation et compétence*, Kinshasa, Editions Fito, 1999.

55) KAMTO M., « Charte africaine, instruments internationaux de protection des droits de l'homme, constitutions nationales : articulations respectives », in J-F. FLAUSS et E. LAMBERT-ABDELGAWAD, *L'application nationale de la Charte africaine des droits de l'homme et des peuples*, Bruxelles, Bruylant, Némésis, 2004.

56) KAMUKUNY MUKINAY A., *Droit constitutionnel congolais*, Kinshasa, EUA, 2011 ;

57) KAMUKUNY MUKINAY A., *Contribution à l'étude de la fraude en droit constitutionnel congolais*, Louvain-La-Neuve, Academia et l'Harmattan, 2010.

58) KATUALA KABA KASHALA et YENYI OLUNGU, *Cour suprême de justice : historique et textes annotés de procédure*, Kinshasa, Editions Batena Ntambua, juin 2000.

59) KENGO-wa-DONDO, *L'évolution jurisprudentielle de la cour suprême de justice au Zaïre (1968-1979)*, Mercuriale prononcée le 4 novembre 1978 à l'occasion de l'audience solennelle de rentrée judiciaire et du 10ème anniversaire de la Cour suprême de justice, Kinshasa, Editions de la Cour suprême de justice, 1979.

60) KILALA PENE-AMUNA G., *Immunités et privilèges en droit positif congolais*, Kinshasa, Editions Amuna, décembre 2010, 258 p.

61) KILENDA KAKENGI BASILA J-P., *L'affaire des 315 magistrats de Kinshasa : une purge néo mobutiste*, Paris, L'Harmattan, 2004.

62) KITENGIE LUBAND et coll., *Le Zaïre : une puissance en devenir, Géographie, 6ème secondaire, toutes sections*, Kinshasa, EDIDEPES, 1988.

63) KUMBU KI NGIMBI, *Droit économique, manuel d'enseignement*, Kinshasa, s.e, novembre 2010.

64) LAMY E., *Le droit privé zaïrois, vol. 1, Introduction à l'étude du droit écrit et du droit coutumier zaïrois*, Kinshasa, PUZ, 1975.

65) LAVROFF D-G. et PEISER G., *Les constitutions africaine. L'Afrique noire francophone et Madagascar, texte et commentaire*, Paris, Editions A. Pedone, 1961.

66) LEBRETON G. (dir.), *Les droits fondamentaux de la personne humaine en 1995 et 1996*, Paris, l'Harmattan, 1998.

67) LEBRETON G., *Libertés publiques et droits de l'homme*, 5ème édition, Paris, Armand Colin, 2001.

68) LE MONG NGUYEN, *La Constitution de la V République de Charles de Gaulle à François Mitterrand*, Paris, 4ème édition entièrement refondue, Editions S.T.H, 1989.

69) LEROY P., *Les régimes politiques du monde contemporain, III, le régime politique et l'organisation administrative de la France*, Grenoble, Presses universitaires de Grenoble, 2001.

70) LUNDA BULULU., *La conclusion des traités en droit constitutionnel zaïrois, étude de droit international et de droit interne*, Bruxelles, Editions Bruylant et Université de Bruxelles, 1984.

71) MABANGA MONGA MABANGA, *Le contentieux constitutionnel congolais*, Kinshasa, EUA, 1999.

72) MAMPUYA KANUNK'a-TSHIABO A., *Espoirs et déception de la quête constitutionnelle congolaise : clés pour comprendre le processus constitutionnel du Congo-Kinshasa*, Nancy-Kinshasa, AMA.ed-BNC, 2005.

73) MANUEL DIEZ DE VELASCO VELLEJO, *Les organisations internationales*, Paris, Economica, 2002.

74) MARSHALL A. et JASPAR J-P., *Théorie et pratique de droit criminel*, Bruxelles, Maison Ferdinand Larcier, 1975.

75) MATADI NENGA GAMANDA, *Le droit à un procès équitable*, Kinshasa, Louvain-la-Neuve, Kinshasa, Bruylant Academia et Droit et idées nouvelles, 2002.

76) MATADI NENGA GAMANDA, *Zaïre : une démocratie improbable, analyse des textes de la transition et projection de leurs effets électoraux*, Kinshasa, CEDI, sp.

77) MEYRAT I., *Droits fondamentaux et droit du travail*, Lille, ANRT, s.d.

78) MOUHAMADOU MOUNIROU SY, *La protection constitutionnelle des droits fondamentaux en Afrique, l'exemple du Sénégal*, Paris, l'Harmattan, 2007.

79) MORAND-DEVILLER J., *Cours de droit administratif*, Paris, 8ème édition, LGDJ, 2003.

80) MORANGE J., *Manuel des droits de l'homme et libertés publiques*, Paris, PUF, 2007.

81) MORANGE J., *Libertés publiques*, Paris, PUF, 1985.

82) MOURGEON J., *Les droits de l'homme*, Paris, 7ème édition, PUF, 1998.

83) MULUMBATI NGASHA A., *Introduction à la science politique*, Lubumbashi, Editions Africa, 2006.

84) MUSHAGALUSA NTAYONDEZA'NDI, *L'organisation du Ministère public : aspect judiciaire et administratif*, Kinshasa, RCN Justice & Démocratie, janvier 2005.

85) MUTATA LUABA L., *Traité de crimes internationaux*, Kinshasa, EUA, 2008.

86) MUTOY MUBIALA, *Le système régional africain de protection des droits de l'homme*, Bruxelles, Bruylant, 2005.

87) MUSHIGO-A-GAZANGA GIGOMBE R., *Le contentieux administratif dans le système juridique de la République démocratique du Congo*, Louvain-la-Neuve, Bruylant, 2004.

88) MBATA BETUKUMESU MANGU A., *La peine de mort et le constitutionnalisme en Afrique*, Paris, l'Harmattan, 2011.

89) MBOKO DJ'ANDIMA, *Principes et usages en matière de rédaction d'un travail universitaire*, Kinshasa, Editions CADICEC-UNIAPAC/CONGO.

90) MWILANYA WILONDJA N., *Les mécanismes congolais de protection et de promotion des droits de l'homme*, Tome I, Kinshasa, Editions Agapao, 2004.

91) NDAYWEL è NZIEM I., « Regard sur l'histoire politique des congolais à l'épreuve des élections (1957-2007) », in ELIKIA M'BOKOLO (dir.), *Elections démocratiques en République démocratiques du Congo : dynamiques et perspectives*, Kinshasa, AGB, 2010.

92) NDESHYO RURIHOSE O., *L'héritage de l'OUA à l'UA : la quête permanente de l'unité africaine*, Kinshasa, PUA, 2010.

93) NGOMA-BINDA P., OTEMIKONGO MANDEFU YAHISULE J. et MOSWA MOMBO L., *République démocratique du Congo, Démocratie et participation politique : une évaluation des premiers pas dans la IIIème République*, une étude d'AfriMap et de l'Open Society for Southern Africa, Johannesburg, OSISA, novembre 2010.

94) NGONDANKOY-NKOY-ea-LOONGYA, *Droit congolais des droits de l'homme*, Louvain-la-Neuve, Academia Bruylant, 2004.

95) NTUMBA-LUABA LUMU, *Droit constitutionnel général*, Kinshasa, EUA, 2007.

96) NYABIRUNGU MWENE SONGA, *Traité de droit pénal général congolais*, 2ème édition, Kinshasa, Editions Droit et Société, 2007.

97) PACTET P., *Institutions politiques, droit constitutionnel*, Paris, Milan, Barcelone, Mexico, 9ème édition, Masson, 1989.

98) PACTET P. et MELIN SOUCRAMANIEN F., *Droit constitutionnel*, Paris, 24ème édition, Armand Colin, 2005.

99) POISSON J-M, *Les droits de l'homme et les libertés fondamentales à l'épreuve de la dualité de juridiction*, Paris, l'Harmattan, 2003.

100) PORTELLI H., *Droit constitutionnel*, Paris, 7ème édition, Dalloz, 2007.

101) REDRESS, *Transposer internationale de la torture, guide de transposition et de mise en œuvre interne de la Convention des Nations Unies contre la torture et autres traitements cruels, inhumains et dégradants*, Londres, The Redress Trust, janvier 2006.

102) ROUSSILLON H., *Le Conseil constitutionnel*, Paris, 3ème édition, Dalloz, 1996.

103) SINDJOUN L., *Les grands arrêts de la justice constitutionnelle africaine, droit constitutionnel jurisprudentiel et politiques constitutionnelles au prisme des systèmes politiques africains*, Bruxelles, Etablissements Bruylant, 2009.

104) SKIDMORE M. J. et CARTER TRIPP M., *La démocratie américaine : gouverner aux États-Unis*, Paris, 4ème édition, Editions Odile Jacob, 1988.

105) SUDRE F. , *Droit européen et international des droits de l'homme*, Paris, 8ème édition, PUF, 2006.

106) TOENGAHO LOKUNDA F., *Les Constitutions de la République Démocratique du Congo de Joseph KASA-VUBU à Joseph KABILA*, Kinshasa, PUC, 2008.

107) TSHIMANGA MUKEBA, *Mercuriales & allocutions du Procureur général de la République Tshimanga Mukeba pendant la période de transition*, Kinshasa, Copyrights, 2006.

108) VANGROENWEGHE D., *Du sang sur les lianes, Léopold II et son Congo*, Bruxelles, Didier Hatier, 1986.

109) VEDEL G. et DELVOVE P., *Droit administratif*, Tome 2, Paris, 11ème édition, PUF, 1990.

110) VIEUX S-A., *L'administration zaïroise*, Paris, Editions Berger-Levrault, 1974.

111) VUNDUAWE-te-PEMAKO F., *Traité de droit administratif*, Bruxelles, Editions Larcier, 2007.

112) WACHSMANN P., *Les droits de l'homme*, Paris, 4ème édition, Dalloz, 2002.

113) WACHSMANN P., *Libertés publiques*, Paris, 4ème édition, Dalloz, 2002.

114) WASENDA N'SONGO, *Contentieux administratif congolais, essai d'analyse de doctrine et de jurisprudence*, Kinshasa, CIJ, 1998.

115) WEIL P., *Le droit administratif*, Paris, PUF, 1966.

116) WETSH'OKONDA KOSO Marcel, *Les textes constitutionnels congolais annotés*, Kinshasa, Editions de la CDHC, 2010.

117) WETSH'OKONDA KOSO M., « Quelques aspects du déficit de coopération entre la République démocratique du Congo et le mécanisme africain de promotion et de protection des droits de l'homme », in J. YAV KATSHUNG (dir.), *Le droit congolais à l'épreuve du temps*, Mélanges Mbuyi Tshimbadi, Charleston, PUL et Create Space, 2010.

118) WETSH'OKONDA KOSO M., *République démocratique du Congo : la justice militaire et le respect des droits de l'homme-l'urgence du parachèvement de la réforme*, une étude d'AfriMap et de l'OSISA, Johannesburg, Une publication du Réseau Open Society Institute, juin 2009, 89 p.

119) WETSH'OKONDA KOSO M., *Les perspectives des droits de l'homme dans la Constitution congolaise du 18 février 2006*, Kinshasa, CDHC, 2006.

120) WERNER J., *Interprétation constitutionnelle, le cas de l'instrumentum à la lumière du droit américain*, Genève, Librairie de l'Université Georg & Cie S.A, 1975.

121) YABILI M., *État de droit : les contrôles de constitutionnalité par la Cour constitutionnelle, les cours et tribunaux*, Lubumbashi, PUL, 2012.

122)YAV KATSHUNG J., *Le droit congolais à l'épreuve du temps, Mélanges Tshimbadi*, Charleston, Presses universitaires de Lubumbashi et Create Space, octobre 2010, 290 p.

123)ZIEGLER J., *Sociologie de la nouvelle Afrique*, Paris, Gallimard, 1964.

III. ARTICLES ET CONTRIBUTIONS

1) AJAMI SAID M., « Légalité et constitutionnalité des actes juridiques au Congo », in *Revue congolaise de droit n°1*, Kinshasa, 1970.

2) BADINTER R. et GENEVOIS B., « Normes de valeur constitutionnelle et degré de protection des droits fondamentaux », in *Revue universelle des droits de l'homme*, vol. 2, n°6-8, Paris, 1990.

3) BALANDA MIKUIN LELIEL, « Les relations internationales à travers les constitutions de la transition, in *Le droit et la transition en République démocratique du Congo, actes des journées scientifiques organisées par la Faculté de droit les 2 et 3 avril 2004*, *Revue de la faculté de droit*, n°4, Kinshasa, 2004.

4) BALANDA MUKUIN LELIEL, « Droits de l'homme et administration de la justice », in *Droits de l'homme et droit international humanitaire*, Kinshasa, PUK, 1999.

5) BALINGENE KAHOMBO, « L'originalité de la Cour constitutionnelle congolaise : son organisation et ses compétences », in FONDATION KONRAD ADENAUEUR, *Librairie Africaine d'études juridiques*, volume 6, Fondation Konrad Adenauer, 2011.

6) BAYONA BA MEYA, « Lacunes à combler en procédure pénale en vue d'améliorer la sauvegarde de la liberté individuelle et les droits de la défense », *Revue interdisciplinaire des droits de l'homme*, Vol.I, n°2, Kinshasa, mai-août 1995.

7) BAYONA BA MEYA, « La terminologie juridique à l'épreuve de la pratique légale, judiciaire et sociale au Zaïre », in *Revue de la faculté de droit*, UPC, Kinshasa, 1998.

8) BAYONA-BA-MEYA, « Réflexions sur les droits et les devoirs des justiciables, des témoins et des hommes de loi en procédure pénale », LUKIENI LU NYIMI et MASIALA MUANDA (dir.), *Justice et ordre public, droits et devoirs des gouvernants et des gouvernés*, Kinshasa, Publications de l'IFEP, Kinshasa, 1999.

9) BAYONA-BA-MEYA, « Regard estimatif sur les problèmes saillants du fonctionnement de la justice congolaise », *Lukuni Lwa Yuma*, Vol.II, n°3, 1999.

10) BAYONA-BA-MEYA MUNA KIMVIMBA, « La mutation du droit judiciaire sous la deuxième République », *Revue juridique du Zaïre*, 49ème année, n°1, Kinshasa, 1973.

11) BIBOMBE B. MWAMBA, « La protection des citoyens en cas de conflit avec l'administration par le juge administratif », in G. BAKANDEJA wa MPUNGU, A. MBATA BETUKUMESU MANGU et R. KIENGE KIENGE INTUDI, *Participation et responsabilité des acteurs dans un contexte d'émergence démocratique en République démocratique du Congo*, Kinshasa, PUK, 2007.

12) BLACHER P., « Le Conseil constitutionnel en fait-il trop ? », *Pouvoirs*, n°105, avril 2003.

13) BOURGI A., « L'évolution du constitutionnalisme en Afrique : du formalisme à l'effectivité », in *Revue française de droit constitutionnel* n°52, Paris, 2002/4, pp. 721-748.

14) BOSHAB E., « La misère de la justice et justice de la misère en République démocratique du Congo », in *Revue de la recherche juridique, droit prospectif*, n°XXIII-74, Aix-Marseille, 1998-3, pp. 1163-1184.

15) BOSHAB MABUDJ, « République démocratique du Congo : un *É*tat unitaire à régionalisation constitutionnelle ou fédéralisme assourdi ? », in *Revue de droit africain n°7*, Bruxelles, 1998.

16) BOUCHOMS G., « Commentaire de l'ordonnance-loi du 8 janvier 1969 relative à la procédure devant la Cour suprême de justice », in *Revue congolaise de droit*, n°1, Kinshasa, 1971.

17) BUSANE RUHANA MIRINDI W., « L'accès des femmes aux fonctions publiques en République démocratique du Congo : cas des fonctions gouvernementales », *Revue de droit africain* n°33/05, Bruxelles, XXX.

18) COSTA J-P., « Le juge et les libertés », in *Pouvoirs, Revue française d'études constitutionnelles et politiques*, n°84, Paris, 1998.

19) CHAMPAEIL-DESPLAT V., « La notion de droit fondamental et le droit constitutionnel français », *D.*, Paris, 1995.

20) DELPEREE F., « Le Conseil constitutionnel : état de lieux », in *Pouvoirs, Revue française d'études constitutionnelles et politiques* n°105 (Le Conseil constitutionnel), Paris, 2003.

21) DIBUNDA KABUINJI, « Application des normes internationales des droits de l'homme par la Cour suprême de justice », in *RAJZ*, vol. I-1ère année, fascicule unique, Kinshasa, janvier à décembre 1996.

22) DICK A.E, « Interpréter les lois », la Cour suprême en tant qu'arbitre de la constitutionnalité, Démocratie et droits de l'homme, La Cour su-

prême des Etats-Unis, la plus haute instance judiciaire du pays, *Revue électronique du Département d'Etat des Etats-Unis*, 2005.

23) DRAGO M.R , « La protection des droits économiques et sociaux en France », CENTRE D'ETUDES EUROPEENNES, *Vers une protection efficace des droits économiques et sociaux ?*, Bruxelles et Louvain, Bruylant et Vander, 1973, pp. 35-47.

24) ELEY LOFELE J-M., « Mimétisme constitutionnel et sanction des libertés publiques devant la Cour suprême de justice de la République démocratique du Congo », in *Paroles de justice, Revue annuelle de doctrine*, Kinshasa, 2010.

25) ESAMBO KANGASHE J-L., « De l'indépendance, de l'autonomie financière et de l'efficacité de la magistrature », in *Les défis politico-administratifs, sécuritaires, juridiques et institutionnels de la gestion de la Troisième République*, Kinshasa, FKA, 2006, pp 99-108.

26) FEYYAZ GOLCUKLU, « Cour européenne des droits de l'homme », in *Revue universelle des droits de l'homme*, Vol. 2, n°6-8, 31 août 1990.

27) HAMULI KABUMBA Y., « La justice militaire en Afrique face aux exigences du procès équitable : analyse de la jurisprudence de la Commission africaine des droits de l'homme et des peuples », in *RDA* n°35, Bruxelles, juillet 2005.

28) HOLO T., « Emergence de la justice constitutionnelle », in *Pouvoirs* n°129, Paris, 2009.

29) JOSE ANTONIO MARTIN PALLIN, « Les juges engagés pour la justice et le droit », in *Non à l'impunité oui à la justice*, Genève, CIJ, 1993.

30) KABANGE NTABALA, « Quelle constitution pour la troisième République face aux réalités du Zaïre ? », *Annales de la faculté de droit*, vol. XXV, Kinshasa, août 1996.

31) KABASELE LUSONSO, « Les principes du procès équitable en droit judiciaire congolais et comparé », *Les Analyses juridiques* n°12, Lubumbashi, 2007.

32) KALUBA DIBWA D., « Le contrôle des lois et des actes ayant force de loi en droit positif congolais », *Revue du Barreau de Kinshasa/Gombe* n°2, Kinshasa, 2006.

33) KAMBALE KALUME., « L'application du Statut de Rome était-elle correctement faite ? Une brève réplique à Marcel Wetsh'okonda », Horizons, *Revue de droit et de science politique du Graben n°2*, Butembo, 2006.

34) KAMBALE KALUME P., « Pour une rationalisation des enquêtes et de l'instruction préjuridictionnelle au Congo : essai d'analyse et propositions », *Horizons, Revue de droit et de science politique du Graben, Revue scientifique et semestrielle du CEJA* n°02, Butembo, juin 2006.

35) KAMBALE KALUME P., « Quelques considérations sur la compatibilité du Statut de la Cour pénale internationale avec certains principes constitutionnels en Afrique francophone », *Revue de droit africain*, n°21, Bruxelles, janvier 2002, pp.41-65.

36) KAMBALE KALUME P., « Quelques réflexions sur l'impunité », in *Revue juridique du Zaïre*, 71ème année, numéro spécial, Kinshasa, 1995.

37) KAMBALE KALUME, « L'arrêt de la CSJ du 22 mars 1995 sur la liberté de manifestation au Zaire », *RIDH*, Vol. I, n°2, Kinshasa, mai-août 1995, pp. 40-59.

38) KATUALA KABA KASHALA, « Une nouvelle exception à la saisine de la Cour suprême de justice telle qu'organisée à l'article 2 du Code de sa procédure », *Justice, Science et Paix*, numéro spécial, Kinshasa, juin 2004.

39) KENGO WA DONDO, « L'exécution des jugements », in BACSJ, année 1977, Kinshasa, Edition de la Cour suprême de justice, 1978 ; KENGO-wa-DONDO, « Le magistrat et son statut », *Revue juridique du Zaïre*, numéro spécial, Kinshasa, 1975.

40) KIFWABALA TEKILAZAYA, « L'indépendance de la justice réclamée par les magistrats », *Les Analyses juridiques n°1,* Lubumbashi, 2004.

41) LYON-CAEN A., « Le contrôle de légalité des actes de l'administration : garantie nécessaire des droits de l'homme », in G. BRAIBANT et G. MARCOU (dir.), *Les droits de l'homme : universalité et renouveau*, 1789-1989, Paris, l'Harmattan, 1990.

42) MANUEL EGGEN, « Les critères de la justice de proximité selon RCN Justice & Démocratie », Paroles de justice », *Revue annuelle de doctrine*, 2009.

43) MAYACINE DIAGNE, « Le juge constitutionnel africain et la technique des réserves d'interprétation », *Revue juridique et politique*, n° 3, 2008.

44) MAZYAMBO MAKENGO KISALA A., « Introduction aux droits de l'homme : théorie générale, instruments, mécanismes de protection », in PNUD, *Mandats, rôles et fonctions des pouvoirs dans le nouveau système politique de la République démocratique du Congo, journées*

d'information et de formation organisée à l'intention des parlementaires, députés provinciaux et hauts cadres de l'administration (février-juin 2007), modules de formation, Kinshasa, PNUD, 2007.

45) MAZYAMBO MAKENGO KISALA A., « Les normes constitutionnelles, conventionnelles, légales, réglementaires et jurisprudentielles relatives aux droits de l'homme », in *Séminaire de formation aux droits de l'homme et sur l'administration de la justice tenu à Kikwit du 12 au 16 octobre 2004 à l'intention des responsables chargés de l'application des lois œuvrant dans la province du Bandundu*, Kinshasa, Haut-commissariat des Nations unies aux droits de l'homme, 2004, pp. 18-29.

46) MODERNE F., « Les juridictions constitutionnelles en Afrique », in G. CONAC (dir.), *Les Cours suprêmes en Afrique, II, La jurisprudence*, Paris, Economica, 1989, pp. 27-30.

47) MUHINDO MALONGA T. et KAVUSA KALEMBA, « Les limites du principe de légalité dans l'action administrative », *Parcours et initiatives n°7*, Butembo, mai 2008.

48) MUKENDI WA MULUMBA J-J., « De l'adaptation de la législation interne aux instruments internationaux relatifs aux droits de l'homme et leur application dans la pratique administrative et judiciaire en République démocratique du Congo », MPINGA THIBASU M I. (dir.), *Actes du Forum national sur les droits de l'homme en République démocratique du Congo : état de lieux de la situation des droits de l'homme en République démocratique du Congo*, Kinshasa, ONDH, décembre 2004.

49) MULUMBA C., « Le pouvoir législatif dans la Constitution du 24 juin 1967 », *Cahiers économiques et sociaux*, Vol. VII, Cahier n°1, Kinshasa, mars 1969.

50) MUMBALA ABELUNGU J., « La question de l'indépendance du pouvoir judiciaire en République démocratique du Congo », in YAV KATSHUNG J. (dir.), *La justice congolaise au banc des accusés ?*, Lubumbashi, PUL, 2010.

51) MBATA BETUKUMESU MANGU A., « Perspectives du constitutionnalisme et de la démocratie en République démocratique du Congo sous l'empire de la Constitution du 18 février 2006 », in BULA BULA SAYEMAN (dir.), *Pour l'épanouissement de la pensée juridique congolaise, Liber Amicorium Marcel Antoine Lihau*, Bruxelles et Kinshasa, Bruylant, P.U.K, 2006.

52) MPONGO BOKAKO BAUTOLINGA E., « Les libertés publiques dans la Constitution du 18 février 2006 », *Cahiers africains des droits de l'homme et de la démocratie,* Kinshasa, 2006.

53) MPONGO BOKAKO BAUTOLINGA, « Le contrôle de constitutionnalité des lois sous l'Acte constitutionnel de la transition du 9 avril 1994 », *Annales de la faculté de droit*, Vol. XXV, Kinshasa, août 1996.

54) NGONDANKOY NKOY-EA-LOONGYA P G., « Cours de droit constitutionnel des droits de l'homme », in E. BAKAMA BOPE et J D INGANGE WA INGANGE (dir.), *Cours intensifs sur les droits de l'homme et le droit international pénal, Actes de la deuxième édition tenue à l'Université protestante au Congo, Kinshasa (Du 29 juillet au 09 août 2013)*, Bruxelles, Editions CAD, mars 2014.

55) NGONDANKOY NKOY-ea-LOONGYA, « Les conditions fondamentales d'accès à la fonction présidentielle en droit constitutionnel congolais », in *Annales de la faculté de droit*, Vol. XI-XXVI, 1996-2003, Kinshasa, août 2003.

56) NTIRUMENYERWA M. KIMONYO G., « Le système onusien de protection des droits de l'homme : les mécanismes de protection fondés par la Charte des Nations unies : ECOSOC, CDH, HCNUDH », in *Séminaire de formation Cinquantenaire de la DUDH, 18 novembre-10 décembre 1998*, Kinshasa, PUK, 1999.

57) NTWARI G-F., « Note sur le premier arrêt de la Cour africaine des droits de l'homme et des peuples », in *African Journal of International and Comparative Law* 18.2, 2010.

58) NYABIRUNGU MWENE SONGA., « L'évolution du droit pénal et les droits de l'homme », *Annales de la Faculté de droit*, vol. VIII-X, 1979-1981, Kinshasa, 1985.

59) OKITONEMBO WETSHOGUNDA L., « La théorie des actes de gouvernement dans l'arrêt de la CSJ RA 459 et consorts du 26 septembre 2001 sur la révocation de 315 magistrats », in Les Analyses juridiques n°5, Lubumbashi, 2005, pp. 13-27.

60) POLLET-PANOUSSIS D., « La Constitution congolaise du 18 février 2006 : petite sœur africaine de la Constitution française », in *Revue française de droit constitutionnel*, 75, Paris, 2008.

61) RAJAONA ANDRIANAIVO RAVELONA, « Un événement constitutionnel inédit à Madagascar : la destitution du chef de l'Etat d'un régime parlementaire par l'évocation de la responsabilité politique », in *RFDC* n°34, Paris, 1998.

62) ROMAN HERZOG, « La hiérarchie des normes constitutionnelles et sa fonction dans la protection des droits fondamentaux : République fédérale d'Allemagne », in *Revue universelle des droits de l'homme*, Vol. 2 n° 6-8, 31 août 1990.

63) ROMUALD. BIENVENU G., « De la conditionnalité économique à la conditionnalité politique : les vicissitudes de la démocratie en Afrique », *Revue juridique et politique des Etats francophones*, n°2, avril-juin 2007.

64) ROUSSEAU D., « Le Conseil constitutionnel est-il une juridiction ? », jn *Cahiers des écoles doctorales, recherches et travaux*, Faculté de droit, Université Montpellier, numéro 1, 2000.

65) RUBBENS A., « La réforme judiciaire du 10 juillet 1968 en République démocratique du Congo », *Cahiers économiques et sociaux*, vol. VII, Cahier n°4, Kinshasa, décembre 1969.

66) SINDJOUN L., « Les nouvelles constitutions africaines et la politique internationale : contribution à une économie internationale des biens politico-constitutionnels », in *Etudes internationales*, Vol 26, n°2, 1995.

67) TSHIBANGU KALALA LAMATA, « La protection du droit au travail en droit zaïrois », in *Revue juridique du Zaïre* n°3, Kinshasa, septembre à décembre 1993.

68) VELU J., « La hiérarchie des normes constitutionnelles et sa fonction dans la protection des droits fondamentaux : droit belge », in *Revue universelle des droits de l'homme*, Vol. 2 n° 6-8, 31 août 1990.

69) VUDISA MUNGUMBUSHI, « Réflexions sur le contentieux administratif congolais : analyse de quelques points de doctrine et de jurisprudence », in *RDC*, n°003, Kinshasa, pp. 30-34.

70) WETSH'OKONDA KOSO M., « La Cour suprême de justice persiste et signe : la motion de défiance contre un gouverneur de province est un acte législatif », *Les Analyses juridiques*, n°22, Lubumbashi, 2011.

71) WETSH'OKONDA KOSO M., « Etat des lieux de l'abolition de la peine de mort dans le monde et en République démocratique du Congo », in CPJ, *Rapport général du séminaire-atelier du 10 octobre 2009*, Kinshasa, CPJ, avril 2011.

72) WETSH'OKONDA KOSO M. et OKITONEMBO WETSHOGUNDA L., « La mise en œuvre de la Déclaration des défenseurs des droits de l'homme en République démocratique du Congo : bilan et perspectives d'avenir », in *La lettre du Rapporteur*, n°4, Banjul, mai 2009 (Commission africaine des droits de l'homme et des peuples).

73) WETSH'OKONDA KOSO M., « La loi portant principes fondamentaux relatifs à l'agriculture sous l'angle de sa conformité à la Constitution », *Revue du Barreau de Kinshasa/Gombe*, n°06, 2012.

74) WETSH'OKONDA KOSO M., « La compétence des juridictions congolaises en matière d'examen des conditions d'application des trai-

tés internationaux relatifs aux droits de l'homme », *Revue du Barreau de Kinshasa/Gombe*, n°03, *Kinshasa*, 2009.

75) WETSH'OKONDA KOSO M., « La définition des actes législatifs dans l'arrêt de la Cour suprême de justice n°RConst.051/TSR du 31 juillet 2007 à l'épreuve de la Constitution du 18 février 2006 », in *Horizons, Revue de droit et de science politique du Graben, Revue scientifique et semestrielle du Ceja* n°05, Butembo, juin 2008.

76) WETSH'OKONDA KOSO M., « L'avis consultatif de la Cour suprême de justice n°RL 10 du 13 décembre 2005 sur l'infraction politique : interprétation ou réécriture de la loi ? », *Les Analyses juridiques n° 8,* Lubumbashi, *2006.*

77) WETSH'OKONDA KOSO M., « La nature juridique du droit de l'Etat congolais sur son sol et son sous-sol : droit de propriété ou souveraineté permanente », in *Les Analyses juridiques, n°10*, Lubumbashi, 2006.

78) WETSH'OKONDA KOSO M., « Les droits de l'homme dans l'avant-projet de constitution de Kisangani revisité : le revers de la médaille », in *Le Phare* n°2550 du 15 mars 2005 (quotidien paraissant à Kinshasa).

79) WOEHRLING J-M, « Le contrôle juridictionnel de l'administration en en droit français », in *Revue française de l'administration publique, n°30,* Paris, avril-juin 1984.

80) YUMA BIABIA, « Plaidoyer pour la réforme de la justice administrative en République démocratique du Congo », in *Revue de la Faculté de droit*, 2ème année, n°2, Kinshasa, 2001.

IV. THÈSES ET MEMOIRES DE DES.

1) BUSANE RUHANA MIRINDI W., *Le contrôle du pouvoir discrétionnaire de l'administration par le juge administratif congolais*, thèse de doctorat, Université catholique de Louvain, 2010.

2) GOLAY G., *Vers la justiciablité du droit à l'alimentation*, Université de Genève, Institut des Hautes études internationales, mémoire en vue de l'obtention du diplôme d'études supérieures en Relations internationales, septembre 2002.

3) KALUBA DIBWA D., *Du contentieux constitutionnel en République démocratique du Congo : contribution à l'étude des fondements et des modalités d'exercice de la justice constitutionnelle*, Thèse de doctorat, Faculté de droit, Université de Kinshasa, 2010.

4) KANDOLO ON'UFUKU WA KANDOLO, *Du système congolais de promotion et de protection des droits de l'homme, contribution pour*

une mise en œuvre du mécanisme institutionnel spécialisé, Mémoire de D.E.S, Faculté de droit, Université de Lubumbashi, 2010-2011.

5) NGONDANKOY NKOY-ea-LOONGYA P.G., *Le contrôle de constitutionnalité en République démocratique du Congo, étude critique d'un système de justice constitutionnelle dans un Etat à forte tradition autocratique*, thèse de doctorat en sciences juridiques, Université catholique de Louvain, 2007-2008.

6) WEMBOLUA OTSHUDI H., *La promotion et la protection des droits de l'homme au sein des Etats de l'Organisation internationale de la francophonie, étude comparée de l'enseignement des droits de l'homme en République démocratique du Congo, en République française et en République du Congo*, Mémoire pour l'obtention du diplôme de Master 2 spécialité Droit international et européen des droits fondamentaux , Faculté de Droit et Science politique, Université de Nantes, 2010-2011.

7) YUMA BIABA, *Le contrôle de l'administration et la protection des citoyens en République démocratique du Congo*, thèse de doctorat en droit, Université de Kinshasa, 2006-2007.

V. WEBOGRAPHIE

1) ABDOULAYE DIARRA, « La protection constitutionnelle des droits et libertés en Afrique noire francophone à partir de 1990 : le cas du Bénin et du Mali », *http://www.afrilex.u-bordeaux4.fr/sites/afrilex/IMG/pdf/2doc8diarra.pdf*.

2) Avis de la Commission nationale consultative des droits de l'homme du 19 novembre 1998 sur l'expression « droits de l'homme », disponible en ligne à l'adresse *http://www.aidh.org/drts_hom-hum.htm* (1er février 2012).

3) AVOCATS SANS FRONTIERES, *Etude de jurisprudence : l'application du Statut de Rome de la Cour pénale internationale par les juridictions de la République démocratique du Congo*, disponible en ligne à l'adresse http://www.asf.be/publications/ASF_EtudeJurispr_StatutRome_FR.pdf.

4) BALINGENE KAHOMBO, La Cour suprême de justice : Cour constitutionnelle transitoire, article disponible en ligne à l'adresse *http://www.la-constitution-en-afrique.org/*.

5) BALINGENE KAHOMBO, La protection des minorités ethniques en République démocratique du Congo : entre rupture et continuité des ordres constitutionnels antérieurs, disponibles en ligne à l'adresse *http://www.the-rule-of-law-in-africa.com/wp-content/uploads/2010/07/La-protection-des-minorites-ethniques-en-*

Republique-democratique-du-Congo-Entre-rupture-et-continuite-des-o.pdf.

6) BANNEUX N., BOSHAB E., KABAMBA B. et Verjans P., « République démocratique du Congo : une Constitution pour une troisième République équilibrée », *Fédéralisme Régionalisme*, n°5, 2004-2005, disponible en ligne à l'adresse http://popups.ulg.ac.be/1374-3864/index.php?id=209.

7) BOLLE S., *Les droits de l'homme selon le juge constitutionnel*, disponible en ligne à l'adresse *http://www.la-constitution-en-afrique.org/article-les-droits-de-l-homme-selon-le-juge-constitutionnel-79507577.html* (1er février 2012).

8) BOLLE S., *Le Code des personnes et de la famille devant la Cour constitutionnelle du Benin, la décision DCC 02-0144 du 23 décembre 2002, www.afrilex.u-bordeaux4.fr*.

9) BOLLE S., *L'exception d'inconstitutionnalité au Burkina Faso : un droit illusoire ?*, disponible en ligne à l'adresse *http://www.la-constitution-en-afrique.org/article-16538693.html* (27 décembre 2011).

10) BOSHAB E., *Les dispositions constitutionnelles transitoires relatives à la Cour constitutionnelle de la République démocratique du Congo*, disponible en ligne à l'adresse *http://popups.ulg.ac.be/federalisme/document.php?id=561*.

11) CHIDI ODINKALU, *A propos du Kenya : position actuelle de l'Union africaine sur les changements anticonstitutionnels de gouvernement*, disponible en ligne à l'adresse *http://www.afrimap.org/english/images/paper/UA_Changementsanticonstitutionnels_Odinkalu_jan08.pdf* (27 décembre 2011).

12) CONSEIL CONSTITUTIONNEL, *Le Conseil constitutionnel français en période d'alternance politique, exposé présenté lors des rencontres constitutionnelles franco-roumaines des 1er et 2 octobre 1998*, disponible en ligne à l'adresse *http://www.conseil-constitutionnel.fr/conseil-constitutionnel/root/bank_mm/pdf/Conseil/alternan.pdf*.

13) DE GAUDUSSON DUBOIS J., *Défense et illustration du constitutionnalisme en Afrique après quinze ans de pratique du pouvoir*, disponible en ligne à l'adresse *http://www.la-constitution-en-afrique.org/article-17104156.html* (1er février 2012).

14) ESAMBO KANGASHE J-L., *La démission du Premier Ministre Gizenga : question constitutionnelle ou querelle politicienne ?*, dispo-

nible en ligne à l'adresse http://www.la-constitution-en-afrique.org/15-categorie-10195444.html (19 août 2011).

15) HOURQUEBIE F., *La diffusion du constitutionnalisme en Afrique du Sud : une analyse à travers la décision de la Cour constitutionnelle du 6 juin 1995 portant inconstitutionnalité de la peine de mort*, disponible en ligne à l'adresse http://www.droitconstitutionnel.org/congresmtp/textes7/HOURQUEBIE.pdf (2 août 2011).

16) KALUBA DIBWA D., *Le constitutionnalisme congolais : de la démocratie électorale à la démocratie constitutionnelle*, disponible en ligne à l'adresse http://www.la-constitution-en-afrique.org/categorie-10195444.html.

17) KANDOLO ONOFUKU WA KANDOLO P F., *Pour une nouvelle constitutionnalisation des droits de l'homme en République démocratique du Congo : la République démocratique du Congo toujours au rond-point* , disponible en ligne à l'adresse http://www.congoforum.be/upldocs/(2).pdf.

18) KATAMBWE MALIPO G., *Exposé de thèse*, disponible en ligne à l'adresse http://www.ebale.cd/IMG/pdf/EXPOSE_DE_THESE.pdf .

19) KAZADI MPIANA J., *La révision constitutionnelle congolaise du 20 janvier 2011 : considérations critiques d'un citoyen (juriste)*, disponible en ligne à l'adresse http://www.la-constitution-en-afrique.org/.

20) KEUTCHA TCHAPNGA C et SIETCHOUA DJUITCHOKO C., *Commentaire de l'arrêt de la Cour suprême du Cameroun, Chambre administrative, jugement n°29 du 03 mai 1990, Mbarga Symphorien contre Etat du Cameroun*, in *Revue électronique Afrilex* 2000/01.

21) MAIMOUNA KANE, *La protection des droits et libertés par le juge administratif, Rapport général du VIIème Congrès de l'Association internationale des juridictions administratives tenues à Dakar du 23 au 25 avril 2001*, disponible en ligne à l'adresse http://www.aihja.org/publi/f_set21.html.

22) MAMPUYA KANUNK'a-TSHIABO A., *Au feu ! L'article 220 violé*, disponible en ligne à l'adresse http://www.lephareonline.net/lephare/index.php?option=com_content&view=article&id=3156:au-feu--larticle-220-viole&catid=45:rokstories&Itemid=112.

23) MAMPUYA KANUK'A TSHIABO A., *A propos du projet de Loi organique sur la Cour constitutionnelle*, Quotidien *"Le Phare"* du 9 avril 2008 ; article rapporté par S. BOLLE, *Quelle Cour constitution-*

nelle en RD du Congo? , *http://www.la-constitution-en-afrique.org/*, 16 avril 2008.

24) MAMPUYA KANUNK'a-TSHIABO A., *Au-delà de la querelle artificielle, la lettre et l'esprit*, disponible en ligne à l'adresse *http://www.la-constitution-en-afrique.org/article-23367723.html* (19 août 2011).

25) MAMPUYA KANUNK'a-TSHIABO A., *Non, messieurs : une motion de défiance n'est pas un acte législatif*, disponible en ligne à l'adresse *http://www.lepotentiel.com/afficher_article.php?id_edition=&id_article=55586*.

26) MONSI J-B., *Opportunité ou non de l'éclatement des cours suprêmes en juridictions distinctes*, *http://democratie.francophonie.org/IMG/pdf/17-2.pdf*.

27) MOUHAMADOU MOUSTAPHA AIDARA, *Le juge constitutionnel africain et le contrôle des lois portant révision de la Constitution : contribution à un débat*, http://afrilex.u-bordeaux4.fr/le-juge-constitutionnel-africain.html.

28) MOUSTAPHA NGAIDE, *Le Conseil d'Etat du Sénégal et le principe de l'égal accès des citoyens à un emploi public : à propos de l'arrêt du 29 juin 2000, Association nationale des handicapés moteurs du Sénégal contre Etat du Sénégal (arrêt 12)*, *Revue électronique Afrilex n°03/2003*, pp. 193-222.

29) PELLET A., *Droit-de-l'hommisme » et droit international*, disponible en ligne à *l'adresse http://www.droits-fondamentaux.org*.

30) NATIONS UNIES, *Sélection des décisions du Comité des droits de l'homme prises en vertu du Protocole facultatif*, Volume 1, New York et Genève, Nations unies, 1998.

31) SAKATA G., *L'Etat congolais conserve-t-il encore son droit exclusif de propriété sur son sol et son sous-sol ? Analyse de l'article 9 de la Constitution du 18 février 2006*, disponible en ligne à l'adresse *http://membres.multimania.fr/sakatagarry/Le_sort_juridique_du_sol_et_du_sous_sol_en_RDCongo.pdf* (8 janvier 2012).

32) SORY BALDE, *Juge constitutionnel et transition démocratique: étude de cas en Afrique subsaharienne francophone*, disponible en ligne à l'adresse, *http://ddata.over-blog.com/1/35/48/78/Afrique/Sory-Balde-Juge-constitutionnel-et-transition-democratique.pdf*.

33) VAN COMPERNOLL J. et M. VERDUSSEN, *La réception des décisions d'une Cour constitutionnelle sur renvoi préjudiciel- l'exemple*

de la Cour d'arbitrage de Belgique, en ligne à l'adresse http://www.conseil-constitutionnel.fr/conseil-constitutionnel/francais/cahiers-du-conseil/cahier-n-14/la-reception-des-decisions-d-une-cour-constitutionnelle-sur-renvoi-prejudiciel-l-exemple-de-la-cour-d-arbitrage-de-belgique.52019.html.

34) WETSH'OKONDA KOSO M., *La Cour suprême de justice est-elle le juge idéal pour connaître du contentieux électoral de 2011 ?*, disponible en ligne à l'adresse *http://www.aeta-network.org/wp-content/uploads/2011/11/la_cour_supreme_de_justice_serait_elle_le_juge_ideal_pour_le_reglement_du_contentieux_electoral_de_2011_corrige.pdf* (21 décembre 2011).

35) WETSH'OKONDA KOSO M., *Le contentieux constitutionnel congolais des droits de l'homme du 18 février 2006 au 18 février 2011 : essai de bilan et perspectives d'avenir*, disponible en ligne à l'adresse *http://www.la-constitution-en-afrique.org/categorie-10195444.html* (27 décembre 2011).

36) WETSH'OKONDA KOSO M., *L'arrêt de la Cour suprême de justice n°RConst.112/TSR du 5 février 2010 sur l'OHADA*, disponible en ligne à l'adresse *http://www.la-constitution-en-afrique.org/article-ohada-la-constitution-sacrifiee-47288675.html*.

37) WETSH'OKONDA KOSO M., *L'échec de l'initiative de révision constitutionnelle du 5 novembre 2007*, disponible en ligne à l'adresse *http://www.la-constitution-en-afrique.org/20-categorie-10195444.html* (27 décembre 2011).

38) YATALA NSOMWE NTAMBWE C., *L'effectivité du droit constitutionnel de former un recours contre tout jugement au regard du principe de l'instance unique*, www.droitcongolais.info (27 décembre 2011).

39) YATALA NSOMWE NTAMBWE C., *L'indépendance du pouvoir judiciaire à l'égard du pouvoir exécutif au Congo-Kinshasa*, disponible en ligne à l'adresse *http://www.droitcongolais.info/files/independance_du_pouvoir_judiciaire_rdc_2.pdf*.

40) YUMA BIABA, *La démission du Premier ministre et ses conséquences sur le fonctionnement du Gouvernement*, disponible en ligne à l'adresse *http://www.lepotentiel.com/afficher_article.php?id_edition=&id_article=71174* (19 septembre 2011).

VI. JURISPRUCENCE ET DECISIONS DES MECANISMES DE PROTECTION DES DROITS DE L'HOMME

1) BACSJ, *année 1974*, 1976.

2) BACSJ, *année 1976*, Kinshasa, Editions de la Cour suprême de justice, 1977.

3) *BACSJ, années 1985 à 1989*, Kinshasa, Editions du Service de documentation et d'études du Ministère de la justice et d Garde des Sceaux, 2002.

4) *BACSJ, années 1990 à 1999*, Kinshasa, Editions du Service de documentation et d'études du Ministère de la justice, 2003.

5) *BACSJ, années 2004 à 2009*, TomeI, Kinshasa, Editions du Service de documentation et d'études du Ministère de la Justice et des Droits humains, 2010.

6) *BACSJ, années 2004 à 2009, TomeII*, Kinshasa, Editions SDE du Ministère de la justice et des droits humains, 2010.

7) INSTITUT POUR LES DROITS DE L'HOMME ET LE DEVELOPPEMENT EN AFRIQUE, *Décisions de la Commission africaine des droits de l'homme et des peuples sur les communications*, 2002-2007, Banjul, 2008.

8) INSTITUT POUR LES DROITS HUMAINS ET LE DEVELOPPEMENT EN AFRIQUE, *Compilation des décisions sur les communications de la Commission africaine des droits de l'homme et des peuples*, Dakar, Institut pour les droits humains et le développement en Afrique, 2002.

9) S.A, *Recueil des décisions des droits humains, 2001*, Pretoria, PULP, 2001.

VII. BROCHURES ET RAPPORTS

1) CONFERENCE NATIONALE SOUVERAINE, COMMISSION JURIDIQUE, *Rapport de la Commission juridique*, 1992.

2) ROUDIL S. et I. FERY I., *Rapport d'observation du procès « Maheshe » devant la Cour militaire du Sud Kivu (R.D.CONGO) et suivi des recours et points de repères sur le cadre juridique de l'observation des procès et la protection des défenseurs des droits humains*, Bruxelles, Protection Internationale, mars 2009.

3) WETSH'OKONDA KOSO M., *Guide pratique de procédure disciplinaire des magistrats*, Kinshasa, USAID/ProJustice, 2011.

Postface

Il n'existe pas à proprement parler une définition satisfaisante des Droits de l'homme. La difficulté d'en dégager une qui réponde aux attentes de tous tient probablement à la variabilité même de la notion des Droits de l'homme et à l'importance relative qui lui est accordée compte tenu des civilisations, des régions concernées et des circonstances. « Il n'y a pas à s'étonner, compte tenu de la diversité des cultures et traditions politiques. Dans leur formulation présente, les Droits de l'homme restent ancrés dans un substrat largement occidental ; cela suffit à expliquer les réticences qu'ils suscitent dans le chef de ceux qui n'y trouvent pas leurs racines ».751

On pourrait dire, d'une manière générale, que les Droits de l'homme sont ceux qui appartiennent en propre à la nature humaine et sans lesquels on ne peut pas vivre en tant qu'être humain sur la planète terre.

La protection des individus a connu un impressionnant développement au lendemain de la Seconde Guerre mondiale. Elle a, à cet égard, créer un choc sans précédent qui est regardé comme une croisade pour les Droits de l'homme. À l'origine, l'idée même de la Charte des Nations unies – comme l'indiquent encore son préambule et l'article 55 c – s'est présentée surtout comme une protestation de la conscience humaine contre le mépris manifeste des principes de toute humanité et les atrocités déclenchées sciemment par le nazisme. La reconstruction des rapports internationaux s'y est accompagnée de l'affirmation des Droits fondamentaux de la personne humaine, qui transcendent en principe la souveraineté des Etats modernes auxquels ils sont opposables. Cette déclaration des Droits de l'homme, à dire vrai, est une véritable résolution et la consécration des Droits individuels. La protection internationale des Droits fondamentaux de la personne humaine continue à faire l'objet de nombreux traités au niveau universel et régional. Les constitutions des Etats africains en général et en particulier celle de la République Démocratique du Congo font une place importante aux Droits fondamentaux de la personne.

Des Droits humains, des libertés fondamentales et des devoirs du citoyen et de l'Etat constituent le titre II de la constitution de la République démocratique du Congo qui renferme à lui seul une cinquantaine d'articles (des articles 11-67 de la constitution).

751 VERHOEVEN J., *Droit International Public*, Précis de la Faculté de Droit de l'Université Catholique de Louvain, Bruxelles, 2000, p.297.

Toutes les dispositions en cette matière sont souvent déclaratives de droit coutumier, ayant un caractère, personne ne peut douter, d'ordre public (*Jus Cogens*).

Les Droits de l'homme et les libertés fondamentales nous permettent de développer et d'utiliser pleinement nos qualités, notre intelligence, nos talents et notre conscience et de satisfaire nos aspirations spirituelles et autres. Ils reposent sur l'exigence de plus en plus affirmée de l'homme de voir respecter et protéger la dignité et la valeur inhérentes à chaque être humain.

Non seulement le déni des Droits de l'homme et des libertés fondamentales est tragique à titre individuel et personnel, mais encore il crée le désordre sur le plan social et politique, sème la violence dans les sociétés et suscite les conflits entre les nations. Comme l'énoncent les premières lignes de la Déclaration universelle des Droits de l'homme, le respect des Droits de l'homme et de la dignité inhérente à la personne humaine « constitue le fondement de la liberté, de la justice et de la paix dans le monde ». Dans ce domaine, les intérêts s'affrontent, souvent contradictoires : ceux de l'Etat et ceux de l'individu auxquels se juxtapose en droit international la dialectique opposant les Droits de l'homme et la souveraineté de l'Etat, cette souveraineté se traduisant dans les rapports internationaux par le principe de non-intervention752. Il semble que l'intervention des Etats en matière des Droits de l'homme soit permise pour sauver les vies humaines.

Le congolais est de plus en plus conscient de la protection internationale des Droits de l'homme. Il commence à se préoccuper de l'aspect juridique du problème non seulement quant au rôle des Nations Unies mais aussi aux obligations de ses Etats membres dont la République démocratique du Congo fait partie.

Les Nations Unies ont attaché une importance croissante au domaine des Droits de l'homme à un degré qui n'a plus été atteint depuis les premières années de leur création. Les Droits de l'homme demeurent, même aujourd'hui, une de leurs principales préoccupations. Cet intérêt transparaît dans ses prises de position toute fois qu'un défenseur des Droits de l'homme est assassiné dans un Etat membre.

Que devrions-nous encourager ? Le banditisme de certains Etats africains ou la promotion des Droits de l'homme ? C'est ici que les analyses de

752Patricia BUIRETTE, *Droit international humanitaire*, Paris, éd. Découverte, Coll. Repères, 1996, pp.5-6.

Marcel WETSH'OKONDA KOSO deviennent très intéressantes et prennent la valeur pédagogique, au-delà de sa qualité d'Avocat. L'auteur retrace dans son ouvrage les attributions du juge constitutionnel congolais en matière de protection des libertés du citoyen depuis 1968 lors de la création de la Cour Suprême de Justice. Il dresse avec une précision rare le bilan à la fois quantitatif et qualitatif, ce qui surprend tout lecteur averti. Il passe au peigne fin les attributions de cette Cour, son organisation et surtout son fonctionnement. L'analyse qu'il a faite sur la jurisprudence de cette même Cour lève tout doute en matière de protection des Droits humains.

La protection des Droits de l'Homme est également assurée dans un cadre régional. Au niveau européen, chacun des Etats membres du Conseil de l'Europe "reconnaît le principe de la prééminence du droit et le principe en vertu duquel toute personne placée sous sa juridiction doit jouir des Droits de l'Homme et des libertés fondamentales" (article 3 du Statut). Comme aux Nations Unies, deux instruments distincts concernent les Droits civils et politiques d'une part, les Droits économiques et sociaux d'autre part : les premiers font l'objet de la Convention européenne des Droits de l'Homme, signée le 4 novembre 1950, les seconds de la Charte sociale européenne du 18 octobre 1961.

Au niveau africain, tous les Etats de ce continent ont ratifié la Charte africaine des droits de l'homme et des peuples. Rares sont ceux qui ont fait la déclaration autorisant la cour africaine des droits de l'homme et des peuples à recevoir les plaintes individuelles de leurs citoyens. Encore faut-il que le plaignant épuise toutes les voies de recours internes avant d'aller trainer devant cette Cour son Etat d'origine. Plusieurs barrières juridiques et surtout politiques insurmontables se dressent devant l'individu et l'empêchent de saisir directement la Cour. C'est ainsi, constatons-nous, que les constitutions africaines sont bien élaborées mais ne garantissent jamais une protection adéquate à l'individu victime d'un préjudice de la part de son Etat.

Il faudrait ici souhaiter à l'ouvrage de Marcel WETSHOKONDA pleins succès et surtout demander aux autres juristes africains de prolonger les réflexions de cet auteur dans leurs propres pays.

Mbujimayi, le 1er février 2016
Dr. Benjamin MULAMBA MBUYI
Doyen de la Facultéde droit, Université de l'Uélé
Professeur ordinaire

TABLE DES MATIERES

Le Congo-Brazzaville aux éditions L'Harmattan

Dernières parutions

VIOLENCE (LA) CONJUGALE AU CONGO-BRAZZAVILLE
De la tradition à la modernité
Sous la direction d'Elisabeth Prieur et d'Emmanuel Jovelin
Préface d'Emilienne Raoul
Qu'est-ce que la violence conjugale ? Comment se manifeste-t-elle ? Quelles en sont les causes ? Quel sens les femmes victimes de violences donnent-elles à cet état de fait ? Quel accompagnement social ? Cet ouvrage propose un voyage en République du Congo-Brazzaville pour montrer l'autre face de la domination masculine et pour découvrir en quoi la coutume peut aussi perpétuer des formes de violences caractérisées. Il est aussi un appel pour dire NON à la violence.
(Coll. Trans-Diversités, 21.00 euros, 208 p.)
ISBN : 978-2-343-04108-7, ISBN EBOOK : 978-2-336-36473-5

MÉDIAS ET POUVOIR POLITIQUE AU CONGO BRAZZAVILLE
Des origines à nos jours
Bemba Léon
Cet ouvrage est une étude des médias de masse au Congo-Brazzaville. Il propose une enquête scientifique des rapports entre les médias et les pouvoirs politiques qui se sont succédé depuis ses origines jusqu'en 2010. Il permet de saisir la part d'influence de la presse dans la conquête de sa propre liberté dans l'élaboration d'une démocratie moderne et d'un réel débat dans la vie politique du pays.
(Coll. Études africaines, 41.00 euros, 430 p.)
ISBN : 978-2-343-04753-9, ISBN EBOOK : 978-2-336-36341-7

LIBERTÉ (LA) DE LA PRESSE AU CONGO-BRAZZAVILLE
Sogni Zaou Florent
Dans la déclaration de Windhoek du 3 mai 1991, il est dit que la création, le maintien et le renforcement d'une presse indépendante, pluraliste et libre sont indispensables au progrès et à la préservation de la démocratie dans un pays, ainsi qu'au développement économique. Le Congo est partie prenante de ces textes, et la liberté de la presse y est garantie par la loi de la presse. Seulement, le doute persiste malgré l'absence de journalistes dans les geôles congolaises.
(Coll. Harmattan Congo, 15.00 euros, 150 p.)
ISBN : 978-2-343-04261-9, ISBN EBOOK : 978-2-336-36443-8

DROIT (LE) DES PARCELLES DE TERRAIN AU CONGO (Tome 3)
L'espace foncier des personnes publiques. La constitution et la gestion des biens. L'expropriation pour cause d'utilité publique
Iloki Auguste - Avec la collaboration de Mireille Iloki Gondo
L'État, les collectivités décentralisées et les établissements publics disposent des parcelles de terrain qui constituent leur domaine foncier subdivisé en domaine public et en domaine privé. La gestion des immeubles de ces personnes publiques est fonction de leur incorporation dans le domaine public ou dans le domaine privé. L'application complexe des règles de droit privé et de la domanialité publique conduit l'auteur à préciser leur régime juridique et à éclairer les domaines respectifs de leur mise en oeuvre rationnelle.
(Coll. Études africaines, 24.50 euros, 240 p.)
ISBN : 978-2-343-04720-1, ISBN EBOOK : 978-2-336-36270-0

LIVRE D'OR DU CINQUANTENAIRE D'OYO (1963-2013)
Géographie - Histoire - Civilisation - Atouts
Ndinga Mbo Abraham Constant, Nguesso Maurice
Cette étude se veut un outil qui permettrait de mieux connaître la ville d'Oyo: le pays, les hommes à travers son histoire (ancienne et contemporaine) et sa civilisation, puis ses atouts. Elle pourrait ouvrir de grandes perspectives pour les responsables de la ville et pour sa population.
(29.00 euros, 310 p.)
ISBN : 978-2-343-05107-9, ISBN EBOOK : 978-2-336-36317-2

CONGO : TERRE DE TECHNOLOGIES
Objectif 2025
Mankou Vérone
Vérone Mankou invite les Africains à entreprendre, certain que le numérique et les nouvelles technologies vont soutenir le développement et représenter une opportunité pour le continent. Concepteur de la première tablette tactile et du premier smartphone Africain, il se lance aujourd'hui dans de nouveaux projets et une seule ambition : «faire du Congo une terre de technologies». Il veut développer chez les jeunes «l'esprit *start-up*» et l'entrepreneuriat.
(10.00 euros, 72 p.)
ISBN : 978-2-343-04958-8, ISBN EBOOK : 978-2-336-36254-0

TOUT SUR L'AC-LÉOPOARDS DE DOLISIE
ou les Fauves du Niari
Nimbi Eugène - Préface de Léon Alfred Opimbat
L'AC-Léopoards de Dolisie ou les Fauves du Niari est une équipe de football qui fut créée en 1954. Sous la présidence de Remy Ayayos Ikounga, cette équipe a remporté plusieurs coupes au Congo et a été championne d'Afrique en 2012. L'auteur restitue dans les moindres détails l'information relative à la genèse de l'équipe, à son palmarès national, aux difficultés rencontrées et aux sacrifices consentis par les dirigeants.
(Coll. Harmattan Congo, 12.00 euros, 106 p.)
ISBN : 978-2-343-04260-2, ISBN EBOOK : 978-2-336-35928-1

CONGO-BRAZZAVILLE (LE)
Climat et environnement
Samba Gaston
Cet ouvrage résume quelques travaux du professeur Dominique Nganga relatifs au climat et à l'environnement dans l'espace du Congo-Brazzaville. Un environnement bien caractéristique de ces deux climats équatorial et tropical humide et dont les effets de la variabilité climatique sont diversement perceptibles au niveau des états de surface.
(Coll. Études africaines, 16.50 euros, 168 p.)
ISBN : 978-2-343-02236-9, ISBN EBOOK : 978-2-336-35433-0

PASTORALE (LA) MILITAIRE AU CONGO-BRAZZAVILLE
Mounka Alexis
Éduquer un soldat à être honnête, à avoir le sens civique, à connaître et à pratiquer l'éthique, c'est éduquer tous ses concitoyens aux mêmes valeurs. Et ce ne sont pas les conséquences de la «guerre civile» qui servent à justifier cette nécessité de l'ordinariat pour la Force publique congolaise, sinon un besoin réel de se doter d'une élite militaire aux valeurs morales et éthiques approuvées.
(Harmattan Congo, 11.50 euros, 80 p.)
ISBN : 978-2-343-03604-5, ISBN EBOOK : 978-2-336-35485-9

DÉBAT SUR LA CONSTITUTION DU 20 JANVIER 2002 AU CONGO
Enjeux sociaux et stratégies politiques
M'Bissa Claude-Richard
À la veille de l'élection présidentielle de 2016, poser la problématique de la modification de la Constitution sur ses aspects fondamentaux suscite évidemment une série d'interrogations. Cet ouvrage met l'accent sur les notions générales liées à une constitution et sur l'expérience congolaise

au sujet des constitutions. Il contribue à la compréhension des motivations des acteurs politiques, de leurs argumentations, et surtout à saisir la position du président de la République.
(Coll. Harmattan Congo, 16.50 euros, 164 p.)
ISBN : 978-2-343-03717-2, ISBN EBOOK : 978-2-336-35297-8

QUOTIDIEN (LE) D'ANTAN À NGO AU CONGO-BRAZZAVILLE
Guebo Célestin
Préface de Gabriel Kimami
Ce livre décrit le quotidien d'antan à Ngo, au Congo-Brazzaville, marqué par diverses activités, au cours de l'enfance de l'auteur. Il s'agit bien entendu d'activités scolaires, professionnelles, agricoles, etc. Ce quotidien était aussi marqué par la présence de Ngambieli, le Pygmée, qui avait un mode de vie exceptionnel. À travers ce livre, l'auteur fait revivre les moments de joie et de peine vécus à Ngo, à son époque.
(Coll. Harmattan Congo, 10.00 euros, 62 p.)
ISBN : 978-2-343-03554-3, ISBN EBOOK : 978-2-336-35241-1

GUIDE FISCAL ET COMPTABLE DE LA TVA
Louzonzila Nakou
Ce livre est un instrument de travail pratique, qui met en exergue les principes et le schéma d'application de la TVA en indiquant particulièrement comment répondre à ces questions : Qu'est-ce que la TVA ? Pourquoi la TVA ? Qui supporte la TVA ? Comment se calcule-t-elle ? Comment devrait-on la déclarer au fisc ? Les réponses à ces questions accompagnées d'exemples pratiques permettront de connaître les intrants d'une part et les conséquences ou résultats d'autre part.
(Coll. Harmattan Congo, 23.00 euros, 236 p.)
ISBN : 978-2-343-02879-8, ISBN EBOOK : 978-2-336-35236-7

IDENTITÉ ETHNIQUE ET CONFLITS CIVILS AU CONGO-BRAZZAVILLE
Massamba-Makoumbou Jean-Serge
Cette étude prend le parti de considérer l'appartenance ethnique comme un facteur parmi d'autres dans le développement des guerres civiles africaines. Il s'agit de considérer la forte capacité de mobilisation qu'elle recèle. À ce titre, il n'existe pas de conflit ethnique par essence, mais par vocation ou par instrumentalisation. Dans ce cadre, le Congo-Brazzaville apparaît comme un cas d'école, avec une manipulation de l'appartenance ethnique au service de la conquête du pouvoir politique et de la confiscation de l'autorité.
(Coll. Études africaines, 30.50 euros, 308 p.)
ISBN : 978-2-343-01013-7, ISBN EBOOK : 978-2-296-53937-2

CONVENTION (LA) DES NATIONS UNIES SUR LE CONTRAT DE TRANSPORT INTERNATIONAL DES MARCHANDISES EFFECTUÉ ENTIÈREMENT OU PARTIELLEMENT PAR MER DITE « RÈGLES DE ROTTERDAM »
Dibas-Franck Eric, Diallo Ibrahima Khalil, Banuanina Dia Ngoma Jean-Jacques
La question qui se pose au sujet de ce contrat adopté en décembre 2008 par l'Assemblée générale des Nations unies est de savoir si cette nouvelle convention va atteindre son objectif, à savoir remplacer, se substituer aux «Règles de La Haye», aux «Règles de La Haye-Visby» et aux «Règles de Hambourg». Cette convention entrera-t-elle en vigueur un jour ? Quelle est sa genèse ? Quelles sont ses forces et ses faiblesses ? Existe-t-il des questions controversées ?
(Coll. Harmattan Congo, 22.00 euros, 224 p.)
ISBN : 978-2-343-01119-6, ISBN EBOOK : 978-2-296-53875-7

RÉGLEMENTATION ET PERFORMANCE
L'enseignement supérieur privé au Congo
Koulakoumouna Etienne
Préface de Claude Albagli (Président Institut CEDIMES)
Cet ouvrage examine le rapport entre la réglementation et la performance, et montre que la qualité est la principale dimension de la performance dans toute organisation. Dans l'enseignement

supérieur privé, elle passe principalement par une exigence accrue de l'amélioration de la qualité des infrastructures, des prestations du personnel enseignant ayant le profil requis, du programme d'enseignement et du management.
(CEDIMES, Coll. Mouvements Économiques et Sociaux, 19.00 euros, 184 p.)
ISBN : 978-2-296-99767-7, ISBN EBOOK : 978-2-296-53726-2

BRAZZAVILLE, CAPITALE DE LA FRANCE LIBRE
Histoire de la résistance française en Afrique (1940-1944)
Ollandet Jérôme
Comme le déclarait en 1943 le médecin-général Adolphe Sicé, «deux grands hommes auront marqué cette ville : de Brazza, auquel elle doit son nom ; de Gaulle, auquel elle doit son destin...» Ce destin d'un homme et d'une ville ne put s'accomplir conjointement qu'avec l'acceptation par l'AEF d'accompagner, dès le début des hostilités en Europe, la dissidence de la France combattante, celle de la France libre, capitale Brazzaville.
(Coll. Harmattan Congo, 27.00 euros, 278 p.)
ISBN : 978-2-343-00721-2, ISBN EBOOK : 978-2-296-53522-0

IMPÔT COLONIAL ET RÉSISTANCE DES POPULATIONS DU CONGO
Les cas des pays téké, mbosi et des peuples de l'interfluve Sangha-Oubangui (1879-1930)
Engambé André
La naissance de l'impôt colonial a largement contribué à créer une paupérisation, suscitant entre administration et administrés de fortes tensions. Dans ce livre, l'auteur décrit et analyse les faits, propose une somme importante d'informations aussi variées que détaillées sur les résistances des populations téké, mbosi et de l'interfluve Sangha-Oubangui jusqu'en 1930 ; dans le même temps, il tire les conséquences qui en découlent.
(Coll. Etudes africaines, 17.50 euros, 176 p.)
ISBN : 978-2-343-00731-1, ISBN EBOOK : 978-2-296-53613-5

DENIS SASSOU NGUESSO
Stratégie politique et repères essentiels
Bitala-Bitemo Joseph
Denis Sassou Nguesso est un stratège politique dont l'action et le pari pour le futur lient inextricablement son propre destin à celui de la République du Congo, depuis plus d'un quart de siècle. Pour mieux comprendre ce lien au travers de quelques repères essentiels, l'auteur s'est servi des discours et messages de l'homme politique comme matériaux d'analyse pour dégager le sens de ses actions, en essayant de les placer dans leur contexte, en fonction des enjeux nationaux et internationaux.
(Coll. Points de vue, 18.50 euros, 146 p.)
ISBN : 978-2-336-00941-4, ISBN EBOOK : 978-2-296-53441-4

DENIS SASSOU N'GUESSO
Les grands discours du premier septennat 2002-2009
Lemboumba Sassou N'Guesso Claudia – Préface de Firmin Ayessa
Ce livre est une compilation de 37 discours prononcés par le président de la République, Denis Sassou N'Guesso, durant son premier septennat à la tête du Congo, entre 2002 et 2009. Il s'agit de ceux dédiés aux rendez-vous les plus importants, les plus symboliques et les plus marquants de cette période charnière, comprise entre la fin de la transition post-conflit de 1997-2002 et la relance du processus démocratique au Congo.
(26.00 euros, 256 p.)
ISBN : 978-2-343-00142-5, ISBN EBOOK : 978-2-296-53308-0

L'HARMATTAN ITALIA
Via Degli Artisti 15; 10124 Torino
harmattan.italia@gmail.com

L'HARMATTAN HONGRIE
Könyvesbolt ; Kossuth L. u. 14-16
1053 Budapest

L'HARMATTAN KINSHASA
185, avenue Nyangwe
Commune de Lingwala
Kinshasa, R.D. Congo
(00243) 998697603 ou (00243) 999229662

L'HARMATTAN CONGO
67, av. E. P. Lumumba
Bât. – Congo Pharmacie (Bib. Nat.)
BP2874 Brazzaville
harmattan.congo@yahoo.fr

L'HARMATTAN GUINÉE
Almamya Rue KA 028, en face
du restaurant Le Cèdre
OKB agency BP 3470 Conakry
(00224) 657 20 85 08 / 664 28 91 96
harmattanguinee@yahoo.fr

L'HARMATTAN MALI
Rue 73, Porte 536, Niamakoro,
Cité Unicef, Bamako
Tél. 00 (223) 20205724 / +(223) 76378082
poudiougopaul@yahoo.fr
pp.harmattan@gmail.com

L'HARMATTAN CAMEROUN
BP 11486
Face à la SNI, immeuble Don Bosco
Yaoundé
(00237) 99 76 61 66
harmattancam@yahoo.fr

L'HARMATTAN CÔTE D'IVOIRE
Résidence Karl / cité des arts
Abidjan-Cocody 03 BP 1588 Abidjan 03
(00225) 05 77 87 31
etien_nda@yahoo.fr

L'HARMATTAN BURKINA
Penou Achille Some
Ouagadougou
(+226) 70 26 88 27

L'HARMATTAN SÉNÉGAL
10 VDN en face Mermoz, après le pont de Fann
BP 45034 Dakar Fann
33 825 98 58 / 33 860 9858
senharmattan@gmail.com / senlibraire@gmail.com
www.harmattansenegal.com

L'HARMATTAN BÉNIN
ISOR-BENIN
01 BP 359 COTONOU-RP
Quartier Gbèdjromèdé,
Rue Agbélenco, Lot 1247 I
Tél : 00 229 21 32 53 79
christian_dablaka123@yahoo.fr

Achevé d'imprimer par Corlet Numérique - 14110 Condé-sur-Noireau
N° d'Imprimeur : 130605 - Dépôt légal : juillet 2016 - *Imprimé en France*

www.ingramcontent.com/pod-product-compliance
Lightning Source LLC
LaVergne TN
LVHW011300061026
849535LV00005B/1326
* 9 7 8 2 3 4 3 0 8 6 7 7 4 *